La Gauche en France
1900-1981

Du même auteur

La République argentine
(avec la collab. de Alain Rouquié)
PUF, « Que sais-je ? », 1949, 1961

Histoire des idées politiques
1. Des origines au XVIIIe siècle
2. Du XVIIIe siècle à nos jours
(avec la collab. de Louis Bodin, Pierre Jeannin, Georges Lavau, Jean Sirinelli)
PUF, 1959 et « Quadrige », 2001

Front populaire, 1936
(avec Louis Bodin)
A. Colin, 1961, 1972

La Gloire de Béranger
A. Colin, 1968

Aux origines du catholicisme social, Louis Rousseau
1787-1856
A. Colin, 1968

Le Gaullisme
1940-1969
Seuil, « Points Histoire » n° 32, 1978

Jean Touchard

La Gauche en France

1900-1981

PRÉFACE DE RENÉ RÉMOND
COMPLÉMENTS DE MICHEL WINOCK

Éditions du Seuil

EN COUVERTURE : Manifestation du 1er mai, photo Sygma.

ISBN 2-02-004548-6.

Préface

L'ouvrage que voici se passerait fort bien d'une présentation : sa valeur intrinsèque justifie assez qu'on le publie. Le lecteur peut néanmoins souhaiter quelques indications sur ses origines. La connaissance des circonstances qui ont entouré la genèse d'un livre éclaire ordinairement l'intelligence du contenu : à plus forte raison pour un ouvrage qui porte comme celui-ci, si profonde, la marque des conditions qui ont présidé à son élaboration et surtout l'empreinte d'une personnalité.

Ce livre est la transcription, revue et aménagée en vue de la publication, d'un cours professé à l'Institut d'études politiques de Paris pendant l'année universitaire 1967-1968. Au début des années 1960 Jean Touchard avait créé un enseignement annuel dédié au mouvement des idées politiques : année après année, il y passait en revue les principaux courants et faisait le point de leur évolution. Enseignement original, dans tous les sens de ce mot : parce qu'il n'avait guère d'équivalent en d'autres établissements, parce qu'il était le fruit d'un travail qui se renouvelait chaque année, parce qu'il était l'expression d'une forte personnalité intellectuelle et morale qui s'y livrait sans détours. En un temps où cette forme d'enseignement est souvent brocardée et où l'épithète de magistral suffit à déconsidérer un cours, la publication de ce qui a d'abord été et qui reste un cours démontre les vertus et la valeur singulière de ce type de transmission du savoir et d'initiation à la réflexion. Dans une maison qui a toujours honoré cette forme d'enseignement et donné leur chance à de prestigieuses personnalités, Jean Touchard s'inscrivait à la suite des Élie Halévy et des André Siegfried.

Puisque j'ai eu plus de dix ans le privilège d'être associé à cet enseignement et que j'ai participé chaque semaine aux séances du séminaire qui l'a souvent alimenté, que le lecteur me permette d'énoncer, en quelques lignes, ce qu'il trouvera de plus original dans ce livre et ce qui en fait la singulière richesse.

Il y rencontrera d'abord un homme, un enseignant. Michel Winock qui a fait la toilette du manuscrit, a respecté le tour originel et le style oral : il lui a laissé son rythme si personnel, son accent si reconnaissable. Impossible à quiconque a connu Jean Touchard, suivi son enseignement, pratiqué sa conversation, de lire un passage de ce livre sans réentendre le timbre de sa voix, sa diction incisive, ses intonations, la découpe de la phrase détachant les mots, les partageant étrangement parfois, mettant admirablement en valeur les textes significatifs. Ceux qui n'ont pas eu l'occasion de l'approcher sauront-ils le trouver aussi bien? A eux de le dire, mais qu'ils sachent que cette écriture si personnelle est le reflet d'un enseignement et l'expression d'une intelligence passionnée par le métier d'enseigner et le désir de communiquer ses découvertes et ses certitudes.

Il a contribué plus que personne à renouveler l'étude des idéologies politiques : cette étude sur la gauche met en œuvre la conception qu'il s'en faisait et qui s'est imposée. Il tenait l'étude des idées politiques pour inséparable de celle de l'opinion et des forces politiques organisées. L'analyse abstraite des pensées solitaires ne l'intéressait que médiocrement : le passionnait l'observation de leur devenir social et collectif. Ce n'est pas un hasard si, pour entrer dans l'intelligence du libéralisme au XIXe siècle, il a consacré sa grande thèse de doctorat d'État à Béranger. Il s'intéressait à la vie des idées, une fois qu'elles avaient échappé à leur père, telles qu'elles se modifiaient, se transformaient, se déformaient à mesure qu'elles connaissaient une plus large diffusion. Plus qu'à leur cohérence interne il s'attachait à leur vie de relations avec d'autres, avec le substrat qui leur préexistait, avec les structures constantes de l'opinion qui les accueillait. Aussi le point de vue qu'il adopte se situe-t-il à la rencontre de l'analyse classique des systèmes, de la description des forces politiques et de l'investigation de l'opinion.

De là vient qu'il emprunte simultanément plusieurs approches et tire parti de matériaux fort disparates : résultats électoraux, articles de journaux, témoignages littéraires, souvenirs personnels. Il scrute le fond de la conscience collective et évoque dans le même temps quelques figures marquantes. La variété des sources, la diversité des références qui unissent le quantitatif au singulier, que Jean Touchard fond ensemble avec maîtrise, visent à saisir une réalité qu'il sait multiforme.

De fait aucun sentiment ne s'impose avec autant de force, à la lecture de ce cours, que celui de la diversité des phénomènes considérés. S'il fallait, pour définir la démarche intellectuelle de Jean Touchard et qualifier sa méthode, ne retenir qu'un mot — un seul —, ce serait distinguer. Distinguer des états, des aspects, des strates; retrouver sous la trompeuse unicité des appellations que notre esprit impose à la réalité la variété des formes. Le singulier n'est pas le nombre de la réalité; le duel rarement; presque toujours le pluriel. Je sais à cet égard peu d'enseignements qui constituent autant que le sien une mise en garde contre les nominalismes, quels qu'ils soient, un antidote contre toutes les scolastiques dans lesquelles se dégradent les systèmes et qui emprisonnent la réalité sociale dans des visions simplificatrices et appauvrissantes. Observez comment il procède en face d'un courant intellectuel, d'une école de pensée, que ce soit le radicalisme, le socialisme ou quelque autre tendance : il commence par réduire l'objet de son étude à une pluralité d'éléments distincts; il le fractionne, il le décompose. Démarche d'inspiration cartésienne mais qui obéit plus au souci de retrouver la réalité qu'à une exigence logique, et qui mérite pleinement de s'appeler analyse.

Il distingue en fonction des groupes d'appartenance, selon les niveaux de culture ou d'information, d'après le degré d'intégration. Mais le principe majeur qui guide ses distinctions reste la durée historique. Rien ne lui paraît plus déterminant que la place dans l'ordre de succession. Il prête la plus vive attention à une différence de quelques années. Il attache à la chronologie une importance extrême, jusqu'à en faire la clé de voûte de son exposition : le cours ne se compose-t-il pas d'une série de coupes tracées à intervalles approximativement égaux dans la trame de l'histoire contemporaine de la France? C'est que la succession dans le temps lui semble être à la fois le lieu des phénomènes observés et leur explication. Ce n'était ni par facilité ni par assimilation superficielle que son enseignement s'intitulait d'histoire des idées politiques : l'histoire en était l'inspiration et la respiration : elle fait les questions et les réponses.

De l'histoire il s'attache pas à pas à restituer les deux visages, à retrouver les deux composantes complémentaires : la permanence et le changement. À chaque instant il scrute la conscience collective pour dresser l'inventaire des souvenirs : il recense les fidélités, relève les traditions. Sans cesse aussi il signale les modifications, enregistre éclipses et disparitions.

L'analyse, pour indispensable qu'elle soit, n'est qu'une étape : tout autant qu'à distinguer Jean Touchard s'emploie à reclasser. Il dresse des typologies, reconstitue des filiations, recompose les familles d'esprit. La recherche de ce qui unit, temporairement ou durablement, en surface ou en profondeur, est une démarche aussi fondamentale que la détermination des différences, et sa complémentaire. L'étude tout entière s'ordonne autour de la question : une ou plusieurs gauches? et la réponse balance entre la diversité et l'unité, avec une inclination en faveur de la pluralité.

De cette étude qui a pour objet les idées, les hommes ne sont pas absents : ni les premiers rôles, s'ils sont représentatifs, ni les militants, ni les masses dont Jean Touchard évoque avec bonheur les passions collectives, les aspirations fondamentales, les poussées d'espoir ou de peur qui les soulèvent et qui font l'histoire autant que les doctrines. La société non plus n'est pas absente. Conformément à l'idée qu'il se faisait de l'étude des idéologies, Jean Touchard inscrit leur examen dans la perspective d'ensemble que dessine l'évolution du corps social : la compréhension du succès, ou de l'échec, de telle ou telle idéologie n'implique-t-elle pas qu'on tienne compte de la réceptivité de la société française à tel moment? Pourquoi par exemple le fascisme n'a-t-il pas trouvé dans la France de l'entre-deux-guerres le même accueil qu'en Italie ou en Allemagne? Ou encore pourquoi le communisme a-t-il tant de peine à extirper les vestiges du guesdisme? Deux questions, entre vingt, qui renvoient l'analyste des courants politiques à l'observation de la société française. Jean Touchard fait ainsi écho à la plupart des récentes controverses qui ont remis en question nos interprétations de l'histoire contemporaine : la société de la fin de la IIIe République était-elle une société bloquée? 1936 a-t-il ou non été une révolution manquée? Quelles étaient les chances réelles d'un fascisme français? Sur chacune de ces questions J. Touchard se prononce avec netteté, rien ne lui étant plus étranger que le procédé académique de renvoyer dos à dos les tenants de thèses adverses au nom d'une pseudo-impartialité.

Dispensé avant la crise de 1968, ce cours pourrait être aujourd'hui entièrement périmé et c'était prendre un risque que de le rééditer tel quel. Certes Michel Winock y a ajouté un précieux complément qui prolonge l'étude jusqu'à nos jours. Mais, même assortie de cet avenant, l'étude pourrait paraître totalement démodée dans ses appréciations, ses jugements, ses anticipations. C'est l'inverse qui se produit : certes le cours porte la marque du moment où il fut composé et prononcé : allusions à l'actualité contemporaine, retours sur un passé encore proche et vivement contesté. Mais d'être séparée de notre présent par l'espace de huit années, combien riches en rebondissements! — la résurrection du socialisme, l'unité reconstituée des gauches, l'évolution du communisme —, l'étude prend un relief imprévu et acquiert une dimension qu'elle ne pouvait avoir initialement, et qui lui confèrent un intérêt supplémentaire. Du reste les événements ont généralement confirmé les pronostics et vérifié la justesse des intuitions. Les analyses qui gardent tout leur prix pour l'explication du passé, apparaissent indispensables pour comprendre notre présent. Avec cet enseignement sur la gauche c'est aussi une clé pour l'intelligence d'aujourd'hui que nous tendent, par-delà la mort, la volonté de comprendre et la sympathie qui animaient Jean Touchard.

René Rémond.

Introduction

Qu'est-ce que la gauche?

Il faut commencer, comme toujours, par se reporter à un dictionnaire. Prenons le grand Larousse du XIXe siècle, qui paraît vers 1870. C'est un incomparable document sur l'idéologie républicaine après la chute du Second Empire. Qu'y lisons-nous? Nous y trouvons une définition sans surprise :

« Dans nos assemblées délibérantes, on désigne sous le nom de " gauche " la partie de l'assemblée située à la gauche du président et où siègent les députés de l'opposition. Par ce mot " la gauche " on comprend l'ensemble des membres que la conformité de leurs opinions politiques réunit en cet endroit. »

C'est donc de 1789 que date en France l'opposition droite-gauche, lorsque les partisans de la monarchie aux États généraux, puis l'Assemblée constituante, prirent l'habitude de se grouper régulièrement à droite du président et que l'opposition prit l'habitude de se grouper à gauche.

Par conséquent, à l'origine, c'est une question de place dans une salle, un problème de localisation parlementaire qu'un écrivain du XIXe siècle nommé Nougaret commente ainsi dans ses *Anecdotes sur le règne de Louis XVI* :

« Soit effet du hasard, soit que l'identité des sentiments engageât les amis du peuple à se rapprocher entre eux et à s'éloigner de ceux qui ne partageaient pas leur opinion, on s'aperçut qu'ils affectionnaient le côté gauche de la salle et qu'ils ne manquaient jamais de s'y réunir. Ainsi l'on voyait à l'Assemblée nationale tout le contraire de ce qu'on voit dans le paradis. Les justes vont à droite et les réprouvés à gauche de Dieu. »

Quoi qu'il en soit de cette définition de Nougaret, la distinction droite-gauche est donc à l'origine contingente et récente. C'est un produit de la Révolution française qui devait être appelé à une fortune durable, non seulement en France, mais hors de France.

Cette exportation du double concept gauche-droite n'est pas universelle ; des pays l'ignorent encore. De même, elle n'a pas été immédiate. C'est ainsi qu'en Angleterre on ne trouve cette appellation gauche-droite qu'aux environs de la Première Guerre mondiale ; elle devient vraiment courante dans les années 1930. Au demeurant, il est remarquable que la distinction gauche-droite a gagné aujourd'hui un très grand nombre de pays, indépendamment des régimes en place. Les notions de gauche et de droite (et de centre par la même occasion) ne se référant plus seulement à des positions parlementaires mais à des courants politiques tels qu'ils existent au sein même des partis ou des Internationales ouvrières, voire des églises.

Périodiquement, depuis un siècle et demi, il se trouve en France des gens pour déclarer que l'opposition droite-gauche est désormais dépassée et vide de sens, et périodiquement, depuis un siècle et demi, il se trouve des gens pour reprendre comme Alain vers 1930 la phrase fameuse et toujours citée : « Lorsque quelqu'un me dit que l'opposition droite-gauche est dépassée, je sais qu'il ne s'agit pas d'un homme de gauche [1]. »

Bien sûr, je me garderai d'affirmer aujourd'hui que l'opposition droite-gauche est dépassée, de crainte qu'un nouvel Alain ne se dresse dans cet amphithéâtre et ne me rappelle immédiatement à l'ordre et à la bonne conscience de gauche.

Mais quel est le sens actuel de l'opposition droite-gauche ? Comment définir la gauche ? Et la gauche au singulier existe-t-elle ? C'est là que commencent les difficultés.

Il a paru en 1955 un fort copieux numéro spécial des *Temps modernes* sur la gauche. Ce numéro spécial est, à mon avis, extrêmement contestable. Toujours est-il qu'il s'ouvre par un admirable aphorisme de Simone de Beauvoir qui, s'il était exact, faciliterait singulièrement ma tâche. Elle dit en effet : « La vérité est une, l'erreur multiple, ce n'est pas un hasard si la droite professe le pluralisme. »

Pluralisme de la droite, unité fondamentale et quasi

1. Cf. citation complète, p. 209.

ontologique ou existentielle de la gauche : ce serait très commode si c'était vrai, mais il n'y a qu'un malheur : cette affirmation est historiquement fausse de la façon la plus complète.

Tout au long de l'histoire de France, la gauche apparaît en effet singulièrement divisée, et, lorsqu'elle s'unit, on parle — ou du moins on a longtemps parlé — des gauches au pluriel et non pas de la gauche au singulier : Bloc des gauches en 1899, Cartel des gauches en 1924 et plus tard, sous une forme abâtardie, en 1932, Délégation des gauches sous la IIIe République, Rassemblement populaire et Front populaire en 1936 et non point Front de la gauche, Front républicain en 1956, un Front au demeurant qui n'incluait pas les communistes.

Il est vrai que François Mitterrand s'est affirmé en 1965, au moment de l'élection présidentielle, le candidat unique de la gauche, au moment même où Tixier-Vignancour donnait la consigne de voter pour lui. Mais il n'est pas encore scientifiquement démontré que MM. André Morice et André Marie, pour ne citer qu'eux, se situent très manifestement à la gauche de Jean-Marie Domenach ou de Pierre Le Brun qui ont manifesté des sympathies gaullistes. Et il n'est pas non plus scientifiquement démontré qu'il existe aujourd'hui une gauche, et non des gauches.

La diversité de la gauche me semble donc au moins égale, contrairement à ce que dit Simone de Beauvoir, à la diversité de la droite. Lorsqu'on essaie d'examiner objectivement l'histoire française, on ne peut pas oublier les batailles violentes entre radicaux et socialistes à partir de 1906, à la belle époque des affrontements entre Jaurès et Clemenceau. On ne peut pas oublier les batailles au couteau entre socialistes et communistes dans les années 1930, à l'époque où les communistes traitaient les socialistes de social-fascistes et plus tard au moment de la guerre froide. On ne peut pas oublier l'époque, après tout peu éloignée, où Guy Mollet déclarait que les communistes ne se situaient point à gauche, mais à l'est.

Il n'est donc pas erroné de dire que, dans l'histoire de France, la gauche a presque toujours été moins unie, qu'elle a presque toujours été plus diverse que la droite.

Il serait très aventureux et même périlleux d'aller chercher une solution à nos problèmes du côté de la psychologie ou de la caractérologie. Soutenir, comme on le fait périodiquement, qu'il existe un caractère de droite et un caractère de gauche (l'homme de droite est pessimiste, l'homme de gauche est optimiste; l'homme de droite est autoritaire, l'homme de gauche est libéral; la droite, c'est l'immobilisme; la gauche, c'est toujours le mouvement) n'a pas de fondement. Emmanuel Mounier a écrit sur ce thème une page qui me semble décisive, en 1938, dans son « Court traité de la mythique de gauche [1] », sur lequel j'aurai, je pense, l'occasion de revenir dans une séance ultérieure.

Il faut, je crois, renoncer ou, du moins, pour ma part, je renonce à une définition intemporelle de la gauche et de la droite valable pour tous les pays et pour toutes les époques. La vérité, me semble-t-il, c'est que la gauche et la droite ne peuvent se définir qu'historiquement et relativement, en fonction de l'époque, en fonction des problèmes posés à une époque déterminée, en fonction aussi de ce qu'est à cette même époque la droite ou la gauche à laquelle elles s'opposent. La gauche de 1900 n'est pas identique à la gauche de 1930, laquelle n'est pas identique à la gauche de 1936, laquelle n'est pas identique à la gauche de 1945, laquelle n'est pas identique à la gauche de 1950, laquelle n'est pas identique à la gauche d'aujourd'hui.

Le plan qui m'a donc paru s'imposer dans cet exposé est un plan chronologique et, plutôt que d'étudier d'une seule coulée, avec toutes les facilités que cela présente, le radicalisme, le socialisme, le communisme, puis les autres gauches qu'on ne peut pas faire entrer dans ces rubriques, j'ai opté pour un plan par périodes. Après une introduction — qui sera brève — sur l'héritage historique et idéologique de la gauche française, j'étudierai quatre périodes : les années 1900; les années 1930, le morcellement de 1930 et l'éphémère unité ou plus exactement, l'éphémère rassemblement de 1936; la IVe République ou, plus exactement, la grande diaspora de la gauche qui dure au moins jusqu'en 1962 et peut-être jusqu'en 1965; enfin

1. E. Mounier, *Les Certitudes difficiles*, Paris, Éd. du Seuil, 1951, p. 78-131.

l'époque actuelle qui voit se réaliser entre formations de gauche des rapprochements qui semblaient singulièrement improbables il y a encore peu d'années. Rapprochements politiques, alliances politiques, oui; rapprochements idéologiques, naissance d'une véritable conscience de gauche, renouvellement de la gauche, c'est une autre affaire et il me semble qu'à cet égard, le débat reste largement ouvert.

Traditions et références

I. LES RÉFÉRENCES

Aucune gauche au monde n'a sans doute un passé comparable à celui de la gauche française et aucune gauche au monde n'a derrière elle un pareil ensemble de souvenirs et de références. Première couche, les philosophes du XVIIIe siècle; deuxième couche, la Révolution française; troisième couche, la Révolution de 1848; quatrième couche, la Commune de Paris en 1871; cinquième couche, le 16 mai 1877, l'affaire Dreyfus, ce qu'on peut appeler la tradition républicaine.

Première question : les thèmes mentionnés sont-ils encore vivants aujourd'hui ou ne sont-ils qu'une survivance; constituent-ils aujourd'hui ou ne constituent-ils plus une ligne de clivage entre la droite et la gauche?

Deuxième question : pour qui ces thèmes sont-ils valables? Sont-ils valables pour l'ensemble des tendances qui constituent aujourd'hui la gauche ou sont-ils valables seulement pour certaines tendances et lesquelles?

En d'autres termes, il s'agit de dresser un tableau à double entrée : recenser un certain nombre de thèmes, prendre les cinq couches et se demander ce que cela représente aujourd'hui pour les communistes, puis pour les socialistes, ensuite pour ce qu'on appelait sous la IVe République la nouvelle gauche et ce que Guy Mollet, il n'y a pas encore très longtemps, appelait la petite gauche. Il faudrait avoir une quatrième colonne pour les catholiques de gauche, puis une cinquième colonne pour les radicaux. Enfin, il faudrait se demander s'il y a un clivage droite-gauche à propos de ces différents thèmes.

1. *L'héritage du XVIIIe siècle;* première série de références : la philosophie des Lumières.

La gauche française n'a pas beaucoup de références antérieures au XVIIIe siècle, sauf peut-être Descartes et c'est ainsi que Giraudoux, lorsqu'il était commissaire à l'Information en 1939, entendait opposer à la ligne Siegfried, construite par les Allemands, l'indestructible ligne Descartes.

Mais c'est précisément à un XVIIIe siècle cartésien et rationaliste que se réfère le plus volontiers la gauche française, au XVIIIe siècle des encyclopédistes et des philosophes, au XVIIIe siècle de la philosophie des Lumières, de la raison, du progrès, du bonheur, de la liberté sous toutes ses formes, à un XVIIIe siècle très rationnel, alors que le XVIIIe siècle n'était pas si rationnel que cela. Sade comme modèle de rationalisme, Saint-Martin comme modèle de rationalisme, la théosophie et l'illuminisme comme modèles de rationalisme, c'est un paradoxe difficilement soutenable.

Tout cela a été longtemps gommé et ainsi se trouve recomposée par l'idéologie républicaine et par les manuels scolaires de 1880, sur lesquels nous vivons encore, l'image d'un XVIIIe siècle parfaitement rationnel. Cette image me paraît valable pour la plupart de nos tendances. Le Descartes officiel de la gauche française est en quelque sorte prévoltairien et le Voltaire officiel de la gauche française est en quelque sorte post-cartésien.

L'éloge de Descartes, fait par Maurice Thorez à la Sorbonne le 2 mai 1946, est très significatif à cet égard. Il voit en Descartes essentiellement l'ancêtre de la philosophie des Lumières.

Également significatif à cet égard, Henri Lefebvre a publié en 1947 un livre sur Descartes où il soulignait le caractère, comme il disait, « objectivement révolutionnaire » du *Discours de la méthode* et faisait de l'idéalisme cartésien le précurseur du matérialisme dialectique [1].

1. En 1951, le Comité central du parti communiste publiait une brochure, *la Philosophie de Descartes et la Lutte idéologique en France à l'heure actuelle*. On y lisait notamment que le PCF était l'« héritier légitime de Descartes ». (*N.d.É.*)

Le XVIIIe siècle est-il identique pour toutes nos tendances?

Les communistes mettent l'accent sur Diderot et sur les matérialistes du XVIIIe siècle. Mais cependant ils ont une conception extrêmement éclectique du XVIIIe siècle et « les Classiques du peuple » publiés par les Éditions sociales ont accueilli à peu près tous les grands écrivains du XVIIIe siècle et ont consacré cinq ou six volumes à Rousseau.

Pour l'ancienne SFIO, les grands hommes du XVIIIe siècle sont Diderot, les encyclopédistes, et surtout Voltaire.

Dans notre troisième colonne — la nouvelle gauche — ce qu'il faudrait souligner, c'est une certaine sympathie pour Rousseau et, à cet égard, ce qui me paraît frappant, c'est de noter l'étonnante destinée comparée de Voltaire et de Rousseau. La gauche française a très longtemps choisi Voltaire contre Rousseau. Il y a un lycée Voltaire, un quai Voltaire, une place Voltaire; il n'y a pas de lycée Jean-Jacques Rousseau, du moins à ma connaissance, car ce personnage resta longtemps suspect. Ce n'est guère qu'à partir de 1930 qu'on assiste à une sorte de retour à Rousseau.

A cet égard, je voudrais citer deux œuvres qui me paraissent assez significatives : d'abord le Rousseau de Jean Guéhenno. Jean Guéhenno a incarné, avant 1939, la gauche pour de nombreuses générations de khâgneux — parmi lesquels il faudrait citer notamment J.-M. Domenach, directeur de la revue *Esprit*. Guéhenno est l'auteur d'un *Jean-Jacques Rousseau* qui est en quelque sorte un autoportrait de Jean Guéhenno par Jean-Jacques Rousseau interposé.

Puis il y a Henri Guillemin, catholique de gauche dont il faut signaler l'affection profonde pour Jean-Jacques Rousseau. Il faut rappeler son livre intitulé : *Cette infernale affaire,* dans lequel il décrit la querelle entre Rousseau et Hume, et dans lequel il explique que Rousseau a été victime d'une épouvantable cabale franco-anglaise, où l'on trouve Voltaire et les encyclopédistes, d'une part, Hume et les utilitaristes anglais, d'autre part, et toute sa sympathie va manifestement à Rousseau.

Pour les radicaux, le grand homme c'est Voltaire, mais c'est aussi Condorcet, et il y a un lycée Condorcet. Dans son petit livre sur le radicalisme, Claude Nicolet — qui a découvert le radicalisme à la belle époque du mendésisme — expliquait que le radicalisme procède de Condorcet. Je ne suis pas très sûr, à dire vrai, que beaucoup de radicaux connaissent intimement l'œuvre de l'auteur de l'*Esquisse d'un tableau historique des progrès de l'esprit humain.*

Le clivage droite-gauche à propos du XVIIIe siècle est réel et profond pendant la plus grande partie du XIXe siècle. Puis le clivage commence à disparaître avec l'école républicaine qui assimile le XVIIIe siècle et présente du XVIIIe siècle une image, au fond, à peu près acceptable pour la droite et pour la gauche.

Bien sûr, on ne trouve pas de très nombreuses références au XVIIIe siècle et aux philosophes du XVIIIe siècle dans les œuvres de jeunesse du futur général de Gaulle, mais on peut dire, je crois, que l'opposition droite-gauche à propos du XVIIIe siècle, qui était encore très vive avant 1914, est en voie d'extinction.

Ce qui me paraît intéressant en définitive, pour cette première série de références, c'est que nous ne notons guère que des nuances. Il n'y a pas un XVIIIe siècle pour les radicaux, un XVIIIe siècle pour les socialistes, un XVIIIe siècle pour les communistes; nous nous trouvons en face d'une sorte de fonds commun qui est valable pour l'ensemble des formations qui se réclament de la gauche.

2. Deuxième série de références : *la tradition révolutionnaire.*

La gauche française a beaucoup de révolutions derrière elle, plus sans doute qu'aucun autre pays au monde : Révolution de 1789, Révolution de 1830, Révolution de 1848, révolution manquée de 1871. Aussi ne faut-il pas s'étonner de trouver parmi les tenants de la gauche française une conception très rétrospective de la révolution ou plutôt l'idée que la révolution à faire ne différera pas fondamentalement des révolutions déjà faites. Une révolution de plus dans un pays qui en a l'habitude : telle est, au fond, la conception de la social-démocratie et telle a été très longtemps la conception des communistes.

A cet égard, les textes consécutifs à la Révolution russe de 1917 sont extrêmement éclairants. On considère Lénine — même chez ceux qui, au moment du congrès de Tours iront du côté du communisme — comme un bon disciple des philosophes français du XVIIIe siècle et la Révolution russe est présentée par Cachin au congrès de Tours comme l'héritière de la Révolution française.

Il est intéressant de suivre, à propos de la Révolution de 1789, l'histoire de son histoire. Dans un petit livre très suggestif, Alice Gérard nous en a montré les variations [1].

L'image de la Révolution française qui nous est aujourd'hui familière s'est fixée au temps du romantisme. Elle doit beaucoup à Lamartine avec l'*Histoire des Girondins* qui date de 1847, à la veille de la Révolution de 1848, et qui a un immense succès. Elle doit surtout énormément à Michelet avec l'*Histoire de la Révolution* dont le premier tome paraît précisément en 1847 — la même année que l'*Histoire des Girondins* de Lamartine.

Pour Michelet, la révolution est à la fois le début et la fin de l'histoire. Elle est une valeur et un sentiment. Elle est la révolution du peuple. Pour Michelet, la grande date révolutionnaire, ce n'est pas le 14 juillet 1789, c'est le 14 juillet 1790, c'est la Fête de la Fédération, la grande amitié, toute la France rassemblée sur le Champ-de-Mars. Jaurès est très proche de Michelet et qui a lu l'*Histoire socialiste de la Révolution française* sait combien Jaurès était nourri de Michelet.

Or, s'il y a un écrivain qui ne croit pas à la lutte des classes, c'est bien Michelet. Là encore, il me semble que, pour la Révolution française, nous arrivons à peu près à la même conclusion que pour la première série de références. Il n'y a pas une révolution française pour les radicaux, une révolution française pour les socialistes, une révolution française pour les communistes. Il y a une espèce de fonds commun de références qui se présente à peu près sous la même apparence.

Essayons de dresser une espèce de rapide catalogue de ces images qui constituent le fonds commun de l'imagerie populaire : l'Ancien Régime détruit en quelques mois, la France modèle du monde et tenant tête à l'Europe, la grande nation, les immortels principes, les droits de l'homme et du citoyen, liberté, égalité, fraternité, les bastilles à détruire,

1. A. Gérard, *La Révolution française, mythes et interprétations 1789-1970*. Paris, Flammarion, « Question d'histoire », 1970.

toutes les bastilles, le drapeau tricolore, *la Marseillaise,* les fêtes, le rituel révolutionnaire, le 14 juillet, la distinction droite-gauche, la Révolution apparaissant comme une suite de journées révolutionnaires, l'abolition des privilèges, la nuit du 4 août, le primat de la politique sur l'économique.

A cet égard, il faut signaler que, dans la première moitié du XIXe siècle, il y a deux façons pour ceux qui se réclament du socialisme de considérer la Révolution française. Les uns la critiquent considérant que les seules véritables révolutions sont des révolutions économiques et sociales, c'est le cas de Saint-Simon, de Fourier et aussi de Proudhon. Les autres se réclament de la tradition démocratique et écrivent des histoires de la Révolution française. Cabet écrit une *Histoire de la Révolution.* Buchez en écrit une autre. Pierre Leroux, qui était né en 1797, poussait l'amour de la Révolution française jusqu'à faire croire qu'il était né en 1793. Louis Blanc écrira en exil une *Histoire de la Révolution française* et Blanqui est, selon son biographe Geffroy, la manifestation politique de la Révolution française au XIXe siècle.

On pourrait continuer ce catalogue de stéréotypes : la révolution œuvre du peuple, le peuple, mot ambigu, le peuple unanime, toutes classes confondues et c'est, au fond, « le Peuple » de Michelet, et le peuple prolétariat, le peuple d'en bas, les traîtres et les accapareurs agents de l'étranger, la justice inflexible, l'éducation — et ce n'est pas par hasard s'il y a un lycée Lakanal — la défense nationale — et ce n'est pas par hasard s'il y a un lycée Carnot — les Jacobins, la défiance envers les fédéralistes, les purs vaincus par les pourris.

Deux faits surtout me paraissent importants. Le premier, c'est le lien durablement établi entre révolution et démocratie politique, d'où résulte la résistance, très apparente chez un homme comme Jaurès, au concept de dictature, fût-ce de dictature du prolétariat, résistance qu'on retrouve chez Léon Blum.

Le deuxième fait, c'est l'existence d'un nationalisme révolutionnaire, d'un nationalisme jacobin s'accompagnant, malgré la contradiction apparente, d'une sorte d'universalisme humanitaire. Plusieurs générations y ont contribué : la génération romantique (Lamartine, Michelet...), les blanquistes, Jaurès, etc.

Si l'on cherche à voir dans quelle mesure cette image de la Révolution française est commune à l'ensemble de la gauche et dans quelle mesure elle est propre à telle ou telle tendance, c'est que, au fond, les seules interprétations originales de la Révolution française émanent, non pas des communistes, mais des gauchistes.

A cet égard, il faut citer le livre de Daniel Guérin, *la Lutte des classes sous la Ire République, bourgeois et bras nus,* paru en 1946. Guérin y remet en question le schéma marxiste-léniniste d'une révolution bourgeoise, anti-féodale, qui ne fait pas sa juste place à l' « embryon de révolution prolétarienne » et anti-bourgeoise de l'an II et qui fait trop grand cas du jacobinisme autoritaire. Conjuguant la double tradition proudhonienne-libertaire (haine du jacobinisme) et blanquiste (ferveur pour Hébert et la Commune de 93), Guérin dénonce en Robespierre le bourgeois qui s'est constamment opposé aux véritables révolutionnaires, les « Enragés » et les « Bras nus ». Cette conception qui, en son temps, avait séduit Jean-Paul Sartre, a été très violemment critiquée par les historiens communistes, notamment G. Lefebvre et A. Soboul, ceux-ci accusant Guérin d'anachronisme.

Je ne trouve pas, pour ma part, qu'il y ait une différence fondamentale entre la Révolution française que nous présente Albert Soboul, dans ses ouvrages sur la Révolution et en particulier dans l'ouvrage qu'il a consacré aux sans-culottes de l'an II, et l'image traditionnelle de la Révolution française qui nous a été léguée par nos manuels républicains datant des années 1880.

C'est cela qui me paraît le fait le plus important. Il y a là encore une masse de références communes, il n'y a pas une révolution très différente selon les tendances.

En ce qui concerne l'opposition droite-gauche, à propos de la Révolution française, elle a été longtemps fondamentale, tout au long du XIXe siècle et il faudrait rappeler le dialogue célèbre peu de temps avant la guerre de 1914 : « Acceptez-vous la République? Oui, soit, mais acceptez-vous la Révolution? »

Aujourd'hui, après soixante-quinze ans de manuels républicains et même davantage, sur quoi porte le clivage? Mirabeau est accepté à peu près par tout le monde. Danton, Carnot,

Lakanal sont acceptés par tout le monde. En définitive, le seul qui continue à diviser, c'est Robespierre. Il y a eu une bataille extrêmement cocasse au Conseil municipal de Paris, voilà quelques années, lorsqu'un conseiller municipal avait proposé de donner à une rue de Paris le nom de Robespierre, René Rémond cite le texte de ce débat dans son livre de la collection « U »[1].

Pourtant même Saint-Just a cessé de diviser. Albert Olivier, ancien collaborateur de *Combat*, a publié en 1954 un livre intitulé : *Saint-Just ou la force des choses*, et ledit ouvrage était précédé par une préface flamboyante d'André Malraux. Cette préface peut être rapprochée de celle que Maurice Barrès a donnée au Saint-Just de Marie Lenéru. Mais le Saint-Just d'Albert Soboul dans « les Classiques du peuple » est-il très différent du Saint-Just d'Albert Olivier?

La Révolution française n'est plus aujourd'hui une ligne de clivage fondamentale entre droite et gauche. Elle n'est pas, en tout cas, une ligne de clivage entre les différentes familles de gauche.

3. *La Révolution de 1848 :* deux thèmes sont liés à la Révolution de 1848.

Premier thème : la révolution de la fraternité, toutes classes confondues, les catholiques se ralliant à la révolution, le clergé bénissant les arbres de la liberté.

Deuxième thème : la révolution trahie, la révolution écrasée dans le sang, la révolution victime du complot bourgeois, les journées de juin 1848, plus tard le coup d'État du 2 décembre, et ce thème apparaît très nettement dans l'œuvre d'Henri Guillemin qui poursuit d'une haine farouche Falloux, Thiers et Montalembert.

La référence à 1848 est fondamentale chez Jaurès. Dans un article de 1890 intitulé : « La défaite de la force » — et le titre est lui-même caractéristique — Jaurès écrit :

« Si la Révolution de 1848 n'avait pas donné au socialisme français un retentissement universel et une première sanction pratique, le socialisme allemand ne serait sans doute pas à

1. *La Vie politique en France, 1789-1848*, Colin.

l'heure présente le parti agissant et puissant qu'il est » — ce qui est d'ailleurs contestable, mais peu importe.

Plus près de nous, il faudrait évoquer les commémorations de 1948 à l'occasion du centenaire de la Révolution de 1848. Léon Blum avait fait à cette occasion un grand discours à la Sorbonne, en avril 1948, et le texte de son discours est intéressant. Je vous en lis quelques lignes :

« La véritable grandeur, la grandeur impérissable de la Révolution de 1848 et de la IIe République, c'est l'espérance immense qu'elle a suscitée, c'est l'aurore de fraternité civique, de fraternité humaine, de fraternité universelle qu'elle a fait lever sur le monde. »

Blum distingue ensuite la révolution sociale qui était prématurée et la révolution politique et universelle qui était à ses yeux et peut-être est-ce là une illusion — réalisable. Il reproche aux révolutionnaires de 1848 d'avoir été trop prudents, trop modérés, d'avoir eu en quelque sorte peur de faire peur. C'est manifestement sa propre attitude de 1936, et celle de ses amis politiques de 1936, qu'il évoque ainsi en 1948. Et Léon Blum termine en rappelant un dialogue qu'il eut avec Jaurès avant 1914, à propos de la Révolution de 1848. Blum disait à Jaurès en substance : « Les révolutionnaires de 1848 n'auraient pas dû reculer devant la guerre. Ils auraient dû se soutenir les uns les autres. Ils ont eu tort de pratiquer la non-intervention sur le plan international. » Et Jaurès répond à Blum : « Peut-être ont-ils eu tort sur le plan politique, mais ce qui importe avant tout, c'est la paix, et les révolutionnaires de 1848 ont eu raison de placer avant tout le respect de la paix. »

Les références à la Révolution de 1848 ont été longtemps présentes à l'intérieur de la SFIO.

Ces références sont très présentes chez ceux qui appartiennent à la gauche indépendante [1]. Elles sont également très présentes chez ceux qui se réclament du catholicisme de gauche.

Elles sont, en revanche, beaucoup moins présentes chez les

1. Cf. les écrits de Georges Duveau et le petit livre de Jean Cassou sur *Quarante-Huit*, Gallimard, 1948.

radicaux, qui se contentent le plus souvent d'exalter la mémoire de Ledru-Rollin.

Quant aux communistes, ils n'avaient commémoré qu'assez mollement la Révolution de 1848 à l'époque du centenaire, mais c'était en 1948. Toujours est-il que 1848 n'a pas inspiré aux historiens communistes beaucoup de travaux substantiels.

4. Quatrième série de références : *la Commune de 1871.*

La référence est évidemment fondamentale chez les communistes : manifestation au mur des Fédérés.

La référence est présente aussi chez les socialistes. Ceux qui ont feuilleté l'*Encyclopédie socialiste,* publiée par Compère-Morel avant la guerre de 1914, savent que cette encyclopédie est illustrée par des photographies de la manifestation du mur des Fédérés, et cela bien avant que ne naisse le parti communiste. Je me souviens qu'ayant jadis dépouillé une publication intitulée *le Vétéran socialiste,* publication destinée aux vieux militants de la SFIO, j'avais été frappé vers 1955 par la fréquence des allusions à la Commune de 1871.

La référence est aussi présente chez les catholiques de gauche et, là encore, nous retrouvons M. Henri Guillemin qui, dans des livres véhéments, fustige ce qu'il appelle la « République des Jules » — Jules Favre, Jules Grévy, Jules Simon — et exalte le souvenir des communards.

On note en revanche l'absence à peu près complète du thème chez les radicaux.

La référence est également absente chez presque tous ceux qui se réclament de la droite ou peuvent être classés à droite, mais avec des exceptions notables de la part de ceux, peu nombreux à dire vrai, qui se réclament de la droite révolutionnaire, qui évoquent avec émotion le souvenir de Rossel, et qui dénoncent Thiers et les « versaillais ».

C'est ainsi que, parmi les fidèles de l'Action française, il y a périodiquement des débats passionnés à propos de la Commune. Naguère dans *les Libertés françaises* — la publication du Dr François Daudet, fils de Léon Daudet, fidèle au souvenir de l'Action française — il y avait eu une polémique violente à propos de la Commune parce que *les Libertés françaises* avaient fait paraître un texte sympathique à la mémoire de Rossel. Plusieurs abonnés n'avaient pas manqué d'écrire au Dr François Daudet pour faire part de leur indignation.

Le souvenir de la Commune continue donc à opposer la droite et la gauche et il est très inégalement vivant dans les différents groupements qui se réclament de la gauche. Les radicaux à cet égard se tiennent sur la réserve, mais il n'y a pas une Commune différente pour les socialistes et pour les communistes.

5. Nous avons atteint une cinquième et dernière couche de références, la plus récente et la plus vivante pour un homme de gauche du début du XXe siècle, *la tradition républicaine* — cette tradition républicaine que François Mitterrand invoquait si souvent en termes lyriques avant de devenir dirigeant du parti socialiste. Reste à savoir — mais nous y reviendrons sans doute — ce qu'il met exactement derrière cette évocation lyrique.

Toujours est-il que l'origine de ce qu'on peut appeler la tradition républicaine remonte au début de la IIIe République. Elle s'est cristallisée vers 1880 par l'intermédiaire de l'école et des manuels scolaires, elle a durablement marqué et elle marque aujourd'hui non seulement la sensibilité de gauche, mais ce qu'on peut appeler la culture politique des Français.

J'en vois quatre traits marquants à signaler.

Le premier, c'est l'antibonapartisme, la haine du second Empire : Badinguet, Sedan, Victor Hugo le proscrit, Jersey et Guernesey, etc. Loin de moi la pensée de me lancer dans une réhabilitation du second Empire, mais il est très évident que l'historiographie républicaine a été très injuste pour un régime qui, presque jusqu'à son terme, a bénéficié d'une adhésion populaire non négligeable.

Le deuxième trait, le deuxième événement, c'est le 16 mai 1877 : toute la droite contre toute la gauche ou, plus exactement, car les termes de droite et de gauche ne sont guère employés à l'époque, tous les républicains contre tous les adversaires de la République, Mac-Mahon contre Gambetta, le fameux discours « se soumettre ou se démettre », et les évocations du 16 mai 1877 ne sont pas beaucoup moins fréquentes que les évocations de Badinguet et la promesse d'un Sedan au terme d'un troisième Empire.

Le troisième fait marquant, c'est l'antiboulangisme et une étonnante recomposition du boulangisme gommant à peu près totalement le fait que celui-ci ait été au départ une création de gauche. Boulanger a été fabriqué par les radicaux et, à l'origine, il est beaucoup plus populaire dans les milieux ouvriers que dans les beaux quartiers. La situation évoluera, mais on assistera à une recomposition du boulangisme, comme si, dès l'origine, celui-ci avait été une aventure antirépublicaine et réactionnaire, ce qui est historiquement faux.

Le quatrième fait, c'est naturellement l'affaire Dreyfus et on ne saurait trop souligner son importance. Mais, là encore, on assiste à une sorte de reconstitution historique, et on peut dire que l'historiographie de gauche a recomposé une affaire Dreyfus idéale qui n'a, il faut bien le dire, que d'assez lointains rapports avec l'affaire Dreyfus réelle.

Se trouve en particulier à peu près totalement gommée l'extrême indifférence des socialistes et notamment des guesdistes à l'égard de l'innocence de Dreyfus. Jaurès, prenant position pour Dreyfus, est à l'origine un isolé.

Se trouvent également gommés l'indifférence initiale des radicaux à l'égard de la cause du capitaine Dreyfus et le fait qu'un des ministres les plus violemment antidreyfusards, Cavaignac, est de tendance radicale.

C'est l'affaire Dreyfus recomposée, l'affaire Dreyfus ou les grandes heures de la gauche, contre le militarisme, contre le cléricalisme, contre l'antisémitisme, pour les droits de l'homme — la Ligue des droits de l'homme naît au moment de l'affaire Dreyfus — la défense d'un innocent, la défense de la République coïncidant avec la défense d'un innocent, les intellectuels dans la mêlée, l'engagement des intellectuels, la justice défendue par les intellectuels. Je crois qu'il n'est pas excessif de dire que l'affaire Dreyfus est une des références fondamentales dans le légendaire — pour employer un terme cher à Raoul Girardet — de la gauche française et il n'est pas excessif de dire que la gauche française a toujours été à la recherche d'une nouvelle affaire Dreyfus.

Aujourd'hui, l'opposition droite-gauche à ce propos n'est plus guère perceptible. La droite dans son immense majorité a assumé et a intégré la tradition républicaine. Qui prendrait aujourd'hui la défense de Badinguet et du malheureux Bazaine? Qui prendrait aujourd'hui, même à droite, la défense de Mac-Mahon? Qui prendrait aujourd'hui la défense de Boulanger? Et qui, en dehors de quelques cercles très étroits, prend aujourd'hui la défense du colonel Henry, se suicidant en1898 après avoir commis un faux patriotique destiné à accabler Dreyfus?

Mais vers 1900 la situation est très différente. La République est jeune, elle vient d'être mise en danger, même si ce danger a été quelque peu grossi et dramatisé par ceux qui déclaraient que la République était en péril de mort.

Être républicain aujourd'hui, cela ne signifie plus rien puisque tout le monde est républicain, en dehors de rares exceptions. Mais être républicain vers 1900, au temps de la défense républicaine, cela signifie encore quelque chose et surtout dans certaines régions de France, dans ces régions de l'ouest où, vers 1900, s'opposent absolument, comme deux univers fondamentalement différents, les bleus et les blancs, les républicains et les non-républicains.

Permettez-moi d'illustrer cela par des souvenirs familiaux. Il se trouve que mon grand-père a été un des premiers députés républicains du Finistère. Il a été élu en 1871 et, en 1871, il n'y avait pas d'innombrables républicains dans le Finistère.

Armand Rousseau, puisque tel était son nom, n'était pas un homme du peuple. Il était sorti de l'École polytechnique « dans la botte ». Il était ingénieur des Ponts-et-Chaussées, et il en était fier.

C'était donc un fonctionnaire qui, sans être riche, était loin d'être pauvre, qui avait une propriété en Bretagne et qui tenait beaucoup à sa propriété. Il n'aurait point été question devant lui de mettre en doute le droit de propriété. Ce n'était pas non plus ce qu'on appellerait aujourd'hui un homme de gauche. Gambetta lui apparaissait comme un personnage dangereux et les socialistes lui faisaient horreur. Ses grands hommes étaient Jules Ferry, Freycinet et, s'il n'était point mort en 1896 gouverneur général de l'Indochine, il se serait certainement rallié avec enthousiasme au gouvernement de Waldeck-Rousseau. S'il fallait le classer, on le classerait aujourd'hui parmi les républicains modérés, ceux qu'on appelait à l'époque les républicains opportunistes.

Et pourtant ce républicain très modéré, selon la formule classique, n'était sans doute pas modérément républicain. Mais être républicain, qu'est-ce que cela voulait dire? Je me le suis souvent demandé en feuilletant les discours, les archives couvertes de poussière qui dorment dans une propriété de famille en Bretagne et je crois que, pour répondre à cette question, il faut faire l'effort d'imagination nécessaire pour se représenter ce que pouvait être le Finistère vers 1870 ou 1880.

La société y était strictement hiérarchisée et cloisonnée, vivait encore à l'heure de l'Ancien Régime ou à l'heure de la chouannerie. Les châtelains, les hobereaux vivaient dignement, très souvent pauvrement, dans des manoirs plus ou moins délabrés, restant entre eux dans un univers clos où un député républicain faisait figure de personnage dangereux. Les paysans vivaient dans une étroite dépendance à l'égard des châtelains. Illettrés pour la plupart, habitant entassés dans une pièce unique, se nourrissant de pommes de terre et parfois de lard, ils n'imaginaient pas un avenir différent du présent. Disons que pour un paysan né à Plounévez-Lochrist (Finistère-Nord), les chances de rencontrer un individu né ailleurs qu'à Plounévez-Lochrist (Finistère-Nord) étaient extrêmement limitées, sauf pendant le service militaire.

Il faut aussi évoquer le poids de l'Église catholique, de la hiérarchie catholique, et d'un catholicisme refusant à l'époque à peu près toute ouverture sur le monde extérieur. Une église refusant, non seulement la République, ce qui allait de soi, mais tout progrès, toute évolution, et considérant l'école publique comme un foyer de perdition, les instituteurs comme des personnages sataniques et les députés républicains comme des damnés.

Vers 1895, ma mère, se présentant à l'église de Tréflez (Finistère-Nord), m'a raconté que les sacrements lui avaient été refusés, ainsi qu'à sa mère, car on ne donnait point les sacrements à l'épouse et à la fille d'un député républicain.

Être républicain vers 1890, qu'est-ce que cela voulait dire? Cela voulait dire avant tout, sans doute, qu'on refusait de considérer un certain ordre social comme inéluctable, comme indestructible et comme indéfiniment satisfaisant. Cela signifiait qu'on croyait en un changement possible, à une certaine modernisation, à un progrès modéré et, par exemple, à la construction des chemins de fer départementaux du Finistère auxquels mon grand-père a donné beaucoup de soins, qui ont profondément transformé l'aspect du Finistère au début du siècle.

Être républicain, cela voulait dire aussi qu'on refusait le cléricalisme et que, même si l'on était personnellement respectueux de la religion, tout en étant agnostique, dans la guerre ouverte entre le curé et l'instituteur, on se rangeait du côté de l'instituteur.

Cela voulait dire qu'on croyait à une certaine conception de la raison et qu'on refusait une certaine conception de la foi fondée sur l'autorité et sur l'obéissance.

Cela voulait dire qu'on croyait à la République et à la vertu des institutions républicaines, qu'on était profondément convaincu que les institutions républicaines étaient supérieures aux autres. Cela voulait dire qu'on avait été républicain sous l'Empire et solidaire, en dépit de tout, de Gambetta au moment du 16 mai. Cela voulait dire enfin qu'on pensait que la République naissante avait besoin de tous les républicains, qu'on avait le sens de l'État et du service de l'État, qu'on était imprégné par une sorte de morale républicaine et presque de puritanisme républicain.

La propriété intangible, bien sûr. La Révolution haïssable, bien sûr. L'ordre, bien sûr. L'épargne, bien sûr. Mais aussi le progrès, l'éducation, une certaine mobilité sociale, assurément modérée mais souhaitable, un sens de la morale publique inséparable de la morale privée, l'idée qu'il n'y a qu'une morale, la République et la Patrie, la justice enfin, ce sens de la justice qui devait se manifester avec éclat, encore qu'à l'origine dans des cercles extrêmement limités, au temps de l'affaire Dreyfus.

Armand Rousseau aurait sans doute été très surpris si on lui avait dit qu'il était un homme de gauche et si on lui avait demandé de se définir, il aurait certainement répondu qu'il était républicain, tout simplement.

Il était peut-être utile d'évoquer le souvenir de cet inconnu pour essayer de vous faire comprendre ce qu'avait pu être cette génération de républicains au temps de la jeunesse de la République.

Si j'avais voulu donner à mon cours un caractère moins

personnel, j'aurais dû mentionner d'autres noms assurément plus célèbres que celui d'Armand Rousseau : Jules Ferry et Waldeck-Rousseau qui symbolisent les républicains de gouvernement, dans deux styles différents mais tout de même très comparables. A cet égard, je vous renvoie à la thèse de Pierre Sorlin, sur Waldeck-Rousseau [1], qui constitue une des contributions les plus riches qu'on puisse lire à la compréhension de l'idéologie républicaine.

J'aurais dû aussi évoquer le livre très attachant et très personnel qu'André Siegfried a consacré à son père, Jules Siegfried, maire du Havre, qui fut le type même du grand bourgeois républicain au temps de la jeunesse de la République [2]. J'aime beaucoup ce livre qui a le mérite d'être très court et très suggestif.

J'aurais pu vous parler aussi d'Anatole France, de *l'Ile des pingouins*, de l'*Histoire contemporaine* et des dialogues entre M. Bergeret et l'abbé Lantaigne, M. Bergeret est une belle figure de républicain.

J'aurais pu évoquer les pages de Péguy, dans *Notre jeunesse,* sur l'affaire Dreyfus et sur le choc initial que représenta l'affaire Dreyfus pour une génération.

J'aurais pu évoquer *Jean Barois* de Roger Martin du Gard, qui retrace l'évolution d'un intellectuel catholique qui rompt avec le catholicisme parce qu'il opte pour l'innocence de Dreyfus, au moment où rares sont les catholiques qui optent pour l'innocence de Dreyfus, et surtout parce qu'il considère qu'il y a incompatibilité entre la foi et la science. Cela nous paraît vraiment aujourd'hui bien loin, ce grand débat entre la foi et la science. Faut-il opter pour la foi ou pour la science? C'est le débat central de *Jean Barois* et ce livre nous fait sentir, par son caractère anachronique même, ce que pouvait être un républicain de cette première génération.

Voilà ce qu'a été l'origine de la tradition républicaine. Sans doute cette tradition s'est-elle abâtardie, mais, à l'origine, la tradition républicaine représentait quelque chose. Elle a comporté quelques risques et elle a exigé un certain courage, le courage de la solitude et le courage de l'impopularité.

1. P. Sorlin, *Waldeck-Rousseau*, Colin, 1966.
2. A. Siegfried, *Mes souvenirs de la IIIe République. Mon père et son temps, 1836-1922,* Paris, Éd. du Grand Siècle, 1946.

Cela dit, cette tradition républicaine est aujourd'hui parfaitement assimilée par l'ensemble de la droite et ce qui était incontestablement la gauche de 1880 à une époque d'ailleurs où les termes de droite et de gauche ne sont pratiquement pas employés [1], est parfaitement assimilée par l'ensemble de la collectivité française.

François Mitterrand évoque la tradition républicaine en des termes qui font fréquemment penser à ceux qu'utilisait Édouard Herriot il y a une quarantaine d'années.

Michel Debré, qui fut radical-socialiste, ne l'oublions point, jusqu'en 1951, répète en toutes circonstances que son maître à penser et son modèle politique est Jules Ferry.

Interrogé par la revue *Réalités,* V. Giscard d'Estaing répondait que son modèle politique était Waldeck-Rousseau. Interrogé par la même revue *Réalités,* Georges Pompidou répondait que son modèle politique était Jean Jaurès...

Il est donc relativement difficile aujourd'hui de dire que ce qu'on peut appeler la tradition républicaine constitue une ligne de partage très assurée entre la droite et la gauche. Mais tel n'était point le cas il y a soixante-dix ans.

II. LE PANTHÉON DE LA GAUCHE

Après avoir ainsi très brièvement passé en revue les cinq couches d'événements, les cinq grandes périodes de références qui constituent la tradition de la gauche française, je voudrais, plus brièvement encore, me demander avec vous quels sont les grands hommes qui forment le panthéon de la gauche française et s'il y a un panthéon de la gauche française ou s'il y a des panthéons différents selon les différentes tendances de gauche.

D'abord, dans ce panthéon — s'il existe — les hommes de doctrine, les théoriciens sont remarquablement absents.

Cette remarque est paradoxale car la pensée présocialiste et socialiste en France a été d'une incontestable richesse mais — et cela me paraît important — le socialisme de la SFIO puis

1. Antoine Prost, *Vocabulaire des proclamations électorales de 1881, 1885 et 1889,* Publications de la Sorbonne, Paris, PUF, 1974.

du PS n'emprunte rien ou presque rien à la tradition des socialismes français du XIXe siècle.

L'influence de Saint-Simon et du saint-simonisme est à peu près nulle. Malgré la richesse de la pensée saint-simonienne, malgré certaines intuitions fulgurantes de Saint-Simon, notamment sur le primat de la production et le caractère profondément irrationnel d'un certain type de société, le saint-simonisme est tombé en jachère. On ne se souvient plus que des extravagances des saint-simoniens, du gilet boutonné dans le dos, des brouettes poussées en chantant, de la retraite à Ménilmontant, du culte de la femme et du père Enfantin. On ne se souvient plus que du ralliement des saint-simoniens au capitalisme : les saint-simoniens et les compagnies de chemins de fer, le rôle des saint-simoniens au moment du second Empire, Michel Chevalier, etc. Seuls, quelques spécialistes s'intéressent aujourd'hui au saint-simonisme de Saint-Simon qui est un auteur fascinant.

Les grands spécialistes du saint-simonisme dans les années 1930 étaient des hommes comme Charléty, comme Bouglé et Daniel Halévy. Étaient-ils des hommes de gauche? On pourrait en discuter interminablement. Toujours est-il qu'à cette époque l'influence du saint-simonisme était à peu près nulle dans les partis de gauche.

Aujourd'hui, « les Classiques du peuple » — publiés par les Éditions sociales, les éditions du parti communiste — ont publié un Saint-Simon et développent la thèse qu'il ne faut pas confondre l'œuvre objectivement progressiste de Saint-Simon avec les trahisons capitalistes des saint-simoniens. C'est une thèse intéressante, mais contestable.

Toujours est-il que la pensée de Saint-Simon ne semble pas inspirer journellement les déclarations des principaux représentants de la gauche française.

Fourier est tombé dans le même oubli. Il faut reconnaître que son œuvre est souvent extravagante et qu'elle n'est pas d'un accès aisé. Seul un petit noyau de fidèles, étrangers d'ailleurs aux grands partis de gauche, s'intéressent à Fourier et à son rêve, assez fascinant, d'une petite communauté exemplaire d'où pourrait partir une réforme globale de la société.

Parmi les fidèles de Fourier, il faut citer André Breton qui voyait dans l'inventeur du phalanstère et de l'attraction passionnelle un grand ancêtre du surréalisme. Il faut citer un certain nombre d'anciens prêtres ouvriers comme Henri Desroche et Émile Poulat, tous deux collaborateurs du CNRS aujourd'hui, qui ont fondé un Centre de recherche et de publications sur la sociologie de la coopération. Fourier aurait-il été ravi d'être considéré comme un ancêtre de la coopération? Ce n'est pas certain.

Malgré la réédition des œuvres de Fourier par les soins des éditions Anthropos — qui ont également réédité les œuvres de Saint-Simon —, malgré un nouvel intérêt que le mouvement de Mai 68 a suscité pour lui, je n'ai pas l'impression que Fourier anime la pensée d'un très grand nombre d'hommes de gauche.

Le cas de Proudhon est peut-être plus intéressant car il a gardé des fidèles passionnés, de même qu'il garde des adversaires irréductibles.

Les communistes qui ont accueilli Saint-Simon et Fourier dans « les Classiques du peuple », considèrent Proudhon comme un réactionnaire et comme un traître à la cause du prolétariat. « Proudhonien », sous la plume d'un historien communiste, reste encore, sauf exception, un terme de mépris.

En revanche, parmi ceux qui affirment l'existence d'un socialisme français indépendant du marxisme et indépendant du socialisme tradition SFIO, nombreux sont ceux qui se situent sous le patronage de Proudhon.

Proudhon, homme du peuple, ayant une existence à la Péguy, gardant les vaches dans son enfance. Proudhon adversaire de l'État, ennemi de l'autorité, de la centralisation, ennemi de la politique, de l'action politique et des partis politiques. « Faire de la politique, écrivait Proudhon en mars 1852, c'est se laver les mains dans la crotte. »

Proudhon, partisan de l'association, de la mutualité, du fédéralisme à l'échelle nationale, du fédéralisme à l'échelle internationale. Proudhon pensant que la justice est inséparable de la révolution et que la véritable révolution n'est pas une révolution politique mais une révolution morale et sociale.

Tous ces thèmes sont riches de résonances. Ils se retrouvent chez les théoriciens du syndicalisme révolutionnaire qui est, ne l'oublions pas, vers 1900, l'idéologie la plus répandue en France dans les milieux ouvriers. On peut dire que la charte d'Amiens de 1906 se situe dans la postérité de Proudhon.

Cette référence à Proudhon se retrouve aussi, par un apparent paradoxe, chez certains membres de l'Action française comme Valois qui, avant 1914, rêvent d'une alliance entre l'Action française et le syndicalisme révolutionnaire. Ils fondent en 1912 *les Cahiers du cercle Proudhon* dont parle Bernanos dans *la Grande Peur des bien-pensants* et qui n'auront qu'une existence tout à fait éphémère. G. Valois dira d'eux, en 1927 : « Ce fut la première tentative fasciste en France. »

Il est significatif de constater la persistance d'un proudhonisme de droite presque plus vivant et plus constant que le proudhonisme de gauche.

Dans les années 1930, Proudhon est avec Georges Sorel — et le rapprochement Proudhon-Sorel est alors habituel — un des maîtres à penser du petit groupe de l'Ordre nouveau qui, avec Arnaud Dandieu, mort prématurément, Robert Aron, Alexandre Marc, etc. cherche à dépasser les oppositions traditionnelles entre la droite et la gauche, à se situer au-delà, à dépasser l'opposition traditionnelle conservatisme-collectivisme et à fonder, comme l'indique le titre de la revue, un ordre nouveau. De même à *Esprit,* on se déclare avant la guerre volontiers « proudhoniens ».

En 1950, la *NEF* publiait un numéro spécial intéressant, en pleine guerre froide, intitulé : « Le socialisme français victime du marxisme? » La réponse que donnait la *NEF* était pleinement affirmative à la question ainsi posée. Et tout ce numéro spécial de la *NEF* — où on retrouvait d'ailleurs un certain nombre d'anciens collaborateurs de *l'Ordre nouveau* — était un hymne à Proudhon.

Proudhon intéresse les catholiques comme le révérend père de Lubac qui a consacré un savant ouvrage à la religion de Proudhon, ou comme Mgr Haubtmann, recteur de l'Institut catholique, qui a étudié les rapports entre Proudhon et Marx.

Aujourd'hui, Proudhon est le principal inspirateur des groupements fédéralistes et pro-européens qu'animent des hommes comme Alexandre Marc et Bernard Voyenne qu'on trouve déjà avant 1939 dans la ligne de l'Ordre nouveau.

Daniel Guérin, l'auteur de *Bourgeois et Bras nus,* de *Fascisme et Grand Capital,* qui a toujours évolué entre l'anarchisme et le trotskysme, consacre à Proudhon une large place dans son anthologie intitulée : *Ni Dieu, ni maître;* les maîtres à penser de Daniel Guérin sont Proudhon, Bakounine, Georges Sorel.

Ainsi Proudhon est encore vivant aujourd'hui, mais dans des cercles étroits qui ne se situent pas tous à gauche, il s'en faut, et les communistes, les socialistes SFIO, les radicaux l'ont à peu près complètement oublié. On ne peut donc pas dire qu'il figure dans le panthéon de la gauche française [1].

Quant à Marx, il faut souligner combien la pénétration du marxisme en France a été lente et tardive. Vers 1900, Marx est à peu près complètement inconnu en France.

Jules Guesde, qui se présente comme le porte-drapeau du marxisme et comme le doctrinaire du marxisme à la fin du siècle dernier, n'a de Marx qu'une connaissance superficielle. Il présente du marxisme une vision dogmatique, schématique, scolastique.

Jaurès est extrêmement réticent à l'origine à l'égard du marxisme, de même que Léon Blum — nous y reviendrons — qui, en 1900, dans *la Revue blanche,* publie un article dans lequel il expédie Marx fort sommairement. Sans doute Jaurès et Léon Blum — Léon Blum plus que Jaurès — acquerront-ils une certaine connaissance et même, dans le cas de Blum, une très honorable connaissance du marxisme, mais ils resteront l'un et l'autre — et surtout Jaurès — très réservés à l'égard d'un certain nombre de thèmes fondamentaux du marxisme : le matérialisme historique, la lutte des classes et la dictature du prolétariat.

Les communistes français à l'origine, après le congrès de Tours, n'ont qu'une médiocre connaissance de Marx. Ils voient Marx à travers la révolution d'Octobre. Les dirigeants du parti ne sont évidemment pas des intellectuels, pour la

1. Notons pour mémoire une tentative marxiste de réhabilitation de Proudhon dans H. Lefebvre, *La Proclamation de la Commune,* Gallimard, 1965. On y lit ainsi : « La notion de décentralisation étant de nouveau à l'ordre du jour, une réhabilitation de Proudhon (pour autant qu'on puisse parler de réhabilitation) s'impose », p. 153.

plupart. Ils s'occupent fort peu de doctrine. Mais il en est de même d'un homme comme Marcel Cachin, qui, lui, était à l'origine un intellectuel. La contribution de Marcel Cachin à la théorie marxiste n'est pas éclatante.

Ce n'est guère qu'à partir de 1930 que les œuvres de Marx commencent à être connues et étudiées en France, mais d'abord dans des cercles étroits comme le petit groupe dit des « philosophes » communistes avec Henri Lefebvre, Georges Politzer, Paul Nizan, Morhange, Guterman, Georges Friedmann, etc. Mais la plupart de ces jeunes philosophes marxistes découvrent Marx à travers Hegel, viennent à Marx par Hegel et présentent donc une version humaniste de Marx qui est aux antipodes du marxisme d'Althusser.

Les éditions Gallimard publient en 1936 — date tardive — des *Morceaux choisis* de Marx dus à Henri Lefebvre et Guterman, mais ces *Morceaux choisis* de Marx n'ont apparemment qu'un médiocre succès.

A l'époque, le marxisme est à peu près complètement ignoré des milieux intellectuels. Il n'a pas droit de cité dans l'Université et, paradoxalement, une des rares institutions universitaires qui donnent une place au marxisme se trouve être l'École libre des sciences politiques où enseigne Élie Halévy qui, en bon libéral, consacrait un cours au socialisme et parlait assez longuement du marxisme.

Premier fait donc : la pénétration tardive du marxisme en France.

Deuxième fait : la médiocrité jusqu'à une date récente de la pensée marxiste ou de la réflexion suscitée par le marxisme en France. Rien d'équivalent en France à la grande polémique Bernstein-Kautsky à la fin du siècle dernier. Rien d'équivalent à la remise en question vigoureuse, même si on la juge contestable, du marxisme par Henri de Man dans *Au-delà du marxisme* dont l'édition française paraît en 1927. Rien d'équivalent à l'œuvre de Lukacs, à l'œuvre de Gramsci et même à l'œuvre de Togliatti.

Certes, on assiste depuis quelques années à un certain renouveau de la pensée marxiste en France, mais depuis très peu d'années. Malgré la création du CERM — le Centre d'études et de recherches marxistes qu'a dirigé Roger Garaudy —, malgré les nombreux écrits dudit Roger

Garaudy, malgré l'institution des Semaines de la pensée marxiste et des dialogues qu'elles permettent, il serait aventureux de dire que le CERM (créé en 1959) a apporté une contribution décisive au progrès de la pensée marxiste.

Il semble permis de dire — mais on pourrait en discuter — que le renouvellement, d'ailleurs très limité, de la pensée marxiste en France est beaucoup moins l'œuvre de communistes membres du parti communiste français ou de socialistes membres de la section française de l'Internationale ouvrière, que de communistes, membres du parti certes, mais marginaux comme Althusser, d'anciens communistes ayant rompu avec le parti, comme Henri Lefebvre, Gilles Martinet, Serge Mallet ou Pierre Fougeyrollas, ou de catholiques réfléchissant sur le marxisme comme le père Calvez, le père Bigo ou le père Chambre — même si l'on considère que leurs interprétations humanistes du marxisme, comme celle du père Calvez, sont fausses, ce qui est évidemment la thèse d'Althusser.

Ce bref panorama nous conduit à une conclusion qui me paraît assez importante. C'est qu'il n'y a pas de théoriciens du socialisme dans le Panthéon de la gauche française. Il n'y a pas non plus dans ce Panthéon de personnalités non françaises.

Ce Panthéon, vers 1900, est-il donc vide? Je ne le pense pas, mais les hommes qui y figurent sont soit des hommes politiques, soit des écrivains.

Dans le Panthéon de la gauche française vers 1900, on peut, je pense, situer Descartes à cause du rationalisme et du *Discours de la méthode*.

On peut aussi situer Voltaire en très bonne place.

On peut y situer aussi Danton et Carnot : « De l'audace, encore de l'audace, toujours de l'audace »; « L'éducation, après le pain, est le premier besoin du peuple ».

Robespierre, vers 1900, est encore contesté et ne serait pas admis par tout le monde.

Il faut ajouter Michelet — qui, je crois, ne serait contesté par personne — à cause du *Peuple,* à cause de l'*Histoire de France,* à cause de l'*Histoire de la Révolution française,* à cause de *Jeanne d'Arc,* à cause de son *Tableau de la France.*

Victor Hugo à cause des *Châtiments,* des *Misérables,* à cause de son long exil sous le second Empire, à cause aussi de cette étonnante vieillesse qui fait de lui jusqu'à sa mort une sorte d'institution nationale [1].

Gambetta — qui ne serait pas admis par tout le monde — à cause du départ en ballon lors du siège de Paris et à cause du 16 mai.

Émile Zola à cause de *J'accuse*, bien que certaines de ses œuvres comme *la Débâcle* ou *la Terre* soient jugées contestables par les éléments les plus soucieux de morale.

Anatole France, sûrement, symbole en France et à l'étranger de l'esprit français, de l'ironie française et du bon sens français.

Plus tard, Jaurès entrera dans le Panthéon de la gauche française et même dans le Panthéon tout court, au moment du Cartel des gauches, sous le ministère Herriot. Mais dans les années 1900 Jaurès est encore profondément contesté par les radicaux, et même par une partie des socialistes.

Je ne vois personne d'autre à mettre dans mon Panthéon de la gauche française vers 1900 et je reconnais qu'il est assez déplorablement vide. Mais la gauche française est-elle une ou multiple vers 1900? La gauche française de 1900 existe-t-elle? C'est ce que nous devons examiner maintenant.

1. Lamartine est admiré par les radicaux, notamment par Herriot qui lui voue un véritable culte. Mais — F. Mitterrand mis à part — que représente-t-il pour les socialistes?

1

La gauche des années 1900

Il m'a paru nécessaire de consacrer un chapitre à la gauche des années 1900 car on a souvent dit et répété jusqu'à une date récente que les grands thèmes de la gauche française, qu'il s'agisse du radicalisme, du socialisme, du syndicalisme, de l'anticléricalisme, s'étaient formés vers 1900 et qu'ils n'avaient pratiquement pas évolué depuis un demi-siècle.

Il est vrai, si l'on se réfère à la terminologie, que c'est dans les années 1900 que se constituent le Bloc des gauches et la Délégation des gauches qui a joué un rôle important jusqu'à la fin de la IIIe République.

Mais qu'est-ce que la gauche dans les années 1900? Y a-t-il une gauche dans les années 1900? C'est un problème, à dire vrai, très difficile. En effet, apparemment, nous nous trouvons en face de trois univers à peu près complètement distincts et cloisonnés : l'univers du radicalisme, l'univers du socialisme et l'univers du syndicalisme alors très dominé par le syndicalisme révolutionnaire.

Y a-t-il quelque chose de commun entre ces trois univers distincts? Existe-t-il une sorte de conscience de gauche, même si le terme de gauche n'est pas prononcé, et quelles sont les composantes de cette conscience de gauche?

1. Les trois gauches

Six dates importantes :
— 1895, naissance de la CGT;
— 1899, formation du Gouvernement de défense républi-

caine, ou Bloc des gauches, présidé par Waldeck-Rousseau, comprenant pour la première fois un socialiste, Millerand;

— 1901, naissance du parti radical;

— 1902-1905, le ministère Combes à direction radicale, la lutte contre les congrégations, la politique anticléricale, la séparation de l'Église et de l'État en décembre 1905;

— en avril 1905, quelques mois auparavant, unification socialiste, naissance de la SFIO;

— enfin 1906-1909, le ministère Clemenceau, les conflits sociaux, Clemenceau contre Jaurès, Clemenceau briseur de grèves. Les socialistes se retirent du Bloc et s'opposent violemment aux radicaux.

Par conséquent, à partir de 1902, le parti radical devient durablement un parti de gouvernement. A partir de 1906, la rupture est officiellement consommée entre radicaux et socialistes.

I. LE RADICALISME

Le parti républicain radical et radical-socialiste est né en 1901. C'est le premier grand parti fondé en France à l'échelle nationale.

Sa naissance a été précédée par une longue préhistoire que relate Jacques Kayser dans son livre intitulé *les Grandes Batailles du radicalisme,* qui s'arrête précisément en 1901 et que la mort n'a pas permis à Jacques Kayser d'achever.

La naissance du parti radical a été préparée par l'action d'un grand nombre de comités locaux ou nationaux, de ligues comme la Ligue de l'enseignement née à l'époque du second Empire, ou la Ligue des droits de l'homme née à l'époque de l'affaire Dreyfus, et enfin par l'action des loges maçonniques, jadis dominées par les républicains opportunistes, par les républicains modérés, et qui, vers 1885-1890-1895 — il est impossible de fixer une date précise — tendent à être dominées par les radicaux. C'est un fait important pour la naissance du parti radical et jusqu'en 1939 les liens entre radicalisme et franc-maçonnerie sont extrêmement étroits.

Pourquoi le parti radical est-il créé? Il est créé à des fins très précises : à des fins électorales, pour préparer les élections de 1902 qui sont effectivement marquées par un succès radical.

Le parti radical est, de 1900 à 1914, le premier parti de France avec 250 élus environ, dans une Chambre qui comprend 590 députés. Le parti radical n'a pas à lui seul la majorité. Il pourrait l'avoir s'il s'alliait aux socialistes mais, dans le contexte des années 1900, une telle alliance paraît impensable.

Par conséquent, le parti radical, pour se maintenir au pouvoir avec ses 250 députés, est contraint de pratiquer une politique d'alliance sur sa droite, une politique de conjonction des centres. Le parti radical s'opposera ainsi violemment aux socialistes sous le ministère de Clemenceau.

En réalité, dans les années 1900, les radicaux sont plus proches politiquement et idéologiquement des républicains modérés, de l'Alliance démocratique républicaine, des anciens opportunistes, dans la tradition de Jules Ferry ou de Waldeck-Rousseau, que des socialistes, et cela me paraît un fait important.

J'ai examiné les professions de foi aux élections de 1906 dans le Barodet [1].

Qu'y apprend-on? On découvre qu'un dégradé quasi insensible conduit des républicains de gouvernement, type Delcassé, aux radicaux socialistes et même aux radicaux socialistes de gauche, type Camille Pelletan, tandis qu'il y a vraiment une coupure et un changement d'univers, un changement de thèmes et de style lorsqu'on passe d'une profession de foi radicale à une profession de foi socialiste. C'est ma principale découverte. Elle peut sembler banale, mais cela me paraît très important.

Dans les années 1900, le parti radical n'existe pratiquement pas, il a des structures lâches, il ne cherche pas à recruter de membres et, en dehors des grandes fêtes annuelles que sont les congrès radicaux, le parti radical apparaît moins comme un parti que comme une fédération très souple de comités et de sociétés de pensée qui quadrillent la France entière.

1. On appelle ainsi le recueil des professions de foi électorales des candidats députés. Désiré Barodet, député de la Seine, en avait fait voter le principe par la Chambre en 1882. (*N.d.É.*)

Cette fédération de comités a une double finalité :

1. Préparer les élections, gagner les élections, toutes les élections, gouverner la République. Le parti radical est fondamentalement, dans les années 1900, un parti à vocation gouvernementale. Il a été créé en 1901, répétons-le, pour gagner les élections de 1902 et pour permettre la constitution d'un gouvernement radical.

2. Les radicaux considèrent comme normal que, dans une République radicale, les places reviennent aux plus sûrs des républicains, c'est-à-dire aux radicaux. Le parti radical des années 1900 est donc à la fois un très efficace instrument de surveillance et de contrôle — il faut penser ici au thème du contrôleur cher à Alain — et un instrument non moins efficace de promotion politique.

Autre particularité du radicalisme des années 1900 : le parti radical manque singulièrement de chefs prestigieux et de personnalités incontestées.

Vers 1900, quels sont les grands chefs radicaux? Ce sont des personnalités fort pâles comme Goblet ou comme Sarrien, aujourd'hui bien oubliés. Camille Pelletan est une personnalité plus truculente, mais on ne saurait affirmer que c'est un grand esprit.

Combes, président du Conseil en 1902, est obsédé par l'anticléricalisme. D'après ses *Mémoires*, qui ont été publiés par Maurice Sorre, il apparaît que, dans l'univers de Combes, en dehors de l'anticléricalisme, il est très difficile de discerner d'autres préoccupations, d'autres thèmes. En matière de politique économique, en matière de politique sociale, en matière de relations internationales, en matière d'institutions politiques, c'est le désert le plus total et le néant le plus absolu. Combes ne sort vraiment pas grandi de la publication de ses *Mémoires*.

Les deux personnalités marquantes du parti radical dans les années 1900 sont extrêmement contestées à l'intérieur même du parti radical. Il s'agit de Georges Clemenceau et de Joseph Caillaux.

Clemenceau est né en 1841. Il n'est pas jeune dans les années 1900 et il l'est encore moins en 1917. Clemenceau, ancien tombeur de ministères, aime à faire rire et ne craint pas de se faire des ennemis. Ardemment patriote, initialement partisan de Boulanger, il est quelque peu compromis dans le scandale de Panama. En revanche, contrairement à la majorité des chefs radicaux, il s'engage vigoureusement pour la défense de la cause du capitaine Dreyfus.

Le radicalisme de Clemenceau est très différent du radicalisme dominant dans les années 1900. C'est ce que Thibaudet, dans *les Idées politiques de la France,* appelle le radicalisme de proconsulat par opposition au radicalisme de comités. Et il est très clair que Thibaudet, parlant du radicalisme de proconsulat, donne toutes ses faveurs au radicalisme de comités de style beaucoup plus classiquement provincial.

Quant à Joseph Caillaux, il est beaucoup plus jeune que Clemenceau, il a vingt-deux ans de moins que lui, étant né en 1863. Il est président du Conseil en 1911, au moment de l'affaire d'Agadir. On sait l'épisode tragique qui précède de peu la déclaration de guerre de 1914, lorsque Mme Caillaux tue d'un coup de revolver le directeur du *Figaro,* Calmette, qui voulait, disait-on, publier une correspondance jadis échangée entre Caillaux et Mme Caillaux, à l'époque où ladite Mme Caillaux était la maîtresse de Caillaux.

Caillaux est un inspecteur des Finances, un haut fonctionnaire, un grand bourgeois, et il sera l'objet d'attaques d'une extraordinaire violence lorsqu'il se prononcera en faveur de l'impôt général sur le revenu. On l'accusera de trahir sa classe, de trahir la bourgeoisie, de trahir la France.

Tout cela peut nous paraître lointain, mais Caillaux est un des hommes qui ont été les plus violemment haïs avant 1914 à cause, d'une part, de l'impôt sur le revenu et, d'autre part, de l'affaire du bec de canard. C'est la conclusion de l'accord diplomatique, après la crise d'Agadir en 1911, lorsque Caillaux, afin d'obtenir pour la France les mains libres au Maroc, avait concédé aux Allemands en Afrique noire quelques territoires qui avaient la forme d'un bec de canard.

Quoi qu'il en soit, le radicalisme de Caillaux est très différent du radicalisme de Clemenceau et du radicalisme dominant à l'époque. C'est un radicalisme soucieux d'efficacité et d'orthodoxie financière. Caillaux, lorsqu'il sera sénateur après 1918, se montrera gardien vigilant et sourcilleux de l'orthodoxie financière. C'est un radicalisme de haut fonctionnaire, un radicalisme en quelque sorte pré-technocratique qui est fort mal accordé à la sensibilité radicale de l'époque. A certains égards, on peut dire que le style de Caillaux annonce le style de Pierre Mendès France.

Ni Clemenceau ni Caillaux, qui d'ailleurs se détestent, — on s'en apercevra pendant la guerre, lorsque Clemenceau fera traduire Caillaux en Haute Cour pour « intelligence avec l'ennemi » — ne sont représentatifs du radicalisme moyen.

Qu'est-ce donc que le radicalisme moyen dans les années 1900? Être radical dans les années 1900, qu'est-ce que cela veut dire?

— Premier point qui est fondamental et qu'il n'est pas nécessaire de souligner longuement : le parti radical, c'est le parti de la République, c'est l'héritier de la Révolution française. D'où l'abondance des références à la grande Révolution, à la tradition républicaine, à la défense républicaine, à la lutte contre la réaction.

Dans leurs professions de foi, la plupart des candidats radicaux de 1906 se qualifient *républicains* bien avant de se qualifier radicaux, et beaucoup même dissimulent qu'ils sont en fait des candidats radicaux. C'est, par exemple, le cas de Caillaux. On chercherait vainement dans la profession de foi de Caillaux la moindre référence à son appartenance au parti radical. De même, il est exceptionnel que les radicaux emploient le terme de gauche. Je n'ai d'ailleurs presque jamais rencontré non plus, ou très rarement, le terme de gauche dans les professions de foi des socialistes, mais je n'ai naturellement fait que quelques sondages.

— Second point : le parti radical, c'est le parti de la raison. Le radicalisme est l'incarnation du rationalisme et de la raison en politique, la science contre la foi aveugle, le progrès contre la tradition, la philosophie des Lumières contre le péril clérical. Dans les années 1900, le radicalisme est avant tout et presque exclusivement le fer de lance de l'anticléricalisme. L'anticléricalisme constitue l'essentiel de la doctrine radicale. Et après la séparation de l'Église et de l'État en 1905, le parti radical se trouve fort démuni, car il a perdu l'essentiel de son programme initial.

— Cependant — et c'est mon troisième point — les élus radicaux ont le souci vigilant d'exprimer les aspirations et les revendications de leur circonscription. Solidement implantés dans leur circonscription, les élus radicaux s'attachent efficacement à défendre les intérêts de leurs mandants. Il y aurait une belle étude à faire sur la place des préoccupations locales par rapport à la place des préoccupations nationales dans les différentes professions de foi. Je ne livre ici qu'une impression, mais la place des préoccupations locales dans les professions de foi radicales me paraît dominer de très loin la place des préoccupations locales dans les professions de foi des autres formations politiques.

Par conséquent, la défense des intérêts provinciaux domine, car le radicalisme, à partir de 1890-1895, a ses principales assises en province. C'est un renversement sociologique par rapport à la situation du XIXe siècle où, avant la naissance du parti radical, le radicalisme a ses principales assises à Paris et dans les grandes villes. A partir de 1895 à peu près, la situation se renverse, les socialistes prennent pied dans les grandes villes et le radicalisme se ruralise et se provincialise. Les considérations sur la défense de l'arrondissement d'Ambert ou de l'arrondissement d'Issoire, les considérations sur le prix du vin et la défense du privilège des bouilleurs de cru tiennent donc une place considérable dans les professions de foi radicales.

En matière d'institutions politiques, les radicaux ont jadis demandé la révision constitutionnelle et la suppression du Sénat. Dans les années 1900, ils ne demandent plus rien et le Sénat paraît leur donner satisfaction.

En matière économique, il y a toujours un couplet sur la défense de la propriété privée et presque toujours un couplet contre les dangereuses atteintes que le collectivisme sous toutes ses formes fait peser sur la propriété privée.

En matière sociale, on lit presque toujours un couplet sur la défense de l'ordre et la condamnation des fauteurs de troubles. Il y a également certaines considérations sur la nécessité d'organiser des régimes de retraite satisfaisants pour les ouvriers. Mais tout cela ne va pas loin.

En matière de relations internationales, le programme radical est d'une clarté parfaite. Il y a un couplet rituel sur la patrie sacro-sainte accompagné d'un couplet, non moins rituel, sur la défense de la paix qui est pleinement compatible avec l'attachement à la patrie.

Défense de la patrie, défense de la paix, défense de l'ordre, défense de la propriété, défense républicaine, défense de l'individu, défense des intérêts locaux, défense de la vie quotidienne, pourrait-on dire pour employer la terminologie d'Henri Lefebvre, défense contre la réaction et contre le péril clérical : lorsqu'on lit les professions de foi radicales, les mots « défendre », « protéger », « garantir » sont ceux qui reviennent le plus fréquemment.

Le seul thème nouveau, hardi pour l'époque, est l'impôt sur le revenu dont le parti radical se déclare partisan. Mais les radicaux se battent fort mollement pour l'impôt sur le revenu car, après tout, s'ils avaient voulu faire passer l'impôt sur le revenu, il aurait été assez aisé pour eux de contracter à cet effet une alliance parlementaire avec les socialistes. Mais une telle alliance, dans le contexte de l'époque, était proprement impensable, ce qui condamnait la revendication concernant l'impôt sur le revenu à être un vœu pieux repris de consultation électorale en consultation électorale.

Pour sentir le ton du radicalisme dans les années 1900, il faudrait lire le programme du parti radical en 1907, tel que le cite presque *in extenso* Claude Nicolet dans son « Que sais-je? » sur le radicalisme (p. 48 et suiv.). C'est un document très éclairant pour les thèmes, la terminologie, le vocabulaire.

Or, ce programme de 1907 est très en retrait par rapport au programme de Belleville avancé par Gambetta en 1869. On peut faire une comparaison terme pour terme, thème pour thème, et on aboutit à la conclusion que les radicaux de 1907 sont sensiblement en retrait sur les républicains de 1870.

Parmi quelques professions de foi, voici celle d'Albert Sarraut dans la deuxième circonscription de Narbonne. Albert Sarraut fut élu au premier tour du scrutin :

« Je viens d'avoir pendant quatre ans le grand honneur de vous représenter. Vous m'avez vu à l'œuvre. Je me soumets à votre jugement souverain avec la confiance profonde que donne le sentiment du devoir accompli. Mes actes et mes votes sont là pour attester avec quelle fidélité invariable j'ai respecté mes engagements sur le terrain politique et social comme sur le terrain économique. J'ai conscience d'avoir tenu la parole donnée, d'avoir apporté à la défense de vos intérêts moraux et matériels un dévouement égal à une égale fermeté.

Au point de vue politique, républicain d'avant-garde, j'ai défendu passionnément notre idéal commun de progrès et de liberté contre les violences de la réaction cléricale et contre les défaillances des républicains rétrogrades. J'ai voté les lois assurant la pérennité nécessaire de la République. J'ai collaboré à la grande œuvre libérale et salutaire de la séparation des églises et de l'État. J'ai été avec la liberté de conscience contre la servitude du dogme, avec la tradition française contre l'esprit ultramontain, avec la France contre Rome. J'ai lutté de toutes mes forces pour la défense de la République parce que la République est le seul instrument possible de progrès démocratique, le seul régime capable de réaliser les grandes réformes que les masses laborieuses attendent avec leur émancipation, les bienfaits légitimes de la justice sociale. Toujours, vous m'avez vu parmi ceux qui s'efforçaient à l'amélioration du sort des travailleurs. Pas une fois mon appui n'a manqué aux revendications dictées par le souci de leur indépendance, de leur mieux-être et de leur dignité.

Tel j'ai été, tel je reste. Vous connaissez mon programme. Vous l'avez acclamé en 1902. C'est celui du parti radical socialiste. Il renferme toutes les grandes réformes réclamées par la démocratie : impôt global et progressif sur le revenu avec dégrèvement de l'impôt foncier, retraite ouvrière et agricole, assurance contre le chômage, protection du travail contre l'oppression des féodalités financières, retour à l'État des grands monopoles et services publics, élargissement de la capacité des syndicats ouvriers. »

Les derniers thèmes peuvent vous paraître hardis et, effectivement j'aurais dû les mentionner plus tôt. On les discerne ainsi dans les professions de foi radicales, lors des élections, mais le souci de réaliser ces réformes apparaît beaucoup moins évident lorsque les radicaux sont au gouvernement.

Sans vouloir accumuler les citations, voici tout de même la profession de foi de Gaston Doumergue, radical-socialiste en 1906.

Gaston Doumergue a été élu à Nîmes et la conclusion de sa profession de foi est fort belle :

« Pour le surplus, je demeure fidèle au programme du parti radical socialiste dont j'entends rester le soldat dévoué et discipliné. Vous savez aussi qu'aucune des réformes qui répondent aux aspirations sensées et réfléchies de la démocratie travailleuse ne me laissera indifférent et que mon concours leur est acquis par avance. Je continuerai à marcher, non pas à la remorque, mais au premier rang de mon parti.

Mais cette politique hardie de réformes sociales ne saurait aller sans une politique appropriée, je veux dire que les plus sérieux efforts soient tentés pour permettre à notre commerce, à notre industrie et à notre agriculture de se développer et de prospérer afin de résister aux crises intérieures et de lutter avec avantage sur le terrain de la concurrence internationale. L'enrichissement général de notre pays est la condition nécessaire des grandes et durables réformes sociales. Aussi continuerai-je à défendre avec ardeur nos intérêts économiques et notamment ceux de la viticulture méridionale si douloureusement éprouvée à l'heure qu'il est. C'est en protégeant le vin contre la concurrence déloyale des liquides qui usurpent son nom bien qu'ils ne proviennent pas de la fermentation exclusive du jus de raisin frais, c'est en interdisant et en réprimant toute fraude et toute adultération, c'est en rendant rémunératrice la distillation soit des mauvais vins, soit des quantités de vins excédant les besoins de consommation de bouche, que nous rendrons à la viticulture sa prospérité d'autrefois et que nous stabiliserons cette prospérité. C'est aussi en rendant le crédit plus accessible aux viticulteurs et moins incertain pour les commerçants.

Telles sont, mes chers concitoyens, les réformes générales auxquelles je m'engage à donner tous mes efforts. C'est pour travailler à leur réalisation que je sollicite les suffrages des républicains, mais des seuls républicains. Mon unique ambition, c'est de travailler pour la démocratie et pour la République, c'est de rendre celle-ci plus respectée et plus forte, c'est de lui assurer une paix durable et digne, c'est d'en faire un régime d'ordre, de progrès et de justice sociale. »

Jules Jeanneney, futur président du Sénat, candidat aux élections dans la Haute-Saône et élu au premier tour de scrutin, se déclare pour sa part très attaché au dégrèvement du sucre, des timbres-poste et des bicyclettes. Il affirme — je cite — « répudier hautement la criminelle folie de l'antipatriotisme qui, en mettant en péril l'existence même de la nation, favoriserait l'invincible réaction d'un chauvinisme ou d'un nationalisme nouveau ».

Et avant de terminer en s'écriant : « Vive l'arrondissement de Vesoul! Vive la République démocratique! », ses derniers mots sont pour dire : « L'énergie que j'ai donnée à la cause des bouilleurs de cru avec le succès décisif que vous savez, je l'offre encore à la protection de tous vos intérêts. Vive l'arrondissement de Vesoul! Vive la République démocratique! »

Quant à Caillaux, qui n'indique nulle part qu'il appartient au parti radical, candidat dans la Sarthe, à Mamers, et appelé, lui aussi, à être élu au premier tour, il se contente de déclarer — je vous cite le début de sa profession de foi :

« Profondément républicain, je défendrai la République, comme je l'ai toujours fait, toutes les fois qu'elle sera menacée, soit par ceux qui l'attaquent ouvertement, soit par ceux qui, sans oser déployer leur drapeau, n'attendent qu'une occasion favorable pour provoquer une révolution au profit des régimes déchus.

Vous savez encore que je veux énergiquement le maintien de l'ordre et de la propriété individuelle qui est l'expression de la liberté et la condition du progrès.

J'ai à peine besoin d'ajouter que je veux la patrie grande et forte, défendue par une armée disciplinée, obstinément tenue en dehors de la politique.

Ainsi j'entends rester fidèle à la tradition de nos grands ancêtres de la Révolution qui ont fait synonymes les mots de " républicain " et de " patriote ". »

On voit combien une profession de foi comme celle de Caillaux se distingue malaisément des professions de foi des républicains modérés style Delcassé ou des « républicains de gauche » comme Jules Siegfried, père d'André Siegfried, candidat au Havre, qui se contente, lui, à la fin de sa profession de foi — et la nuance n'est pas négligeable — de s'écrier : « Vive la République! », au lieu de s'écrier : « Vive la République démocratique! » comme Gaston Doumergue, ou : « Vive la République sociale! » comme Jules Guesde.

Mais ces professions de foi tranchent singulièrement, et très particulièrement la dernière, celle de Caillaux, avec les professions de foi des candidats de droite comme celle du vicomte de Villebois-Mareuil qui se qualifie de vieux soldat, ou celle du marquis de Rosambo dans le Morbihan.

Le vicomte de Villebois-Mareuil, dans sa profession de foi, se déclare candidat catholique et il affirme à la fin qu'il s'agit de voter pour Dieu ou contre Dieu. « Le vote que vous allez émettre est clair. Il s'agit de voter pour Dieu ou contre Dieu, pour la patrie ou contre la patrie. »

D'autre part, les professions de foi radicales tranchent nettement avec les professions de foi socialistes.

II. LE SOCIALISME

Le parti socialiste ou, plus exactement, la Section française de la IIe Internationale ouvrière naît en 1905, quatre ans après le parti radical. Comparée au parti radical, la SFIO des années 1900 est un petit parti. En 1906, elle compte 51 députés et 900 000 voix environ, alors que les radicaux socialistes ont près de 250 élus. Il y a donc au Parlement 1 député socialiste pour 5 députés radicaux.

A la même date, la SFIO a environ 35 000 membres, alors que la CGT en compte à peu près — il est toujours difficile d'arriver à des évaluations précises lorsqu'il s'agit de dénombrer les effectifs syndicaux — 350 000. Il y a donc 1 membre de la SFIO — et cela est important — pour près de 10 membres de la CGT.

En 1914, grand succès socialiste à la veille de la guerre, la SFIO a 103 élus et obtient 1 400 000 voix. Mais les radicaux, à la même date, ont toujours 250 élus environ. La force électorale des radicaux reste donc très largement supérieure à celle de la SFIO, malgré les progrès de celle-ci.

L'unification socialiste de 1905 avait été précédée par de longues et parfois violentes luttes de tendances. Ces tendances peuvent être ramenées à cinq principales :

1. Les *guesdistes,* membres du Parti ouvrier français dirigé par Jules Guesde et Paul Lafargue. Ils se réclament du marxisme, dont ils sont les principaux propagandistes en France. Leurs positions sont particulièrement fortes dans le Nord de la France, dans l'Aube, dans l'Isère et, d'autre part, dans le Midi languedocien et provençal.

2. Les *possibilistes* ou *broussistes* (du nom de Paul Brousse, leur leader). Forts surtout à Paris, ils sont partisans, comme leur nom l'indique, d'un socialisme du possible, à la fois législatif et municipal. Pour eux, le collectivisme doit résulter d'une évolution nécessaire : du capitalisme de concurrence au monopole, du monopole au service public. De cette généralisation des services publics, ils ont élaboré toute une théorie (voir P. Brousse, *la Propriété collective et les Services publics,* 1883), d'où résulte réformisme ou gradualisme : « Nous autres, nous ne désirons pas une révolution trop prompte, nous préférons que la transformation se fasse lentement, logiquement. On ne s'improvise pas directeur d'un grand service public du jour au lendemain, parce qu'on a fait un beau discours » (Brousse).

3. Les *allemanistes,* membres du Parti ouvrier socialiste révolutionnaire, qui ont pour tête de file Jean Allemane, un ancien communard. Séparés des broussistes en 1890, qu'ils trouvent trop réformistes et électoralistes, ils se font les propagandistes de la grève générale et de l'antimilitarisme ; ils ont perdu de leur influence à la fin du siècle quand la CGT, qui leur doit beaucoup, les a relayés dans la défense de ces thèmes. Ce qu'il restera de l'allemanisme dans la SFIO, c'est la défiance des politiciens, la tendance ouvriériste et un anticléricalisme militant.

4. Les *blanquistes* ou *vaillantistes* (des noms de Louis Blanqui, mort en 1881, et d'Édouard Vaillant, ancien communard). Le boulangisme ayant attiré à lui ce qu'il y avait de plus nationaliste dans le blanquisme, il est plus exact de parler après 1889 des « vaillantistes ». Édouard Vaillant a tenté de donner à son parti, le Comité révolutionnaire central, devenu en 1898 le Parti socialiste révolutionnaire, un programme de synthèse intégrant le marxisme au socialisme républicain. Partisan d'une « action totale » du mouvement socialiste, il défend l'action simultanée du parlementarisme et du syndica-

lisme, la grève générale et le socialisme municipal. Proches de Jaurès, les vaillantistes se rapprocheront pourtant de Guesde pendant l'affaire Dreyfus, refusant l'alliance avec les partis bourgeois.

5. Les *socialistes indépendants*. Répudiant les querelles d'écoles et les doctrines trop strictes, ayant le goût de l'union et disposés au syncrétisme nécessaire pour y parvenir, les socialistes indépendants constituent une cinquième famille, très peu organisée par définition mais exerçant peu à peu une grande influence dans le pays, par la presse et la tribune parlementaire. Trois hommes en ont été successivement les leaders : Benoît Malon, Alexandre Millerand et Jean Jaurès.

Benoît Malon, un vrai prolétaire, gagnait déjà sa vie à l'âge de sept ans comme gardien de dindons. Plus tard berger, puis ouvrier teinturier dans la région parisienne; il avait adhéré à l'Internationale dès 1865. Cet autodidacte, ancien membre de la Commune, fonda à son retour d'exil en 1880 *la Revue socialiste;* vite interrompue, celle-ci devait être publiée de nouveau à partir de 1885. Cette revue fut un trait d'union entre les différentes tendances socialistes et, en dehors d'elles, exprima le socialisme indépendant, plutôt réformiste que révolutionnaire. Malon disait ainsi : « Soyons révolutionnaires quand les circonstances l'exigent et réformistes toujours. » *La Revue socialiste,* qui exerça une grande influence sur les intellectuels, survécut à la mort de Malon qui eut lieu en 1893.

Millerand, lui, n'a pas les mêmes origines sociales que Benoît Malon. C'est un avocat, d'abord radical, puis socialiste vers 1890. En 1890, il prend la direction politique de *la Petite République française,* qui, devenue *la Petite République,* s'ouvrit à toutes les fractions socialistes, tout en privilégiant le réformisme socialiste de Millerand et des autres indépendants. Lors des élections municipales de 1896 eut lieu le grand banquet auquel furent conviées toutes les municipalités socialistes de France. Ce banquet du 30 mai 1896, tenu dans les salons d'un restaurant de la porte Dorée, devait rester célèbre dans l'histoire du socialisme sous le nom de « Banquet de Saint-Mandé ». Millerand y fit un grand discours sur la nécessité d'un programme minimum pour l'union des différentes familles socialistes. Trois thèmes principaux furent avancés :

a. substitution nécessaire et progressive de la propriété sociale à la propriété capitaliste (et Millerand insiste sur la substitution progressive : « Nul socialiste n'a jamais rêvé en effet de transformer d'un coup de baguette magique le régime capitaliste... »);

b. la conquête des pouvoirs publics ne peut être l'œuvre que du suffrage universel, ce qui renvoie à l'action parlementaire et écarte totalement toute idée de coup de force de type blanquiste;

c. l'internationalisme n'exclut pas le patriotisme; un socialiste ne doit pas renoncer à l'idée de patrie.

Sur cette base, des possibilités de convergence étaient réelles en 1896 entre les différentes tendances socialistes (allemanistes mis à part). D'autant plus que, depuis les élections de 1893, les députés socialistes se comptent plus d'une cinquantaine à la Chambre; qu'ils sont entraînés dans leur vote à une action commune. Mais l'affaire Dreyfus va apporter une nouvelle occasion de division dans cette famille nombreuse du socialisme français.

En effet, en 1899, en pleine Affaire, Millerand entre dans le cabinet Waldeck-Rousseau : pour la première fois un socialiste devient ministre, et qui plus est à côté du général de Galliffet, le « fusilleur » de la Commune. Les socialistes sont très divisés. Ceux qui condamnent Millerand sont légèrement majoritaires au départ mais — et cela est important — à l'origine, Jaurès, de 1899 à 1903, pendant quatre ans, jusqu'à ce que Millerand ait définitivement viré à droite, prend la tête de ceux qui approuvent l'entrée de Millerand dans le cabinet Waldeck-Rousseau, au nom de la défense républicaine.

Dans les années 1900, la tendance dominante à l'intérieur du mouvement socialiste en France est le guesdisme.

Jules Guesde était né en 1845. Fils de professeur, il a eu une formation secondaire classique. C'est un jeune républicain radical à la fin de l'Empire; en 1870, devenu secrétaire de rédaction d'un journal montpelliérain, il se fait connaître par des articles qui lui valent six mois de prison. Éloigné de Paris pendant la Commune, il est néanmoins condamné par la cour d'assises de l'Hérault à cinq ans de prison pour son soutien actif à la cause communaliste; pour y échapper il se réfugie à Genève. C'est dans cet exil, au contact des anciens communards et de tout un milieu internationaliste, qu'il devient socialiste, en passant par une phase de collectivisme libertaire sous l'influence des bakouninistes. La prescription de cinq ans lui permet de rentrer en France en 1876. C'est au cours de ces années-là que Guesde s'initie au marxisme. En 1877, il fonde le journal socialiste *l'Égalité.* En 1880, au moment où il doit mettre au point le programme du Parti ouvrier, il se rend à Londres pour demander conseil à Marx, avec lequel il a de longs entretiens : la rupture avec les anarchistes (et avec les broussistes en 1882) est désormais publique. A partir de 1882, il existe un parti guesdiste (le Parti ouvrier, qui deviendra plus tard le Parti ouvrier français) qui se sépare nettement des autres en se proclamant marxiste.

Qu'est-ce que le guesdisme [1]? Question importante car le guesdisme a marqué profondément le socialisme français, au-delà de la fusion de 1905, au-delà de la guerre de 1914 (voir Paul Faure), au-delà même de la Seconde Guerre mondiale (voir Guy Mollet).

Le guesdisme, si l'on s'interroge sur sa signification, est caractérisé par plusieurs traits.

— une extrême intransigeance doctrinale. Pour les guesdistes, le socialisme n'est pas seulement souhaitable, il est « fatal ». Ils insistent toujours sur le caractère « scientifique » du marxisme — moins sans doute pour analyser scientifiquement les faits que pour étayer leurs certitudes;

— ce que leurs adversaires appelaient leur autoritarisme; disons plus exactement : le rôle privilégié qu'ils assignent au *parti* comme instrument de passage au socialisme. Pour eux, le mouvement syndical doit être subordonné au parti. A cet égard, on peut dire que la naissance de la CGT en 1895 se fait contre Guesde et que la « charte d'Amiens » de 1906 — avec son fameux principe de l'autonomie des syndicats par rap-

1. Pour l'étude du guesdisme, voir la thèse de Claude Willard, *les Guesdistes (1893-1905)*, Paris, Éd. sociales, 1965. Plus succinctement, la mise au point de Madeleine Rebérioux, « Le guesdisme », in *Bulletin de la société d'études jaurésiennes*, n° 50, juillet-septembre 1973.

port aux partis politiques — est une déclaration essentiellement antiguesdiste;

— une rude affirmation de classe; pour eux, il n'y a que deux camps ennemis face à face, la bourgeoisie et le prolétariat. La bourgeoisie ne forme qu'un bloc; c'est cette conviction qui pousse les guesdistes à l'abstention lors de l'affaire Dreyfus — affaire de bourgeois dont les prolétaires n'ont pas à se mêler.

Toutefois, il importe de préciser que le guesdisme a évolué, comme si, en se constituant en parti structuré et centralisé et en renforçant ses rangs et son audience, il était amené à perdre parallèlement son révolutionnarisme de jeunesse. Notamment, en se développant dans le Midi, où les ouvriers constituent au maximum 15 % des adhérents, le guesdisme n'est plus partout le même : dans le Nord, il reste un parti de classe; dans le Midi il ne fait que rajeunir le vieux radical-socialisme. Les mots d'ordre de la « lutte de classe » pure et dure des débuts laisse peu à peu la place aux discours électoraux. Au début du siècle, ils ne sont plus révolutionnaires (même s'ils n'ont pas renoncé théoriquement à la révolution) et ne sont pas pour autant réformistes (même si dans les faits le bulletin de vote a remplacé pour eux le fusil).

Tout marxistes qu'ils sont, ils n'analysent pas la menace de guerre internationale qui pointe à partir de 1905 dans le cadre de l'impérialisme. Depuis longtemps, ils adhèrent à un patriotisme qui leur valut avant sa mort les brocards du vieil Engels. En 1914, Guesde se rallie à la politique de défense nationale et à l'union sacrée.

Cette sclérose du guesdisme a probablement favorisé l'ascension de Jaurès. Après 1905, on peut dire que Guesde abandonne la première place à Jaurès et que, de 1905 à 1914, Jaurès est incontestablement la grande figure du socialisme français.

Pour faire sentir le ton de Jaurès, voici le début et la fin de sa profession de foi en 1906.

— Le début :

« M. Jaurès, candidat dans la deuxième circonscription d'Albi, élu au premier tour de scrutin, 6386 voix.

“ Citoyens, j’ai rempli en conscience mon mandat. J’ai servi fidèlement le socialisme et la République qui sont inséparables car, sans la République, le socialisme est impuissant, et, sans le socialisme, la République est vide.

J’appartiens, vous le savez, à ce grand parti socialiste qui a uni toutes ses forces pour hâter l’émancipation complète des prolétaires et l’avènement d’une société plus harmonieuse et plus juste où le travail sera souverain.

Je fais donc appel avec confiance à tous les travailleurs...

[le mot “ travailleurs ” n’appartient pas au vocabulaire radical, il est propre au vocabulaire socialiste à l’époque]

... ouvriers de la mine et de la verrerie, du bâtiment et de la voie ferrée, journaliers agricoles, métayers, propriétaires paysans, petits commerçants, artisans.

N’ayant en face de moi qu’un adversaire réactionnaire, et de la pire réaction, j’ai le droit de faire appel aussi à tous les républicains démocrates. La République est le seul gouvernement qui convienne à la dignité de l’homme car elle seule met en jeu la raison et la responsabilité de tous. Seuls aussi, par l’exercice toujours plus efficace de la volonté populaire toujours plus éclairée, par le libre mouvement des idées, la puissante action légale de la classe ouvrière, elle peut assurer l’évolution pacifique des sociétés vers des formes meilleures. ”

— Et voici la conclusion de cette même profession de foi de Jaurès :

“ La société d’aujourd’hui, qui met le travail d’un côté, le capital de l’autre, enfante le désordre et l’agitation. Elle ne trouvera son équilibre...

[vous voyez cet orateur SFIO très soucieux de parler d’équilibre et, un peu plus loin, d’ordre]

... que dans la souveraineté du travail organisé. La politique de réaction et de répression ne peut qu’exacerber les conflits. Ceux-là sont des fourbes et des pharisiens qui cherchent, à propos de tous les incidents de la vie sociale, à semer la panique et la peur. Ceux-là sont des hypocrites et des criminels qui essaient d’exploiter, contre la République et le socialisme, les gestes de colère échappés à cette pauvre population du Nord que l’effroyable catastrophe de Courrières et l’égoïsme des compagnies ont surexcitée...

[ici une toute petite parenthèse. L'épouvantable catastrophe de Courrières, qui date de 1906, avait eu lieu dans une mine du Pas-de-Calais et avait fait 1 200 victimes]

... Mais ceux-là aussi seraient bien imprudents et bien coupables qui inviteraient la classe ouvrière à chercher son affranchissement par des moyens brutaux, par des actes de destruction...

[et cela vise évidemment les anarchistes]

... Les attentats contre les propriétés et les personnes sont des crimes contre le socialisme encore plus que contre le code bourgeois, car ils provoquent des manifestations de réaction sous lesquelles le prolétariat risque de succomber, et surtout ils défigurent le magnifique idéal socialiste...

[Jaurès parle très fréquemment de l'idéal socialiste, comme le fera plus tard Léon Blum lui-même]

... Le socialisme ne sera pas destruction mais organisation, au contraire, et création. Il ne sera pas un déchaînement de sauvagerie, mais la victoire définitive de la civilisation sur les vieux instincts sauvages de domination, de rapine et de meurtre.

Avec vous tous, citoyens, avec tout le parti socialiste, avec la classe ouvrière et paysanne [1] toujours mieux organisée, avec les républicains qui veulent donner son sens plein à la République, je travaillerai à cette grande œuvre qui sera une œuvre d'apaisement aussi bien que de justice.

Vive la République sociale! " »

Il est très évident que Jaurès domine de très haut et de très loin le socialisme français des années 1900.

Je n'ai pas à faire un portrait de Jaurès, à rappeler qu'il est né à Castres en 1859, qu'il est agrégé de philosophie, que c'est un ancien normalien, un intellectuel, à rappeler non plus l'apparence physique de Jaurès, ce petit homme chaleureux et débraillé, barbu et éloquent, dont l'éloquence enflammait les foules socialistes et qui a été plus haï peut-être qu'aucun homme politique ne l'a été de son vivant. Il faudrait citer ici, parmi d'innombrables textes, le texte de Péguy — Péguy qui avait jadis tant aimé Jaurès — qui constitue un peu avant la

1. Notons l'imprécision de cette terminologie.

guerre de 1914 une sorte d'appel au meurtre et le texte du jeune Bernanos, au lendemain de l'assassinat de Jaurès, qui est un cri de soulagement.

Qu'est-ce donc que le socialisme de Jaurès, si on cherche à le schématiser très rapidement? C'est avant tout un socialisme de conciliation et un socialisme de synthèse.

Jaurès entend tout d'abord concilier socialisme et démocratie. Chez lui — il est à cet égard beaucoup plus proche de Michelet que de Marx et cela se manifeste notamment dans son *Introduction à l'histoire socialiste de la Révolution française* — le socialisme est étroitement lié au souvenir de la Révolution. En 1890, il parle du « socialisme immense, vrai, humain », qui est contenu dans la Révolution française, et il affirme un peu plus loin : « C'est le socialisme seul qui donnera à la Déclaration des droits de l'homme tout son sens et qui réalisera le droit humain. »

Deuxième synthèse : Jaurès entend concilier socialisme et individualisme et il écrit quelque part : « Le socialisme est l'affirmation suprême du droit individuel. Rien n'est au-dessus de l'individu. »

Contrairement au collectivisme des guesdistes, Jaurès tient à établir une conciliation entre socialisme et individualisme et il achève en ces termes : « Le socialisme est l'individualisme logique et complet. Il continue en l'agrandissant l'individualisme révolutionnaire. »

Les concepts marxistes de lutte des classes, de dictature du prolétariat, lui sont donc étrangers, au moins au début de sa carrière, même s'il les assimile, d'une façon d'ailleurs assez superficielle, au fil des années. Jusqu'à sa mort, Jaurès restera, par tout un côté de sa philosophie et de son action, étranger au marxisme.

En troisième lieu, Jaurès entend concilier socialisme et liberté, selon le titre même d'un article qu'il publie dans *la Revue de Paris,* le 1er décembre 1898 : « Partout, écrit-il dans cet article, où le socialisme est organisé en parti, le socialisme agit dans le sens des libertés individuelles : liberté politique, liberté du vote, liberté de conscience, liberté du travail. »

Jaurès, enfin, veut concilier patriotisme et pacifisme, nationalisme et internationalisme et, là encore, il établit une synthèse. Il est ardemment pacifiste, opposé aux aventures guerrières, aux aventures coloniales, et c'est lui qui déclare à la Chambre des députés, le 7 mars 1895, que la société capitaliste, même quand elle est à l'état d'apparent repos, « porte en elle la guerre comme la nuée dormante porte l'orage ».

Mais si Jaurès est ardemment pacifiste, il est non moins ardemment patriote et son patriotisme repose sur une série d'équations, sur une série d'identités :

— patrie et justice : d'où ses prises de positions pendant l'affaire Dreyfus, à un moment où Jules Guesde considère que l'affaire Dreyfus est une affaire de bourgeois dont les prolétaires n'ont pas à s'occuper ;

— patrie et Révolution : la patrie support de la Révolution, la Révolution accomplissement de la patrie ;

— patrie et démocratie : point de patrie sans démocratie, point de paix sans démocratie internationale ;

— et en définitive patriotisme et internationalisme : c'est le passage fameux de *l'Armée nouvelle,* un des ouvrages les plus importants de Jaurès : « On pourrait presque dire : un peu d'internationalisme éloigne de la patrie, beaucoup d'internationalisme y ramène. Un peu de patriotisme éloigne de l'internationalisme, beaucoup de patriotisme y ramène. » Phrase qui sera aussi fréquemment citée que celle sur le capitalisme qui porte en lui la guerre « comme la nuée porte l'orage ».

Voilà, très grossièrement caractérisé, le socialisme de Jaurès. Mais il faut bien dire qu'il est très difficile de savoir, par-delà l'immense figure de Jaurès, ce qu'était un socialiste français dans les années 1900. Pour les hommes politiques, on le sait à peu près car on peut lire les déclarations qui figurent dans le Barodet ou dans les débats parlementaires ou dans les comptes rendus des congrès socialistes.

Pour la presse socialiste, on est déjà beaucoup plus mal renseigné, car aucune étude globale de la presse socialiste antérieure à 1914 n'existe. *L'Humanité* communiste d'après 1920 a été abondamment étudiée, mais il n'en est pas de même de *l'Humanité* socialiste.

Pour les militants et les électeurs, cela devient encore plus compliqué. Pourquoi les militants socialistes sont-ils socialistes ? Pourquoi votent-ils socialiste, les 1 400 000 électeurs qui apportent leurs suffrages à la SFIO en 1914 ?

On est de même très mal renseigné sur la composition sociologique de la SFIO. La SFIO, dans ses statuts — qui sont beaucoup plus guesdistes que jaurésiens — parle de lutte des classes et se définit comme un parti de classe. Mais la SFIO d'avant 1914 était-elle ou n'était-elle pas un parti ouvrier, un parti à prédominance ouvrière? Il est très difficile de répondre à cette question. Il y a des ouvriers, bien sûr, à l'intérieur de la SFIO, en particulier dans la région du Nord et dans la région parisienne, mais il ne faut pas oublier que la SFIO d'avant 1914 avait ses principaux bastions, non seulement dans la région du Nord, du Pas-de-Calais et dans la région parisienne, mais sur tout le pourtour du Massif Central, dans l'Allier notamment — il y a 35 % des voix socialistes dans l'Allier — puis dans le bassin aquitain, sur le pourtour du bassin méditerranéen, c'est-à-dire dans des régions qui ne sont pas du tout des régions industrialisées et où la SFIO prend le relais du radicalisme.

Regardons d'ailleurs les chiffres :

Avant l'unité, 35 000 membres de la SFIO ; en 1906, au lendemain de l'unité, 51 000 membres et aux élections de 1906, 878 000 voix ; en 1910, 56 000 membres — un progrès insignifiant depuis l'unité — mais l'électorat, en revanche, continue à croître, un peu plus de 1 100 000 ; en 1914, 76 000 membres — là il y a progrès substantiel — et 1 400 000 voix.

Deux remarques me paraissent devoir être tirées de ces séries de chiffres :

— La première, c'est que la croissance de la SFIO en matière de militants est lente et modeste. 76 000 membres en 1914, ce n'est pas négligeable, mais c'est très loin d'être impressionnant.

— Mais, surtout, la croissance de l'électorat est beaucoup plus forte que celle des adhérents. Comme la population électorale est pratiquement stable, comme il n'y a pas plus d'électeurs inscrits en 1914 qu'en 1906, comme on ne sait rien sur le comportement des nouveaux inscrits, quelle conclusion doit-on tirer? Probablement qu'il y a environ 500 000 électeurs qui votaient radical en 1906 et qui ont voté socialiste en 1914.

C'est là une remarque de bon sens, mais elle ne me paraît pas dénuée de toute importance car, lorsque nous regardons les déclarations des hommes politiques et des états-majors politiques, lorsque nous considérons les polémiques violentes entre Jaurès et Clemenceau, par exemple, nous avons tendance à penser que l'univers socialiste est un univers complètement différent de l'univers radical. En fait, il est probable que, au niveau de l'électorat, il y a une osmose extrêmement large entre radicaux et socialistes — le socialisme étant pour beaucoup d'anciens électeurs radicaux un nouveau relais du républicanisme avancé.

Ouvriers, employés, enseignants constituent une bonne partie de l'électorat socialiste mais il est sûr que la petite propriété — artisanale et paysanne — donne aussi bon nombre d'électeurs à la SFIO.

Qu'est-ce donc qu'un socialiste des années 1900?

Premier point qui est, je crois, fondamental : C'est un homme qui estime que l'ordre social est injuste et qui déclare vouloir substituer à la propriété capitaliste la propriété collective — c'est la terminologie de Guesde — ou la propriété sociale — et Jaurès, pour sa part, préfère parler de propriété sociale que de propriété collective. C'est donc un homme qui ne se satisfait pas de l'état de la société, qui veut changer la vie et qui, au lieu de crier : « Vive la République démocratique, laïque et sociale! » — les trois termes qui terminent les professions de foi radicales — crie : « Vive la République sociale! »

Le socialiste français de 1900 est donc ou se déclare anticapitaliste, et c'est la différence essentielle avec les radicaux.

A cette différence fondamentale s'ajoutent deux différences importantes mais secondaires :

— Les socialistes sont partisans de réformes sociales et notamment de la loi de 8 heures qu'ils revendiquent vainement. La revendication de la loi de 8 heures revient dans toutes les professions de foi socialistes, aussi rituellement que le paragraphe sur l'impôt général sur le revenu dans les professions de foi radicales.

— D'autre part, les socialistes sont volontiers antimilitaristes et il y a rituellement dans les professions de foi socialistes un paragraphe sur la réduction de la durée du service militaire.

Voilà donc des différences avec les radicaux. Mais, pour le reste, les socialistes misent, comme les radicaux, sur la démocratie parlementaire. Comme les radicaux, ils utilisent, bien que moins largement, au moins jusqu'en 1906, l'arme de la lutte contre le péril clérical. C'est ainsi que Marcel Sembat, candidat aux élections à Paris, inscrit dans son programme cette phrase : « La défense du cerveau de l'enfant contre l'empoisonnement clérical. »

Mais, avant tout, le socialiste de 1900, c'est un homme qui admire Jaurès et qui, après l'attentat du café du Croissant, le pleurera comme un martyr.

Tout cela constitue un univers qui est certes différent de l'univers radical, mais si les différences sont très apparentes quand il s'agit des hommes politiques, elles le sont beaucoup moins dans les masses populaires.

En fait, je crois — mais on peut en discuter — que l'autorité intellectuelle de Jaurès dissimule — et dissimule mal — une réalité qui n'est pas particulièrement brillante.

Le socialisme français des années 1900 est encore très marqué par les séquelles des divisions profondes qui ont précédé l'unité de 1905.

D'autre part, par rapport à la social-démocratie allemande, la SFIO est un petit parti qui ne pèse pas lourd dans le mouvement socialiste international.

C'est un parti où l'activité théorique est mince et on ne trouve pas à la SFIO l'équivalent de la grande querelle doctrinale entre Bernstein et Kautsky.

Enfin, surtout — et c'est peut-être le plus grave —, c'est un parti qui est longtemps resté à l'écart du monde du travail et du syndicalisme, lequel constitue, au moins dans les années 1900, un univers complètement différent de l'univers socialiste, ou qui, plus précisément, compose un autre univers socialiste, un autre socialisme.

III. LE SYNDICALISME RÉVOLUTIONNAIRE

Le syndicalisme français des années 1900 rassemble des effectifs très supérieurs à ceux des partis politiques, mais très inférieurs à ceux des syndicats britanniques. En 1914, à l'époque où la SFIO a 75 000 membres, la CGT en compte

350 000 pour 12 ou 15 millions de salariés. C'est un très faible pourcentage de syndicalisation.

Le syndicalisme français est donc à l'origine un syndicalisme de minorité, un syndicalisme de métier.

Qu'est-ce qui domine le syndicalisme français dans les années 1900? Ce sont des représentants des ouvriers qualifiés, mécaniciens, représentants des corps de métier, charpentiers, maçons, menuisiers, typographes, relieurs, tailleurs, teinturiers, donc des représentants de métiers qui restent très proches de l'artisanat et qui sont très sensibles aux traditions artisanales.

Ce n'est que peu à peu qu'à ce syndicalisme de métier s'ajoute un syndicalisme proprement industriel, comme le syndicalisme des mineurs. Mais, en fait, par un paradoxe qui n'est qu'apparent, alors que le syndicalisme de métier opte en faveur du syndicalisme révolutionnaire, le syndicalisme des mineurs, émanation d'une classe ouvrière vivant dans des conditions effroyables, est beaucoup plus sensible aux améliorations au jour le jour et est beaucoup plus réformiste. Paradoxalement, c'est le syndicalisme des mineurs qui est le plus opposé dans les années 1900 à la tendance dominante, celle du syndicalisme révolutionnaire [1].

Le syndicalisme révolutionnaire est l'émanation d'un mouvement syndical très peu organisé et très peu structuré. Expression d'une élite syndicale, c'est, en fait, la doctrine de quelques hommes dont il faut citer les noms : Pelloutier, Tortelier, Griffuelhes, Yvetot, Monatte, Pouget qui était le rédacteur en chef du *Père Peinard,* espèce de pastiche du *Père Duchesne* de la Révolution française. Pouget adoptait un ton très prolétarien, s'adressant aux « prolos », etc.

On mesure mal, lorsqu'on relit ou lorsqu'on découvre cette littérature avec le recul du temps, l'influence décisive qu'ont eue ces écrits dans le monde ouvrier.

Griffuelhes a été secrétaire général de la CGT de 1902 à 1909 et il est un des principaux représentants de ce syndicalisme révolutionnaire. Il est remplacé en 1909 par Léon

1. Voir R. Trempé, « Le réformisme des mineurs français à la fin du XIXe siècle », *le Mouvement social*, octobre-décembre 1968.

Jouhaux, qui est à l'origine un syndicaliste révolutionnaire et qui évoluera, comme nous verrons.

La charte du syndicalisme révolutionnaire, c'est une motion votée au Congrès de 1906 de la CGT, motion qui porte le nom de « charte d'Amiens ». 1906, c'est le lendemain de l'unité socialiste, l'année de la catastrophe de Courrières avec ses 1 200 morts, l'année du grand mouvement de grève générale pour le 1er mai en faveur des 3 × 8, l'échec de la grève générale du 1er mai 1906 brisée par Clemenceau. C'est dans ce contexte qu'il faut replacer la charte d'Amiens, qui est une déclaration d'autonomie syndicaliste.

« La CGT groupe, en dehors de toute école politique, tous les travailleurs conscients de la lutte à mener pour la disparition du salariat et du patronat. »

Le paragraphe suivant parle de lutte de classes. Un autre paragraphe parle de l'œuvre revendicatrice quotidienne.

Voici, à mes yeux, le paragraphe important :

« Mais cette besogne [c'est-à-dire l'œuvre revendicatrice quotidienne] n'est qu'un côté de l'œuvre du syndicalisme. Il prépare l'émancipation intégrale qui ne peut se réaliser que par l'expropriation capitaliste. Il préconise comme moyen d'action la grève générale et il considère que le syndicat, aujourd'hui groupement de résistance, sera dans l'avenir le groupement de production et de répartition, base de réorganisation sociale. »

C'est donc une déclaration de défiance, et de défiance totale, à l'égard des partis politiques et, très précisément, à l'égard de la SFIO qui vient de s'unifier quelques mois auparavant. C'est l'affirmation que, selon le vieux rêve de Proudhon, l'atelier remplacera le gouvernement et que le syndicat sera le centre de la vie sociale.

Ce qui caractérise le syndicalisme révolutionnaire, c'est un double refus, une double défiance à l'égard de l'État et à l'égard des partis politiques.

Refus de l'État, refus de toute collaboration avec l'État. « Le syndicalisme, écrit Pouget, ne vise pas à une simple modification du personnel gouvernemental, mais bien à la réduction de l'État à zéro en transportant dans les organismes syndicaux les quelques fonctions utiles qui font illusion sur sa valeur et en supprimant les autres purement et simplement. »

Nous sommes donc très exactement aux antipodes du socialisme d'État et des idées chères à Lassalle et aux socialistes allemands.

Méfiance à l'égard de l'État, méfiance à l'égard des partis politiques, opposition radicale au trade-unionisme britannique qui prévoit une collaboration organique des trade-unions avec le parti travailliste.

C'est ainsi qu'on peut lire dans un rapport au Comité fédéral des Bourses du travail : « L'œuvre révolutionnaire doit être de libérer les hommes, non seulement de toute autorité, mais encore de toute institution qui n'a pas essentiellement pour but le développement de la production. Par conséquent, nous ne pouvons imaginer la société future autrement que comme l'association volontaire et libre des producteurs. »

Dans une telle conception, qui procède directement de l'anarchisme au sens étymologique du terme, il n'y a place ni pour les partis politiques, ni pour la démocratie politique, et la démocratie politique est qualifiée dans un de ces écrits de « forme populaire de la domination bourgeoise ».

C'est ainsi que les syndicalistes révolutionnaires préconisent l'action directe — c'est-à-dire l'action sur le terrain économique, sur le terrain par excellence de la lutte des classes, sans médiation politique. « L'action directe, écrit Pouget, est une notion d'une telle clarté, d'une si évidente limpidité, qu'elle se définit et s'explique par son propre énoncé. Elle signifie que la classe ouvrière, en réaction constante contre le milieu actuel, n'attend rien des hommes, des puissances ou des forces extérieurs à elle, mais qu'elle crée ses propres conditions de lutte et puise en soi ses moyens d'action. Elle signifie que, contre la société actuelle qui ne connaît que le citoyen, se dresse désormais le producteur » (*L'Action directe,* 1910).

Cette action peut prendre diverses formes : l'action revendicative au jour le jour, le boycottage, le *label,* la grève, pour certains le sabotage, pour tous la grève générale qui est le grand thème et le grand mythe des syndicalistes révolutionnaires dans les années 1900.

L'idée de grève générale a progressivement gagné le mouvement ouvrier français, sous l'influence de Fernand Pelloutier et d'Aristide Briand. Avant eux, dans les années 1880, l'ouvrier menuisier anarchiste Joseph Tortelier s'en était fait l'inlassable propagandiste à Paris. C'est en 1892 que les deux amis Pelloutier et Briand lancent leur campagne dans les milieux syndicaux en faveur de la grève générale, dont ils se font les théoriciens. Les guesdistes en condamnent le principe, mais à leur détriment : alors qu'ils contrôlaient jusque-là la Fédération nationale des syndicats, ils y deviennent minoritaires. Au congrès de Nantes 1894, la scission est consommée : l'année suivante est fondée la CGT qui adopte le principe de la grève générale contre les guesdistes.

A quoi sert la grève? Elle sert évidemment à ébranler la société, mais elle a aussi — et c'est important — pour les syndicalistes révolutionnaires une fonction éducative. En effet, la grève générale, pour les syndicalistes révolutionnaires, doit préparer les travailleurs à assumer les responsabilités qui seront un jour les leurs. Les grèves préparent les révolutions. La grève générale est en quelque sorte une répétition générale pour la révolution. Ici, je cite Griffuelhes : « La grève générale est la gymnastique nécessaire, de même que les grandes manœuvres sont la gymnastique de la guerre. »

Telles sont à très grands traits les caractéristiques marquantes du syndicalisme révolutionnaire — un socialisme syndicaliste et ouvriériste, en opposition au socialisme parlementaire.

Comment se situent les syndicalistes révolutionnaires des années 1900? Ils entretiennent des relations détestables — et cela n'est pas une révélation — avec les radicaux. En 1906, c'est Clemenceau qui brise la tentative de grève générale lancée par la CGT à l'occasion du 1er mai. En 1908, après les incidents de Villeneuve-Saint-Georges et de Draveil, c'est de nouveau Clemenceau qui brise le mouvement de grève lancé par la CGT et qui fait arrêter les responsables de la CGT[1].

A cette époque, la CGT fait peur. Le 1er mai est le jour de la CGT et c'est un jour de peur. Dans mon enfance, le 1er mai faisait encore peur et on déconseillait fermement à un petit Parisien de famille bourgeoise de se risquer dans les rues ce jour-là.

1. Voir le récit détaillé de cet affrontement entre Clemenceau et la CGT dans le petit livre de Jacques Julliard, *Clemenceau briseur de grèves*, Paris, Gallimard, coll. « Archives », 1965.

Quant aux relations avec les socialistes, elles sont plus complexes. A l'origine, le syndicalisme révolutionnaire est violemment hostile au socialisme guesdiste. La CGT naît en 1895 contre le guesdisme. La charte d'Amiens en 1906 est une déclaration antiguesdiste, à un moment où l'on peut encore penser que la SFIO est dominée par les guesdistes.

Mais — et cela est important — après 1910, la situation évolue. La CGT devient de moins en moins révolutionnaire, de plus en plus sensible au courant réformiste, et, surtout, Jaurès poursuit patiemment et avec succès une œuvre de rapprochement entre socialistes et syndicalistes. « Le syndicalisme, dit-il — et c'est un langage complètement différent de celui de Guesde — est un socialisme immédiatement et essentiellement ouvrier. » Donc, pour lui, le syndicalisme ouvrier est un aspect du socialisme.

Ainsi se trouve posée la question : Qu'y a-t-il de commun entre radicaux, entre socialistes, entre syndicalistes révolutionnaires? Existe-t-il des thèmes communs et lesquels? Ou, du moins, s'il n'y a pas de thèmes absolument communs, existe-t-il des thèmes dominants et lesquels?

2. Une conscience de gauche?

Je vois quatre thèmes à mentionner dans cette recherche des thèmes communs de la gauche des années 1900, même si ces thèmes communs n'apparaissent pas chez tout le monde ou apparaissent avec des tonalités très différentes chez les uns et chez les autres : une certaine idée de la République, une certaine idée de la démocratie, une certaine idée de l'Église — et c'est tout le problème de l'anticléricalisme de 1900 —, une certaine idée de la paix — et c'est tout le problème de l'antimilitarisme combiné avec le nationalisme de gauche. Je vais aller très vite sur les deux premiers points, insistant davantage sur les deux derniers.

1. *Une certaine idée de la République :* la République française, la Révolution française, les grands principes, la

défense républicaine, la lutte rituelle contre la réaction et contre le péril clérical, contre le sabre et le goupillon — cette expression, appelée à un bel avenir, a été forgée par Clemenceau dans un article de janvier 1898, postérieur de quelques jours à l'article de Zola « J'accuse » —, l'école républicaine enfin.

En 1900, l'école républicaine a vingt ans et les hommes de trente ans sont passés par l'école de la République. On ne saurait, je crois, surestimer ce fait évident mais fondamental. A cet égard, il faudrait évoquer les textes de Péguy sur les instituteurs des années 1900, ou je pourrais me contenter de vous renvoyer à l'excellent petit livre — de Jacques Ozouf, *Nous les maîtres d'école.* C'est une série de récits autobiographiques présentés par des instituteurs de la Belle Époque, des instituteurs de 1900. Pour qui veut saisir l'univers d'une gauche aux frontières d'ailleurs très imprécises, la lecture de ce petit livre est, je crois, une des meilleures lectures à recommander. C'est un livre très dense, très riche, très chargé d'humanité.

L'école républicaine, qui a donc vingt ans en 1900, a été un puissant facteur d'intégration sociale et d'unification idéologique. Vers 1900, les syndicalistes révolutionnaires, nous venons de le voir, ne croient ni à la tradition républicaine, ni à la Révolution française, ni à la démocratie politique. Vers 1914, les syndicalistes ont à peu près la même image de la République que les radicaux et que les socialistes. L'influence de l'école y est certainement pour beaucoup.

Mais les radicaux et les socialistes ont à peu près la même image de la République que les républicains modérés. Ainsi, ce qui était en 1900 un des thèmes les plus vivants de la gauche, la défense de la République, l'attachement à la République, ce qui était la ligne de partage peut-être fondamentale entre la droite et la gauche en 1900, n'est plus en 1914 qu'une sorte de tradition qui n'établit plus de ligne de partage entre la droite et la gauche. Le thème tend à devenir tradition.

2. A cette idée de la République est liée *une certaine idée de la démocratie* mais, ici, il faut distinguer, me semble-t-il, démocratie politique et démocratie sociale.

D'abord la démocratie politique, la démocratie représentative, la démocratie parlementaire. A cet égard, les syndicalistes révolutionnaires sont totalement isolés et ils manifestent une durable hostilité à la démocratie parlementaire — au « démocratisme ». Mais, sur ce point, en ce qui concerne la démocratie parlementaire, rien de fondamental ne sépare les radicaux des socialistes. Jaurès est un grand parlementaire qui a misé sur la démocratie parlementaire et sa conception de la démocratie parlementaire n'est pas fondamentalement différente de celle qu'ont eue à la même époque des hommes comme Caillaux, radical, ou Barrès, député nationaliste.

Il y a donc une acceptation de la démocratie représentative, de la démocratie parlementaire par les socialistes eux-mêmes. C'est un fait important qui marque bien, me semble-t-il, l'isolement des syndicalistes. Et, sur ce point, cette acceptation de la démocratie parlementaire qui isole les syndicalistes révolutionnaires, va très au-delà des frontières de la gauche.

Nous nous trouvons donc en face d'un thème qui unit radicaux et socialistes, mais qui n'est pas un thème discriminatoire droite-gauche. Cet assez large consensus sur les vertus de la démocratie parlementaire — ce consensus auquel adhère la Section française de l'Internationale ouvrière, y compris les guesdistes qui finissent par se convertir — ne doit pas masquer deux conceptions opposées sur l'état de la société, et c'est là qu'apparaît nettement le clivage droite-gauche.

Il y a d'un côté — tout ce que je vais dire est élémentaire, mais est senti par les contemporains — ceux qui sont satisfaits de l'ordre social établi et, de l'autre, ceux qui considèrent l'ordre social établi comme imparfait — c'est le cas des radicaux — ou comme intolérable — c'est le cas d'un certain nombre de socialistes et de la plupart des syndicalistes révolutionnaires.

C'est ici qu'il faudrait rappeler l'état de la société française vers 1900, revenir sur l'état des campagnes françaises et, notamment, des campagnes bretonnes, vers 1900, des campagnes françaises qui ne sont pas réellement sorties du Moyen Age.

C'est ici qu'il faudrait rappeler la condition ouvrière, la situation dans les mines, rappeler que *Germinal* de Zola date de 1885 et présente un tableau affreux des relations sociales dans les mines du Nord et du Pas-de-Calais.

C'est ici qu'il faudrait rappeler le mot de Léon Harmel, patron catholique conscient des devoirs incombant aux patrons catholiques, qui écrit vers 1895 que la plupart des patrons se comportent dans leur usine comme de petits Louis XIV.

C'est ici qu'il faudrait rappeler les pages d'Alain sur les importants et sur les satisfaits — Alain a trente ans en 1900 et sa pensée date de 1900 —, les petits contre les gros, l'ordre et le mouvement (selon la terminologie de F. Goguel).

Bien sûr, vers 1900, tous les hommes qui se réclament de la gauche n'ont assurément pas la même conception du mouvement et on ne saurait dire que Joseph Caillaux a du mouvement la même conception que Jaurès ou Pouget. Mais, en préconisant l'impôt général sur le revenu, Joseph Caillaux apparaît comme un homme de gauche, comme un homme du mouvement et est considéré comme un dangereux homme de gauche par la droite.

Par conséquent, je crois, pour ma part, que cette distinction ordre-mouvement est valable en gros pour les années 1900, alors que, me semble-t-il, elle ne l'est plus au même degré pour les années 1930.

3. *L'anticléricalisme,* dans les années 1900, est très évidemment, au moins jusqu'en 1906 — qui marque à cet égard une étape décisive — le grand rassembleur de la gauche.

Si l'on voulait faire une histoire de l'anticléricalisme en France [1], on pourrait distinguer, je crois, quatre époques de l'anticléricalisme.

La première époque de l'anticléricalisme français, c'est le XVIIIe siècle, c'est l'anticléricalisme essentiellement philosophique, à la Voltaire : « Écrasons l'infâme » etc.

La deuxième époque se situe sous la Restauration. C'est un anticléricalisme essentiellement politique, dirigé contre l'alliance entre le trône et l'autel. Et s'il faut citer un nom représentatif de cette deuxième époque de l'anticléricalisme, le

1. Cf. René Rémond, *l'Anticléricalisme en France de 1815 à nos jours*, Fayard, 1976.

nom que je serais naturellement enclin à citer est celui de Béranger, l'auteur du *Dieu des bonnes gens* et aussi du *Pape musulman*. Il arrive à ce pape des aventures désagréables, il est fait prisonnier par des corsaires barbaresques, il a un harem, etc. C'est donc un anticléricalisme politique qui n'est pas inconciliable avec un certain déisme et même avec un certain spiritualisme.

Le troisième âge de l'anticléricalisme français se situe sous le second Empire. Il s'agit d'un anticléricalisme fondé sur une certaine conception de la science, sur l'idée que la science et la religion ne sont pas compatibles. Et s'il faut citer des noms, c'est, me semble-t-il, à ce troisième type d'anticléricalisme qu'il faut rattacher un homme comme Littré ou un homme comme Paul Bert qui sera un des fondateurs de l'enseignement républicain.

Vers 1900, nous nous trouvons à la quatrième époque de l'anticléricalisme français. C'est un anticléricalisme politique, comme à l'époque de la Restauration, né de l'affaire Dreyfus et visant, non point l'alliance du trône et de l'autel, mais l'alliance de l'armée et de l'Église, l'alliance, comme dit Clemenceau, du sabre et du goupillon contre la République.

Si l'on veut avoir une idée de la violence extraordinaire des polémiques à cette époque, dans les deux sens, il faut commencer par lire *la Croix* [1]. Il faut se rendre compte de ce qu'a été l'extraordinaire violence et l'extraordinaire outrance d'un certain type d'antisémitisme à la Drumont, dont *la Libre Parole* était très lue dans les presbytères.

Mais, en face de ces textes, il faut placer toute une série d'autres textes que René Rémond a cités dans son livre sur l'anticléricalisme.

Il y a d'abord un ouvrage intitulé : *les Crimes du cléricalisme* d'un certain Lermina, qui paraît en 1900 dans la bibliothèque anticléricale dépendant du journal *le Radical*.

Les Crimes du cléricalisme se répartissent en deux types : l'église sanglante, l'église ignorante. Lermina consacre la première partie à parler des croisades, de la guerre des Albigeois, de l'Inquisition, de la persécution des protestants, des guerres de religion, des dragonnades. Et cette première

1. Voir P. Sorlin, « *La Croix* » *et les Juifs*, Grasset, 1967.

partie se termine par cette phrase : « L'Église est la voix du Dieu d'amour qui respire avec des lys le relent des charniers. »

La deuxième partie, consacrée à l'Église ignorante, montre que l'Église entretient volontairement l'ignorance et que, si elle ne le faisait pas, elle perdrait toute autorité. Je cite les dernières lignes de la conclusion : « L'homme dans la crasse, l'esprit dans l'ignorance : tel est le programme de l'Église. L'Église se complaît dans la saleté, la putréfaction. C'est la raison pour laquelle elle interdit l'incinération. »

René Rémond consacre plusieurs pages de son livre à parler des batailles pour l'incinération. Un libre penseur, dans les années 1900, manifestait en effet son attachement à la libre pensée en se faisant incinérer.

L'anticléricalisme répond à un incontestable cléricalisme. C'est cet anticléricalisme qui inspire la politique d'Émile Combes — le petit père Combes — et qui conduit en 1905 à la séparation de l'Église et de l'État [1].

L'anticléricalisme s'exprime dans de nombreuses publications qui naissent vers 1900, *la Raison* d'abord, qui naît en 1899 et qui s'intitule : « Organe de la libre pensée. » « Libre pensée », c'est un thème des années 1900, de même que le terme de « libre penseur ». Il semble que ces deux termes, qui avaient encore dans ma jeunesse une coloration assez précise et presque révolutionnaire, ont aujourd'hui perdu une très large partie de leur signification. Se qualifier de libre penseur, dans ma jeunesse, c'était encore une affirmation d'indépendance. Aujourd'hui, le terme de « libre penseur » appartient-il au vocabulaire usuel de la gauche? Je serais personnellement enclin à en douter.

Mais le principal organe de l'anticléricalisme dans les années 1900, c'est *la Calotte* d'André Lorulot qui a vécu très longtemps, et qui a été animé pendant toute sa vie par un anticléricalisme extrêmement vigilant. Feuilleter *la Calotte* est une lecture monotone et sans surprise, mais on y trouve la somme de l'anticléricalisme des années 1900 : les hommes

1. Sur l'état des esprits en 1905-1906, il faut lire le petit livre très dense et très riche qu'a publié Jean-Marie Mayeur sous le titre *La Séparation de l'Église et de l'État*, Julliard, « Archives », 1966.

noirs, les corbeaux, « croa-croa », les ignorantins, les méfaits des jésuites, les jésuitières — et l'état-major est considéré comme une jésuitière —, les curés débauchés et les moines paillards, les dangers du confessionnal et naturellement de la confession auriculaire, les dragonnades, l'Inquisition, les crimes de l'Église tout au long de son histoire et la menace permanente que l'Église fait peser sur la République.

A cela s'ajoute l'idée que la foi est l'ennemie de la science, que l'Église est l'ennemie du progrès, tout ce qui motive la révolte de Jean Barois contre l'Église dans le roman de Roger Martin du Gard, avant que, l'âge venu, Barois vaincu ne retrouve une foi qui a d'ailleurs un goût de cendre et de mort.

L'anticléricalisme donne lieu dans les années 1900 à une véritable bataille de caricatures. La manchette de *la Calotte* représente un abbé gros et gras, l'œil allumé et l'air sournois, qui ressemble au Basile de Beaumarchais. Aux dessins de *la Calotte* s'opposent terme pour terme les dessins du *Pèlerin*, organe catholique, qui se plaît généralement à représenter le petit père Combes avec des mains et des pieds fourchus comme le diable.

Il y a dans les années 1900 des spécialistes de l'anticléricalisme, Lorulot certes, mais le plus connu est l'anarchiste Sébastien Faure, né en 1858, ancien élève des jésuites. Il publie livre sur livre : *les Crimes de Dieu* en 1903, *Réponse aux paroles d'un croyant*, *Douze Preuves de l'inexistence de Dieu*, etc.

Sébastien Faure parcourt la France entière pour porter la bonne parole anticléricale et il affronte traditionnellement dans les préfectures, les sous-préfectures, les bourgs grands et petits, le chanoine Desgranges qui, lui, parcourt la France entière pour porter la contradiction à Sébastien Faure.

Les affrontements entre le chanoine Desgranges et Sébastien Faure — qui se trouvent minutieusement relatés par le journal du chanoine Desgranges — rassemblent des foules importantes. 3 000 spectateurs à Millau (Aveyron) pour entendre dialoguer Sébastien Faure et le chanoine Desgranges vers 1905, c'est beaucoup, compte tenu de la population de Millau.

Il y a aussi des institutions spécialisées dans l'anticléricalisme, avec des nuances diverses, comme la Ligue de l'enseignement qui date du second Empire, la Ligue des droits de l'homme qui date de l'affaire Dreyfus ou la franc-maçonnerie qui a définitivement répudié le mysticisme et les tendances théosophiques qui la caractérisaient à l'époque où des gens comme Joseph de Maistre ou comme Saint-Martin étaient francs-maçons. Dans les années 1900, la franc-maçonnerie est anticléricale et a pour fonction d'être anticléricale.

Pour faire sentir le ton de cet anticléricalisme, j'emprunte à René Rémond quelques citations extraites d'un texte intitulé *Contre-catéchisme élémentaire,* qui se présente comme le catéchisme du parfait petit anticlérical :

« CHAPITRE PRÉLIMINAIRE

Demande : Êtes-vous chrétien?

Réponse : Non, je suis libre penseur...

Demande : Qu'est-ce qu'un libre penseur?

Réponse : Un libre penseur est celui qui ne croit pas et n'admet que l'autorité de la science.

Demande : Qu'est-ce que la science?

Réponse : La science est l'ensemble des connaissances humaines certaines.

Demande : Qu'appelez-vous " connaissances certaines "?

Réponse : Celles qui ont été et peuvent toujours être contrôlées par le calcul...

Demande : Comment acquiert-on les connaissances certaines?

Réponse : On acquiert les connaissances certaines en s'instruisant, c'est-à-dire en fréquentant l'école neutre et en puisant de toute son intelligence dans les livres de physique, de chimie et d'histoire naturelle. »

Suit un étonnant Panthéon de l'humanité où on relève cette mention de quelques lignes concernant le Christ : « Jésus, né en l'an 749 de Rome, à Bethléem, prêchant en un temps de barbarie une morale trop élevée et toute d'amour, de douceur, de charité et de pardon des injures. L'Église l'a divinisé et, en son nom, a fait peser sur les peuples de longs siècles durant une hypocrite et implacable tyrannie. »

On pourrait citer bien d'autres textes. Il est très évident que les gauches des années 1900 sont anticléricales et il n'est pas pensable, à cette époque, qu'un catholique puisse se réclamer de la gauche. Mais il me paraît important de noter que l'anticléricalisme est très inégalement répandu selon les diverses formations de gauche que nous avons énumérées.

L'anticléricalisme est fondamentalement une spécialité radicale. On pourrait presque dire, en forçant un peu la réalité, que l'anticléricalisme est la raison d'être des radicaux et la raison d'être radical.

Les socialistes s'associent, avec d'ailleurs une inégale vigueur, à cet anticléricalisme, mais ils s'en dissocient assez tôt. A partir de 1906, à partir du moment où la question sociale passe au premier plan et où les radicaux et les socialistes s'affrontent brutalement, les socialistes ont de plus en plus tendance à considérer l'anticléricalisme comme une sorte d'alibi qui permet aux radicaux de négliger la question sociale en brandissant le drapeau de l'unité de la gauche.

Ce que je viens de dire est encore beaucoup plus vrai des syndicalistes révolutionnaires qui publient des textes d'un anticléricalisme sommaire et virulent, mais qui, à partir de 1906, se détournent de l'anticléricalisme considéré comme un instrument éculé pour faire mieux passer une politique réactionnaire, une politique de répression sociale.

Il faut ajouter un autre fait : la belle époque de l'anticléricalisme ne dure pas très longtemps. L'anticléricalisme, qui fleurit entre 1898 et 1906, est sensiblement en recul dans les années qui précèdent immédiatement la guerre de 1914. Il est en recul parce qu'il est inégalement vivant chez toutes les formations de gauche mais aussi parce qu'il a accompli avec la Séparation l'essentiel de son programme. Il est également en recul parce que l'Église s'adapte assez bien et assez vite à la séparation de l'Église et de l'État, et qu'elle ne constitue plus en 1910 ou en 1914 une véritable menace contre la République. On peut brandir cette menace comme un épouvantail; il est de plus en plus difficile de la prendre au sérieux.

L'anticléricalisme est aussi en recul parce que les problèmes sociaux et la violence des affrontements qu'ils provoquent entre radicaux et socialistes rejettent au second plan les problèmes religieux.

Il est enfin en recul parce que, à partir de 1911, la France vit sous la menace de la guerre et que les problèmes internationaux — paix ou guerre — passent au premier plan. La guerre de 1914, où catholiques et non-catholiques se battront au coude à coude et où de nombreux prêtres ou séminaristes seront tués, contribuera ensuite d'une façon décisive à un recul de l'anticléricalisme qui est déjà perceptible dans les années qui précèdent 1914.

En 1924, lorsque Édouard Herriot, au moment du Cartel des gauches, essaiera de brandir le drapeau du péril clérical et de rassembler les gauches au nom de l'anticléricalisme, son entreprise fera long feu parce qu'un certain type d'anticléricalisme est, au fond, mort avant 1914.

4. Quatrième thème : *la paix et la guerre, antimilitarisme et nationalisme.*

Les dernières années du XIXe siècle et les premières années du XXe siècle voient s'épanouir — le fait est bien connu — un antimilitarisme de gauche dont parle Raoul Girardet dans son livre sur *la Société militaire dans la France contemporaine.*

Cet antimilitarisme de gauche est en France un fait récent car, sous la Restauration, l'armée était suspecte de libéralisme et les gouvernements passaient leur temps à redouter ou à réprimer des soulèvements militaires, qu'il s'agisse de l'affaire de Saumur, de l'affaire de Belfort ou de l'affaire des quatre sergents de La Rochelle.

La Commune, en 1871, avait montré la force du patriotisme populaire, au moins à Paris, à un moment où la bourgeoisie dans son ensemble acceptait plus aisément la défaite. Il suffit de lire la correspondance d'un certain nombre de contemporains et, notamment, celle de Flaubert.

Le général Boulanger avait été à l'origine une invention radicale et les travaux de Jacques Néré sur la sociologie électorale du boulangisme ont montré d'une façon irréfutable la pénétration très profonde du boulangisme dans les milieux populaires en même temps d'ailleurs que dans les « beaux quartiers ».

C'est donc avec l'affaire Dreyfus que naît ou, du moins, que s'épanouit largement l'antimilitarisme de gauche [1].

1. On notera cependant que les idées socialistes en matière militaire sont en place bien avant l'affaire Dreyfus. Cf. M. Winock, « Socialisme et patriotisme 1891-1894 ». *Revue d'Histoire moderne et contemporaine,* juillet-septembre 1973.

Mais il importe sans doute de distinguer plusieurs types d'antimilitarisme ; j'en vois quatre :

a. Il y a *l'antimilitarisme élémentaire du conscrit* qui n'aime ni la caserne, ni la discipline militaire, ni les corvées de « pluche », ni surtout les adjudants du type adjudant Flick.

Cette forme d'antimilitarisme inspire une série d'ouvrages et d'œuvres littéraires qui commencent à paraître à partir de 1880-1885. C'est en 1887 que paraît *le Cavalier Miserey* d'Abel Hermant, qui fait scandale à l'époque.

C'est à peu près à la même époque que, de façon plus débonnaire, Georges Courteline publie *les Gaietés de l'escadron* et *le Train de 8 heures 47*.

Je crois inutile d'insister longuement sur cette première forme d'antimilitarisme, l'antimilitarisme du Bidasse contre l'adjudant et contre les brutes galonnées. C'est, au fond, le même type d'antimilitarisme qui s'épanouissait avant la guerre de 1939 dans la rubrique de *l'Humanité* intitulée « Les gueules de vache », ou qui continue aujourd'hui à s'épanouir dans *le Canard enchaîné* avec les allusions à Bidasse. *Le Canard enchaîné* constitue à cet égard une sorte de conservatoire.

Il faut d'ailleurs noter que cet antimilitarisme élémentaire dirigé contre l'adjudant va de pair avec un certain attendrissement concernant le temps de caserne : « Avec l'ami Bidasse, on ne se quitte jamais, attendu qu'on est tous deux natifs d'Arras, chef-lieu du Pas-de-Calais, etc. » ; une certaine tendresse pour les bonnes histoires de régiment, et il ne faut pas oublier qu'à l'époque le service militaire est pour la grande majorité des Français l'unique occasion de sortir de leur milieu, de leur village, de voir quelqu'un d'étranger à ce milieu ou à ce village.

b. A cet antimilitarisme élémentaire s'ajoute, à partir de la phase plébiscitaire du boulangisme et surtout à partir de l'affaire Dreyfus, un *antimilitarisme de défense républicaine*.

L'armée s'est unie à l'Église, contre la République. Tous les républicains doivent s'unir contre le militarisme et contre le péril clérical. L'antimilitarisme est alors le complément normal de l'anticléricalisme.

C'est cette forme d'antimilitarisme républicain qui inspire

Clemenceau lorsqu'il parle du sabre et du goupillon en 1898.

Dans cette perspective, les cibles ne sont plus les adjudants, mais un certain nombre de généraux ou d'officiers supérieurs qui s'étaient illustrés au moment de l'affaire Dreyfus : le général de Boisdeffre, le général Billot, le colonel Henry, etc.

c. Cette deuxième forme d'antimilitarisme, cet antimilitarisme de défense républicaine — qui, chez Clemenceau, s'accompagne, on le verra bien pendant la guerre, d'un ardent nationalisme — est relayé, surtout après 1900, par un *antimilitarisme humanitaire,* pacifiste et internationaliste, dirigé moins contre l'armée que contre la guerre.

Il faudrait rappeler à cette occasion le chant de *l'Internationale* d'Eugène Pottier qui date de 1871. Pottier était un obscur chansonnier sans grand talent. Mais il a eu la gloire de composer *l'Internationale* en juin 1871, quelques jours après la chute de la Commune et la semaine sanglante.

L'Internationale restera longtemps à peu près inconnue. C'est en 1887, lorsque les œuvres complètes de Pottier sont publiées et mises en musique, que *l'Internationale* tend à devenir un signe de rassemblement pour les socialistes et pour les syndicalistes révolutionnaires.

L'avant-dernier couplet est vigoureux, mais il s'explique mieux si l'on se rappelle que *l'Internationale* a été composée en 1871 par un ancien communard :

Les rois nous saoulaient de fumée.
Paix entre nous, guerre aux tyrans !
Appliquons la guerre aux armées,
Crosse en l'air et rompons les rangs !
S'ils s'obstinaient, ces cannibales,
A faire de nous des héros,
Ils sauraient bientôt que nos balles
Sont pour nos propres généraux.

Dans certains congrès socialistes auxquels il m'a été donné d'assister, par exemple en présence de Robert Lacoste, à l'époque de la guerre d'Algérie, on chantait rarement *l'Internationale* jusqu'à l'avant-dernier couplet. Il serait intéressant de savoir s'il en était de même à l'époque.

Toujours est-il que cet antimilitarisme humanitaire et

pacifiste fut en quelque sorte la spécialité d'un homme aujourd'hui oublié, mais qui a eu une grande notoriété à l'époque : Gustave Hervé. Cet agrégé d'histoire, membre du parti socialiste, avait fait scandale en publiant en juillet 1901, dans un journal dont il était responsable et qui s'intitulait *le Pioupiou de l'Yonne,* le texte fameux sur « Le drapeau dans le fumier ».

Dans ce texte, Gustave Hervé suggérait — et je le cite — « qu'après avoir rassemblé dans la cour du quartier toutes les ordures et tout le fumier de la caserne, solennellement, en présence de toutes les troupes en tenue nº 1, au son de la musique militaire, le colonel en grand plumet vînt y planter le drapeau du régiment ».

Le contexte adoucissait un peu ce que cette évocation pouvait avoir de déplaisant pour les militaires. Mais Gustave Hervé, qui était professeur, avait été immédiatement révoqué. Et, plus tard, avocat et ayant récidivé, il avait été exclu du barreau. Sur tous ses livres, il écrivait : « Gustave Hervé, agrégé de l'Université, professeur révoqué. »

Il est intéressant de feuilleter la table des matières de *Leur patrie,* qui date de 1906. « La chanson patriotique à l'école », « L'enseignement patriotique à l'école », « Les mensonges patriotiques », « La définition classique de la patrie », « Les préjugés patriotiques français » — les Français sont les premiers soldats du monde, la France est le pays de la générosité chevaleresque, la terre classique de la Révolution et de la liberté, le patriotisme est une religion, le culte du drapeau, etc.

Et Gustave Hervé publie un certain nombre de textes qui témoignent de l'antimilitarisme le plus vigoureux et le plus élémentaire.

C'est le même Gustave Hervé qui, en 1914, se convertira au nationalisme et au chauvinisme le plus exacerbé. C'est le même Gustave Hervé qui, plus vieux — mais il ne mourra pourtant que quelques années plus tard — publiera en 1935 le fameux pamphlet souvent cité : *C'est Pétain qu'il nous faut!* Vous voyez donc l'itinéraire singulier de Gustave Hervé depuis « Le drapeau dans le fumier » jusqu'à : *C'est Pétain qu'il nous faut!*

Notons deux faits. Tout d'abord, les idées de Gustave

Hervé reçoivent un accueil assez largement favorable dans les milieux socialistes et syndicalistes. Gustave Hervé anime un journal qui s'appelle *la Guerre sociale* qui, à la veille de 1914, tire à peu près à 50 000, alors que *l'Humanité* a un tirage de l'ordre de 100 000. La différence est substantielle, mais non gigantesque ; il ne faut donc pas méconnaître l'influence de ce courant pacifiste.

Mais un deuxième fait me paraît plus important encore. C'est la prise de position très catégorique de Jaurès contre Gustave Hervé et contre l'hervéisme. Jaurès explique en substance qu'il ne faut pas confondre un antimilitarisme légitime et un antipatriotisme qui serait criminel. Et un livre comme *Leur patrie* de Gustave Hervé ne pouvait que choquer profondément Jaurès.

Jaurès, nous l'avons vu, est animé à la fois par la haine de la guerre et par un nationalisme à la Michelet, un nationalisme de tradition révolutionnaire qui s'exprime dans de nombreux écrits et aussi au moment des débats sur la loi de trois ans.

Je m'attendais à découvrir, à propos du débat sur la loi de trois ans qui s'est produit en 1913, un grand débat idéologique où apparaîtrait en quelque sorte une mise en question de la défense nationale. Je n'ai rien découvert de tel. J'ai trouvé des débats passionnés, certes, mais extrêmement techniques, où personne à la Chambre dans le groupe des socialistes ne condamne le principe même de la défense nationale et où seules sont condamnées les modalités de cette défense nationale elle-même.

Jaurès, tout en prenant position contre la loi de trois ans, se contente de proposer un substitut, d'ailleurs quelque peu irréaliste et, disons-le très franchement, quelque admiration qu'on puisse avoir pour Jaurès, quelque peu démagogique : l'armée de milice pour que les conscrits restent moins longtemps à la caserne.

Ce sont ces idées qui font partie depuis longtemps du bagage socialiste (se rappeler la Commune qui décrète l'abolition des armées permanentes), que Jaurès développe dans *l'Armée nouvelle* où il prend position contre un service militaire de longue durée et se prononce pour une armée nationale, pour une armée de milice qui puisse être immédiatement mobilisée.

Ainsi, devant les problèmes de défense nationale, les socialistes français semblent très divisés, mais c'est l'influence de Jaurès qui est prépondérante, là comme ailleurs, et l'influence hervéiste ne cesse de décroître d'année en année jusqu'en 1914.

d. L'attitude des *syndicalistes révolutionnaires* n'est pas très différente de celle des socialistes mais elle est beaucoup plus radicale.

Pour eux, en effet, l'armée n'est pas seulement l'armée des généraux, mais l'armée des patrons, ce n'est pas seulement l'armée du temps de guerre, mais c'est l'armée du temps des grèves, c'est l'armée qui fait fusiller les grévistes et les manifestants, comme à Fourmies ou comme à Draveil.

Le principal préposé à l'antimilitarisme dans la presse syndicaliste de l'époque, c'est Yvetot. On peut lire dans la presse syndicale des textes d'Yvetot de ce ton : « La patrie des ouvriers, c'est leur ventre et celui de leur famille. »

« Le soldat a pour fonction de défendre le patron contre l'ouvrier. Quand vous voudrez voler, assassiner, opérez en bande et déguisez-vous en militaires. »

« La patrie — je continue à citer Yvetot — apparaît à l'ouvrier sous les espèces du patron, du contremaître, du soudard — même pas du militaire —, du policier, du juge, du geôlier. »

En 1906, la CGT fait apposer une vaste affiche : « Guerre à la guerre », et Yvetot est incarcéré pendant un certain temps.

En septembre 1908, *la Voix du peuple,* organe de la CGT, donne ces conseils vigoureux aux jeunes conscrits à l'occasion de l'appel de la classe : « Visez, tuez sans pitié celui qui vous ordonnera le meurtre, quel que soit le nombre de ses galons. »

Les dessins de Grandjouan dans la presse syndicaliste et les chansons de Montehus dans les réunions ouvrières rivalisent de véhémence antimilitariste. Montehus était un chansonnier et un auteur de pièces qui avaient un immense succès. Comme Gustave Hervé, il s'est converti plus tard au nationalisme le plus vigoureux et a rallié l'Union sacrée.

En octobre 1908, après les incidents sanglants de Draveil et de Villeneuve-Saint-Georges, le congrès de la CGT, réuni à Marseille, adopte une motion violemment antimilitariste :

« Considérant que l'armée tend de plus en plus à remplacer à l'usine, aux champs, à l'atelier, le travailleur en grève, quand elle n'a pas pour rôle de le fusiller,

considérant que l'exercice du droit ne sera qu'une duperie tant que les soldats accepteront de se substituer à la main-d'œuvre civile et consentiront à massacrer les travailleurs,

le congrès de la CGT, réuni dans son ensemble, se tenant sur le terrain purement économique, préconise l'instruction des jeunes pour que, du jour où ils auront revêtu la livrée militaire, ils soient bien convaincus qu'ils n'en restent pas moins membres de la famille ouvrière et que, dans les conflits entre le capital et le travail, ils ont pour devoir de ne pas faire usage de leurs armes contre leurs frères les travailleurs. »

La seconde partie du texte vise expressément le cas d'un conflit sanglant :

« Considérant que les frontières géographiques sont modifiables au gré des possédants, que les travailleurs ne reconnaissent que les frontières économiques séparant les deux classes d'ennemis, la classe ouvrière et la classe capitaliste,

le congrès rappelle que la formule de *l'Internationale* est : " Les travailleurs n'ont pas de patrie ", qu'en conséquence, toute guerre n'est qu'un attentat contre la classe ouvrière, qu'elle est un moyen sanglant et terrible de diversion à ses revendications,

le congrès déclare qu'il faut au point de vue international faire l'instruction des travailleurs afin que, en cas de guerre entre puissances, les travailleurs répondent à la déclaration de guerre par une déclaration de grève générale révolutionnaire. »

Ce qui frappe, si l'on cherche à prendre une vue d'ensemble, c'est l'extrême division de la gauche ou plutôt l'inexistence à peu près totale d'une conscience de gauche en ce qui concerne l'antimilitarisme.

Les syndicalistes révolutionnaires sont d'un antimilitarisme vigoureux et ils placent tous leurs espoirs dans la grève générale révolutionnaire pour empêcher la guerre.

Jaurès, lui, pour empêcher la guerre, compte avant tout sur l'action concertée des partis socialistes dans chaque pays et sur la pression de l'opinion sur les gouvernements. Il condamne l'antimilitarisme d'Hervé et ne perd pas une occasion d'exalter la France.

Quant aux radicaux, s'il est vrai qu'ils demandent pour la plupart, non sans quelque démagogie électorale, la réduction du service militaire et qu'ils font pour la plupart campagne en 1914 contre la loi de trois ans, ils sont dans leur immense majorité animés par le plus pur nationalisme jacobin — celui du petit Lavisse et de l'école primaire, Valmy, le tambour d'Arcole et le drapeau tricolore — le nationalisme donc de la grande majorité des Français, y compris les Français de droite, y compris une large partie des socialistes eux-mêmes.

C'est une première remarque qui me paraît importante et qui va dans le même sens que la conclusion que j'ai présentée tout à l'heure à propos de l'anticléricalisme.

D'autre part, l'antimilitarisme — comme l'anticléricalisme — décline très fortement dans les années 1914. C'est sans doute entre 1906 et 1910 que se situe le sommet de la vague antimilitariste dans les milieux ouvriers.

Après 1910, l'antimilitarisme syndical est en recul d'abord parce que le syndicalisme révolutionnaire, nous l'avons vu, est lui-même en recul, ensuite et surtout parce que l'approche de la guerre fait apparaître la profondeur du nationalisme populaire.

Il n'est pas nécessaire de décrire longuement ici les événements de l'été 1914, les réactions des socialistes et des syndicalistes pendant l'été 1914. Je renvoie à cet égard au petit livre d'Annie Kriegel et Jean-Jacques Becker, dans la collection « Kiosque », intitulé *1914, la Guerre et le Mouvement ouvrier français*.

Ce livre m'a intéressé parce que j'y ai découvert deux choses, l'une que je savais, l'autre que je ne savais pas.

Celle que je ne savais pas, c'était la différence très profonde entre l'attitude initiale des socialistes et l'attitude initiale des syndicalistes devant la guerre, la différence entre la SFIO et la CGT, la CGT misant sur la grève générale révolutionnaire, la SFIO ayant avec Jaurès une tactique infiniment plus souple : la coopération internationale, la pression de l'opinion, etc.

Ce que je savais — mais le livre d'Annie Kriegel et Jean-Jacques Becker le fait bien sentir —, c'est la profondeur de ce qu'on peut appeler le nationalisme ouvrier, le nationalisme populaire dans les années 1914.

On pourrait citer de nombreux textes attestant ce nationalisme. On pourrait rappeler l'attitude de Jaurès. On pourrait, bien sûr, ouvrir une fois de plus le grand débat : qu'aurait fait Jaurès s'il n'avait pas été tué au café du Croissant? La réponse la plus probable, c'est que Jaurès aurait fait comme tout le monde. On ne voit pas Jaurès acceptant de devenir ministre d'un gouvernement d'Union sacrée. Mais on ne voit pas non plus Jaurès continuant à lutter contre la guerre, une fois la guerre déclarée, bref adoptant une attitude comparable à celle de Jacques Thibault dans *l'Été 1914* de Roger Martin du Gard.

L'hypothèse la plus vraisemblable, c'est que Jaurès, profondément et douloureusement déchiré, aurait accepté l'inévitable. Je crois que la meilleure réponse à la question toujours posée, c'est de rappeler le texte publié par Jaurès en 1913 dans *l'Humanité,* exactement le 8 avril 1913, au moment des débats sur la loi de trois ans, texte quasi prophétique un peu plus d'un an avant la mort de Jaurès :

« Supposez une guerre vraiment nationale, une guerre où la France, ayant voulu la paix et prouvé au monde et à elle-même qu'elle voulait la paix, est engagée, malgré elle, par la brutalité de l'agresseur. Les plus pacifiques sont indignés, les moins belliqueux se soulèvent, tous les regards, tous les cœurs, toutes les forces se tournent vers la frontière odieusement menacée, les cœurs se serrent et, pendant ce temps, il y aura dans les casernes et en tout cas hors du canon et du péril, hors de l'action, 1 200 000 Français consignés par M. de Mun et par l'état-major...

[cela vise très précisément le projet gouvernemental pour les trois ans. Mais voici ce qu'ajoute Jaurès :]

Vraiment, est-ce que les hommes qui raisonnent ainsi ont la faculté de se représenter ce que serait l'émotion d'une guerre vraiment nationale où la France, acculée par la violence inique de l'agresseur, lutterait avec une pleine conscience de son droit pour son indépendance et pour sa vie? Croient-ils que leurs consignes d'attente inerte tiendraient contre le mouvement qui soulèverait tout le peuple. »

Oui, ce qui se passe en 1914, c'est que le mouvement soulève tout le peuple, et il n'est pas vrai de dire que le nationalisme populaire en 1914 est moins ardent que dans d'autres catégories sociales. Dans les milieux populaires, dans les milieux de gauche, on parle aussi abondamment des « boches » et de leurs atrocités qu'on peut en parler dans les autres secteurs de l'opinion. C'est plus tard qu'on commencera à parler de la trahison des dirigeants socialistes acceptant de se rallier à l'Union sacrée, mais il semble bien qu'en 1914 les dirigeants socialistes se soient surtout ralliés à l'opinion de leurs troupes qui n'auraient pas compris une autre attitude, grève générale ou sabotage.

Conclusion générale : la gauche des années 1900 existe-t-elle? De quel côté penche la balance? Penche-t-elle du côté de la diversité : les radicaux, les différentes chapelles socialistes et cet univers syndicaliste qui est très différent de l'univers socialiste? Ou la balance penche-t-elle du côté des quelques thèmes unificateurs : la République, la démocratie, la justice, l'anticléricalisme, l'antimilitarisme?

Très nettement — et c'est une conclusion qui peut paraître contestable — je considère que la balance penche plutôt du côté de la diversité.

Certes, il y a eu de brèves périodes d'alliance et d'apparente unité : en 1899 sous le signe de la défense républicaine mais, quelques années plus tard, la défense républicaine ne signifie plus rien de concret; plus tard, de 1902 à 1906, sous le signe de l'anticléricalisme, mais de ces alliances, qui sont essentiellement des alliances tactiques, conjoncturelles et parlementaires, les syndicalistes révolutionnaires restent largement à l'écart. Qu'y a-t-il de commun entre Pelloutier et Doumergue ou Jules Jeanneney? Qu'y a-t-il de commun entre Clemenceau et Jaurès? Qu'y a-t-il de commun entre Yvetot et Caillaux? Un peu plus de choses sans doute et en particulier une même culture et un même vocabulaire. Qu'y a-t-il de commun même entre Jaurès et Guesde qui sont tous deux socialistes mais qui, à l'intérieur du socialisme, représentent deux courants si différents?

Je suis donc enclin à conclure que l'unité de la gauche française des années 1900 est dans une très large mesure un mythe — mais ce n'est pas le seul mythe que nous rencontrerons dans l'histoire de la gauche.

2

La gauche des années 1930

1. Considérations générales : la société française

Si je faisais un cours d'histoire politique selon un plan chronologique au lieu d'essayer de faire un cours sur le mouvement des idées politiques, je devrais souligner longuement les circonstances et l'importance de deux événements fondamentaux que je me contente de rappeler en quelques mots.

Le premier est la rupture de l'unité socialiste en décembre 1920 et la naissance du parti communiste français. Après le congrès de Tours, deux socialistes sur trois environ rejoignent le parti communiste français. Au lendemain de la scission de Tours, le parti communiste, par le nombre de ses membres, est plus de deux fois supérieur à la SFIO. L'unité socialiste, laborieusement conclue en 1905, n'a donc duré que quinze ans. Et cette scission du parti socialiste est suivie, quelques mois plus tard, par une scission du mouvement syndical avec la naissance de la CGTU d'inspiration communiste.

Sur ce point, il faut consulter la thèse d'Annie Kriegel, en deux volumes, intitulée : *Aux origines du communisme français 1914-1920*, qui retrace l'attitude des socialistes pendant la guerre, les mouvements pacifistes à l'intérieur de la SFIO et qui met en lumière les origines de la scission de Tours. Du même auteur, le petit livre plus bref et plus maniable qu'Annie Kriegel a consacré au congrès de Tours [1].

1. A. Kriegel, *Le Congrès de Tours*, Julliard, « Archives », 1964.

Le premier événement fondamental est donc la naissance du parti communiste.

Second événement fondamental dans l'histoire de la gauche française entre 1918 et 1930 : le Cartel des gauches de 1924-1925 et l'échec du gouvernement présidé par Édouard Herriot.

A cet égard, je crois utile de rappeler très rapidement trois faits :

1. les radicaux font partie du Bloc national qui a gagné les élections au lendemain de la guerre. Non seulement ils soutiennent les gouvernements du Bloc national, mais ils y participent jusqu'à l'occupation de la Ruhr par Poincaré en 1923. A cette époque, les relations sont détestables entre radicaux, socialistes et communistes ;

2. pour les élections de 1924, qui ont lieu au scrutin de liste, comme celles de 1919, une alliance électorale se conclut entre radicaux et socialistes et cette alliance connaît le succès sous le nom de Cartel des gauches. Mais cette alliance est limitée aux radicaux et aux socialistes. Les communistes se tiennent à l'écart, refusant de choisir « entre la peste et le choléra », entre le Bloc national et le Cartel des gauches, n'accordant, au moins dans leurs déclarations officielles, aucune préférence au Cartel des gauches par rapport au Bloc national ;

3. les socialistes soutiennent le gouvernement formé par Édouard Herriot en 1924, mais refusent d'y participer. L'attitude des socialistes envers les radicaux en 1924 préfigure l'attitude des communistes envers les socialistes, envers le gouvernement présidé par Léon Blum, au moment du Front populaire en 1936.

Il ne faut pas minimiser le Cartel des gauches. Dans de nombreux départements ruraux, le Cartel des gauches a suscité plus d'enthousiasme, plus de ferveur et plus de passion que ne devait en susciter, douze ans plus tard, le Front populaire. C'est un fait parfois oublié, mais je crois avoir recueilli suffisamment de témoignages pour pouvoir l'avancer sans grand risque d'être démenti.

Il y a un autre fait qu'il faut rappeler. C'est la violence extrême de la réaction provoquée par le gouvernement Herriot. *A posteriori,* il semble bizarre que ce gouvernement radical ait suscité une telle peur, mais il n'est pas excessif, je crois, de parler à cette occasion de peur et même de grande peur. C'est le mur d'argent, la fuite des capitaux, la crise de confiance sur laquelle vient se briser le gouvernement radical.

N'oublions pas la formation aussi des premières ligues antiparlementaires dans cette atmosphère de peur consécutive à la constitution du Cartel des gauches. Parmi les ligues qui naissent après les élections de 1924, il faut au moins en citer deux : les Jeunesses patriotes de Pierre Taittinger et le Faisceau de Georges Valois.

C'est encore au cours de cette période que la Fédération nationale catholique, présidée par le général de Castelnau, manifeste une opposition particulièrement ardente contre le Cartel des gauches.

Un autre fait à mentionner est la réaction extrêmement vigoureuse de l'Église catholique au gouvernement présidé par Édouard Herriot. L'Assemblée des cardinaux et archevêques de France se réunit en mars 1925 et adopte à l'unanimité un texte qui est une véritable déclaration de guerre, non seulement à l'égard du gouvernement présidé par un radical, mais envers l'État laïque. En voici un passage :

« Les lois de laïcité tendent à substituer au vrai Dieu des idoles : la liberté, l'humanité, la solidarité, la science, etc. La loi du divorce autorise juridiquement l'adultère. La loi scolaire trompe l'intelligence des enfants, pervertit leur volonté, fausse leur conscience. La loi de séparation dépouille. »

Et voici la conclusion de ce manifeste :

« Nous disposons de troupes, nos cadres sont préparés. Jamais peut-être depuis cinquante ans l'heure n'a paru aussi propice. A la laisser passer sans en profiter il semble bien que nous trahissions la Providence. »

La portée de ce texte a été plus tard minimisée, mais il subsiste.

Évidemment, 1924, c'est loin, c'est mon premier souvenir politique. C'est à la fin de 1924 le transfert des cendres de Jaurès au Panthéon. Le cortège passait par le boulevard Saint-Germain, puis, pour aller au Panthéon, remontait le boulevard Saint-Michel. Mes parents m'avaient conduit chez un de mes oncles qui se trouvait habiter au coin du boulevard Saint-Germain et du boulevard Saint-Michel. Le cortège conduisant les cendres de Jaurès au Panthéon était suivi par un certain nombre de communistes ou de socialistes brandissant des drapeaux rouges et chantant *l'Internationale*. Je me souviens avec précision — j'avais six ans à l'époque — des portes cochères se fermant, comme si la révolution allait tout emporter. Et j'avais découvert la marque de la peur sur des visages qui m'en paraissaient une fois pour toutes préservés.

Le Cartel des gauches a été très peu étudié et il faut le regretter. Il y aurait certainement des études à faire sur l'idéologie du Cartel des gauches telle qu'elle se dégage des professions de foi de 1924, des débats parlementaires ou de la presse favorable au Cartel.

Il y aurait une étude à faire plus ample, plus difficile, mais peut-être plus riche, sur la marge de manœuvre ou, si l'on préfère employer la terminologie de Léo Hamon, sur l'étroite latitude d'action dont disposait Édouard Herriot en 1924.

Si l'on faisait cette étude, on aboutirait à la conclusion que, à supposer qu'Édouard Herriot ait vraiment eu la volonté d'introduire des réformes importantes — ce qui n'est pas démontré du tout —, la marge de manœuvre dont il disposait en 1924 était probablement au moins aussi étroite, et peut-être plus étroite, que celle dont disposait Léon Blum en 1936.

L'échec, dans ces conditions, était inévitable, mais cet échec devait inspirer aux radicaux une durable rancune contre tous ceux qu'ils rendaient responsables de leur échec : les puissances d'argent, le mur d'argent, la Banque de France, le Comité des forges, l'Église catholique, la plus grande partie de la presse, etc. Les élections de 1932, dans cette perspective, apparaissent dans une large mesure comme une revanche partielle de 1924.

Les souvenirs du Cartel des gauches sont encore très vivants dans la France des années 1930. Mais cette société française des années 1930, il faut la décrire brièvement avant de passer à l'examen des forces politiques et plus particulièrement à l'étude de la gauche.

La société française de 1930 ressemble beaucoup à la société française de 1900. La population est à peu près identique : 41 834 923 habitants en 1931 contre 41 479 000 en 1911 : faible différence.

Les morts de la guerre de 1914, 1 500 000 environ, ont été

remplacés par un nombre à peu près équivalent d'étrangers : 1 132 000 en 1911, 2 890 000 en 1931. Le nombre d'étrangers vivant en France a donc augmenté de plus de 1 500 000. Et dans les années 1930, l'immigration apporte en France environ 200 000 étrangers chaque année.

La population française ne s'accroît qu'à un rythme extrêmement lent. Pour la période 1926-1931, le nombre des naissances est de 3 741 112 et le nombre des décès de 3 479 504, soit un excédent à peine supérieur à 250 000, un excédent moyen de 50 000 par an. A partir de 1935, le solde cesse d'être bénéficiaire pour devenir déficitaire.

D'autre part, par rapport aux années 1900-1910, la France de 1930 compte une proportion croissante de ménages sans enfants et de ménages avec un enfant unique, tandis qu'on assiste, ainsi que le montrent les statistiques, à un recul sensible des ménages ayant trois enfants ou plus de trois enfants.

Il n'est donc pas faux de dire que la société française de 1930 est, comme le rappelle souvent Alfred Sauvy — notamment dans son *Histoire économique de la France* qui est un livre indispensable —, une société malthusienne.

Peut-on dire pour autant — et ce second point m'intéresse davantage que le premier — que la société française de 1930 est une « société bloquée », comme l'affirme Stanley Hoffmann dans sa brillante contribution à l'ouvrage collectif publié par l'université de Harvard sous le titre *A la recherche de la France* [1] ?

L'expression « société bloquée » est séduisante. La thèse de Stanley Hoffmann (synthèse républicaine, émanation de la société bloquée) est également séduisante, mais le concept de « société bloquée » me paraît un peu flou.

« Société bloquée », soit ! mais par rapport à qui, par rapport à quoi, par rapport à quand ? Il faut essayer de répondre à ces questions.

Si l'on prend comme référence les années précédant la guerre de 1914, les années 1900, il faut mentionner brièvement un certain nombre de signes d'évolution.

— D'abord, la population urbaine croît lentement, au

1. Stanley Hoffman *et al.*, *A la recherche de la France*, Éd. du Seuil, 1963.

détriment de la population rurale. Entre 1911 et 1931, la population urbaine passe de 44 % à 51 %, tandis que la population rurale décroît de 55,8 % à 48,8 %. Ce n'est pas une augmentation considérable de la population urbaine. Ce n'est pas un déclin spectaculaire de la population rurale, mais il y a tout de même une évolution sensible par rapport aux années 1900. L'exode rural est lent, mais régulier.

En 1930, la population urbaine est un peu plus nombreuse que la population rurale. 130 000 agriculteurs environ quittent chaque année la terre. Beaucoup de gens se préoccupent de l'exode rural, non seulement dans les formations de droite, mais chez les radicaux. Les radicaux sont très tourmentés par l'exode rural et considèrent qu'il risque de saper les bases mêmes du radicalisme.

— Second fait : le secteur tertiaire augmente lentement mais régulièrement par rapport aux années 1900. 22 % dans le secteur tertiaire en 1906, 25 % en 1931 : ce n'est pas une évolution spectaculaire, mais c'est tout de même une évolution.

— Troisième fait : l'industrie française connaît une certaine transformation. Il faut à cet égard souligner le développement spectaculaire de certaines industries, notamment l'industrie automobile, l'industrie chimique et, à un moindre degré, l'industrie aéronautique. C'est le grand départ de l'industrie automobile. Corrélativement, on constate un déclin des industries textiles.

On assiste aussi à un mouvement de concentration industrielle qui est lent, là encore, mais réel, par rapport aux années 1900. Le recul de l'industrie de type artisanal est incontestable. On voit apparaître de grandes usines pratiquant le travail à la chaîne, comme celles que décrit René Clair dans *A nous la liberté,* qui date précisément de 1932.

D'autres transformations, peut-être moins voyantes mais réelles, se manifestent.

C'est l'augmentation du nombre des bacheliers. Il y a 7000 bacheliers en 1913; on en compte 14000 en 1931. Si l'on compare avec les chiffres actuels, on a l'impression d'une stagnation mais la population étant stable, le nombre des bacheliers a tout de même doublé entre 1913 et 1930.

On note surtout la révolution féminine. On assiste à l'entrée massive des jeunes filles dans les universités, dans les professions libérales : femmes normaliennes, femmes agrégées, femmes médecins des hôpitaux, femmes aviatrices. *L'Illustration* leur consacre traditionnellement une page avec généralement deux photos : la photo de l'héroïne en pied ou en tête et la photo de l'héroïne dans sa famille, dans son cadre familial. Ainsi se trouvent mis en lumière les succès fort divers obtenus par Claude-Edmonde Magny, par Suzanne Basdevant, par le docteur Bertrand-Fontaine, par Maryse Bastié, par Hélène Boucher, etc.

Eugène d'Eichtal, directeur de l'École libre des sciences politiques, et qui n'était pas jeune à l'époque, faisait toujours dans ses allocutions annuelles, un développement ému sur les jeunes filles qui fréquentaient la rue Saint-Guillaume.

Enfin, dernier point, la guerre a favorisé un certain nombre de promotions sociales, peut-être exceptionnelles mais très spectaculaires. Dans l'univers romanesque, c'est la promotion sociale d'Haverkamp, le marchand de canons de Jules Romains dans *les Hommes de bonne volonté*. Dans la réalité, c'est la promotion sociale de Citroën.

André Citroën est un des personnages les plus représentatifs des années 1930, le grand patron type des années 1930, avec les automobiles Citroën, avec la Croisière jaune et la Croisière noire qu'il organise, puis aussi avec la publicité lumineuse Citroën sur la tour Eiffel. Le cas de Citroën est flagrant, mais n'est pas exceptionnel.

Dans ces conditions, je ne crois pas qu'il soit tout à fait exact de dire que la société française des années 1930 était une société totalement bloquée et une société identique à celle de 1900.

Il serait plus exact, à mon sens, de dire que la France des années 1930 est une France extrêmement morcelée, tronçonnée et, à cet égard, il faut souligner l'opposition Paris-province qui est fondamentale dans l'univers radical et dans la mythologie radicale; l'opposition Paris-banlieue qui s'est aujourd'hui réduite mais qui était profonde vers 1930; l'opposition chef-lieu-campagne qui était elle aussi très vivace dans les années 1930.

On peut distinguer alors au moins quatre France qui s'ignorent à peu près totalement : la France des grandes villes et très particulièrement la France de Paris; la France des banlieues; la France de Châteauroux et enfin la France de Plouvénez-Lochrist dont j'ai déjà eu l'occasion de parler.

Dans notre séminaire sur les années 1930, nous avions l'habitude de nous poser rituellement cette question concernant les quatre France : « Soit, c'est vrai à Paris, mais est-ce vrai à Saint-Denis, est-ce vrai à Châteauroux, est-ce vrai à Plounévez-Lochrist? » ou « Soit, c'est vrai à Châteauroux, mais est-ce vrai à Paris, etc. »

Il faut, je crois, prendre une conscience aiguë de ce morcellement de la France des années 1930. Ce n'est point un fait nouveau par rapport à la France des années 1900, mais ce morcellement ne s'est absolument pas réduit de 1900 à 1930. Peut-être même à certains égards, au moins en ce qui concerne le phénomène des banlieues, ce morcellement s'est-il aggravé.

D'autre part, la France évolue à une cadence extrêmement inégale. Le monde paysan notamment, dont le poids politique est considérable à la Chambre des députés et au Sénat, a très peu évolué. Les ouvriers, eux, restent extrêmement isolés du reste de la nation et on peut dire selon la formule classique que le prolétariat campe vraiment aux portes de la cité.

C'était sans doute moins vrai dans la France de 1900 où les ouvriers vivaient plus près d'un patron de type artisanal, où les ouvriers vivaient souvent à Paris même : tradition des ouvriers du faubourg Saint-Antoine, encore très vivante en 1900.

Vers 1930, tout cela est en voie de disparition et on découvre brusquement le phénomène de la banlieue; c'est à cette époque que le père Lhande publie son livre *le Christ dans la banlieue* et que se développe l'œuvre des « Chantiers du cardinal ».

Il faudrait ici évoquer les réalités de la condition ouvrière telles qu'elles ont pu être décrites par Georges Navel ou par Simone Weil, normalienne de la même promotion que Brasillach, 1928. Le témoignage de Simone Weil est un témoignage d'intellectuelle découvrant les réalités populaires, tandis que celui de Georges Navel, qui était un prolétaire authentique, est sans doute plus riche pour la compréhension des réalités ouvrières de cette période.

Le livre de Georges Navel, *Travaux,* se termine par la

phrase célèbre : « Il y a une tristesse ouvrière dont on ne se guérit que par la participation politique. » On y découvre un univers de fatigue, de monotonie, d'assujettissement, de crainte, d'humiliation, le sentiment d'appartenir à un monde retranché du monde.

Il faut aussi se rappeler ce qu'était une banlieue vers 1930, ce paysage désolé de murs lépreux et de terrains vagues, reliés à Paris par des tramways brinquebalants : Saint-Denis, Bobigny, La Courneuve ne sont pas gais aujourd'hui, mais la transformation depuis 1930 est considérable.

Il faudrait aussi évoquer ce qu'étaient les dimanches de banlieue, les loisirs à cette époque à Drancy ou à Gennevilliers : le café, la fête foraine, la promenade le long des murs de l'usine... Les évasions hors de Drancy ou hors de Gennevilliers sont singulièrement rares. D'où l'importance du thème de la gare et du thème du port dans la littérature populaire ou dans le cinéma. C'est l'univers de *Quai des brumes* qui date à peu près de cette époque, de 1938.

Cette France des années 1930 est étonnamment cloisonnée. L'univers des écoles primaires supérieures et des écoles normales d'instituteurs est pratiquement sans communication avec l'univers des lycées. Les voyageurs de troisième classe — il y a encore à l'époque des troisièmes classes dans les chemins de fer — appartiennent à un autre monde que les voyageurs de deuxième classe, lesquels appartiennent à un autre monde que les voyageurs de première classe. Sur ce sujet on lira une page d'anthologie dans *Travaux* de Georges Navel.

Les habitants de Gennevilliers ne sortent guère de Gennevilliers. Ceux de Châteauroux passent la plus grande partie de leur vie à Châteauroux. Un paysan de Plouvénez-Lochrist n'a guère de chance dans toute sa vie de rencontrer quelqu'un d'autre qu'un paysan de Plounévez-Lochrist.

Nous avons eu dans notre séminaire un témoignage intéressant d'un ancien élève de l'école normale d'instituteurs de Blois. Cet ancien instituteur nous a raconté comment, dans le Loir-et-Cher, il y avait l'univers de Montoire et l'univers de Romorantin, comment on choisissait de faire sa carrière du côté de Montoire ou du côté de Romorantin. Et pour aller de Montoire à Romorantin, il fallait changer trois ou quatre fois de train.

Il existe donc, dans la France de 1930, un univers très provincial, une province qui vit à un rythme qui est le sien depuis longtemps et où les rumeurs de la capitale ne parviennent qu'assourdies.

C'est la France du brodequin départemental et de l'idéaliste de province cher à Thibaudet. C'est aussi la France de Bellac et d'*Intermezzo* selon Giraudoux, la France de l'institutrice et du contrôleur des poids et mesures, la France que décrit Sieburg dans *Dieu est-il français?*

Ce qu'il faut souligner aussi, c'est le poids fondamental de la guerre dans les années 1930, la présence encore très proche de la guerre, son influence essentielle, non seulement sur la société (les morts, les veuves, les vieilles filles, les destructions), mais sur les mentalités et, en particulier, sur la mentalité des enfants : les monuments aux morts et les listes de morts sur les monuments, les commémorations devant les monuments aux morts, les pèlerinages rituels à Verdun ou à Strasbourg.

Songez aussi aux défilés militaires du 14 juillet ou du 11 novembre, non seulement sur les Champs-Élysées, mais dans la plus humble ville de garnison, les soldats de plomb représentant toujours d'héroïques poilus en train d'embrocher, baïonnette au canon, des Allemands uniformément en train de faire « Kamarad », la vénération à l'égard des grands chefs militaires (Joffre, Foch, Pétain, Gallieni, Gouraud), les albums publiés par diverses maisons d'édition et notamment par la Bonne Presse, pleins d'héroïques histoires de poilus, de bons mots de poilus, etc.

Le rôle des anciens combattants et aussi la volonté générale de ne plus jamais revoir cela : encore des conséquences politiques et psychologiques de la guerre. 1930, c'est extrêmement près de 1918, il faut en avoir une conscience aiguë.

Il y a une autre impression dominante dans les années 1930. C'est le caractère extrêmement morne et plat de la vie politique. Dans les années 1930-1932, qu'est-ce que la politique pour la majorité des Français? Elle se manifeste périodiquement lorsque les journaux publient des photographies de personnages, généralement barbus, sur les marches de l'Élysée : on sait qu'il y a eu un remaniement ministériel. La politique, ce sont aussi les photos de Briand partant pour une conférence à Genève et serrant la main du mécanicien sur un quai de gare.

Mais quels sont les événements politiques, quels sont les problèmes politiques auxquels est sensibilisée l'opinion publique dans les années 1930? Il n'y en a pas beaucoup. La vie est tranquille, le poincarisme triomphe mais, même après la retraite de Poincaré, les salaires ouvriers augmentent un peu plus vite que le coût de la vie. Bref, jusqu'au premier coup de tonnerre de la crise économique et jusqu'au second coup de tonnerre que constitue l'avènement d'Hitler, la vie politique est parfaitement vide. Dans les années 1930, les événements qui intéressent la plupart des Français ne sont pas des événements politiques.

Quelles sont les trois affiches le plus souvent placardées sur les murs de Paris et sur les murs de la France à cette époque? Le bébé Cadum, Y a bon Banania, La vache qui rit : un bébé hilare, un Noir hilare, une vache hilare.

Quels sont les événements marquants pour la majorité des Français? Ce sont des enterrements, des exploits, des catastrophes, des crimes et des scandales.

Les enterrements tiennent une grande place dans la France des années 1930. On enterre beaucoup et toujours solennellement. Ce sont les enterrements de Foch, de Clemenceau, de Joffre et de Briand. La France entière assiste à l'enterrement de Foch le 26 mars 1929.

Après les enterrements, les exploits aéronautiques, automobiles ou sportifs. En mai 1930, Mermoz fait la première liaison Afrique-Amérique du Sud sur hydravion. Le 1er septembre 1930, Costes et Bellonte, sur *le Point d'interrogation,* vont de France aux États-Unis en 37 heures 17 minutes. La même année, Maryse Bastié bat le record féminin de distance en avion. De mars à octobre 1931, c'est la Croisière jaune en Asie financée par Citroën et dont toute la presse parle abondamment. Les Français gagnent le Tour de France cycliste, Leduc en 1931 et 1932, Speicher en 1933. Marcel Thil devient champion du monde de boxe en juin 1932. En juillet 1933, jour de deuil national, la France perd la coupe Davis, conquise par les quatre Mousquetaires à Philadelphie en 1927, bien qu'André Merlin ait mené par 1 set à 0 et 5 jeux à 2 dans la seconde manche, contre Fred Perry, avant de s'effondrer.

Après les prouesses, pour employer la terminologie de Jesse Pitts, sociologue américain et co-auteur de l'ouvrage *A la recherche de la France,* les catastrophes.

On se nourrit de catastrophes, généralement maritimes : 14 juin 1931, naufrage du *Saint-Philibert* qui revenait de Noirmoutier; 16 mai 1932, incendie du *Georges Philippart* dans le golfe d'Aden; 4 janvier 1933, incendie de l'*Atlantide.* Puis suivent de nombreux et tragiques accidents de chemin de fer qui frappent l'opinion beaucoup plus que les crises ministérielles.

Après les catastrophes, les crimes. Beaucoup de crimes et de beaux crimes dans les années 1930! C'est l'enlèvement de Koutiepov, un général russe blanc en 1930, ce qui montre que les rouges sont présents et les soviets toujours dangereux...

C'est l'assassinat de Doumer, président de la République, par Gorguloff, le 6 mai 1932. « Encore un Russe, dit-on, les soviets sont toujours là! » En fait, les soviets n'y étaient pour rien. Puis les deux beaux crimes de l'année 1933 qui éclipsent presque totalement l'avènement d'Hitler : les sœurs Pépin massacrent leurs patronnes et c'est l'admirable crime qui a été porté à l'écran dans *les Abysses* et qui a inspiré *les Bonnes* de Jean Genet.

Autre grand crime, celui de Violette Nozières qui tue son père, lequel abusait d'elle. Mais il y a dans cette affaire un étudiant qui joue un rôle bien fâcheux et qui contribue à arracher cette jeune fille à son milieu. C'est en quelque sorte l'histoire de *l'Étape...* Une brusque plongée dans les abîmes du crime et du vice derrière la façade de la respectabilité.

Autre admirable drame de l'époque : l'enseigne de vaisseau Victor Point, héros de la Croisière jaune, officier de la marine française, se suicide en 1931 pour Alice Cocéa, une actrice de théâtre, et qui plus est une Roumaine. L'événement frappe beaucoup l'opinion.

Après les crimes, les scandales : le scandale Hanau, le scandale Oustric, le scandale de l'Aéropostale et, pour finir, le scandale Stavisky en 1933.

Enfin, pour achever par une note plus réconfortante, deux événements d'importance inégale passionnent l'opinion : d'une part, l'Exposition coloniale de 1931, où la France entière défile par trains de plaisir, et qui reçoit 33 millions de visiteurs; d'autre part, l'institution de la Loterie nationale en 1933, le premier gros lot étant attribué à un coiffeur de Tarascon, Gaston Bonhoure auquel, malheureusement, la gloire et la fortune tourneront un peu la tête et qui finira mal, ce qui prouve évidemment qu'il ne faut pas donner trop tôt de l'argent à quelqu'un qui n'est pas prêt à en faire bon usage.

Tels sont les principaux événements qui intéressent les Français dans les années 1930.

Parmi ces événements, notons-le, les événements politiques sont rares. Et ce que je dis des événements, on peut le dire des hommes.

Quelles sont les vedettes des années 1930? Très peu d'hommes politiques. Les plus connus meurent : Clemenceau et Briand. Poincaré meurt un peu plus tard, mais il disparaît de la vie politique en 1929. Les hommes politiques marquants des années 1930, avant 1934, quels sont-ils? Il n'y en a guère. A droite, Tardieu — le fume-cigarette —; à gauche, Herriot — la pipe. Les élections de 1932 apparaissent en quelque sorte comme un affrontement du fume-cigarette et de la pipe.

Les grands hommes des années 1930, ce sont des militaires : Pétain, Weygand, Gouraud et quelques autres. Ce sont des hommes d'affaires comme Citroën, le plus célèbre de tous. Ce sont des stars : Sacha Guitry, Maurice Chevalier, Mistinguett, Cécile Sorel, Joséphine Baker, au sommet de leur gloire. Les aviateurs comme Mermoz ou Coste et Bellonte; les sportifs comme Borotra ou André Leduc qui, l'un tennisman, l'autre cycliste, sont deux mêmes types de sportifs à la française. Ils ne s'entraînent pas beaucoup, ils n'ont pas un style impeccable. Le revers de Borotra est pris trop haut. Leduc boit du gros rouge. Mais ils ont la classe, à la française!

En ce qui concerne la littérature, les noms qui émergent à l'époque sont ceux de Pierre Benoit qui entre à l'Académie en 1931, de Marcel Pagnol (*Topaze* et *Marius,* la France à l'heure de Marseille), de Marcel Achard.

Il reste, après le test des vedettes, à essayer de procéder au test des institutions. Quelles sont, au sens large du terme, les institutions respectées comme telles, reconnues comme telles par les Français des années 1930? Peu d'institutions politiques : la Chambre des députés qui est le centre de la vie politique; le perron de l'Élysée sur lequel sont photographiés les ministères, mais cela prête plutôt à sourire; les trois présidents de la République de l'époque, Doumergue qui s'en va en 1931, Doumer qui est assassiné en 1932, Lebrun qui arrive en 1932, qui n'ont pas une autorité ni un prestige particulièrement marquants.

Là encore, on arrive à la même conclusion. Les principales institutions des années 1930 ne sont pas des institutions politiques.

Quelles sont donc les institutions des années 1930? L'armée; l'Église catholique; la famille, la vie de famille, le dîner en famille, etc.; l'Académie française, institution universellement respectée; quelques organes de presse : à droite, *le Temps* — institution vénérable, nationale et internationale —; *la Revue des deux mondes* dont c'est la belle époque; *l'Illustration;* à gauche, *le Canard enchaîné.*

Autres institutions : la Banque de France, le Comité des forges; Maurice Chevalier et Sacha Guitry comme institution représentative de la France; l'aviation française et l'automobile française; les grands corps de l'État; les grandes écoles, Polytechnique, Normale, l'École libre des sciences politiques; l'enseignement secondaire français, « le meilleur du monde »; la cuisine française; la mode française; la femme française; l'amour à la française; l'Empire français; les fonctionnaires français qui, comme chacun sait, sont les meilleurs du monde; et la France elle-même comme institution suprême, l'éminente chance et l'éminente dignité d'être français.

2. Le radicalisme

Les années 1930 marquent sans doute l'apogée du radicalisme et, ce disant, j'ai bien conscience d'avancer un apparent paradoxe car le nombre des députés radicaux à la Chambre des députés est moindre dans les années 1930 qu'avant la guerre de 1914. Mais sans doute le radicalisme est-il plus profondément enraciné en tant qu'idéologie dans la société française de 1930 qu'il ne pouvait l'être dans la société française des années 1900.

Peu de temps avant sa mort, en 1923, Barrès disait sans joie en descendant de la colline de Sion-Vaudémont : « Je crois bien que la France est radicale. »

En 1932, Emmanuel Berl qui, contrairement à Barrès, éprouve de la sympathie pour le radicalisme se montre plus affirmatif dans son livre *la Politique et les Partis* où il écrit : « Le parti radical, à beaucoup d'égards, c'est la France même. Son histoire demeure celle de la République et son idéologie celle de la majorité. »

Daniel Halévy, l'ancien ami de Péguy et de Georges Sorel, qui déteste le radicalisme et les radicaux, ne conteste pas cette affirmation et il publie en 1934 un pamphlet très violent intitulé *la République des comités,* dans lequel il dénonce l'empire occulte qu'exerce sur la France, par l'intermédiaire des comités, le parti radical.

Qu'est-ce que le parti radical dans les années 1930? Il faut commencer, comme d'habitude, par rappeler quelques chiffres :

En 1933, au congrès de Vichy, un rapporteur fait état de 103 037 cartes vendues, en chiffres ronds 100 000 cartes. Mais ce chiffre est certainement supérieur à la réalité car on connaît les trafics de cartes pour obtenir des mandats dans les congrès radicaux et d'ailleurs dans d'autres congrès. La notion même de membre du parti radical est extrêmement floue. En fait, en tant que parti, le parti radical n'a pas plus de membres et d'existence qu'avant 1914.

Dans les années 1930, si l'on examine maintenant le nombre de voix, le parti radical obtient approximativement le même nombre de voix que la SFIO.

Partons de 1928 car les élections de 1924 ont lieu au scrutin de liste et il n'est pas possible de ventiler les voix radicales et socialistes. En 1928, il y a 1 655 000 voix pour les radicaux et 1 698 000 pour la SFIO.

En 1932, il y a 1 836 000 voix pour les radicaux-socialistes *stricto sensu* et 1 964 000 pour la SFIO. Par conséquent, la SFIO dépasse légèrement les radicaux-socialistes *stricto sensu.*

Mais il convient de majorer assez sensiblement le chiffre des radicaux-socialistes par les chiffres d'un certain nombre de candidats radicalisants. On aboutit alors à un total de

2315000 pour la « famille radicale », tandis que la « famille socialiste » ne compterait guère que les voix de la SFIO. Certains auteurs citent un chiffre de 2034000 pour la « famille socialiste ». Je ne sais pas quels sont les candidats qui apportent les 70000 voix qui leur permettent de passer de la famille étroite à la famille large.

Enfin, en 1936, la situation bascule complètement. Alors qu'en 1932 la « famille radicale » dominait largement la « famille socialiste », il n'en est pas de même aux élections de 1936. La « famille radicale » retombe à 1960000, alors que la « famille socialiste » obtient 2000000 voix. Ajoutons-y la montée des communistes : 783000 en 1932 et 1473000 en 1936.

Il faut avoir ces chiffres présents à l'esprit pour savoir de quoi il s'agit lorsque l'on parle de l'électorat radical, de l'électorat socialiste et de l'électorat communiste.

Venons-en aux chiffres de députés.

A la Chambre des députés, les radicaux-socialistes forment jusqu'aux élections de 1936 le groupe parlementaire le plus nombreux : 139 députés en 1924, 125 en 1928 contre, à la même date, 100 députés socialistes SFIO.

En 1932, il y a 160 radicaux et 131 socialistes SFIO. Si l'on ajoute aux radicaux-socialistes *stricto sensu* les radicaux indépendants, les républicains socialistes, les indépendants de gauche, etc., on aboutit pour la « famille radicale » à un nombre de parlementaires radicalisants qui dépasse nettement celui de la « famille socialiste ».

Là encore, les chiffres se modifient en 1936 où, pour la première fois, les radicaux-socialistes sont dépassés par la SFIO. On compte 116 radicaux-socialistes, 146 SFIO et 72 communistes.

Comme la Chambre des députés comprend avant 1939 un peu plus de 600 députés, 614 en 1932 et 618 en 1936, le parti radical apparaît sur le plan parlementaire dans une position à la fois très forte et très ambiguë. Il constitue, en effet, le pivot de toutes les majorités possibles, mais il n'est pas assez fort pour exercer seul le pouvoir et il est écartelé entre l'alliance à droite — qu'il pratique en 1926 et en 1934, Herriot faisant partie du gouvernement Poincaré en 1926 et du gouvernement Doumergue en 1934, avec un certain nombre de ministres radicaux — et l'alliance à gauche, qu'il pratique sans beaucoup de succès en 1924, au moment du premier Cartel des gauches, puis entre 1932 et 1934, lorsque cinq gouvernements à direction radicale se succèdent entre les élections de 1932 et le 6 février 1934 et que les radicaux au pouvoir marquent leur incapacité à opter nettement, soit pour une politique de concentration et de coalition des centres, soit pour une politique de Cartel des gauches telle qu'elle paraissait possible après les élections de 1932.

Cette période 1932-1934, qui est à l'origine d'une crise de régime, est pour les radicaux le point de départ d'un long déclin et l'échec des gouvernements radicaux en 1932-1934 est sans doute une des causes de l'échec radical au moment des élections de 1936.

Cela dit et ces données étant rappelées, qu'est-ce que le parti radical en 1930?

I. LE PARTI RADICAL

Le parti radical, dans les années 1930, est avant tout un parti provincial, c'est même le parti de la province, le parti qui a pour fonction essentielle d'exprimer la diversité et la sagesse de la province française.

C'est ainsi qu'Alain écrit ce beau texte : « Ah, messieurs, si l'on pouvait transférer la Chambre et le gouvernement à Tours, à Orléans ou à Châteauroux, la politique en serait bien plus claire, moins parisienne, plus nationale. Mais une si grande réforme n'est pas nécessaire si votre esprit est toujours à Tours ou à Châteauroux, enfin au centre du pays réel, loin des comédiens, des flatteurs, des parasites et des prostituées. »

Thibaudet dit à peu près la même chose qu'Alain. Le parti radical, pour lui, est celui de l'idéaliste de province et il oppose fréquemment la sagesse et la lourdeur du brodequin départemental à la finesse un peu dangereuse de l'escarpin parisien.

Dans *la République des professeurs,* Thibaudet cite avec réprobation le mot de Jules Lemaitre qui, après les élections nationalistes, au Conseil municipal de Paris en 1900, s'était écrié : « On ne gouverne pas contre Paris! » Et Thibaudet lui rétorque, au contraire : « On ne gouverne que contre Paris. » Autrement dit, on ne gouverne sagement et durablement que contre Paris.

La réalité du radicalisme dans les années 1930, c'est donc en province qu'il faut aller la découvrir, dans un département comme l'Eure où la tradition radicale relaie la tradition républicaine et où Pierre Mendès France, élu député de Louviers très jeune, en 1932, apparaît aux électeurs de l'Eure comme l'héritier de Dupont de l'Eure, garde des Sceaux de Louis-Philippe en 1830 et président du gouvernement provisoire de la République en 1848 [1].

Le parti radical à la base est constitué par des *comités*. En 1929, Daladier, à un congrès radical, parle de plus de 1 000 comités dans l'ensemble de la France, mais on ne sait pas très bien de quels comités il parle, car il y a des comités de types très divers.

En 1932, Thibaudet, dans son livre, qui deviendra classique, sur *les Idées politiques de la France,* définit le radicalisme comme un radicalisme de comités et marque sa préférence pour ce radicalisme de comités aux dépens du radicalisme de proconsulat à la façon de Clemenceau. Daniel Halévy, lui, en 1934, se déchaîne contre la République des comités. Tout le monde parle donc de comités vers 1930. Mais qu'est-ce qu'un comité? Il en est de types très divers :

— D'abord, les comités républicains, ou plutôt les comités qui, initialement, à la fin du XIXe siècle, s'appelaient comités républicains. Certains de ces comités, dans les années 1930, s'appellent comités radicaux, mais la plupart d'entre eux ont gardé la dénomination de comités républicains. Pour le seul département de l'Eure, Gilles Rossignol énumère une trentaine de comités républicains, ce qui indique que, dans un département comme l'Eure, il y a des comités républicains dans d'assez petites localités. C'est un premier type de comité : le comité républicain de chef-lieu de canton, de petite ville ou de gros bourg.

— Deuxième type de comité : les loges maçonniques. Les

1. Cf. le mémoire de Gilles Rossignol sur le radicalisme dans le département de l'Eure.

adversaires du radicalisme dénoncent inépuisablement dans les années 1930 sa collusion avec la franc-maçonnerie. Cependant, il faut noter que l'influence de la franc-maçonnerie sur le radicalisme qui était très forte avant 1914 — 1 député radical sur 2 avant 1914 était franc-maçon, d'après les évaluations les plus communément admises — tend à diminuer, légèrement mais constamment, entre 1918 et 1939.

Le Grand Orient de France glisse vers la SFIO. Paul Ramadier, parlementaire socialiste, sera président des parlementaires francs-maçons. En revanche, la Grande Loge se montre beaucoup plus réticente envers les socialistes.

Les francs-maçons à l'intérieur du parti radical se situent généralement à la droite du parti et le plus notable d'entre eux est Camille Chautemps qui est le porte-parole à la fois de la Grande Loge et d'une concentration inavouée. On peut citer d'autres noms : Yvon Delbos, André Marie qui sont francs-maçons notoires et ne se situent point à la gauche du parti radical.

Édouard Herriot, président du parti radical, le plus célèbre des radicaux, n'est pas, lui, franc-maçon.

Par conséquent, on est sans doute parfois enclin à surestimer l'influence de la franc-maçonnerie sur le radicalisme. C'est vrai, avec des nuances, avant 1914. C'est infiniment moins vrai vers 1930.

— En dehors de la franc-maçonnerie, il existe d'autres sociétés de pensée qui ont en province des comités nombreux et actifs : la Ligue de l'enseignement qui date des dernières années du second Empire (1866) et la Ligue des droits de l'homme qui date de l'affaire Dreyfus (1898) et dont l'idéologie, dans un cas comme dans l'autre, n'a guère varié depuis ces deux dates.

Cependant, les comités dépendant des deux ligues, la Ligue de l'enseignement et la Ligue des droits de l'homme, ont une vitalité dans la France des années 1930 qu'on ne peut passer sous silence. C'est ainsi que, selon Gilles Rossignol, il y a 20 sections de la Ligue des droits de l'homme dans le département de l'Eure, avec près de 2000 membres actifs et se réunissant périodiquement.

— A ces ligues datant du XIXe siècle, il faut ajouter deux puissantes institutions qui datent, elles aussi, du XIXe siècle et qui aident le parti radical à étendre son influence en province :

La première de ces institutions est la Société nationale d'encouragement à l'agriculture, fondée en 1880, sur l'initiative de Gambetta, et localisée boulevard Saint-Germain. Le boulevard Saint-Germain, fief républicain, contre la rue d'Athènes, siège de la Société des agriculteurs de France, fief conservateur : il y a là un thème sur lequel Henri Mendras insiste longuement dans ses cours de sociologie rurale. Successivement dirigée par Méline au temps de la République opportuniste, puis par Queuille sous la IIIe et sous la IVe République, la Société nationale d'encouragement à l'agriculture est devenue vraiment un fief radical qui contribue largement et efficacement à faire pénétrer l'idéologie radicale dans les milieux provinciaux par l'intermédiaire des coopératives, des organismes de mutualité, etc., et qui, réciproquement, fait pénétrer à l'intérieur du parti radical la préoccupation constante du sort des agriculteurs et des paysans français. Ce n'est pas à proprement parler un comité, mais c'est une puissante société ayant des ramifications en province.

Seconde institution à mentionner : le Comité républicain du commerce, de l'industrie et de l'agriculture ou Comité Mascuraud. Le Comité Mascuraud avait été créé en 1898 pour défendre les intérêts des petites et moyennes entreprises. Mascuraud, sénateur de la Seine, était franc-maçon et partisan résolu de l'accord avec l'Alliance démocratique, c'est-à-dire de la conjonction des centres.

Le Comité républicain du commerce, de l'industrie et de l'agriculture ou Comité Mascuraud s'occupe activement de la défense des intérêts des petites et moyennes entreprises. C'est son activité principale et il s'occupe de cela beaucoup plus que de collecter des fonds pour le parti radical. On a parfois tendance à confondre le Comité Mascuraud avec l'Union des intérêts économiques du sénateur Billiet qui s'occupe de collecter des fonds pour le compte des candidats de droite avant les élections de 1924. En fait, il s'agit de deux organismes d'une nature différente.

Le Comité Mascuraud est essentiellement un lieu de contact entre les radicaux et les représentants des petites et moyennes entreprises. Il a une fonction d'osmose avec les milieux des petites et moyennes entreprises, qui s'apparente beaucoup à la fonction du boulevard Saint-Germain dans le domaine de l'agriculture.

Parti provincial, parti de comités, le parti radical est avant tout *un parti de personnalités* solidement enracinées dans leur circonscription, s'appuyant efficacement sur un réseau de conseillers généraux, de maires et de notables locaux.

Selon les évaluations les plus communément avancées dans les congrès radicaux des années 1930, un tiers des conseillers généraux de l'ensemble de la France appartiendrait au parti radical, ou du moins est revendiqué par le parti radical, ce qui est déjà beaucoup, et deux tiers des maires, deux tiers des municipalités, ce qui est gigantesque. On peut se demander si, sur ce point, les évaluations des congrès radicaux ne sont pas un peu gonflées. Elles le sont certainement si l'on donne une définition étroite du radicalisme. Elles ne le sont sans doute pas si on en donne une définition large. Mais nous verrons qu'il y a au fond deux radicalismes dans les années 1930 : le radicalisme du parti radical qui est déjà sur la pente descendante et une espèce de radicalisme sans frontières qui, lui, est vraiment l'idéologie dominante dans la France de l'époque.

Mais revenons aux notables. Certains parlementaires et certains élus locaux radicaux sont élus avec des voix de droite. D'autres sont élus avec des voix de gauche. Il arrive, comme dans l'Eure, qu'on rencontre dans le même département des types fondamentalement différents de parlementaires radicaux. Le département de l'Eure en 1932 compte trois parlementaires radicaux : l'un, le Dr Briquet, se situe dans la tradition des Girondins, l'autre, Adolphe Chauvin, se situe dans la tradition jacobine, dans la tradition du radicalisme autoritaire, et le troisième, Pierre Mendès France, appartient au groupe des « jeunes turcs ».

Dans ces conditions, avec des personnalités fortes, toutes-puissantes dans leur circonscription, s'ignorant de circonscription à circonscription et ne facilitant pas toujours la tâche du voisin dans la circonscription voisine, la Fédération radicale n'a qu'une existence à peu près nominale, sauf quand elle est dominée par une personnalité vraiment marquante, comme Maurice Sarraut dans l'Aude. Dans ce cas, la Fédération n'est pas autre chose que l'émanation d'une forte personnalité.

Le parti radical reste donc avant tout, dans les années 1930 comme dans les années 1900, une machine à fabriquer des élus : élus locaux et élus nationaux. Cette machine fonctionne efficacement, mais l'efficacité disparaît lorsqu'il s'agit de définir une politique et surtout de l'appliquer.

L'indiscipline de vote est de règle à l'intérieur du parti radical et les radicaux ont coutume entre 1924 et 1936 de se diviser en trois groupes, les votes pour, les votes contre et les abstentions, lors de beaucoup de scrutins importants.

Ainsi le parti radical dans les années 1930 est un groupe de députés nombreux mais disparate. C'est aussi un groupe sénatorial qui, avec Joseph Caillaux, se situe dans l'ensemble à la droite du parti radical et se montre extrêmement pointilleux en matière d'orthodoxie financière. C'est aussi un réseau très dense de maires et de conseillers généraux, de conseillers municipaux et de comités. Mais c'est surtout un *congrès* annuel qui se tient généralement en province, qui rassemble 5000 ou 6000 personnes, qui se déroule selon un rituel minutieux, qui permet de se retrouver en famille, de banqueter en famille, d'écouter des discours éloquents et de voter des motions de synthèse.

Le congrès radical n'a qu'une fonction politique très limitée. Aucune décision importante, sauf exception, n'y est prise. Mais c'est avant tout la grande fête du militant radical et c'est l'occasion pour les militants de se retrouver entre eux, pour les dirigeants du parti d'exalter les militants.

C'est ainsi que Pierre Mendès France, en 1933, déclare : « Je n'ai jamais cessé, pour ma part, de me considérer comme un militant et lorsque je prends la parole devant vous, ce n'est pas comme député, mais comme militant. » Il est député de l'Eure depuis un an et il a vingt-six ans.

Daladier, à ce même congrès de 1933, apostrophe ainsi les congressistes :

« Sans doute les militants sont parfois un peu vifs. Les grands esprits exercent parfois leur ironie à ce sujet. Il arrive dans nos congrès passionnés que les militants n'aient pas toujours eu le temps de méditer les problèmes, que souvent même les instruments d'étude leur ont fait défaut dans leur village, dans les hameaux, et dans les villes où ils mènent la bataille radicale avec tant de courage et d'énergie.

Mais je me souviens que c'est par la force de ces militants que le parti radical a donné à la République dans la terre française des racines qui ont permis à l'ordre de dominer et de défier toutes les tempêtes.

S'il m'est permis de faire un retour sur moi-même, je me souviens qu'aux plus durs moments de toutes les batailles, je vous ai toujours trouvés à mes côtés, vous, militants de mon parti, sans qui mon parti ne serait qu'un vieil arbre sans sève et sans racines, à la merci du premier vent d'orage. »

En même temps qu'un beau document sur l'éloquence du président Daladier, vous découvrez là cet éloge du militant qui est quasiment rituel dans tous les congrès radicaux.

Le parti radical enfin, c'est une *presse* puissante et avant tout provinciale. A Paris, la presse radicale dans les années 1930 et, d'une façon générale, la presse de gauche est largement minoritaire.

A l'échelon parisien, les principaux quotidiens radicaux à diffusion nationale sont au nombre de trois : *l'Œuvre,* qui est le plus important et qui, dans les années 1930, a un tirage de l'ordre de 120 000 ; *l'Ère nouvelle,* qui a un tirage de l'ordre de 50 000 ; et *la République,* qui a un tirage de l'ordre de 40 000.

Les hebdomadaires édités à Paris sont dans l'ensemble largement à droite. A gauche, il y a *Marianne* et *le Canard enchaîné* — qui, d'ailleurs, ne sont ni l'un ni l'autre des hebdomadaires radicaux — et, à droite, se trouvent *Gringoire* et *Candide* qui ont des tirages beaucoup plus importants.

De même, vous ne trouvez pas de revues de gauche de quelque importance dans les années 1930. Il y a *Europe,* qui est fort loin de l'univers radical, la *NRF,* mais *la Nouvelle Revue française* est essentiellement une revue littéraire. Là encore, vous n'avez rien de comparable à ces puissantes institutions que sont *la Revue des deux mondes* ou *l'Illustration.*

En revanche, c'est en province, par l'intermédiaire de la presse de province, que le parti radical retrouve toute sa puissance. A cet égard, il faut citer cette puissante institution qu'est *la Dépêche de Toulouse* des frères Sarraut, Maurice et Albert, et, un peu plus tard, Jean Baylet, dont le tirage atteint 350 000 exemplaires dans les années 1930.

Le cas de *la Dépêche de Toulouse* n'est pas exceptionnel et il faut souligner dans les années 1930 la puissance de la presse provinciale d'inspiration radicale ou radicalisante. On peut estimer à 400 titres environ l'importance des quotidiens radicaux pour l'ensemble de la France — c'est beaucoup.

Si l'on prend pour critère le nombre des journaux ayant pris position lors du second tour des élections générales, le pourcentage de la presse radicale serait de l'ordre de 45 % au sens large du terme. Il s'agit des journaux de province qui soutiennent un candidat radical au second tour des élections. Or, comme tous les gros tirages sont du côté de la presse radicale et radicalisante, le pourcentage dépasse largement 50 % si l'on prend comme critère, non point le nombre des journaux, mais les tirages.

Il est instructif de rechercher comment s'appellent les journaux radicaux et radicalisants : *le Petit Niçois* — il y a d'innombrables « petits » —, *le Républicain des Cévennes* — il y a aussi d'innombrables « Républicains » alors qu'en revanche il y a très peu de « Radical » —, *le Démocrate de Foix, la République de l'Ardèche, le Républicain de Saint-Flour, le Petit Troyen, le Radical de Marseille* — c'est presque exceptionnel —, *le Petit Provençal de Marseille, le Réveil du Cantal* — il y a un certain nombre de « Réveil » —, *le Progrès du Cantal, la Petite Charente, l'Ère nouvelle des Charentes* — sur le modèle de *l'Ère nouvelle* diffusée à Paris —, *la Défense républicaine de Charente-inférieure, l'Union républicaine de Royan, le Bloc républicain de Saint-Jean-d'Angély, le Réveil de l'île de Ré, la Démocratie corse, l'École laïque* diffusée à Saint-Brieuc, *l'Action laïque* diffusée à Périgueux, *le Petit Comtois* diffusé à Besançon, *l'Avenir républicain de l'Eure, le Démocrate de Vernon,* etc.

On voit que les mots qui reviennent le plus souvent sont ceux de « Républicain » d' « Avenir », de « Progrès », d' « Ère nouvelle ».

Cette presse radicale commence à se mettre en place avant 1914, mais elle n'atteint vraiment toute sa puissance et toute sa diffusion que dans les années 1930. Il y a là un fait nouveau, mais pour le reste, la structure et l'organisation du parti radical dans les années 1930 ressemblent beaucoup à ce qu'elles étaient dans les années 1900.

Il en est de même en ce qui concerne *la sociologie du radicalisme.* A dire vrai, cette sociologie du radicalisme est extrêmement difficile à faire et, pratiquement, aucune étude ne lui a été consacrée [1].

Il faudrait, si l'on voulait faire une étude sérieuse, la conduire à trois niveaux : l'électorat radical, premier niveau; les membres du parti radical ou, du moins, les militants dont parle Daladier avec émotion, deuxième niveau; les dirigeants et les parlementaires, troisième niveau.

On peut dire d'abord que le parti radical est un parti d'hommes. On me dira que les femmes ne sont pas électrices et que toutes les formations politiques dans les années 1930 sont des formations d'hommes. Assurément, mais il y a probablement plus de femmes socialistes ou communistes, en tout cas beaucoup plus de femmes dans les Jeunesses patriotes ou Croix-de-Feu, qu'il n'y en a au parti radical.

Le parti radical est essentiellement un parti d'hommes et très révélatrice à cet égard est la déclaration que fait en 1927, à un congrès radical, le sénateur de l'Ardèche, Cuminal, qui s'écrie avec éloquence, s'adressant aux congressistes : « Si, par malheur, vous veniez à instituer le suffrage universel en faveur des femmes, même seulement en ce qui concerne la formation des conseils municipaux, vous pourriez dire adieu aux majorités républicaines de la plupart de nos départements! »

Cette déclaration est reçue par de « très vifs applaudissements ».

D'autre part, le parti radical, dans l'ensemble, attire peu les jeunes. Certes, il y a un certain nombre de jeunes radicaux parmi les dirigeants du parti; des hommes comme Jacques Kayser, comme Gaston Bergery, comme Bertrand de Jouvenel, comme Pierre Cot, comme Pierre Mendès France, misent

1. Depuis la mort de Jean Touchard, l'ouvrage le plus important sur le radicalisme a été la thèse soutenue par S. Berstein, *Le Parti républicain radical et radical-socialiste en France de 1919 à 1939*, multigraphié. (*N.d.É.*)

sur le parti radical et arrivent jeunes à des fonctions relativement importantes à l'intérieur du parti. Mais ce qui est vrai des dirigeants et des élus ne l'est pas du tout, je crois, des militants et ne l'est pas non plus de l'électorat. Rien ne permet de penser que l'électorat radical des années 1930 soit particulièrement jeune et tout permet de penser le contraire. En tout cas, en ce qui concerne les militants, il suffit de regarder les photos de congrès, l'auditoire ne donne pas l'impression de la jeunesse. Certes, il se crée en 1928 des Jeunesses radicales, mais ces Jeunesses radicales connaissent un démarrage difficile jusqu'en 1933 et elles seront dissoutes en 1937.

Troisième point : le radicalisme, qui avait été essentiellement urbain jusqu'en 1880-1890, à l'époque du radicalisme de combat, est devenu essentiellement rural à partir de cette date.

On peut avancer l'hypothèse que le radicalisme dans les années 1930 est plus rural que vraiment agricole. Certes, il y a des paysans qui votent radical et le parti radical s'attache à refléter fidèlement les préoccupations des paysans. Mais on peut avancer comme une hypothèse vraisemblable que le parti radical dans les années 1930 trouve ses principaux points d'appui dans les bourgs et dans les petits chefs-lieux de cantons, plus que dans les campagnes elles-mêmes.

Dernier point : le radicalisme ouvrier n'est plus guère qu'une survivance. Le parti radical des années 1930 est devenu un parti de ruraux, un parti d'artisans et d'employés, un parti de classes moyennes et de professions libérales et aussi un parti d'universitaires et de professeurs (Herriot, Daladier, Albert Bayet, Alain, Bouglé, etc.). Cf. *la République des professeurs* de Thibaudet.

Le Syndicat national des instituteurs incline davantage du côté du socialisme que du côté du radicalisme. Ou, si radicalisme il y a du côté du Syndicat national des instituteurs, il s'agit, non point du radicalisme du parti radical, mais de cette espèce de radicalisme sans frontières qui rapproche radicalisme et socialisme.

La principale conclusion que j'ai retirée de l'étude du radicalisme de cette période concerne la distance entre le radicalisme et le socialisme.

Au niveau des états-majors, au niveau des formations

politiques, la différence est beaucoup plus profonde que je ne le supposais quand j'ai commencé à étudier les années 1930. En fait, la SFIO, dans les années 1930, est un univers à part qui communique peu avec l'univers du parti radical.

Dans les années 1930, les socialistes font peur et lorsque Léon Blum prend la parole à la Chambre, ses discours sont hachés d'interruptions, alors qu'Édouard Herriot est généralement écouté avec déférence.

Par conséquent, si l'on regarde les partis politiques, on a l'impression de deux univers complètement distincts.

Mais si l'on essaie, conformément au conseil que nous donnait Alain, d'avoir le regard fixé sur Tours ou sur Châteauroux, au niveau des électeurs de Châteauroux, la différence est-elle tellement sensible entre l'électeur radical et l'électeur socialiste? Y a-t-il des motivations profondément différentes qui conduisent les uns à voter radical, les autres à voter socialiste? Je ne le pense pas. Je crois qu'au niveau de l'électorat nous retrouvons une idéologie peut-être confuse, certes, mais profondément sentie, profondément vécue par les Français de l'époque, et qui s'appelle sans doute, tout simplement, une idéologie de gauche.

II. LES PERSONNALITÉS RADICALES

Herriot.

Il n'est pas possible de parler du radicalisme dans les années trente sans faire un bref portrait d'Édouard Herriot, car il est vraiment le radicalisme fait homme; le livre qu'il publie en 1928 sous le titre *Pourquoi je suis radical-socialiste* est une des meilleures introductions que l'on puisse lire pour pénétrer dans l'univers radical.

Herriot est né à Troyes en 1872. Son père est un officier subalterne, d'origine vosgienne et ardemment patriote, comme peut l'être, à l'époque, un officier de cette origine. Le père de sa mère est, comme son propre père, un officier subalterne d'origine modeste. Normalement, le jeune Édouard est promis à un avenir d'officier subalterne.

Mais le jeune Édouard se montre brillant en latin, particulièrement éblouissant en expliquant une page du *Pro Milone* devant un inspecteur général. Et c'est l'histoire classique du boursier. Il reçoit une bourse pour préparer le concours d'entrée à l'École normale supérieure, auquel il est reçu en 1891, trois ans avant Charles Péguy. Puis il est reçu à l'agrégation des lettres. Il est professeur à Lyon. Il fait une thèse de doctorat ès lettres sur Mme Récamier.

En 1898 l'affaire Dreyfus amène Herriot à la politique. Il a vingt-six ans.

Il adhère à un comité républicain à Lyon, puis à la Ligue des droits de l'homme, et il fera toute sa carrière dans le parti radical.

Pendant son passage à l'École normale, Herriot n'a pas été insensible à l'influence de Lucien Herr, le bibliothécaire socialiste de l'École, dont parlent si fréquemment Charles Péguy, ainsi que Jean Jaurès.

Herriot éprouve — et il ne le cache point — beaucoup de répugnance pour le socialisme de Jules Guesde qui lui apparaît comme fâcheusement dogmatique. En revanche, il admire Jaurès, mais il n'est pas socialiste, car, dit-il, il croit au droit de propriété, et il a cette formule dans *Pourquoi je suis radical-socialiste,* en 1928 : « Le radical-socialisme m'est immédiatement apparu non comme un socialisme honteux, mais comme un socialisme précisé. »

En 1905, Herriot devient maire de Lyon contre un socialiste. En 1912, il est sénateur radical du Rhône. En 1916, il est ministre des Travaux publics dans un cabinet Briand. En 1919, il est député radical du Rhône. En 1924 et en 1932, il est président du Conseil lors du premier et lors du second Cartel des gauches; et dans les deux cas, il est renversé au bout de quelques mois. En 1926, il accepte d'entrer dans le gouvernement Poincaré comme il acceptera d'entrer, en 1934, dans le gouvernement Doumergue; dans les deux cas, il se rallie à un gouvernement d'Union nationale.

Tels sont les principaux épisodes, rapidement résumés, de la carrière d'Édouard Herriot, sur laquelle on trouve d'amples précisions dans le livre publié par Michel Soulié, membre du parti radical, qui est intitulé *la Vie politique d'Édouard Herriot.* C'est un livre écrit avec une vive sympathie et une vive admiration pour Herriot; mais il n'est pas très sûr que la figure de celui-ci en sorte grandie.

La doctrine politique d'Édouard Herriot est dénuée d'originalité. Il développe régulièrement les mêmes thèmes, reprend régulièrement les mêmes mots : « Qu'est-ce que la République? Le régime qui essaie d'intégrer de plus en plus la morale dans la politique. »

— *La démocratie, le bon sens.* Et il affirme en 1934 : « Je ne suis après tout qu'un pauvre homme d'origine paysanne qui croit à la vertu du bon sens. »

— *Le peuple.* Et il s'écrie en 1932 : « Je suis peuple... »

— *La France.* Et il déclare : « J'aime mon pays! »

— *La justice sociale.* Et il termine son livre *Pourquoi je suis radical-socialiste* en appelant de ses vœux « l'épiphanie de la Justice ».

— *La paix.* Et il s'écrie, le 11 janvier 1924, sans être d'ailleurs le premier à le faire : « Paix sur la terre aux hommes de bonne volonté! »

— *La raison* enfin, et il donne cette définition de la politique dans une interview à *Paris-Midi,* en 1932 : « La politique n'étant pas faite, selon moi, de concepts immuables et de révélations définitives, doit être essentiellement rationaliste. S'étant fixé le but supérieur de la Justice, elle obéit ensuite à la raison souveraine; elle s'adapte aux circonstances et évolue dans l'espace et dans le temps comme toute science expérimentale. »

Politique et raison, politique et science expérimentale : cette définition de la politique justifie, ou pourrait justifier, toutes les évolutions, mais en fait, la politique d'Édouard Herriot évolue extrêmement peu; elle s'est formée à la fin du siècle dernier et elle reste fidèle — Thibaudet l'en loue dans *la République des professeurs* — aux grands principes du combisme avec cependant — et nous y reviendrons — un anticléricalisme fortement édulcoré.

Herriot est aujourd'hui très loin de nous. Mais il faut essayer de comprendre l'extraordinaire fascination qu'il a durablement exercée sur les auditoires radicaux.

D'abord Herriot incarne physiquement un certain type de Français, avec sa pipe, son ventre, son affection pour la bonne chère, avec son côté bon vivant, l'art de vivre à la française selon Édouard Herriot. Mais surtout, les discours d'Herriot, lorsqu'on les lit ou les relit aujourd'hui, apparaissent un parfait résumé des idées du Français moyen. C'est d'ailleurs Herriot qui passe pour avoir inventé cette expression de « Français moyen ».

Ce sont donc les idées du Français moyen, exprimées avec une éloquence qui n'a peut-être pas très bien vieilli, mais qui est parfaitement adaptée à l'atmosphère d'un congrès radical.

La profession de foi d'Herriot en 1932 se développe avec de longues périodes oratoires pendant trois ou quatre pages. Celle de Tardieu tient dans le Barodet en une demi-page, faite avec des aphorismes d'une demi-ligne. Ce sont deux styles complètement différents.

La politique d'Herriot est extrêmement littéraire, oratoire, chargée de références, de fleurs de rhétorique et de citations. Si l'enseignement français est, dans les années trente, une des institutions fondamentales de la République, Herriot est vraiment le produit le plus accompli de l'école française et de la culture française.

Il incarne donc non seulement une certaine conception de la politique, mais aussi de la culture dans tous les sens du terme, y compris dans le sens « art de vivre ».

Les modèles d'Édouard Herriot, les grands hommes auxquels il aime se référer sont les jacobins, et il s'écrie : « Nous les fils des jacobins... ! »

Il parle également beaucoup de Lamartine, et s'écrie à son propos : « Il n'y a pas d'hommes que j'admire et respecte plus que Lamartine! »

Ses autres admirations vont à Jules Ferry, Waldeck-Rousseau, Camille Pelletan et Émile Combes. Et c'est à peu près tout. Car il n'aime ni Clemenceau qu'il trouve trop autoritaire, ni Caillaux qui est trop grand bourgeois pour lui. Il a la plus grande estime pour Poincaré; il est son ministre en 1926, et Poincaré ménage manifestement Herriot.

D'autre part, Herriot est extrêmement hostile aux communistes et extrêmement critique à l'égard de l'Union soviétique. Ceci est très apparent dans son livre *Pourquoi je suis radical-socialiste*. Vers 1924, il condamne d'un même mouvement fascisme et bolchevisme. Dans d'autres discours, il condamne d'un même mouvement l'Internationale rouge et l'Internationale noire, au nom de la formule « Ni Moscou, ni Rome...! »

Herriot est donc méfiant à l'égard des socialistes. Il entretient des relations très difficiles avec les socialistes lyonnais, de même que Gaston Defferre aujourd'hui entretient des relations peu aisées avec les communistes marseillais. Dans un cas comme dans l'autre, les situations locales interfèrent avec les positions prises sur le plan national.

Herriot incline du côté de la concentration des centres ; il est peu désireux, même s'il affirme parfois le contraire, de former un gouvernement avec les socialistes, et il sera réticent au moment du Front populaire.

Rien de fondamental en définitive ne sépare *apparemment* Édouard Herriot des modérés du centre droit, sinon peut-être deux choses :

— d'une part, la conviction profonde qu'a Édouard Herriot d'être un homme de gauche et de se trouver à la tête d'une formation de gauche ;

— d'autre part, la conviction commune à presque toute la droite que le parti radical est effectivement un parti de gauche, un parti dangereux qui risque de vider les caisses et de conduire la France à la faillite s'il arrive au pouvoir.

Le souvenir du Cartel des gauches est encore beaucoup trop proche dans les années trente pour qu'un gouvernement de concentration à direction radicale puisse se former et subsister. Il faudra attendre 1938 et l'approche de la guerre pour qu'un tel gouvernement se forme et, par une étrange ruse de la raison, non point sous la présidence d'Édouard Herriot, mais sous celle d'Édouard Daladier.

Daladier.

Dans les années trente, Édouard Daladier est, avec Édouard Herriot, la personnalité la plus marquante du parti radical. Les deux hommes, qui sont alternativement présidents du parti radical, incarnent deux types assez profondément différents de radicalisme. C'est l'époque de ce qu'on a parfois appelé « la guerre des deux Édouard ».

Édouard Daladier est né à Carpentras en 1884. Il est de douze ans plus jeune qu'Herriot. C'est le fils d'un boulanger ; c'est un agrégé d'histoire, mais qui n'est point passé par l'École normale supérieure et qui n'est point docteur ès lettres. Auprès d'Herriot qui fait très professeur d'Université, Édouard Daladier a le style du professeur de lycée, de l'agrégé moyen.

Renfermé, taciturne, Daladier passe pour avoir du caractère. On l'appelle « le taureau du Vaucluse ». Mais d'autres plus perspicaces, dès les années trente, le qualifient de « roseau peint en fer ».

Dans les années trente, que représente Daladier?

C'est d'abord l'homme de l'organisation, l'homme qui veut donner une structure au parti radical. C'est, en particulier, l'homme qui veut imposer la discipline de vote — ou du moins une certaine discipline de vote — aux parlementaires radicaux.

Daladier, c'est aussi l'homme de la doctrine contre l'opportunisme d'Herriot. Dans les années trente, il met l'accent sur la doctrine pure et dure, et aussi sur la nécessité d'adapter la doctrine, d'une part en renforçant l'État — thème qui n'est pas couramment admis par tous les radicaux — et d'autre part en introduisant une certaine dose d'économie dirigée — thème qui, lui non plus n'est pas communément admis par tous les radicaux.

Enfin, Daladier, dans les années trente, est l'homme de l'ouverture à gauche, du côté des socialistes; l'homme qui, en 1928, condamne et fait condamner par le parti radical la participation d'Herriot au gouvernement Poincaré.

Daladier, dans les années trente, c'est donc l'espoir de la gauche du parti radical.

Chautemps, Caillaux, les Sarraut, etc.

Si Daladier représente la gauche du parti radical, l'homme qui en représente la droite est Camille Chautemps.

Chautemps est né en 1885. Il est donc d'un an plus jeune que Daladier. Ils appartiennent l'un et l'autre à la même génération, mais ne sont pas du même milieu social. Chautemps appartient à une vieille famille républicaine de Savoie. Son père a été sénateur et ministre; lui-même est avocat à Paris, maire de Tours, député depuis 1919. Il sera quatre fois président du Conseil.

C'est un haut dignitaire de la franc-maçonnerie. Il est, au fond, dans les années trente, l'homme de la conciliation et de la concentration inavouées. Dans les congrès radicaux, il est presque toujours chargé du rapport de politique générale, et il est passé maître dans l'art de rédiger des motions et de soupeser la valeur d'une conjonction et le poids d'une virgule.

Il faudrait, si l'on avait le loisir de poursuivre cette galerie de portraits, mentionner quelques autres noms, notamment celui de Joseph Caillaux qui fait sa rentrée politique en 1925.

Amnistié cette même année, Caillaux peut se parer de l'auréole du martyre. Il règne sur le Sénat, ou du moins sur les radicaux de cette assemblée, et y fait régner la plus stricte orthodoxie financière.

Il faut mentionner les frères Sarraut : Maurice Sarraut qui dirige cette puissante institution qu'est *la Dépêche de Toulouse,* avec ses 350 000 lecteurs, et Albert Sarraut, qui est le champion du temps passé dans les fonctions ministérielles, avec seize ans contre quatorze ans à Aristide Briand.

C'est Albert Sarraut qui lance, en 1927 à Constantine, la formule fameuse : « Le communisme, voilà l'ennemi ! » Et c'est d'Albert Sarraut que Clemenceau disait assez méchamment : « Albert Sarraut? Ah oui ! Celui qui a un frère intelligent ! »

On pourrait citer d'autres noms, Steeg, qui fut président du parti radical en 1944 et qui n'était pas jeune à l'époque; Hippolyte Ducos, agrégé de lettres, longtemps actif à la Ligue de l'enseignement; Henri Queuille, immuable député puis sénateur de Corrèze, qui a longtemps incarné sous la IVe République le radicalisme de la IIIe, etc.

Les « jeunes turcs ».

Mais il est sans doute plus intéressant de parler de ceux que l'on appelait à l'époque les « jeunes radicaux », après les avoir appelés les « jeunes turcs ». Ceux-ci, dans les années trente, suivront des itinéraires politiques divers : Gaston Bergery, Bertrand de Jouvenel, Pierre Cot, Pierre Mendès France, Jean Zay, Jacques Kayser, etc.

Ces hommes dans les années trente ont une trentaine d'années, ils misent sur le parti radical pour essayer de le transformer et de le durcir. Mais ils composent un groupe hétéroclite, comme le montre bien le destin très divers qui a été le leur. Certains quitteront le parti, parce qu'ils le trouvent trop mou, et ce sera le cas de Gaston Bergery qui fondera *la Flèche,* le frontisme; il sera à l'origine du Front populaire et se retrouvera à Vichy. Bertrand de Jouvenel quitte lui aussi le parti radical parce qu'il le trouve trop mou et adhère temporairement au parti populaire français de Jacques Doriot.

Certains restent à l'intérieur du parti radical, c'est le cas de Jean Zay, assassiné par la milice pendant la guerre, après avoir été ministre de l'Éducation nationale en 1936; de Martinaud-Déplat et d'Émile Roche qui n'ont, ni l'un, ni l'autre, renouvelé profondément le parti radical.

D'autres quitteront le parti radical pour aller à gauche. C'est le cas de Pierre Cot, et de Jacques Kayser qui, l'un et l'autre, quittent le parti radical au lendemain de la guerre. C'est le cas de Mendès France qui quittera le parti après l'échec du mendésisme.

L'histoire des « jeunes radicaux » est l'histoire d'un échec qui, à certains égards, préfigure l'échec du mendésisme des années cinquante et montre bien la distance qui, dans les années trente, sépare les radicaux des socialistes.

En définitive, c'est sur Edouard Daladier que misent les jeunes radicaux. Il est leur porte-parole, leur espoir et représente en fait un radicalisme très traditionnel.

L'histoire des « jeunes radicaux » est aussi l'histoire d'un mythe. On a parfois écrit qu'une grande occasion avait été alors manquée. Cela semble douteux, car l'idéologie des « jeunes radicaux » n'est pas, en définitive, fondamentalement différente de l'idéologie radicale la plus traditionnelle. Pierre Mendès France lui-même reste fondamentalement un jeune député radical de 1932.

III. L'IDÉOLOGIE RADICALE

Mais qu'est-ce qu'un radical de 1932? Qu'est-ce que l'idéologie radicale des années trente? Pour répondre à cette question, on peut tenter de se situer successivement à deux niveaux : d'abord celui de la doctrine telle qu'Alain s'efforce de la définir; ensuite celui de l'idéologie telle qu'elle se dégage de cette grande fête des militants radicaux qu'est un congrès radical.

Le radicalisme d'Alain.

Alain est complètement inconnu des congressistes radicaux. On raconte qu'un dirigeant radical voyant les *Éléments d'une doctrine radicale* d'Alain se serait écrié : « Mais s'il y avait une doctrine radicale, cela se saurait! » Jacques Kayser, vice-président du parti radical à l'époque, m'a confirmé qu'Alain était à peu près inconnu à l'intérieur du parti et que son influence y était nulle.

Alain, né en 1878, a plus de cinquante ans dans les années trente; il termine sa carrière comme professeur de khâgne à Henri-IV. Ses élèves l'admirent; il est, à l'époque, l'incarnation même de la philosophie, de l'humanisme, du libéralisme universitaire.

Les deux livres les plus connus d'Alain, *Éléments d'une doctrine radicale* et *le Citoyen contre les pouvoirs*, datent l'un de 1925, l'autre de 1926.

Les *Éléments d'une doctrine radicale* constituent une présentation très complète de la politique d'Alain. Il faut noter dans ce livre le nombre des textes antérieurs à 1914 et inspirés par le souci de défense républicaine, le nombre de textes plongeant dans l'idéologie du combisme dont Alain se déclare l'héritier.

Le Citoyen contre les pouvoirs est un livre plus personnel et plus attachant; la plus grande partie est consacrée à la guerre de 1914 et à l'expérience directe qu'Alain en a eue. On se rend compte, à lire ce livre, que le radicalisme d'Alain est aussi une révolte devant le scandale de la guerre et un moyen de défendre la paix.

Le radicalisme d'Alain s'est formé au temps de l'affaire Dreyfus et des luttes pour la défense de la République. C'est un radicalisme essentiellement défensif. Avant tout, Alain est contre : contre l'État, contre les châteaux, contre les académies, contre ceux qu'il appelle « les importants ». Il est contre l'administration, contre les militaires, contre la guerre, contre l'Église, contre les pouvoirs.

Sur les méfaits du pouvoir, il est intarissable; le pouvoir corrompt tous ceux qui y participent : « Tout pouvoir sans contrôle rend fou! »

D'où le thème du contrôleur qui est fondamental chez Alain, comme dans l'univers de Giraudoux : le contrôleur des poids et mesures, dans *Intermezzo,* est chargé de contrôler la conformité des êtres avec les essences. De même, Alain écrit : « Où donc est la démocratie, sinon dans ce troisième pouvoir que la science politique n'a point défini et que j'appelle le contrôleur. Ce n'est autre chose que le pouvoir continuellement efficace de déposer les rois et les spécialistes à la minute s'ils ne conduisent pas les affaires selon l'intérêt du plus grand nombre. »

D'où la politique conçue comme un système de contrôle permanent de l'électeur sur l'élu, et de l'élu sur le ministre, système de surveillance à plusieurs degrés : l'électeur surveille l'élu, lequel surveille le ministre, lequel doit surveiller le président du Conseil.

Alain définit le bon député comme celui qui menace, mais qui s'abstient dans toute la mesure du possible de mettre ses menaces à exécution; il écrit, dans *Éléments d'une doctrine radicale :* « Le bon député est celui qui menace, non celui qui frappe; celui qui fait travailler le ministre, non celui qui le renvoie. Cet art de faire claquer le fouet définit selon moi le parti de l'avenir, le vrai parti radical que j'appellerai le parti de l'opposition gouvernementale. »

« Faire claquer le fouet », mais ne pas trop s'en servir, faire peur au ministre, mais ne pas le renvoyer... On pourrait, si l'on était méchant, dire que cette attitude s'apparente à celle que définit la formule connue : « Retiens-moi, ou je fais un malheur! »

Alain justifie les interventions, les recommandations, l'influence de ce qu'on n'appelait pas encore les « groupes de pression »; il est bon, il est sain que les électeurs entretiennent leurs députés des problèmes de leur circonscription; il est bon que les députés fassent part de ces problèmes particuliers au gouvernement et que les gouvernants se défient des fonctionnaires. Il est donc bon qu'une certaine méfiance règne du haut en bas de la pyramide politique. Et Alain écrit ainsi, dans *le Citoyen contre les pouvoirs :* « Le combisme n'est pas autre chose que l'action permanente de l'électeur sur l'élu. »

Dans le même livre, il se proclame le seul combiste survivant. Alain rêve donc d'un équilibre constamment menacé et toujours à rétablir entre l'ordre et la liberté : « La liberté, écrit-il, ne va pas sans l'ordre, et l'ordre ne vaut rien sans la liberté. »

La politique, selon Alain, est un équilibre précaire et toujours menacé entre la résistance et l'obéissance : et c'est la déclaration fameuse : « Résistance et obéissance, voilà les deux vertus du citoyen. Par l'obéissance, il assure l'ordre ; par la résistance, il assure la liberté. Obéir en résistant, c'est tout le secret. Ce qui détruit l'obéissance est anarchie ; ce qui détruit la résistance est tyrannie ! »

Ces propos savamment balancés des *Éléments d'une doctrine radicale* expriment une philosophie qui s'apparente beaucoup à ce ninisme dont a parlé Roland Barthes : « Ni révolution, ni réaction », « Ni Moscou, ni Rome » etc.

En matière économique, le radicalisme d'Alain est foncièrement conservateur. Il définit ainsi son idéal économique : « Produire par les mêmes méthodes et répartir mieux. » Il croit qu'il existe des lois économiques et il écrit : « L'État ne peut rien contre l'économie ! »

Alain ne croit donc pas à l'intervention de l'État. Il exalte la propriété. Il se défie de la grande industrie, et il écrit : « Chacun sent qu'il faudrait revenir à la propriété individuelle mesurée à la dimension de l'homme, pour restaurer la production, l'échange et même la monnaie. »

A cet égard, il est intéressant de lire le jugement de Claude Nicolet sur Alain. Claude Nicolet, ardent mendésiste, admire la politique d'Alain, mais il fait toute réserve sur ses idées économiques qui lui paraissent rétrogrades.

Ce qui est le plus évident — pour en finir avec Alain —, c'est que son radicalisme date des années 1900, qu'il naît dans le contexte de cette période, et qu'il n'a pratiquement pas évolué depuis cette date.

Reste à savoir si cette affirmation — qui semble valable pour le radicalisme d'Alain — s'applique également aux congrès radicaux.

L'idéologie pour les militants [1].

Pour les radicaux, trois distinctions sont fondamentales :
— ce qui est républicain et ce qui ne l'est pas ;
— ce qui est laïc et ce qui ne l'est pas ;
— ce qui est du côté des « petits » et ce qui est du côté des « grands ».

1. La République est toujours en péril et les radicaux doivent être mobilisés en permanence pour la défendre. Pas d'alliance possible avec la droite, car celle-ci n'est pas républicaine. Pas d'ennemis à gauche, et Daladier s'écrie, dans un congrès radical en 1928 : « La République n'est pas un mot, une forme vide, un vain décor, mais au contraire le mouvement, la bataille incessante contre les privilèges qui doivent être détruits jusqu'à leurs racines. » Et deux ans plus tard, le même Daladier s'écriera : « La main tendue comme toujours à tous les républicains sincères et loyaux, mais aucune transaction, de quelque sorte que ce fût, avec la droite et ses alliés. Et en avant ! »

De même, le second ministère Tardieu est présenté, au moment de la campagne électorale de 1932, comme un ministère de défi aux républicains.

Certes, ces condamnations peuvent nous paraître aujourd'hui sommaires, car Tardieu avait assurément d'autres conceptions de la République que Daladier ou Herriot, mais il ne songeait point à la détruire. Mais c'est un aphorisme admis par tous les radicaux que la droite n'est pas républicaine.

2. Pour les radicaux, en effet, la droite n'est pas laïque et c'est pour cela qu'elle ne peut pas être vraiment républicaine. A cet égard, il est incontestable que l'anticléricalisme a reculé. Herriot, en 1924, lors du premier Cartel des gauches, se présente avec un programme anticlérical comportant deux mesures principales : l'extension des lois laïques en Alsace-

1. J'utilise ici un exposé fait par Georges Liébert dans notre séminaire sur les années 1930.

Lorraine et la suppression de l'ambassade de Rome auprès du Vatican.

Mais il renonce très vite à appliquer ces deux mesures. En 1932, il ne fait pratiquement pas appel aux thèmes anticléricaux ; et en 1936, au moment du Front populaire, à l'époque de la main tendue par les communistes, les thèmes anticléricaux ont totalement disparu.

Il y a là un fait important, qui est bien souligné par René Rémond dans son livre sur l'anticléricalisme.

L'anticléricalisme s'essouffle donc dans les années trente, car le cléricalisme est lui-même en recul, le principal motif étant sans doute l'attitude de l'Église de France à l'égard de la Séparation, et aussi l'attitude de Pie XI et ce qu'on a appelé le « second ralliement ».

Mais il ne faut pas présenter les années trente d'une façon trop ironique. Il faut d'abord rappeler la violente déclaration des cardinaux et archevêques en 1925 contre le gouvernement Herriot. On sait que la portée de cette déclaration a été ultérieurement minimisée, il est permis de penser que Pie XI la désapprouva. Mais cette déclaration ne pouvait pas manquer de laisser quelques traces dans les esprits peu d'années plus tard.

Il faut ensuite signaler la persistance d'un anticléricalisme assez profond et en tout cas très traditionnel dans certains milieux :

— dans le Syndicat national des instituteurs qui naît en 1922 et qui, dans les années trente, est un des bastions de l'anticléricalisme ;

— dans certains organes de presse comme *le Canard enchaîné* qui est également un des plus solides bastions de l'anticléricalisme le plus traditionnel, ou comme la fameuse *Calotte* de Lorulot, qui, après une longue interruption, reparaît en 1930, en reprenant exactement les mêmes thèmes qu'avant 1914 ;

— dans certaines régions de France, notamment dans l'Ouest où l'évolution du clergé est vraiment très peu perceptible.

Cependant, d'une façon générale, l'anticléricalisme se déplace et se polarise dans les années trente, sur la défense de l'école publique. Car il ne s'agit plus, pour les anticléricaux, et pour les radicaux très particulièrement, de dénoncer les menées cléricales contre la République qui n'est plus guère en danger, ni les agissements séditieux des congrégations qui vraiment ne sont pas très séditieuses, mais il s'agit avant tout, dans cette période, de mobiliser les esprits pour la défense de la laïcité, et notamment pour la défense de l'école unique qui assure la gratuité de l'enseignement secondaire. L'école unique, fille d'Édouard Herriot, qui est lui-même d'ailleurs un fils de l'école non unique, a suscité dans les années trente des polémiques dont on a peine à imaginer aujourd'hui la violence.

Les radicaux des années trente se présentent donc comme les défenseurs intransigeants de la laïcité, mais d'une laïcité largement ouverte vers la tolérance. C'est ainsi que la déclaration du parti pour 1931 atteste « l'inébranlable attachement des radicaux à la laïcité que nos adversaires feignent de considérer comme une manifestation de notre sectarisme, mais qui en réalité, garantissant tous les droits de la conscience, s'établit dans la neutralité de l'État comme le seul fondement solide de la fraternité nationale ».

On voit donc le glissement anticléricalisme-laïcité-neutralité-fraternité nationale.

3. La troisième distinction fondamentale pour les radicaux de 1930 reste, comme en 1900, celle entre les « petits » et les « gros ».

« Tout le programme du radicalisme, écrit Thibaudet en 1927, consiste à majorer sous une auréole mystique une épithète : l'épithète " petit ". »

Ce texte est bien connu; de même que sont connus les thèmes largement développés dans les congrès radicaux : les petits exploitants, les petits commerçants, les petits minotiers, les petits producteurs, les petits tâcherons, les petits artisans, les petits métiers... Le mot « petit » revient sans cesse dans les congrès radicaux, et il serait aisé d'en sourire ou de parler de « poujadisme radical » si la distinction, entre les « petits » et les « gros » n'était pas, dans la France des années trente, une réalité profondément vécue et sentie.

Les « gros », ils existent, ailleurs que dans cet univers de Majuscules qui pour Alain sont toutes péjoratives : les

Importants, les Châteaux, les Académies, les Majestés, les Infaillibilités. Lorsque les radicaux des années trente parlent des « petits » et des « gros », cela a pour eux une signification concrète. Ainsi, on dénonce — et ce sont des membres de phrases pris au hasard « ... les grandes puissances d'argent... les grandes puissances de l'industrie... les forces occultes... les puissantes féodalités qui dominent l'État... les marchands de canons... ». C'est la belle époque des « marchands de canons » et des attaques contre la famille de Wendel et la famille Schneider.

Sont aussi dénoncés pêle-mêle : les cartels, qui ont provoqué la crise, et notamment le Cartel international de l'azote qui est l'objet d'attaques particulièrement vives; les grands moulins, et notamment les Grands Moulins de Paris; la grande presse au service des spéculateurs — et le mot « spéculateur » revient sans cesse, ainsi que le mot « spéculation »; les congrégations économiques enfin, dont il est abondamment question dans les années trente. Et, pour ceux qui s'intéressent à la linguistique, ce terme même de « congrégations économiques » est significatif.

Toujours est-il qu'en 1931, le parti radical déclare : « La lutte contre les trusts et les cartels industriels, détenteurs de monopoles de fait, est un des articles de notre programme. »

On pourrait poursuivre la citation. Si je n'avais pas annoncé que ce texte était extrait de la déclaration de politique générale du parti radical en 1931, on aurait les meilleures raisons de penser qu'il date de 1968 et qu'il est l'œuvre de M. Waldeck Rochet.

De ces trois distinctions fondamentales — républicain, non républicain, laïc, non laïc, petit, gros — découlent une certaine idée de l'État, une certaine idée de la France, une certaine idée du parti radical.

A. *Une certaine idée de l'État.*

L'attitude des radicaux envers l'État est ambiguë. En effet, l'État, pour les radicaux, est constamment sollicité et dans les congrès radicaux reviennent sans cesse des phrases comme : « L'État devrait... », « C'est à l'État de... », « C'est à l'État qu'il appartiendrait de... ». Les radicaux ont donc pour réflexe de se tourner du côté de l'État.

Mais, en même temps, l'État est l'objet d'une constante méfiance. Il y a trop d'impôts : l'État, c'est le fisc. Il y a trop de fonctionnaires : l'État, c'est le gaspillage administratif. Il faut diminuer les dépenses publiques, il faut sans cesse contrôler l'administration, selon le précepte d'Alain, qui écrit quelque part : « Les chefs de service sont tous réactionnaires. »

Il faut donc contrôler l'économie, mais ne pas conférer à l'État des pouvoirs exorbitants. Quelques jeunes radicaux comme Bertrand de Jouvenel parlent d'économie dirigée. Et Bertrand de Jouvenel — avec lequel j'ai eu l'occasion de m'entretenir récemment et auquel je posais la question : « Pourquoi un homme comme vous a-t-il eu l'idée, à l'âge de vingt-cinq ans, d'adhérer au parti radical? Qu'attendiez-vous du parti radical? » — m'a répondu qu'il attendait du parti radical l'efficacité de l'État. Il m'a dit que le seul livre de lui auquel il tenait était un livre qu'il avait écrit en 1928 et qui s'appelle : *l'Économie dirigée,* livre qu'il considère comme la clé de son œuvre. Il m'a dit que, s'il avait adhéré au parti radical à cette époque, c'est parce qu'il comptait sur le radicalisme pour promouvoir une véritable économie dirigée.

Mais ceux qui parlent d'économie dirigée sont très minoritaires et, dans l'ensemble, la majorité des radicaux ne dépasse pas la formule de l'économie organisée.

Joseph Caillaux, qui n'est certes point un adepte de l'économie dirigée, donne en 1931 cette définition : « l'économie organisée, c'est-à-dire que la direction générale de l'économie ne sera pas remise entre les mains du gouvernement dont le rôle sera de faciliter et de contrôler, mais non pas de conduire! » C'est le thème du contrôle que nous retrouvons une fois de plus.

La grande majorité des radicaux se rangent parmi les défenseurs de l'épargne et l'éloge du bas de laine est quasi rituel dans les congrès radicaux — le bas de laine que l'univers nous envie. Voici le texte du congrès de 1930 : « ... La lente accumulation en quelques points du territoire national de toutes ces épargnes individuelles rassemblées dans les fermes les plus modestes, dans les maisons les plus simples, habitées par les hommes du peuple. »

C'est en même temps l'éloge de l'équilibre budgétaire. C'est ainsi qu'en 1933, dans un congrès radical, un orateur parle de « ce chancre par lequel la monnaie pourrait s'avarier... j'ai nommé le déficit budgétaire ».

Aussi les radicaux se rangent parmi les partisans de la déflation — il n'est pas question de dévaluation. C'est la fidélité à l'étalon-or, c'est la défense du franc solide et stable.

C'est ainsi qu'en 1933 M. Émile Roche, futur président du Conseil économique, déclare, avec fierté : « La politique actuelle de déflation a été commencée par des hommes de notre parti. Elle correspond à la volonté de l'immense majorité de ce pays. »

B. *Une certaine idée de la France.*

Quant à la France des radicaux, c'est la France des coteaux modérés, la France de l'hexagone, une France jardinière, une France rurale, celle du blé, de la betterave et des adductions d'eau, la France des 31 000 communes de moins de 1 000 habitants. Le thème revient rituellement dans les congrès radicaux : « C'est notre démocratie rurale qui reste le rempart le plus solide de la République et de la paix. » Cette phrase est empruntée au congrès radical de 1933.

L'éloge de l'agriculture et de la terre française ainsi que des communes rurales, est rituel dans les congrès radicaux, au même titre que le couplet sur les dangers de l'exode rural et du dépeuplement des campagnes.

L'éloge des artisans français accompagnant celui des paysans français, du travail bien fait — chacun sait qu'on ne travaille bien qu'en France — c'est aussi l'éloge des classes moyennes :

« Les qualités de mesure, de prudence, de sagesse de notre cher pays qui nous préservent des chutes brutales lorsque viennent les crises. » Ce texte est extrait du congrès de 1932, quelques mois après que la France eut commencé à subir les effets de la crise. Pour la majorité des radicaux — car personne ne contredit l'orateur — le meilleur remède contre la crise, ce sont les qualités de mesure, de prudence et de sagesse de notre cher pays.

Quant aux relations internationales, la position des radicaux est très simple. La France veut la paix, mais elle veut aussi « assurer sans faiblesse la défense nationale ».

Les radicaux se battent donc sur deux fronts. D'une part, ils dénoncent le nationalisme, le chauvinisme, le bellicisme, mais, d'autre part, ils votent toujours les crédits de la Défense nationale.

« La force du parti radical, déclare en 1931 un orateur, son originalité, sa nécessité, ce qui fait que, s'il n'existait pas, pour les besoins de la politique extérieure il faudrait l'inventer, c'est qu'il tient fermement les deux bouts de la chaîne et qu'il veut travailler pour la paix, sans laisser à aucun moment compromettre la sécurité du pays. »

En définitive, les radicaux sont très heureux et très fiers d'être français. Ils éprouvent à l'égard des Américains et de la civilisation américaine les sentiments qu'exprime à la même époque Georges Duhamel dans son fameux tableau de l'Amérique qui contient la page d'anthologie sur les abattoirs de Chicago. Georges Duhamel n'est point radical, mais les radicaux ont de la supériorité française sur la mécanisation américaine, la même conception que lui. Ils sont très fiers d'être français et aussi très fiers d'être radicaux.

C. *Une certaine idée du parti radical.*

Qu'est-ce que le parti radical? Comment est-il qualifié par les radicaux?

« Le parti radical, c'est le parti du travail. » Le parti radical, c'est le parti des paysans, « le vrai parti de la terre et de celui qui la cultive » [*vifs applaudissements*] (1931).

Le parti radical, c'est le parti des petits-bourgeois et des prolétaires : « Notre parti, héritier des traditions de la Révolution française, doit être à la fois celui des petits-bourgeois et celui des prolétaires. Si nous ne restons pas fidèles à la ligne de conduite qui doit être la nôtre, les socialistes nous enlèveront les prolétaires et les républicains modérés nous enlèveront les petits-bourgeois... [*vifs applaudissements répétés*] Que nous restera-t-il? Nous serons comme un citron pressé » (1928).

Le parti radical est « le parti des petites gens » — le parti de la collaboration des classes — : « Notre parti n'est pas un parti de lutte de classes. Il est un parti de collaboration de classes représentant toutes les aspirations de la nation » (1929).

Le parti radical, pour les radicaux, c'est aussi le parti des élus locaux.

C'est aussi le parti le plus puissant et le plus nombreux : « Nous sommes un grand parti, le plus puissant, le plus nombreux. Nos congrès sont les plus importants. Nous n'avons qu'un tort, celui de douter parfois de notre force » (1930).

C'est aussi le parti de la libre discussion. Dans les congrès des autres partis on ne discute pas. Chez les radicaux, entre radicaux, on discute car le parti radical est une grande famille — c'est un thème qui revient très souvent — mais une grande famille en renouvellement permanent qui veut aussi « le progrès dans l'ordre, la justice et la liberté pour tous » (1930).

En même temps, de tous les partis de France, c'est le parti le plus avancé : « Nous sommes les plus avancés, s'écrie Camille Chautemps en 1931, parce que nous ne croyons pas aux dogmes périmés et que nous nous fondons sur la raison et la science. Je reprends le mot du président Herriot dans son article de ce matin : "Le radicalisme, c'est le rationalisme en politique". »

Le parti radical, c'est le parti de la raison, le parti de la conscience et le parti de l'intelligence : « Notre parti a toujours lutté pour l'égalité et il a toujours refusé de subir le joug de lois. Il n'a jamais reconnu qu'une aristocratie, celle de l'intelligence et de la conscience » (1931).

Ainsi, le parti radical est indispensable à la France. Et c'est ainsi qu'Herriot s'écrie : « Notre parti est celui qui convient le mieux au caractère politique du peuple français, celui qui interprète le mieux les traditions de la Révolution et les nécessités du régime » (1931).

Parti indispensable à la France, le parti radical est un parti de gouvernement : « Le gouvernement reste pour nous un but, non pas en tant qu'il est porteur de prébendes — nous laissons ces appétits à des adversaires qui ont prouvé qu'il comportait pour eux bien des reniements — mais en tant qu'il permet de réaliser nos idées et nos espérances — les espérances de la démocratie. Nous voulons le gouvernement pour faire œuvre féconde et utile » (Marchandeau, 1931).

En définitive, le parti radical est donc le parti de la République : « Nous sommes le parti de la défense républicaine. Nous sommes l'axe même de la République laïque et démocratique et si, demain, par un malheur que je ne veux pas envisager, nous venions à disparaître, c'est la République elle-même qui serait atteinte par notre disparition » (Martinaud-Deplat, 1928).

Et la dernière citation que j'ajoute à ce petit florilège est une citation d'Herriot en 1931 : « Je le déclare, dans le moment même où nous subissons des provocations, des menaces et que nous sommes à la fois l'objet de tentatives de séduction, le parti radical et radical-socialiste traduit la constitution intime de la France, de cette France qui, entre les mystiques du passé et d'autres mystiques plus généreuses sans doute, mais quelquefois peut-être un peu nuageuses, veut voir tracer des réformes qui soient dans le sens et la tradition de la Révolution française, qui respectent la justice et la raison et qui marient dans un effort souvent rude à accomplir mais méritoire le réel et l'idéal. Oui, le parti radical et radical-socialiste répond à l'intimité même de la France. C'est la raison de notre succès d'hier. Ce sera la raison de notre succès de demain. »

Ce radicalisme des congrès radicaux peut nous paraître désuet. Il ne serait pas très difficile de faire rire ou de faire sourire en citant des textes dont l'éloquence a mal survécu à l'épreuve du temps. Mais je voudrais essayer de faire sentir, pour finir qu'il y a sans doute deux radicalismes dans la France des années 1930.

Il y a, d'une part, le radicalisme des radicaux, pour reprendre le titre d'une conférence que Jacques Kayser, peu de temps avant sa mort, avait faite à Royaumont et qui a été reprise dans l'ouvrage collectif *Tendances de la vie politique française depuis 1789* (Hachette, 1960).

Mais, d'autre part, au-delà de ce radicalisme des radicaux, qui constitue d'ailleurs lui-même une nébuleuse, il existe une sorte de très grande nébuleuse radicalisante, un plus grand radicalisme, ce que Jacques Kayser, dans la dernière partie de sa conférence, appelle « le radicalisme sans frontières ». La formule n'est peut-être pas extrêmement heureuse, mais ce radicalisme diffus existe bien dans la France des années 1930. C'est par exemple le radicalisme du *Canard enchaîné* qui déteste le radicalisme des radicaux et ne perd pas une occasion de brocarder les hommes politiques radicaux, mais qui se réclame d'une idéologie qui, en fait, est l'idéologie radicale au sens large du terme.

Ce plus grand radicalisme, c'est le radicalisme de l'Université humaniste, rationaliste, tolérante et gidienne, de l'Université dans laquelle j'ai été élevé. Et ce plus grand radicalisme, c'est l'idéologie des écrivains les plus admirés de l'époque : Gide, Giraudoux, Jules Romains présentent une certaine image de la France et de la politique qui n'est pas tellement éloignée de l'univers du radicalisme.

Il faut se rendre compte de ce qu'a été l'influence de Gide dans les années 1930. A l'époque, Gide est l'image même de l'homme libre : libre contre les familles, contre les convenances, contre les juges, contre les églises et les convertis indiscrets, contre les partis et les partis pris, contre le nationalisme à la manière de Barrès, contre le dogmatisme, contre l'autorité, contre le fanatisme.

Gide, disciple de Montaigne et citant le mot célèbre de Montaigne : « Il n'y a que les sots certains et résolus », Gide classique, définissant le classicisme comme l'art de la litote, Gide pour qui le grand écrivain, l'écrivain le plus original est celui qui s'est volontairement prêté à toutes les influences, qui a reçu et cherché toutes les influences, Gide et la curiosité, la disponibilité, la mobilité, Gide et la tolérance, Gide et la lucidité, Gide et l'inquiétude, Gide et l'indécision, l'insoumission, Gide et l'ambiguïté, entre Goethe et Dostoïevsky, entre le puritanisme et la pédérastie, entre l'évangélisme et la haine des églises, entre l'immoralisme et la douceur de la vie bourgeoise.

Cette assimilation de Gide à l'univers du plus grand radicalisme peut choquer certains. Elle m'aurait indigné il y a trente ans, pourtant, avec le recul, elle me paraît fondée.

On peut dire, je crois, à peu près la même chose de Giraudoux. Certes, on peut préférer le style de Giraudoux à celui de Martinaud-Deplat ou à celui de Camille Chautemps. Mais, après tout, la France de Giraudoux est-elle tellement différente de la France des congrès radicaux? Songeons à

Giraudoux contre Poincaré dans *Bella*. Songeons à la France de Bellac et d'*Intermezzo*. Songeons à Siegfried et à *La guerre de Troie n'aura pas lieu*. Songeons à l'éloge du contrôleur des poids et mesures, à l'éloge des fonctionnaires, à l'éloge des paysages français et de la sagesse française, à cet univers immobile qu'est l'univers de Giraudoux.

Songeons à l'affection de Giraudoux pour un certain nombre de mots, le mot « tout » qui signifie l'unité des espèces, le mot « comme » qui rapproche les formes analogues et distinctes à la fois, la diversité limitée des hybrides, le mot « le plus » qui ramène à la diversité vécue et à l'unité de l'archétype, les mots « pour la première fois » qui reviennent sans cesse chez Giraudoux avec la « naissance dans une lumière d'aube », et l'usage que Giraudoux fait de l'indicatif présent.

Songeons à ces femmes de Giraudoux qui sont toutes pareilles, qui ont toutes le corps et la voix de Madeleine Ozeray. Songeons à ces hommes de Giraudoux qui ont presque tous la voix de Louis Jouvet.

Ce n'est pas par l'effet du hasard que Giraudoux s'est retrouvé en 1939 commissaire à l'Information dans un gouvernement présidé par Édouard Daladier.

L'assimilation Giraudoux-Jules Romains choquera peut-être, mais elle semblait légitime dans les années qui ont précédé la guerre de 1939. Je me souviens d'une enquête organisée par *Marianne,* hebdomadaire de gauche, peu de temps avant la guerre de 1939. De jeunes intellectuels avaient été sollicités de dire quels étaient les écrivains contemporains qu'ils admiraient le plus et qui les avaient le plus profondément marqués. Je me souviens de la réponse du charmant Pierre-Henri Petitbon, qui a été tué à Dunkerque en mai 1940 : Giraudoux et Jules Romains. Nul ne trouvait une telle réponse étonnante.

Jules Romains n'a pas très bien vieilli. Mais, à l'époque, c'était l'auteur des *Hommes de bonne volonté,* qui pensait que la bonne volonté pouvait rapprocher les peuples et les classes.

Comme l'univers de Giraudoux, celui de Jules Romains est un univers immobile. L'action du premier volume de la série des *Hommes de bonne volonté* se passe en 1908, celle du dernier se passe en 1933. En vingt-cinq ans, pratiquement, rien n'a changé. Tout le monde est resté le même : ni Jallez, ni Jerphanion, ni la France n'ont changé.

On pourrait dire la même chose à propos de la France de Thibaudet. Thibaudet est à l'époque très admiré. Son style est profondément accordé à la sensibilité des intellectuels français. Thibaudet est souvent sévère pour le radicalisme des radicaux, mais il n'est pas faux, je crois, de dire que la France selon Thibaudet est en définitive la France du radicalisme, la France du plus grand radicalisme.

Que faudrait-il dire, pour conclure, sur le radicalisme des années 1930?

C'est que cette idéologie radicale des années 1930 est en définitive parfaitement adaptée à l'époque et à l'état de la société : une société encore très rurale, très artisanale, une industrie très peu concentrée, une société très hiérarchisée, très cloisonnée. Il existe, non pas une société française, mais des sociétés juxtaposées, et l'on comprend que les radicaux apportent tant de soin à défendre les intérêts de ces sociétés juxtaposées.

Le radicalisme des années 1930 propose ainsi, non point une politique fondée en doctrine, mais une politique accueillante, concrète et quotidienne : la défense de la vie quotidienne, la tranquillité, l'indépendance, la liberté, la paix après la tuerie de 1914-1918, la chance d'être français, les paysages de France, les innombrables variétés de fromages, l'école française, « la douceur de la vie », pour reprendre le titre d'un des derniers livres des *Hommes de bonne volonté,* la mesure, la civilisation française, etc.

Les valeurs les plus largement acceptées par la société française des années 1930, ce sont les valeurs de ce large radicalisme, de ce radicalisme sans frontière. Et beaucoup de Français étaient sans doute plus proches du radicalisme au sens large du terme qu'ils ne le pensaient à l'époque.

Et puis, surtout, il faut tout de même rappeler que les périls dénoncés par les radicaux dans les années 1930, même s'ils nous paraissent aujourd'hui quelque peu anachroniques, n'étaient pas purement et simplement des épouvantails : ni la réaction — terme typiquement radical —, ni le cléricalisme, ni les « congrégations économiques », ni plus tard le fascisme.

En fait, si les classes moyennes françaises n'ont pas basculé du côté du fascisme, comme elles auraient pu le faire à partir de 1933, c'est sans doute parce que le terme de « tradition républicaine » avait encore un sens dans la France des années 1930 et parce que le radicalisme n'était pas seulement un chapelet de phrases éloquentes et creuses, parce qu'il correspondait réellement à l'état d'une société et à l'idéal d'une époque.

3. Le socialisme

J'ai l'intention pour le socialisme de suivre le même plan que pour le radicalisme et de procéder en trois temps : d'abord une présentation du parti socialiste qui est nécessaire parce que la structure conditionne l'idéologie — très particulièrement dans le cas du parti socialiste SFIO ; ensuite, une brève présentation des hommes, c'est-à-dire principalement Léon Blum ; enfin, le socialisme des années 1930, sa nature, ses problèmes, ses crises et notamment la crise qui conduit au schisme des néo-socialistes en 1933.

I. LE PARTI SOCIALISTE

Au lendemain du congrès de Tours, en décembre 1920, le parti socialiste SFIO semble en pleine décomposition. En 1921, le parti communiste compte environ 120 000 membres, le parti socialiste 50 000. Mais tandis que les effectifs du PCF ne cessent de décliner jusqu'en 1934, les effectifs de la SFIO ne cessent de remonter. Les effectifs du PCF tombent jusqu'à 28 000 en 1933, ce qui est le point le plus bas de la courbe du parti communiste français, alors que, à l'époque, en 1933, il y a environ 130 000 socialistes. Par conséquent, en l'espace de douze ans, la balance s'est complètement renversée. En 1933, à la veille de la crise du 6 février 1934, on compte 1 communiste pour plus de 4 membres de la SFIO.

La situation se retourne de nouveau après 1934, sous

l'influence du Rassemblement populaire. En 1936, la SFIO compte à peu près 250 000 membres. En 1937, elle en compte 280 000. Le parti communiste connaît, lui, une croissance spectaculaire. Parti de 28 000 en 1933, il est à 290 000 en 1936 et 330 000 en 1937.

Ainsi, le Front populaire profite infiniment plus au parti communiste qu'à la SFIO. Les effectifs du parti communiste font plus que décupler depuis 1934, passant de 28 000 à 330 000, alors que ceux de la SFIO ne font que doubler. Très largement dépassé par la SFIO en 1933 — 28 000 communistes contre 130 000 socialistes —, le parti communiste français dépasse nettement la SFIO à la fin de 1936.

La courbe des voix ne coïncide pas exactement avec celle des membres :

	SFIO	PCF
1914	1 398 000	
1919 (avant scission)	1 700 000	
1924	1 500 000 (environ)	877 000
1928	1 700 000 (en chiffres ronds)	1 063 000
1932	1 964 000	783 000
1936	2 000 000	1 473 000

Les conclusions qui se dégagent de ce tableau sont les suivantes, me semble-t-il :

1. La relative stabilité des voix socialistes, depuis 1914 jusqu'en 1936 : 1914, 1 400 000 voix socialistes; 1936, environ 2 millions. La différence n'est pas négligeable mais, à partir de 1919, les variations sont faibles d'élection en élection.

2. En revanche, la courbe des voix du parti communiste est une courbe en dents de scie : 877 000 voix en 1924, plus de 1 million en 1928, moins de 800 000 en 1932, près de 1 500 000 en 1936.

3. Il faut souligner un troisième fait important : la réelle puissance électorale du parti communiste français, au moment même où il n'a que des effectifs squelettiques. En 1932, il y a à peu près 30 000 communistes membres du parti et il y a tout

de même près de 800 000 électeurs communistes. Il n'y a donc pas de corrélation exacte entre la courbe des membres et celle des voix.

Quant aux députés, voici les chiffres :

Il y a 76 élus socialistes en 1910, 103 en 1914, 68 aux élections de 1919 — élections qui précèdent la scission et la création du parti communiste. Sur ces 68 élus socialistes, une douzaine rejoignent le parti communiste.

Après 1920, c'est la stabilité : 1924, 101 élus SFIO ; 1928, 100 élus SFIO ; 1932 — il y a une progression mais celle-ci est inférieure aux espoirs des socialistes —, 131 élus SFIO ; 1936, 141 élus SFIO.

Quant aux communistes, il y a, là encore, des variations : 26 élus communistes en 1924, 14 élus communistes en 1928, 10 élus communistes en 1932. Enfin, 72 élus communistes en 1936, soit en chiffres ronds la moitié du groupe parlementaire SFIO.

Par conséquent, jusqu'en 1932, le groupe parlementaire socialiste est toujours devancé par le groupe parlementaire radical, tandis que les communistes ne sont à la Chambre qu'une poignée. C'est en 1936 que, pour la première fois, apparaît un groupe communiste nombreux et c'est aussi en 1936 que, pour la première fois, les socialistes, à la surprise générale, devancent les radicaux par le nombre des sièges.

En fait, Léon Blum, à la veille des élections de 1936, ne s'attendait pas, semble-t-il, à être président du Conseil. Il pensait que l'éventualité la plus probable serait celle d'un gouvernement à direction radicale auquel les socialistes auraient à participer. Il a donc fallu improviser en hâte un gouvernement socialiste, les socialistes ayant devancé les radicaux contrairement à l'attente générale [1].

Que tirer de ce déluge de chiffres ?

L'impression qu'éprouvent les socialistes de l'époque, c'est que la SFIO se porte bien et qu'elle a bien surmonté la rude épreuve du congrès de Tours.

La SFIO entre les deux guerres, bénéficie, d'une part, de l'isolement à peu près total du parti communiste de 1920 à

1. Cf. le témoignage d'André Blumel au colloque de la Fondation, *Léon Blum, chef de gouvernement*, p. 37-38.

1934, et, d'autre part, des hésitations radicales à propos de la participation à des gouvernements avec des nón radicaux.

Par conséquent, la SFIO en 1930 apparaît incontestablement comme le parti de gauche le plus nombreux et le plus solidement organisé, le seul véritable parti qui soit véritablement de gauche. C'est le sentiment d'euphorie ou du moins de confiance qu'éprouvent les socialistes de l'époque.

Mais cette force apparente de la SFIO ne doit pas masquer un certain nombre de difficultés et de faiblesses, difficultés tenant à l'organisation même de la SFIO, à ses bases sociologiques, ce qu'on peut appeler la déprolétarisation de la SFIO, à la faiblesse extrême de son appareil de propagande et, en particulier de sa presse, à l'essoufflement très apparent de l'idéologie syndicale, enfin à l'isolement de la SFIO elle-même. Ce sont des difficultés que nous allons passer en revue.

La structure du parti.

L'organisation et la structure de la SFIO ont été définies en 1905, lors de l'unité socialiste, et elles ont été très influencées par le contexte de l'époque.

Née d'une fédération de tendances, la SFIO, à l'origine, ne comporte pas de pouvoir exécutif et c'est au fond un parti sans appareil. C'est ce qu'ont voulu les auteurs des statuts de 1905.

D'autre part, la SFIO, à l'origine, se présente comme un parti de militants et elle manifeste une remarquable défiance à l'égard des parlementaires.

L'organisme essentiel, d'après les statuts, ést la fédération qui réunit les sections socialistes d'un même département et qui est souveraine ou, du moins, extrêmement libre pour la désignation des candidats aux élections.

Pour pouvoir se présenter aux élections comme candidat socialiste, il faut en principe être membre de la SFIO depuis trois ans. Il faut, en tout cas, être accepté et investi par les secrétaires de sections et les secrétaires de fédérations.

Les candidats sont donc le plus souvent désignés à l'ancienneté et un jeune homme ambitieux et dénué de convictions très précises a infiniment plus de chances de faire rapidement carrière dans les années 1930 en misant sur le parti radical qu'en misant sur la SFIO où on lui fait clairement comprendre qu'il est nécessaire d'attendre.

L'organe théoriquement souverain, c'est le congrès national annuel qui réunit les délégués des fédérations à raison d'un mandat pour moins de 100 membres et d'un mandat supplémentaire par tranche de 200 membres.

Cette répartition des mandats au congrès avantage les grosses fédérations de la SFIO, c'est-à-dire le Nord, la Seine, les Bouches-du-Rhône, la Gironde, le Pas-de-Calais, la Seine-et-Oise, puis la Haute-Vienne, la Saône-et-Loire, le Haut-Rhin, le Puy-de-Dôme, la Haute-Garonne, l'Aude, etc.

Les grosses fédérations dominent les congrès et disposent en quelque sorte d'un droit de veto. Or, les grosses fédérations, où l'implantation socialiste est la plus ancienne, ne sont pas nécessairement et sont même rarement les plus dynamiques. Elles manifestent une tendance croissante au conservatisme, à l'anticommunisme et un attachement très manifeste aux structures de 1905. Le cas de la fédération du Nord où domine l'influence des guesdistes et celui de la fédération de la Haute-Vienne sont à cet égard très caractéristiques.

De même qu'elles dominent le congrès, les grosses fédérations dominent le Conseil national qui est théoriquement — mais théoriquement seulement — l'exécutif de la SFIO. Le Conseil national, c'est le grand conseil des militants et c'est lui qui détient en principe avec le congrès le pouvoir exécutif. Il comprend de 200 à 300 membres désignés par les fédérations d'après le nombre des mandats au congrès. Le Conseil national se réunit en principe tous les deux mois et c'est lui, théoriquement, d'après les statuts, qui devrait prendre les décisions. En fait, il n'en prend aucune car c'est un organisme beaucoup trop lourd.

Aussi les statuts de 1905 avaient-ils prévu cette institution bizarre qui s'appelle la CAP, la Commission administrative permanente, qui devait initialement, comme son nom l'indique, être une commission administrative et non pas politique, et qui, en fait, par la carence du Conseil national, tend à devenir le véritable exécutif de la SFIO.

Mais la Commission administrative permanente présente cette particularité d'être en quelque sorte un organe représentatif où doivent obligatoirement figurer des représentants de toutes les grandes fédérations et des représentants de toutes les grandes tendances. C'est ainsi que la Commission administrative permanente tend à devenir l'exécutif réel de la SFIO et à avoir des attributions dépassant largement le domaine purement administratif.

Mais qu'est-ce que la CAP entre les deux guerres? C'est en fait une oligarchie et une oligarchie qui ne se renouvelle pas. Ce sont les mêmes membres qu'on retrouve de congrès en congrès, avec d'imperceptibles variantes, de 1919 à 1939. C'est une oligarchie vouée à l'impuissance et aux motions de compromis.

Enfin, dernier organisme à mentionner : le Bureau. Les statuts de 1905 avaient prévu que le Conseil national — c'est-à-dire les fédérations — désignerait parmi les membres de la CAP un Bureau de quatre membres : un secrétaire général, deux secrétaires généraux adjoints et un trésorier.

Le secrétaire général inamovible de la SFIO entre les deux guerres, c'est Paul Faure, personnage mystérieux et important. Né à Périgueux en 1878, il était le fils d'un avocat républicain. Il avait été très profondément marqué par l'influence de Guesde, qui l'avait amené au socialisme. Il était devenu très tôt secrétaire de la fédération de la Dordogne. Il avait été journaliste et avait fondé un journal intitulé *le Travailleur du Périgord* devenu *le Travailleur du Centre,* puis *le Populaire du Centre.*

Paul Faure avait une tête étrange, d'après la caricature qui figure dans le petit livre : *Comment ils sont devenus socialistes?* qui date de 1932, et dont l'auteur est Louis Lévy.

Le premier portrait qui figure dans ce livre est, non pas celui de Léon Blum, mais celui de Paul Faure. Barbiche noire, cheveux noirs, nez extraordinaire... Il paraît que c'était un orateur exceptionnel qui entraînait les foules. Organisateur très médiocre semble-t-il, il n'était pas davantage un grand esprit. Mais c'est lui qu'on appelle « l'âme du parti » dans la brochure *Comment ils sont devenus socialistes?* Paul Faure devait être en 1938 vigoureusement munichois et le pacifisme le conduisit assez loin du côté de la collaboration.

Toujours est-il que la dyarchie Léon Blum-Paul Faure pose des problèmes importants dans les années 1930 car c'est Paul

Faure qui, en tant que secrétaire général de la SFIO, tient l'appareil du parti.

A l'époque, Léon Blum est purement et simplement secrétaire du groupe parlementaire, et il sera nommé président du groupe en 1929, après qu'il aura été battu en 1928 par Jacques Duclos aux élections à Paris, à l'issue d'une bataille au couteau. Léon Blum ne pouvait donc plus être secrétaire du groupe parlementaire. Vincent Auriol le remplaça et s'acquitta de cette fonction avec sa rondeur coutumière. Lorsque Léon Blum fut élu à une élection partielle en 1929 à Narbonne, il revint à la Chambre. On n'avait pas envie d'écarter Vincent Auriol et c'est à ce moment-là qu'on inventa pour Léon Blum ce titre de président du groupe parlementaire.

Léon Blum, entre les deux guerres, ne tient donc pas l'appareil du parti, quoiqu'il soit directeur du *Populaire*. Contrairement à ce qu'on imagine parfois, Léon Blum ne dirige pas du tout la SFIO entre les deux guerres, malgré son incontestable supériorité intellectuelle et son autorité morale, Léon Blum doit composer avec Paul Faure, avec la CAP. Il cherche périodiquement et vainement à faire modifier les statuts et à renforcer le pouvoir des parlementaires car un *numerus clausus* prévoyait qu'à l'intérieur de la CAP il ne pouvait y avoir plus du tiers de parlementaires.

Ainsi persiste jusqu'à la guerre de 1939 cette vieille méfiance qui avait inspiré les statuts de 1905. Léon Blum a tenté plusieurs fois de faire modifier sur ce point les statuts. Il n'y est jamais arrivé.

Léon Blum ne tient donc pas en main l'appareil du parti, appareil à la fois très oligarchique, très divisé, très immobile, ne se renouvelant pratiquement pas et très inefficace, aussi impropre à prendre une décision rapide qu'à susciter une réflexion doctrinale.

Bref, l'organisation de la SFIO entre les deux guerres justifie *a posteriori* de la façon la plus parfaite les analyses de Roberto Michels, dans son livre classique sur la tendance à l'oligarchie dans les partis politiques et très précisément dans les partis socialistes [1].

1. R. Michels, *Les Partis politiques*, Flammarion, 1971.

Il est incontestable que la structure de la SFIO est une des principales faiblesses du socialisme français dans les années 1920, mais ce n'est pas la seule.

La presse socialiste.

La presse de province est une des principales forces du radicalisme, mais l'on ne saurait assurément en dire autant du socialisme.

Le principal organe socialiste, entre les deux guerres, est *le Populaire.*

Depuis que *l'Humanité* est devenue un organe communiste, au moment de la scission, *le Populaire* est devenu l'organe de la SFIO. On le lit à cause des articles de Léon Blum, qui sont fréquents. Léon Blum publie, entre 1921 et 1933, 1 888 articles dans *le Populaire,* et, dans la seule année 1933, pas moins de 261, soit près d'un article par jour. Mais le reste du journal est passablement terne. La diffusion en est médiocre. Parti d'un tirage presque insignifiant, après la scission de Tours, *le Populaire* atteint un tirage de 63 000, avec 40 000 abonnés, en 1930. Ce n'est évidemment pas négligeable; mais, à la même époque, le tirage de *l'Humanité,* l'organe communiste, est largement supérieur puisqu'il est de l'ordre de 150 000 et le tirage de *l'Œuvre,* le principal organe radical diffusé à Paris, est d'environ 120 000, c'est-à-dire à peu près deux fois le tirage du *Populaire.* Dans les années 1930, le tirage du *Populaire* est à peu près du même ordre que celui de *l'Action française* qui ne parvient — et qui ne cherche d'ailleurs pas — à faire élire un seul député, alors que le groupe parlementaire socialiste est l'un des groupes parlementaires importants de la Chambre des députés.

D'autre part, il n'y a pas, à cette époque, d'hebdomadaire d'inspiration proprement socialiste, s'il reste encore une revue *la Nouvelle Revue socialiste,* dirigée par L.-O. Frossard et J. Longuet, qui, depuis 1925, a donné une nouvelle vie à *la Revue socialiste* dont s'occupait Benoît Malon à la fin du siècle dernier.

Quant à la presse de province, les quotidiens socialistes sont relativement peu nombreux, le plus important étant sans doute *le Populaire du Centre,* mais qui ne supporte point la comparaison avec la diffusion d'un journal radical comme *la Dépêche de Toulouse*.

Les hebdomadaires que diffusent la plupart des fédérations socialistes sont de toutes petites feuilles qui n'ont qu'une diffusion et qu'un intérêt limités. Ces feuilles se présentent essentiellement comme des organes de famille, à usage interne.

Enfin, il n'y a pas de presse socialiste ou parasocialiste comparable à la presse radicalisante ou pararadicale qu'il est très souvent difficile de distinguer de la presse proprement radicale.

Bref — et c'est un fait important — la carence de la presse socialiste, dans les années 1930, est très remarquable. Ce qui pose un problème, c'est que cette carence n'a pas disparu et l'on peut s'interroger sur les raisons de cette carence sans qu'aucune réponse s'impose avec évidence.

Manque de fonds?... Répugnance devant la publicité?... Répugnance des annonceurs devant *le Populaire* et devant la presse socialiste comme support publicitaire?... Manque de militants?... Tendance à confondre un journal socialiste avec une sorte de moniteur officiel de la SFIO?

C'est peut-être là, au fond, la raison principale, mais aucune de ces raisons n'est parfaitement évidente. Quoi qu'il en soit, il est incontestable qu'il y a là un fait, politiquement et idéologiquement important, une des causes de faiblesse du socialisme français dans les années 1930, qui n'a pas disparu aujourd'hui.

Les bases sociales.

La troisième faiblesse de la SFIO, dans les années 1930, tient à sa composition sociale. Là encore, comme pour le parti radical, les études précises font à peu près complètement défaut. Néanmoins, il est possible d'avancer quelques observations très schématiques.

En ce qui concerne les membres — qu'il faut distinguer des électeurs — il y a, dans les années 1930, deux types de grosses fédérations socialistes.

Notons, d'abord, les fédérations qui existent dans les départements comportant une forte population ouvrière : le Nord, le Pas-de-Calais, la Somme, l'Aube, l'Oise, les

Ardennes, la Seine-et-Oise, la Seine-et-Marne, le Haut-Rhin, le Bas-Rhin, le Rhône, l'Isère, les Bouches-du-Rhône, le Gard et la Loire-Inférieure. Cela fait 15 fédérations qui représentent à peu près 56 000 membres de la SFIO, soit entre 43 % et 44 % des effectifs.

Mais il existe un second type de fédérations socialistes relativement importantes, dans des régions essentiellement rurales :

Dans le Sud-Ouest et le Midi : la Drôme, le Var, l'Hérault, le Tarn, la Haute-Garonne, les Hautes-Pyrénées, les Pyrénées-Orientales. Dans le Centre : la Haute-Vienne, l'Allier, la Nièvre. En Bourgogne : la Saône-et-Loire et la Côte-d'Or.

Dans l'Est : le Jura. Dans l'Ouest : la Charente-Inférieure et la Gironde. Dans les départements situés à l'ouest de Paris : l'Eure-et-Loir, la Sarthe, l'Indre-et-Loire. Enfin, dans la Marne. On note donc deux types de fédérations et les 19 fédérations que je viens d'énumérer comprennent près de 40 000 adhérents, soit un peu plus de 30 % de l'effectif global des membres de la SFIO.

Il n'est évidemment pas exclu qu'une partie de ces adhérents soient des ouvriers, mais il est infiniment plus vraisemblable de penser qu'ils sont d'origine rurale ou même paysanne (plus rurale sans doute que paysanne).

Cette observation concernant les membres de la SFIO est confirmée par les constatations que l'on peut faire en examinant les résultats électoraux.

A cet égard, il faut consulter le livre de Gilbert Ziebura, universitaire allemand, publié sous le titre *Léon Blum et le Parti socialiste jusqu'en 1934*. Cet ouvrage comporte un certain nombre d'illustrations et de graphiques portant, d'une part sur les membres et, d'autre part, sur les électeurs. En le lisant, on est frappé de voir les divergences qui existent entre la carte des membres et la carte des électeurs [1].

Le nombre des voix socialistes reste à peu près stable, mais cette stabilité des résultats globaux masque d'assez profondes

1. G. Ziebura, *Léon Blum et le Parti socialiste jusqu'en 1934*, Cahiers de la Fondation nationale des sciences politiques, Colin, 1968. On trouve dans ce livre beaucoup de renseignements sur la SFIO elle-même qu'on ne trouve ni chez Georges Lefranc ni surtout chez Daniel Ligou.

transformations, de circonscription à circonscription; alors que le socialisme recule au profit des communistes, notamment dans la banlieue parisienne et dans la plupart des circonscriptions ouvrières, la SFIO obtient ses plus forts pourcentages d'électeurs dans les départements ruraux.

Ces départements sont la Creuse, la Haute-Vienne, l'Allier, le Puy-de-Dôme, la Drôme, l'Hérault, les Basses-Alpes, les Pyrénées-Orientales, la Haute-Garonne, la Gironde, les Bouches-du-Rhône. Cette liste ne coïncide pas avec celle des plus grosses fédérations.

Dans quelques cas, il y a coïncidence entre fédérations et électorat; mais dans de nombreux cas, il n'y a pas coïncidence et ce qui est frappant, c'est que les plus forts pourcentages obtenus par la SFIO aux élections de 1932 et de 1936 concernent des départements essentiellement ruraux.

C'est là un phénomène important. La SFIO abandonne au parti communiste la banlieue rouge et recule dans le Nord et le Pas-de-Calais, tout en y gardant de fortes positions. Au contraire, elle gagne du terrain dans le nord du Massif central, dans la vallée de la Loire et dans le Sud-Ouest.

Il serait excessif de parler d'embourgeoisement de la SFIO, mais il est certain que le parti se déprolétarise et que cette déprolétarisation est largement entamée dès les années 1930.

Dès les années 1930 — et c'est un fait important — la SFIO n'a plus la sociologie de son idéologie. Il y a un décalage très net entre l'idéologie d'un parti qui se considère encore Section française de l'Internationale ouvrière, et la sociologie d'un parti qui comprend parmi ses membres une proportion croissante de fonctionnaires et, notamment, d'instituteurs, et dont l'électorat ne cesse de se ruraliser.

Le socialiste type des années 1930, c'est l'instituteur marié à une institutrice, qui a commencé sa carrière au temps où il était méritoire d'être instituteur socialiste, au temps où l'instituteur socialiste s'exposait à quelques mécomptes dans sa carrière. Ce couple d'instituteurs socialistes rêve de voir ses enfants entrer à l'École normale supérieure, et ce rêve se réalise parfois.

D'autre part, le parti vieillit. Il y a bien des Jeunesses socialistes, dont les membres sont au nombre de 15 000 environ et qui n'entretiennent pas de bons rapports avec la direction du parti. Il existe même une organisation pour les enfants, les Faucons rouges, lesquels sont parés d'un béret rouge. Les Faucons rouges n'ont pas bonne presse dans les « beaux quartiers », mais leurs activités s'apparentent de près aux activités de patronage ou aux activités des scouts.

Quoi qu'il en soit, les dirigeants socialistes se renouvellent très peu. Ils ne se renouvellent pas plus que les députés et il est très difficile, pour un jeune, de monter dans la hiérarchie socialiste. Léon Blum essaie de pousser en avant trois ou quatre jeunes qui sont ses poulains, mais il n'a pas d'une façon générale beaucoup de chance dans ses choix.

En effet, le choix de Léon Blum se porte sur Marcel Déat et sur Georges Monnet, qui le décevront beaucoup, l'un et l'autre, en 1940. Son choix se porte aussi sur Léo Lagrange qui sera tué tragiquement en 1940, pendant la guerre, ainsi que sur Jules Moch qui fera une longue carrière à la SFIO et devait lui rester très fidèle.

La SFIO dans les années 1930 est en passe de perdre ses fiefs ouvriers, mais elle ne paraît guère consciente du phénomène, car globalement, elle voit croître son audience aux dépens du PCF, tant en ce qui concerne les adhérents qu'en ce qui concerne le nombre de ses électeurs, ce qui entretient une certaine euphorie et ce qui l'encourage à penser qu'il n'y a point lieu de procéder à des révisions imprudentes.

Faiblesse du syndicalisme.

La quatrième cause de faiblesse, pour la SFIO, c'est l'essoufflement de l'idéologie syndicale.

A cet égard, il convient de marquer fortement la différence entre 1900 et 1930.

Dans les années 1900, il existe en France — nous l'avons vu — une idéologie syndicale originale, authentiquement révolutionnaire et tout à fait distincte de l'idéologie socialiste. Après 1918, le syndicalisme révolutionnaire n'est plus guère qu'une référence, sauf pour une toute petite minorité. On continue à citer la charte d'Amiens, dans les congrès syndicaux, mais le mythe de la grève générale devient de plus en plus irréel, après l'échec des grandes grèves de 1919-1920 et, dans l'ensemble, les grèves sont relativement peu nombreuses en France jusqu'à l'explosion de mai-juin 1936.

Les militants syndicalistes de 1900 vieillissent et ils sont écartés ou ils s'écartent d'eux-mêmes des postes de responsabilité. C'est ainsi que Monatte et Rosmer qui avaient fait un bout de chemin avec le parti communiste, sont exclus du parti en 1924.

D'autre part, la scission syndicale de 1921-1922 a porté un coup très rude, non seulement — ce qui est évident — à l'unité des travailleurs mais également à l'idéologie syndicale elle-même.

La CGTU (Confédération générale du travail unitaire), d'inspiration communiste, naît en 1922. Elle rassemble des effectifs qui ne sont pas négligeables : 258 000 membres en 1932, à un moment où le parti en a à peine 30 000. Mais la CGTU qui, au départ, avait attiré un bon nombre d'anciens syndicalistes révolutionnaires devient, à partir de 1924 environ, un simple instrument de propagande du parti communiste français dans les milieux ouvriers.

Les dirigeants de la CGTU, Monmousseau, Sémard, Racamond et, un peu plus tard, Benoît Frachon sont membres du parti communiste français, et la CGTU n'a pas d'idéologie distincte de l'idéologie communiste.

Quant à la CGT, ses effectifs sont — au moment où la crise économique commence à atteindre la France — le double de ceux de la CGTU : 533 000 membres, en 1932, contre 258 000 pour la CGTU, les gros bataillons de la CGT étant fournis par les fonctionnaires, notamment par les membres de l'enseignement, les postiers et les mineurs qui, nous l'avons vu, étaient déjà, dans les années 1900, un des groupements les plus réformistes.

Par conséquent, la CGT n'est plus que très partiellement une centrale ouvrière et les fonctionnaires des diverses catégories y jouent un rôle qu'ils ne jouaient pas avant 1914.

Le secrétaire général de la CGT, Léon Jouhaux, s'est à peu près totalement écarté du syndicalisme révolutionnaire, et il a opté pour ce qu'il appelle la politique de présence. Être présent partout où se discutent les intérêts ouvriers. On dirait — si l'on voulait adopter la terminologie actuelle — être présent dans tous les centres de décision.

Léon Jouhaux a de la sympathie pour le socialisme et, en 1925, il se déclare « socialiste de conception, socialiste de construction, socialiste d'esprit, mais non socialiste de parti ».

Ses relations avec Léon Blum sont officiellement bonnes, mais les deux hommes, qui sont très différents l'un de l'autre, morphologiquement, intellectuellement, idéologiquement, ne s'aiment guère et il ne semble pas que Léon Blum ait éprouvé pour Léon Jouhaux une admiration irrépressible, bien qu'il lui ait proposé d'entrer dans son ministère, en 1936, ce que, d'ailleurs, Léon Jouhaux déclina.

En fait, la personnalité la plus forte du mouvement syndical français, dans la première partie de l'entre-deux-guerres, ce n'est pas Léon Jouhaux, c'est Albert Thomas qui dirige à Genève le Bureau international du travail et qui joue, auprès de la Société des Nations, un rôle important de documentation et de contacts internationaux. Mais Albert Thomas, qui a fait une forte impression sur tous ceux qui l'ont connu, réside à Genève. Il n'a pas de responsabilités dans le mouvement syndical français. Il n'a que des rapports épisodiques avec la SFIO et, d'ailleurs, il meurt en 1932, quatre ans avant le gouvernement Blum.

Sous l'impulsion de Léon Jouhaux, la CGT a opté pour une politique de réforme, mais, en fait, et c'est ce qu'il convient de souligner, entre 1919 — date de la loi de 8 heures et la CGT n'y est pas pour grand-chose — et 1936, la CGT n'obtient aucune réforme véritablement importante.

Dans tous ses congrès, elle plaide pour les nationalisations, pour les conventions collectives, pour les congés payés, mais elle n'obtient, dans ce domaine, avant 1936, à peu près rien.

Tout ce que la CGT obtient, c'est en 1925, la création — à l'époque du Cartel des gauches — du premier Conseil économique auquel elle participe au nom de la politique de présence chère à Léon Jouhaux, contribuant ainsi à accréditer l'idée qu'elle compose avec le système capitaliste et avec les forces bourgeoises.

Quant à l'institution des assurances sociales, en 1928-1929, c'est le type même de réforme décidée par le gouvernement qui, d'ailleurs, est un gouvernement de droite et non pas un gouvernement de gauche. La CGTU y est très violemment hostile sans que la CGT puisse s'en prévaloir.

Bref, la situation du syndicalisme français, dans les années 1930, au début de la crise économique, est très loin d'être brillante; les deux centrales syndicales s'affrontent violemment et de ces deux centrales syndicales, l'une est une centrale révolutionnaire sans espoir possible de révolution et l'autre est une centrale réformiste qui n'obtient pratiquement aucune réforme.

Sans doute, les relations entre la CGT et la SFIO sont-elles infiniment meilleures, dans les années 1930 qu'elles ne pouvaient l'être dans les années 1900 ou dans les années 1910, mais l'embourgeoisement ou, si l'on préfère la fonctionnarisation de la CGT, son enracinement dans les préoccupations les plus quotidiennes et sa propension à un anticommunisme passablement obsessionnel constituent, pour la SFIO, un poids beaucoup plus qu'un stimulant. On peut conclure sur ce point, semble-t-il, en disant que dans les années 1930, en France, il n'y a plus d'idéologie syndicale autonome.

Cette conclusion contristerait sûrement Georges Lefranc. Ancien normalien et agrégé d'histoire, ancien directeur de l'Institut supérieur ouvrier, fondé par la CGT, G. Lefranc explique dans la plupart de ses ouvrages qu'il y a eu une grande occasion manquée dans les années 1930 et que cette grande occasion manquée, c'est Léon Blum qui en est le principal responsable, car il n'a pas su faire confiance au petit groupe dit de la « Révolution constructive » qui militait en faveur de la planification, conformément aux idées d'Henri de Man.

De ce petit groupe faisaient partie des hommes qui ont, ultérieurement, suivi des itinéraires variés : le professeur René Cassin qui fut longtemps vice-président du conseil d'État, Francis Delaisi, Lucien Laurat, Pierre Le Brun, qui, il n'y a pas longtemps était secrétaire général de la CGT, Louis Vallon, devenu gaulliste de gauche, Georges Lefranc lui-même, etc.

Ce petit groupe a sans doute émis des idées novatrices, mais je crois que l'on commettrait une erreur historique assez lourde en surestimant son importance. En fait, c'est un groupuscule réformateur comme il y en a eu à toutes les époques et comme il y en a eu dans tous les partis, mais qui n'a pas pesé lourd.

Pour conclure, ce qu'il convient sans doute de souligner, ce sont l'isolement et les divisions de la SFIO, entre les deux guerres.

Isolement, d'abord. Au nom de la tactique classe contre classe, les communistes traitent les socialistes, à partir de 1928, de social-fascistes, et les socialistes répondent sur le même ton.

Par exemple, en 1928, Léon Blum, après une bataille très dure, est battu aux élections, à Paris, par Jacques Duclos et, en 1932, Marcel Déat, qui est encore membre de la SFIO — c'est un an avant le schisme des néos — reconquiert sur Jacques Duclos cette circonscription perdue par Léon Blum en 1928. Entre socialistes et communistes les batailles succèdent aux batailles.

D'autre part, entre le parti radical et le parti socialiste, la distance est plus grande qu'on ne le croit généralement.

Les socialistes refusent de participer aux gouvernements dirigés par des radicaux, ce qui accentue encore leur isolement, le fait est bien connu, mais ce qui est peut-être moins connu, c'est qu'en 1930, les socialistes font peur. Lorsque Léon Blum parle à la Chambre, ses discours sont hachés d'interruptions furibondes. Dans les années 1930, les socialistes apparaissent encore comme des rouges, comme des rouges qui font peur au même titre que les Faucons rouges, comme des rouges dangereux pour la propriété et dangereux pour l'ordre social.

D'autre part, les socialistes ne sont pas considérés comme de bons Français et l'on suspecte leur patriotisme.

A cet égard, je voudrais citer un seul document : le livre classique de Thibaudet, *les Idées politiques de la France,* qui date de 1932. Thibaudet, radical au sens large du terme, présente un tableau peu flatteur du socialisme. On lit notamment dans le chapitre sur le socialisme, ces lignes : « Le socialisme est le parti de la révolution, la révolution non politique, non propriétaire et non française, mais sociale, collectiviste et internationale. »

Quant aux divisions qui affaiblissent la SFIO, on constate, tout d'abord, une division Paris-province, division très perceptible lors des congrès. La province a toujours l'impression d'être brimée par Paris. Elle se plaint de ne pas avoir assez de représentants à la Commission administrative permanente. Elle se plaint de n'avoir pas une influence suffisante au *Populaire* et, dans tous les congrès, les attaques contre la dictature de la fédération de la Seine qui est accusée de coloniser le parti, sont quasi rituelles.

D'autre part, il existe des groupes régionaux homogènes et très différents. On peut en distinguer trois parmi les groupes les plus importants :

— D'abord le groupe des députés du Nord, pour la plupart de tradition guesdiste et dont les plus connus sont Bracke-Desrousseaux qui est le fils de l'auteur du *Petit Quinquin,* agrégé ès lettres, helléniste célèbre, qui joue un peu à la SFIO le rôle d'un ours. En effet, il prenait les jeunes députés sous sa protection, il entendait faire leur éducation, il leur donnait des conseils sur la façon de se conduire dans la vie. C'était à la SFIO un personnage quasi légendaire.

Parmi les autres membres de ce premier groupe, il y a Lebas, que nous retrouverons comme ministre de Léon Blum, en 1936, et le malheureux Salengro qui sera lui aussi ministre en 1936 et qui se suicidera dans des circonstances tragiques.

— Le second groupe, c'est celui des Girondins, avec Adrien Marquet, dont les membres se caractérisent par leur opportunisme doctrinal et par leur goût des réalisations municipales. Adrien Marquet sera l'une des principales personnalités qui passeront au néo-socialisme, en 1933, essentiellement par ambition ou, pour employer une expression plus noble, par goût de l'efficacité. Certains Bordelais d'aujourd'hui ne répugnent pas à établir un parallèle entre Adrien Marquet et M. Jacques Chaban-Delmas...

— Enfin, troisième groupe, les Marseillais dont le chef de file est Fernand Bouisson, président de la Chambre des députés de 1927 à 1936. Le groupe des Marseillais n'a pas très bonne réputation parmi les parlementaires socialistes. Les parlementaires socialistes parlent aimablement des « gangsters marseillais », mais ils font une exception en faveur de M. Félix Gouin.

A ces différences régionales, se superposent des différences doctrinales et des différences de traditions.

La tradition guesdiste — avec Paul Faure, Bracke, les députés du Nord — est encore très forte. Évidemment,

Guesde est mort depuis longtemps mais les anciens guesdistes constituent, au sein de la SFIO une fraction continuellement soupçonneuse, en particulier à l'égard des intellectuels. Ils constituent une fraction repliée sur elle-même et qui a tendance à se considérer comme dépositaire de la pure doctrine socialiste. « Le guesdisme... un jacobinisme mâtiné de bureaucratie », selon l'expression de Jacques Julliard [1].

Mais les guesdistes ne constituent pas le seul groupe à l'intérieur de la SFIO. A droite, le groupe de *la Vie socialiste,* avec Renaudel qui est un vétéran de l'époque de Jaurès, avec des hommes d'une autre génération comme Marcel Déat, avec la plupart des futurs néo-socialistes, incline vers la participation aux gouvernements dirigés par des radicaux.

A gauche, se trouve le groupe dit de *la Bataille socialiste.* Là encore, c'est le nom d'un organe, animé par Zyromski qui est, à l'époque, une personnalité importante de la Fédération de la Seine; c'est encore à cette Fédération de la Seine qu'appartient Marceau Pivert, animateur d'une autre tendance de gauche, *la Gauche révolutionnaire.* Ces groupes adoptent une attitude intransigeante en ce qui concerne le vote des crédits à la Défense nationale.

Si l'on ajoute à tous ces facteurs de division, l'opposition constante entre le groupe parlementaire qui incline vers l'entente avec les radicaux, et la Commission administrative permanente qui, elle, penche vers l'intransigeance, on conviendra que le rôle de Léon Blum était, dans les années 1930, singulièrement difficile et que sa latitude d'action était plutôt étroite.

Léon Blum n'est pas le chef d'une tendance. Il a des amis politiques divers, dont le plus fidèle est, sans doute, Vincent Auriol. Il a des disciples. Il a des admirateurs, mais toute son influence est due à sa seule personnalité et son rôle principal, dans les années 1930, est avant tout de préserver l'unité du parti, si chèrement acquise en 1905 et si cruellement brisée en 1920. Et il faut se rendre compte de cette présence de 1905 et de cette proximité de 1920 si l'on veut comprendre ce qu'est le socialisme des années 1930.

La plupart des socialistes des années 1930 ont connu la

1. J. Julliard, « L'éternel guesdisme », *Critique,* novembre 1966.

réunification de 1905. Ils ont tous connu le schisme de 1920 et, pour comprendre le rôle de Léon Blum, il convient de s'en rendre compte clairement.

II. LE SOCIALISME DE LÉON BLUM

Léon Blum est né en 1872 à Paris et non pas sur les bords du Danube, comme l'écrira la presse de droite ou d'extrême droite.

Il appartient à une vieille famille juive, originaire d'Alsace. Ses parents se sont établis à Paris en 1848. Son père, à l'origine, tenait une mercerie dans le quartier de la rue Saint-Denis; mais il s'était enrichi. C'est le type du commerçant républicain mais non point socialiste qui franchit l'étape conduisant du commerce à la bourgeoisie.

Léon Blum lui-même reçoit une éducation bourgeoise. Il a souvent parlé de sa mère qui appartenait à la classe moyenne juive, qui était d'esprit très religieux; elle a sans doute eu, sur la formation intellectuelle de Léon Blum, plus d'influence que n'en a eu son père.

On a beaucoup épilogué à ce propos sur le judaïsme de Léon Blum et vous savez que ce judaïsme de Léon Blum a alimenté une série de polémiques d'une extraordinaire outrance, notamment au moment du Front populaire, où l'on a accusé Léon Blum d'être juif avant d'être français, où on l'a accusé de s'entourer de juifs, etc.

Cela dit, Léon Blum a vécu dans un milieu juif, il a quatorze ans au moment où paraît *la France juive* de Drumont, vingt-six ans au moment du déclenchement de l'affaire Dreyfus, en 1898. D'où, sans doute, cette tendance très apparente et très constante chez lui à se justifier, à se défendre, à répéter qu'il n'est pas moins patriote que ceux qui l'accusent de ne point l'être. Mais il serait sans doute erroné de souligner le messianisme de Léon Blum. Son socialisme est, avant tout, un rationalisme et un universalisme beaucoup plus qu'un messianisme quasi mystique.

Toujours est-il que Léon Blum est reçu à Normale, mais qu'il échoue à ses certificats de licence. Il quitte la rue d'Ulm, en 1891. Il passe ensuite une licence de philosophie et une licence de droit. Puis il entre au Conseil d'État comme jeune auditeur, en 1895.

Il convient de souligner, à cet égard, la formation juridique de Léon Blum. Ce n'est pas du tout un économiste encore qu'il ait acquis, peu à peu, une certaine culture économique. Léon Blum est, avant tout, un juriste et ses rapports au Conseil d'État ont longtemps fait autorité.

Léon Blum est fondamentalement un analyste bien plus qu'un homme de large synthèse. Par sa forme d'intelligence, il est habitué à analyser une situation, habitué à décomposer des éléments plus qu'à construire de larges ensembles et, à cet égard, on doit dire que l'intelligence de Léon Blum est très exactement aux antipodes de la forme d'intelligence de son maître, Jean Jaurès, qui, elle, est fondamentalement une intelligence synthétique et même, pourrait-on dire, une intelligence symphonique.

Léon Blum commence par s'occuper de littérature. A vingt ans, c'est un jeune homme qui ressemble vaguement à Proust, il admire beaucoup Maurice Barrès qui est, à l'époque, le prince de la jeunesse. Il collabore à toute une série de petites revues littéraires, notamment à une revue symboliste, fondée par Pierre Louÿs, qui s'appelle *la Conque*. Il collabore aussi à une autre revue de même inspiration dirigée par Fernand Gregh, *le Banquet*, titre très platonicien. Surtout, il collabore à la *Revue blanche* à laquelle il remet régulièrement des articles pendant neuf ans, de 1893 à 1902.

La *Revue blanche* des frères Natanson est une revue intéressante, très littéraire, très fin de siècle, très symboliste, très esthétisante, très gidienne, très proustienne, très barrésienne, le Barrès d'*Un homme libre*, le Gide des *Nourritures terrestres*; en même temps, c'est une revue qui opte pour une certaine forme d'anarchisme à la fois littéraire, esthétique et politique, une revue dreyfusarde, anarchisante et cosmopolite.

Léon Blum, à vingt-cinq ans, admire Barrès, Gide, Proust, Mme de Noailles, ainsi que cet auteur de théâtre, aujourd'hui bien oublié, mais à l'époque, très admiré, qui s'appelle Georges de Porto-Riche.

Léon Blum admire également Goethe, ainsi que Stendhal. Il admire beaucoup Stendhal et il publiera, peu de temps avant la guerre de 1914, un livre intitulé *Stendhal et le Beylisme.*

Il est intéressant de constater que le Stendhal de Léon Blum est un Stendhal rationaliste, un Stendhal idéologue, un Stendhal systématique, un Stendhal doctrinaire du beylisme, un Stendhal très peu poète et très éloigné du Stendhal qui a la faveur des stendhaliens actuels.

En 1907, Léon Blum publie son livre *Du mariage* qui passe d'abord à peu près complètement inaperçu, mais qui fera figure de livre scandaleux au moment du Front populaire, car Léon Blum y développe la thèse selon laquelle le seul moyen de se marier en toute connaissance de cause, c'est d'avoir fait un certain nombre d'expériences préalables.

D'où l'image d'un Léon Blum intellectuel, bourgeois et un peu décadent, « d'un esthète fin de siècle », comme le dira un peu rapidement Gilbert Ziebura. Mais il n'est pas habituel qu'un parti socialiste soit dirigé par un admirateur de Stendhal et par un ancien ami d'André Gide.

Pour évoquer ce que pouvait être Léon Blum de la fin du siècle dernier, on peut citer un texte assez caractéristique, publié par André Gide dans *Vendredi* en juin 1936. La scène se passe vers 1890, et Léon Blum, à l'époque, a dix-huit ans :

« Je raconterai, écrit Gide, le premier souvenir que j'ai gardé du grand leader socialiste. Il est aussi vif, aussi net que si tout cela se passait hier. Je nous revois, Léon Blum et moi, fort épris de littérature et nous passant, de la main à la main, des copies de sonnets de Hérédia, inédits encore, qu'avait transcrits notre autre camarade de classe au lycée Henri-IV, René Berthelot.

Ce jour-là, nous descendions le boulevard Saint-Michel et discutions de manière fort animée, car il était un point sur lequel Blum et moi nous ne parvenions pas à nous entendre : à Molière, Blum ne se permettait-il pas de préférer Marivaux? Cela me paraissait énorme et j'étais si fort préoccupé à protester que je ne portais aucune attention aux gens près desquels nous passions.

Soudain, Blum se retourne, fait trois pas en arrière. Avait-il reconnu quelqu'un? Non! Simplement, je le vois s'approcher d'un de ces pauvres hères qui distribuent des réclames ou des prospectus. Blum en prit deux, m'en tendit un en me disant, quand il m'eut rejoint : " C'est son gagne-pain à ce pauvre homme. Il se sent moins humilié quand on prend ses papiers. "

Ce petit fait qu'il a sans doute oublié fut pour moi de grande importance, et si je le relate aujourd'hui, c'est d'abord en manière de reconnaissance, et aussi parce qu'il laisse voir que les questions sociales trouvaient ici un bon terrain et que l'attitude de Blum à leur égard, nullement composée, est l'expression même de sa sincère sensibilité. »

Il faudrait, pour conclure, souligner le fait que la culture d'Herriot et celle de Léon Blum sont, en fait, deux types très différents de culture.

La culture d'Herriot est une culture très classique; c'est le plus pur produit de l'école et de l'enseignement français. Blum a bien davantage la culture d'une époque et du milieu qui gravite autour des petites revues littéraires de la fin du siècle dernier. Une culture moins classique peut-être que celle d'Herriot, moins universitaire, plus personnelle, peut-être en définitive plus profonde.

Toujours est-il que la culture d'Herriot s'exprime normalement dans le discours et que son expression naturelle est oratoire; tandis que la culture de Blum s'exprime plus malaisément dans le discours et que son expression normale est l'article, dans la *Revue blanche* ou dans *le Populaire*.

Politiquement, Léon Blum est, à l'origine, un grand admirateur de Clemenceau. Il est marqué par l'influence de Lucien Herr qu'il connaît en 1893 et qui le conduit du côté du socialisme. Mais c'est seulement en 1897-1898 que Léon Blum devient vraiment socialiste, et c'est en 1899, à vingt-sept ans, qu'il assiste pour la première fois à un congrès socialiste.

Deux événements sont à l'origine de cette conversion de Léon Blum au socialisme : d'abord, naturellement, l'affaire Dreyfus à partir de 1897. Léon Blum milite pour Dreyfus, ainsi que tout son entourage, et l'affaire Dreyfus est à l'origine de son engagement politique. Léon Blum en parlera plus tard dans ses *Souvenirs sur l'Affaire*. Là encore, nous retrouvons l'importance fondamentale de l'affaire Dreyfus comme point de départ de beaucoup d'itinéraires politiques.

Le second événement qui marque Léon Blum, c'est sa rencontre avec Jaurès à la fin de 1897. Jaurès, normalien comme lui, Jaurès de treize ans son aîné, mais qui, en 1897, n'a que trente-huit ans; il est certain que cette rencontre avec Jaurès a marqué profondément Léon Blum.

Il devient socialiste — il l'a souvent dit — par admiration pour Jaurès, pour sa culture, pour son éloquence et sa générosité. Il devient socialiste, parce qu'il est partisan, comme Jaurès, de réaliser une synthèse entre socialisme et démocratie, entre réforme et révolution, entre internationalisme et patriotisme. Et il devient socialiste enfin parce qu'il veut, comme Jaurès, contribuer à réaliser l'unité socialiste.

Léon Blum, à l'origine, n'éprouve aucune sympathie — et il n'en éprouvera jamais aucune — pour Jules Guesde; le guesdisme lui paraît « simpliste ».

Il n'est pas, à l'origine, plus indulgent pour le marxisme et il écrit en 1900 cette phrase souvent citée : « Nul n'ignore, parmi les socialistes réfléchis, que la métaphysique de Marx est médiocre. Nul n'ignore que sa doctrine économique rompt une maille chaque jour. » Il est certain que, sur ce point, Blum évoluera. Il assimilera une certaine dose de marxisme, sans pourtant que le marxisme devienne jamais l'élément fondamental de son socialisme.

Vers 1900, Léon Blum est un disciple de Benoît Malon et de Jaurès, un ami de Péguy et de Charles Andler, un ancien admirateur de Barrès. Son socialisme ne doit absolument rien au matérialisme historique; c'est un socialisme idéaliste et humanitaire, un socialisme kantien, pourrait-on dire. Une protestation dictée par le sens de la justice, par la volonté de changer la société, mais dictée aussi et peut-être encore davantage par la raison. Une protestation dictée par la raison, par l'universalisme, le socialisme étant pour lui l'expression de la moralité universelle. Cette expression de « moralité universelle » est très caractéristique du socialisme de Léon Blum.

Cet universalisme est le thème fondamental des *Nouvelles Conversations de Goethe avec Eckermann* qui date des dernières années du XIXe siècle.

Dans ces *Conversations,* Blum, sous le masque d'un Goethe, toujours très goethéen mais converti au socialisme, lance un appel à ceux qu'il appelle « les hommes de la race de Herder », c'est-à-dire, en fait les hommes de la race de Jaurès, qui incarnent la conscience de l'univers à un moment donné.

De même, Blum fait exposer par Goethe, dans *les Nouvelles Conversations,* le plan d'une troisième partie de son Faust. Et, dans cette troisième partie, on assiste à la résurrection assez étrange d'un Faust qui ressemble beaucoup à Jaurès et qui assure le triomphe de la justice, tandis que Méphisto, agitateur convaincu mais sectaire, ressemble singulièrement à Jules Guesde.

Ainsi, Blum se range immédiatement aux côtés de Jaurès et il ne cessera de se référer à lui. « C'est de Jaurès, écrira-t-il en 1929, que je tiens tout ce que je pense et tout ce que je suis. » Et en 1933, il déclarera : « Aux moments difficiles, c'est toujours dans son souvenir et dans son enseignement que j'ai cherché la règle de mes actions. »

Jusqu'en 1905, Léon Blum milite auprès de Jaurès en faveur de l'unité socialiste. Mais, une fois l'unité réalisée en 1905, Blum s'écarte de la politique militante et de 1905 à 1914, il se consacre au Conseil d'État.

Pendant la guerre de 1914, Blum est chef de cabinet de Marcel Sembat, ministre socialiste d'un gouvernement d'Union sacrée. A l'époque, Blum est classé parmi ceux que les minoritaires de la SFIO — qui deviendront majoritaires au moment du congrès de Tours — qualifient de « social-chauvins ».

C'est en 1919, à l'âge de quarante-sept ans, que Blum commence véritablement sa carrière politique. Il est élu député de la Seine et devient peu après secrétaire du groupe parlementaire socialiste.

C'est à la même date qu'il publie la brochure *Pour être socialiste,* brochure de vingt-quatre pages, écrite en 1919, et qui sera abondamment éditée et rééditée par la SFIO.

Cette brochure est intéressante, car elle est écrite pour des jeunes gens et des jeunes filles de vingt ans, que Blum s'efforce de convertir au socialisme. Elle est écrite dans une période très troublée, dans le contexte des grèves et des affrontements entre majoritaires et minoritaires à l'intérieur de la SFIO, affrontements extrêmement violents qui préludent au congrès de Tours et à la scission de 1920. Et ce qui frappe, c'est le ton extraordinairement serein de cette brochure. Les mots qui reviennent le plus souvent sont : « conscience... justice... égalité... fraternité... », mais aussi : « moralité universelle...

solidarité humaine... bonheur commun... instinct universel... ».

Il est frappant de voir que, pour Blum, le socialisme est en quelque sorte la manifestation d'un instinct universel, et il utilise abondamment l'adjectif « universel ».

Voici certains passages de cette brochure :

« De quoi est né le socialisme? De la révolte des plus nobles sentiments de l'âme humaine, blessée par la vie, méconnue par la société.

Le socialisme est né de la conscience de l'égalité naturelle, alors que la société où nous vivons est tout entière fondée sur le privilège. Il est né de la compassion et de la colère que suscitent en tout cœur honnête ces spectacles intolérables : la misère, le chômage, le froid, la faim, alors que la terre, comme l'a dit un poète, produit assez de pain pour nourrir tous les enfants des hommes, alors que la subsistance et le bien-être de chaque créature vivante devraient être assurés par son travail, alors que la vie de chaque homme devrait être garantie par tous les autres. Il est né du contraste, à la fois scandaleux et désolant, entre le faste des uns et le dénuement des autres, entre le labeur accablant et la paresse insolente. Il n'est pas, comme on l'a dit tant de fois le produit de l'envie qui est le plus bas des mobiles humains, mais de la justice et de la pitié qui sont les plus beaux.

Le socialisme est donc une morale et presque une religion, autant qu'une doctrine [1]. Il est l'application exacte, à l'état présent de la société, de ces sentiments généreux et universels sur lesquels les morales et les religions se sont successivement fondées. »

Le texte se poursuit de la façon suivante : « On est socialiste à partir du moment où l'on se refuse à accepter la figuration actuelle des faits économiques comme nécessaires et éternels; à partir du moment où on a cessé de dire : " Bah! c'est l'ordre des choses! Il en a toujours été ainsi et nous ne changerons rien! "; à partir du moment où l'on se dit que ce soi-disant ordre des choses est en contradiction flagrante avec la volonté de justice, d'égalité, de solidarité humaines. »

1. C'est nous qui soulignons cette phrase souvent citée.

Ce socialisme de Léon Blum, qui s'exprime dans cette brochure de 1919, c'est déjà le socialisme exprimé dans *les Nouvelles Conversations de Goethe avec Eckermann.* C'est aussi le socialisme qui s'exprimera plus tard dans *A l'échelle humaine.*

Que dit ensuite Léon Blum?

Il dit que, sauf hasard providentiel, un fils de salarié restera salarié « et que c'est un scandale »; que si un ouvrier accède à la bourgeoisie, c'est un miracle; que le but du socialisme est d'assurer « l'égal bien-être et le bonheur commun des hommes ».

« Ce qu'il faut, c'est installer la raison et la justice là où règnent aujourd'hui le privilège et le hasard. »

« Il n'est pas possible, il n'est pas raisonnable que ce qui est nécessaire à la totalité des hommes demeure la propriété exclusive de quelques-uns. »

« Le socialisme comporte comme une libération, comme une épuration universelles. »

« Nous ne voulons pas faire de vous des socialistes de pur sentiment, dit-il s'adressant à ces jeunes de vingt ans. Il nous faut votre adhésion réfléchie et totale! »

Voilà le socialisme de Léon Blum. Nous sommes bien loin du matérialisme historique et du déterminisme sociologique. Le socialisme, pour Léon Blum, c'est un choix; c'est le seul choix pleinement raisonnable, le seul choix rationnel. C'est une révolte, certes, mais une révolte de la raison. C'est donc la révolte que doit inspirer, à chaque homme, l'état profondément déraisonnable et irrationnel, et injuste de la société. Qui veut changer la condition des hommes, qui veut changer l'état de la société, doit donc normalement et nécessairement être socialiste.

Autres traits marquants de ce socialisme de Léon Blum :

Le souci d'égalité, la lutte pour l'égalité, la passion de l'égalité, le scandale de l'inégalité... souci qui implique la nécessité de la propriété collective des moyens de production. A cet égard, un certain nombre de reproches adressés *a posteriori* à Léon Blum ne semblent pas fondés.

Ce qui est apparent aussi, c'est l'internationalisme profond de Léon Blum, l'idée qu'il existe une solidarité universelle entre les nations.

Dans cette perspective, Léon Blum parle non point de lutte de classes, mais d'action de classes.

Il préfère le terme d' « action de classes » à celui de « lutte de classes »; ou du moins, s'il utilise ce dernier terme — et il l'utilise dans cette brochure de 1919 — pour lui, la « lutte de classes » est la constatation d'un antagonisme, la constatation d'une situation, et non pas un appel lancé aux socialistes pour qu'ils s'engagent dans une politique de lutte de classes.

Nous retrouvons aussi, dans le socialisme de Léon Blum, une conception de la révolution sociale, récusant l'antagonisme classique réforme-révolution. Il n'est pas exact de dire que Léon Blum opte pour le réformisme contre la révolution. Sa conception de la révolution sociale gomme en quelque sorte l'antagonisme réforme-révolution. Pour Léon Blum, les réformes sont comme une marche continue vers la révolution; et les réformes de 1936, dans cette perspective, ont une portée proprement révolutionnaire.

De même, Léon Blum s'attache à vider de son contenu autoritaire le terme de « dictature du prolétariat ». Pour lui, en effet, la dictature du prolétariat n'est pas autre chose que ce qu'il appelle — pour employer une formule qui indignera beaucoup ses adversaires de droite — « la vacance de la légalité » après la révolution, après la disparition de la légalité bourgeoise et avant l'avènement de la légalité socialiste.

Il y a donc une période de vide ou, à proprement parler, de « vacance de la légalité », mais la dictature du prolétariat, pour Léon Blum, ne doit pas être dictatoriale; elle doit, au contraire, être essentiellement démocratique et libérale. C'est, pourrait-on dire — et je crois que la formule est de Léon Blum — « une dictature librement consentie ».

Dans un autre ordre d'idées, le socialisme de Léon Blum n'est pas fondamentalement anticlérical. L'anticléricalisme de Léon Blum est bien davantage un attachement à la laïcité qu'un anticléricalisme militant. Il ne voit, pour sa part, aucune antinomie entre foi religieuse et convictions socialistes. Le fait est que Léon Blum respecte la foi. Il était d'ailleurs, à sa façon, un homme de foi, bien qu'il n'eût pas fait beaucoup de confidences sur la nature exacte de cette foi. Il est sans doute exact de dire qu'il ne s'agissait point d'une foi religieuse, encore que les références à la religion soient assez frappantes :

Léon Blum, en 1919, dit que « le socialisme est une morale et presque une religion ». En tout cas, Léon Blum n'a jamais cherché à orienter la SFIO du côté de l'anticléricalisme un peu élémentaire. Il a, au contraire, toujours cherché à résister à la tendance anticléricale représentée par Séverac, secrétaire général adjoint du parti.

Bref, le socialisme de Léon Blum, tout en étant plus proche du marxisme que celui de Jaurès, récuse totalement le matérialisme historique, le déterminisme économique et la conception léniniste de la dictature du prolétariat.

Il faut enfin signaler que Léon Blum, tout en étant sincèrement attaché à la démocratie parlementaire, s'est toujours préoccupé — et très tôt — de renforcer le pouvoir exécutif, d'assurer l'autorité et l'indépendance du président du Conseil, d'organiser efficacement la coordination entre les ministères par l'institution d'un Secrétariat général du gouvernement et de divers organes de liaison ; enfin d'aménager le travail parlementaire, en fonction des préoccupations du gouvernement.

Léon Blum exprime ses idées à cet égard dès 1918 dans ses Lettres sur la réforme gouvernementale ; il réalisera partiellement ces idées en 1936, en instituant le premier Secrétariat général du gouvernement qui sera confié à Jules Moch.

Toujours est-il qu'en décembre 1920, au moment du congrès de Tours, Léon Blum est du côté de la minorité qui refuse l'adhésion à la IIIe Internationale. Et il prononce son grand discours pour la défense de la « vieille maison ».

Léon Blum parle, dans une salle surexcitée, d'une voix très faible, et il a le plus grand mal à se faire écouter. Il expose, contre la majorité des congressistes, pour quelles raisons il ne lui paraît pas possible que les socialistes adhèrent à la IIIe Internationale. L'argument principal de son discours est d'ordre historique ; là encore, il y a un des éléments habituels de la démarche de Léon Blum. S'il récuse l'adhésion à la IIIe Internationale, c'est parce qu'il lui apparaît que ce que proposent les communistes est fondamentalement contraire à la tradition socialiste : un comité directeur occulte, une discipline aveugle et le risque d'épurations périodiques, la subordination des syndicats au parti, la conquête du pouvoir présentée comme une fin en soi, les masses inorganiques entraînées par des avant-gardes, une dictature du prolétariat en permanence, un parti subordonné à une Internationale ayant son siège dans un pays étranger. C'est tout cela que récuse Léon Blum au nom d'une assimilation qui revient souvent dans son discours : Le communisme est un blanquisme.

En définitive, c'est la fameuse conclusion de Léon Blum, que j'emprunte au livre d'Annie Kriegel sur le congrès de Tours [1] :

« Nous sommes convaincus jusqu'au fond de nous-mêmes que, pendant que vous irez courir l'aventure, il faut que quelqu'un reste garder la vieille maison. Nous sommes convaincus qu'en ce moment, il y a une question plus pressante que de savoir si le socialisme sera uni ou non : c'est la question de savoir si le socialisme sera ou s'il ne sera pas; c'est la vie même du socialisme que nous avons la conscience profonde de préserver en ce moment, dans la mesure de toutes nos forces.

Et puisque c'est peut-être pour moi la dernière occasion de vous le dire, je voudrais vous demander quelque chose qui est grave à mes yeux : pouvons-nous vraiment, les uns et les autres, prendre là-dessus une sorte d'engagement suprême?

Demain, nous serons peut-être divisés comme des hommes qui comprennent différemment l'intérêt du socialisme. Serons-nous divisés comme des ennemis? Allons-nous passer notre temps, devant la bourgeoisie, à nous traiter les uns de renégats, les autres de fous et de criminels? Ne nous ferons-nous pas, les uns et les autres, crédit de notre bonne foi? Je le demande.

Y a-t-il quelqu'un qui croit que je ne suis pas socialiste?

Un interrupteur : Tu es un confusionniste! [*Tumulte généralisé,* note le procès-verbal.]

Léon Blum : En cette heure qui, pour nous tous, est une heure d'anxiété tragique, n'ajoutons pas encore cela à notre douleur et à nos craintes. Sachons nous abstenir des mots qui blessent, qui déchirent, des actes qui lèsent. De tout ce qui serait déchirement fratricide.

Je vous dis cela, parce que c'est sans doute la dernière fois

1. A. Kriegel, *op. cit.*

que je m'adresse à beaucoup d'entre vous, et parce qu'il faut pourtant que cela soit dit. Les uns et les autres, même séparés, restons des socialistes. Malgré tout, restons des frères, des frères qu'aura séparés une querelle cruelle, mais une querelle de famille, et qu'un foyer commun pourra encore réunir. » [*Applaudissements prolongés sur les bancs de droite. Tumulte à gauche.*]

En 1921, Léon Blum se retrouve à la tête d'un très petit parti. Dix ans plus tard, les effectifs du parti ont triplé et dépassent largement ceux du parti communiste.

Durant toute cette période, Léon Blum jouit, à l'intérieur de la SFIO, d'une incontestable autorité intellectuelle et morale; mais ce n'est pas lui, nous l'avons vu, qui tient l'appareil du parti; l'homme qui le tient, Paul Faure, est à tous égards profondément différent de lui-même.

Blum, durant cette longue période qui va de 1920 à 1936, a à résoudre deux problèmes fondamentaux : d'une part, assurer la fidélité à la doctrine socialiste, d'autre part, assurer l'unité d'un parti divisé.

Durant toute cette période, Blum apparaît comme le tenant de l'intégrisme doctrinal, de la vraie doctrine socialiste, contre les opportunismes, contre les tentatives de révision ou de compromission. Blum marque très nettement ses distances à l'égard du communisme : en 1927, il publie une brochure intitulée *Bolchevisme et Socialisme*.

La terminologie est intéressante : Léon Blum parle plus fréquemment de « bolchevisme » que de « communisme ». Pour lui, les communistes — et les communistes français — sont essentiellement des bolchevistes. Il parle de « bolchevistes » et pour lui, les bolchevistes ne sont pas des socialistes. La révolution n'est pas faite en Russie. Blum, sur ce point, reste fidèle aux thèses qu'il défendait à Tours en 1920. La tactique « classe contre classe » adoptée par les communistes à partir de 1927-1928 ne fera que durcir cette position.

Il ne faut pas masquer cet anticommunisme très profond de Léon Blum. On pourrait en citer d'innombrables témoignages. C'est ainsi qu'il déclare à Tours en 1931 : « La Russie porte un témoignage contre le socialisme, et vous ne pourrez pas nous opposer l'échec du communisme bolcheviste, car il n'est pas le socialisme véritable, mais sa déformation et souvent sa parodie. »

Il parle des pseudo-succès de l'Union soviétique, et il déclare : « Avec un nombre suffisant d'esclaves, on peut toujours bâtir des pyramides! »

Il y a, dans *le Populaire,* un spécialiste de l'anticommunisme, Oreste Rosenfeld, ancien social-démocrate russe. Rosenfeld est aujourd'hui oublié, mais il était, à l'époque, la principale cible des communistes dans les polémiques entre communistes et socialistes.

De même qu'il prend clairement et nettement ses distances à l'égard du communisme, Léon Blum prend non moins clairement ses distances à l'égard des radicaux. L'année même où il publie la brochure *Bolchevisme et Socialisme,* en 1927, il publie une brochure intitulée : *Radicalisme et Socialisme;* les deux brochures se complètent.

Dans cette brochure, Léon Blum expose qu'il y a, entre radicaux et socialistes, une différence irréductible qui porte sur la propriété privée. Les radicaux restent partisans de la propriété privée; les socialistes sont décidés à la réduire et à l'abolir. Léon Blum ne renonce en rien au collectivisme de la fin du siècle dernier.

D'où l'attitude très ferme de Léon Blum à l'égard de la participation. Léon Blum est contre la participation à un gouvernement radical. Il est partisan du soutien, sans participation, en 1924, au moment du Cartel des gauches : dans son discours de la Bellevilloise en janvier 1926, il formule la distinction célèbre entre « exercice » et « conquête du pouvoir ».

La conquête du pouvoir, pour Léon Blum, c'est l'établissement d'un régime socialiste. L'exercice du pouvoir, c'est — comme ce sera le cas en 1936 — la formation d'un gouvernement à direction socialiste en régime bourgeois.

Plus tard, vers 1933-1934, Léon Blum ajoutera à cette distinction « conquête-exercice », un troisième terme : l' « occupation du pouvoir », c'est-à-dire l'exercice du pouvoir par les socialistes pour éviter que les fascistes ne l'occupent.

Ce terme d' « occupation du pouvoir » est contemporain des luttes antifascistes et correspond à la volonté de barrer la route du pouvoir, en l'occupant, au fascisme. Donc l'occupation du pouvoir est la façon la plus efficace d'empêcher le fascisme d'y accéder.

Mais ce qu'il est intéressant, semble-t-il, de noter, c'est que la distinction « exercice-conquête du pouvoir », n'a pas du tout pour Léon Blum la même portée lorsqu'il la formule pour la première fois en 1926 au congrès de la Bellevilloise, et lorsqu'il l'applique en 1936 au moment du Front populaire.

En 1926, il s'agit d'expliquer à des socialistes, qui pourraient être tentés par la participation, que les socialistes ne peuvent pas renoncer à la conquête du pouvoir. Et en 1936, il s'agit de leur expliquer que, le contexte ayant changé, les conditions sont réunies non point certes pour la conquête du pouvoir, mais pour l'exercice du pouvoir.

Quelles conditions?

Léon Blum n'a jamais clairement formulé une condition implicite, mais évidente, c'est que les socialistes devancent les radicaux, qu'ils aient plus de députés que les radicaux. A vrai dire, les radicaux n'auraient sans doute jamais accepté un gouvernement à direction socialiste s'ils avaient eu plus d'élus que la SFIO.

Mais cette condition n'est pas la seule. Lorsque le problème se pose clairement en 1932 de la participation des socialistes au gouvernement dirigé par Édouard Herriot après les élections, les socialistes formulent un certain nombre de conditions très dures, auxquelles Léon Blum s'associe sans réserve. Ce sont les fameuses conditions Huyghens, ou le programme de Huyghens — nom du gymnase où se tenaient à l'époque un bon nombre de réunions socialistes.

Ce programme, il n'est pas inutile de le préciser, d'autant plus que cela permet de répondre à l'objection selon laquelle le socialisme de Léon Blum, à l'époque, parfaitement édulcoré, est en somme un radical-socialisme. Les conditions formulées par Léon Blum en 1932 montrent la distance qui sépare les socialistes des radicaux. Les voici :

— paix par arbitrage et réduction des dépenses militaires au niveau de 1928 [1];

1. Ce qui est totalement inacceptable par les radicaux, et les socialistes le savaient.

— interdiction du commerce des armes;
— équilibre budgétaire et politique de déflation[1];
— contrôle des banques;
— office public des engrais et du blé[2];
— nationalisation des chemins de fer;
— nationalisation des assurances[3];
— semaine de 40 heures;
— amnistie politique générale.

Ces conditions sont donc relativement dures. Les socialistes, en les formulant, savent que les radicaux les repousseront et qu'ils ne risquent pas grand-chose à les durcir au nom de l'intégrisme doctrinal, sans risquer d'être pris au mot. Mais quoi qu'il en soit — et c'est un point important — Léon Blum, jusqu'en 1936, est l'homme de la doctrine socialiste pure et dure, beaucoup moins affadie et beaucoup plus proche du marxisme que le jaurésisme.

Mais, sur le plan tactique, Blum est obligé de se montrer souple et accommodant, car le parti est, en fait, divisé entre le vieux noyau guesdiste d'un côté, et les futurs néo-socialistes de l'autre. Blum veut maintenir l'unité, non pas à tout prix, mais avant tout. Il est très loin des guesdistes, de leur ouvriérisme, de leur dogmatisme, de leur municipalisme. Il est également très loin des néo-socialistes, de leur révisionnisme, de leur opportunisme, de leurs ambitions gouvernementales.

Léon Blum, n'ayant pas de groupe derrière lui, n'ayant pas de fraction, est non pas l'homme du centre, mais l'homme de la synthèse. Une synthèse singulièrement difficile, qui l'oblige souvent à des compromis qui le contraignent à justifier la position majoritaire contre ses propres convictions.

Par exemple, en 1932, lors du vote sur les dettes de guerre à l'Amérique, la majorité des députés socialistes étaient partisans de refuser le paiement de ces dettes à l'Amérique, et c'est sur ce vote qu'est tombé Édouard Herriot. Blum, lui, était partisan du versement des dettes de guerre, mais il s'incline devant la majorité. C'est un exemple spectaculaire, mais qui est loin d'être le seul.

1. Nous reviendrons sur les conceptions économiques de Léon Blum.
2. Qui sera réalisé en 1936.
3. Les radicaux n'étaient certes pas préparés à ces nationalisations.

La synthèse difficile de Léon Blum est donc une synthèse précaire.

Précaire, car la politique de non-participation, d'intégrisme doctrinal ne posait, en fait, pas de véritable problème avant 1932, sauf pour ceux que taraudait le désir de participation gouvernementale, le désir « d'aller à la soupe » pour employer la terminologie du général de Gaulle à l'époque du RPF.

Mais la situation se transforme profondément à partir de janvier 1933, après l'avènement d'Hitler : est-ce que la situation internationale n'impose pas la participation? Est-ce que les socialistes ont le droit, au nom de l'intégrisme doctrinal, de laisser renverser les uns après les autres les ministères radicaux? Est-ce qu'ils ont le droit de laisser la France glisser vers une crise de régime? Est-ce qu'ils doivent continuer à refuser les crédits de la défense nationale? Ou est-ce qu'ils doivent, au contraire, réviser sur ce point leurs positions?

Devant ces problèmes, qui sont singulièrement dramatiques pour un socialiste, Léon Blum s'oppose vigoureusement, en 1933-1934, à la participation contre les futurs néo-socialistes. Il maintient la ligne suivie par la SFIO depuis Tours et qui avait valu à celle-ci d'incontestables succès.

Il réussit à réduire au minimum, en 1933-1934, la scission des néos, de telle sorte que cette scission n'ébranle pas véritablement le parti. Il contribue largement à faire de la SFIO, en 1936, le premier parti de France. Mais ce que l'on peut se demander, sans que la réponse soit évidente, c'est si un parti depuis si longtemps installé dans les commodités de l'opposition était véritablement apte à assumer efficacement les responsabilités du pouvoir. Posant la question, je n'avance pas l'idée que Léon Blum a eu tort d'agir comme il l'a fait; mais il est incontestable qu'il a conduit à la victoire, en 1936, un parti qui était peu prêt à l'exploiter.

Il resterait à parler des idées de Léon Blum en matière de relations internationales, ces idées qu'il expose en 1931 dans *les Problèmes de la paix*. On peut en parler brièvement, car, dans l'ensemble, les idées de Léon Blum sont très conformes à celles de Jaurès :

— concilier patriotisme et internationalisme;
— miser sur la sécurité collective;

— s'opposer à une politique intransigeante à l'égard de l'Allemagne, notamment lors de l'occupation de la Ruhr en 1923.

Enfin, Léon Blum est fermement partisan du désarmement, et, sur ce point, la politique étrangère de Léon Blum est très différente de celle d'Édouard Herriot.

Ici se pose le problème de l'attitude de Léon Blum face au danger hitlérien. Il est certain que Léon Blum a quelque peu méconnu, à l'origine, le danger hitlérien, et il est incontestable qu'il a formulé en 1932, avant l'avènement d'Hitler, un certain nombre de prédictions qui devaient se révéler imprudentes. Même après l'avènement d'Hitler, Léon Blum continue, pendant un certain temps, à miser sur le désarmement collectif.

A cet égard, le vote des crédits militaires de 1933 est intéressant, car les socialistes qui les avaient refusés unanimement en 1931-1932, se divisent en 1933 : 89 députés socialistes votent les crédits militaires, 30 députés socialistes dont Léon Blum et ses amis (Vincent Auriol, Georges Monnet, etc.) s'abstiennent; 10 députés socialistes votent contre : ce sont les guesdistes intransigeants.

En 1934 — mais il est vrai que c'est sous le gouvernement Doumergue —, les socialistes unanimement s'opposeront aux crédits militaires.

En 1936, le gouvernement, présidé par Léon Blum, fera un effort incontestable en faveur de la défense nationale. Mais cet effort, qui est certainement sincère et vigoureux de la part de Léon Blum, va directement à l'encontre du pacifisme profond de nombreux militants socialistes et de leurs illusions ou de leurs espoirs concernant le désarmement.

Cela dit, les choses n'étaient pas simples. Que pouvait, que devait faire un socialiste devant l'avènement d'Hitler? Il n'allait tout de même pas se prononcer pour une guerre préventive. Il n'allait pas non plus participer au gouvernement Doumergue. Les problèmes étaient donc singulièrement compliqués.

Léon Blum est un des hommes qui ont été les plus attaqués pendant toute sa carrière. Attaqué par la droite qui l'a accusé avec une violence outrancière de conduire la France à la guerre civile en 1936 et d'avoir été, en 1940, un des principaux responsables de la défaite française. Accusé par les communistes qui l'ont attaqué également avec une extraordinaire outrance; on pourrait, si l'on en avait le temps, citer de longs extraits de l'article « Léon Blum » publié par Maurice Thorez en 1940, d'où d'ailleurs tout antisémitisme n'est point banni :

« Le répugnant personnage... ses mains aux doigts longs et crochus... le jouisseur égoïste... canaille politique... Ses contorsions et ses sifflements de reptile répugnant... le chacal Blum... le vil laquais des banquiers de Londres... sa puante hypocrisie... son cynisme odieux... le coquin qui inventa la non intervention [1]... »

Parmi les écrits plus récents, il faut mentionner le livre, qui reflète une opinion répandue dans les milieux de gauche, de Colette Audry, *Léon Blum ou la Politique du juste,* qui explique en substance que Léon Blum est le salaud selon Sartre, c'est-à-dire l'homme qui a toujours sacrifié l'efficacité à sa bonne conscience, l'homme avant tout soucieux de bonne conscience, d'où le titre du livre.

On pourrait mentionner les écrits de Daniel Guérin, et notamment son livre *Front populaire, révolution manquée* qui est d'inspiration anarcho-trotskyste; ceux de Georges Lefranc sont d'un tout autre ton, mais il continue à reprocher à Léon Blum de n'avoir rien compris à la planification.

Que conclure?

J'aperçois assez clairement, pour ma part, les insuffisances de Léon Blum. Il est certain qu'il n'a pas compris immédiatement l'hitlérisme. Mais qui le comprenait à l'époque?

Il est certain qu'il a été déchiré entre un profond pacifisme et un profond patriotisme. Mais que devait faire un socialiste en pareil cas? et que pouvait-il faire?

Il est certain, me semble-t-il, qu'il n'était pas un grand économiste. Il a mal compris la nécessité de la dévaluation, mais là encore il n'était pas le seul. La politique économique qu'il a pratiquée au moment du Front populaire, la politique du pouvoir d'achat, s'est soldée par un échec, mais le

1. M. Thorez, « Renégats et politique d'Union sacrée : Léon Blum tel qu'il est », en français dans *l'Internationale communiste,* n° 2, 1940 et en allemand dans *Die Welt,* 16 février 1940. Ce texte, diffusé sous forme de brochure clandestine pendant la « drôle de guerre » est reproduit dans les *Œuvres complètes* de Maurice Thorez, livre 5, t. 19, p. 28-53.

problème était complexe. On peut consulter, à ce sujet, la discussion entre Pierre Mendès France et Jean-Marcel Jeanneney dans l'ouvrage collectif, *Léon Blum, chef de gouvernement* [1].

On pourrait dire aussi bien d'autres choses. Que Léon Blum n'était pas un chef de parti et qu'il n'a pu forger, en définitive, un parti socialiste à son image. Peut-être ne l'a-t-il pas voulu, peut-être n'avait-il pas les qualités d'un chef de parti. Peut-être aussi n'était-il pas possible de modifier la SFIO telle qu'elle était dans les années trente.

A l'intérieur de la SFIO, Léon Blum reste une grande figure, une grande figure respectée, mais une grande figure isolée.

Cela dit, on ne peut pas manquer d'être sensible à la continuité scrupuleuse d'une pensée exempte de toute démagogie.

C'est un homme qui, depuis *les Nouvelles Conversations de Goethe avec Eckermann,* jusqu'à son dernier livre, *A l'échelle humaine,* est resté fidèle aux mêmes principes, tout en les remettant constamment en question.

Et il est un peu rapide, nous y reviendrons, de soutenir qu'en 1936 « tout était possible ».

III. LE NÉO-SOCIALISME

Parler de crise du socialisme dans les années 1930 peut paraître très excessif et même très abusif. Le parti se porte assez bien ou, du moins, a le sentiment de se bien porter. Le schisme des néo-socialistes qui se produit en 1933 n'ébranle pas durablement la SFIO et l'histoire du néo-socialisme se termine par un échec total sur le plan politique.

Mais si le départ des « néos » n'est en définitive qu'un événement politique de faible ampleur et qui n'appelle pas un long récit, ce schisme a un certain nombre de causes d'ordre proprement idéologique, qui sont assez diverses et qui impliquent une certaine remise en cause de la doctrine socialiste.

1. Cahiers de la Fondation nationale des sciences politiques, Colin, 1967.

Ce qui est intéressant dans le schisme des « néos », c'est que des tendances très diverses viennent converger d'une façon éphémère et que des hommes eux-mêmes très divers se réunissent avant de se séparer.

Au cœur du débat, se trouvent trois hommes qui seront les artisans de la scission et les premiers leaders du nouveau parti : Déat, Marquet et Renaudel.

Marcel Déat.

Marcel Déat est né en 1894 dans la Nièvre. En 1933, au moment de la scission, il a trente-neuf ans, vingt-deux de moins que Léon Blum.

Déat a été reçu à l'École normale juste avant la guerre de 1914. Il a fait la guerre d'où il est revenu capitaine et décoré. Il retourne à l'École, et passe l'agrégation de philosophie. Il s'oriente vers la sociologie et il est un des élèves chéris de Célestin Bouglé qui fut longtemps l'un des maîtres de la sociologie universitaire. Célestin Bouglé, sociologue radical, l'ami et le correspondant d'Alain, devait devenir directeur de l'École normale supérieure.

Bouglé remarque le jeune Déat. Il en fait le secrétaire du Centre de documentation sociale de la rue d'Ulm — ce qu'on appelait dans le jargon de l'École « Docu ».

Invité par Louis Lévy en 1931 à dire comment il est devenu socialiste, Déat précise deux points qui ne sont pas sans importance.

— D'une part, il déclare — et ceci est relativement banal — que toute sa famille était républicaine et qu'il a subi dans son enfance un phénomène de lente et profonde imprégnation. Il précise qu'il était déjà socialiste avant la guerre, quand il était khâgneux à Henri-IV. Puis, parlant de son évolution ultérieure, il ajoute — et ce n'est pas dénué d'intérêt : « Je dois indiquer que mes études de philosophie ont plus influencé sur moi que le mouvement prolétarien. C'était fatal. Je suis venu au socialisme plus par idéalisme que par matérialisme historique. Je subissais l'influence kantienne. » Déat, en philosophie, explique donc qu'il est venu au socialisme par idéalisme et par kantisme.

— Deuxième point : Déat a fait la guerre à vingt ans. Il est vrai qu'il parle rarement des horreurs de la guerre, mais on peut penser que la guerre lui a inspiré une sorte de pacifisme fondamental qui, en 1938 et de façon plus précise en 1940, devait le conduire du côté de la collaboration avec l'Allemagne.

Il y a une seule allusion à la guerre dans cette enquête de 1931 : *Comment ils sont devenus socialistes?,* mais cette allusion n'est pas dénuée d'intérêt, Déat ne parle pas des morts de la guerre... Voici ce qu'il dit : « Je noterai seulement que je fus frappé par la part de socialisme d'État dont on fit usage au début des hostilités. Je n'étais pas socialiste, mais je pensais qu'il y avait là quelque chose à retenir. »

Déat est élu député pour la première fois en 1926, à une élection partielle, et il passe alors pour un des plus brillants lieutenants de Léon Blum.

En 1928, il est battu, ainsi d'ailleurs que Blum, et il devient secrétaire administratif du groupe parlementaire SFIO. Il cherche à organiser ce groupe parlementaire. Il fonde un centre de documentation pour les parlementaires socialistes et il se heurte à l'époque à Paul Faure, secrétaire général de la SFIO, qui considère que les parlementaires n'ont absolument pas besoin d'un centre de documentation, et qui se méfie beaucoup de ses initiatives.

Déat publie en 1930 un livre très compact intitulé : *Perspectives socialistes.* Livre important, c'est une des principales tentatives de réflexion sur le socialisme, de révision de la doctrine socialiste, qui ait été publiée en France entre 1918 et 1939.

En 1932, Déat rentre au Parlement, battant Jacques Duclos à Paris, dans la circonscription où Duclos avait battu Léon Blum en 1928.

Que conclure sur l'homme? L'homme est difficile à sentir, à comprendre. Il a écrit des souvenirs qui sont encore inédits, et ce qui est frappant dans ces souvenirs, c'est que cet homme, qui a eu une destinée singulière, parle de tous les événements qu'il a traversés jusqu'à la collaboration inclusivement, sur un ton parfaitement uni, parfaitement doctrinal, comme s'il s'agissait d'une longue dissertation philosophique. Il arrive rarement de lire un livre évoquant une période aussi tragique et qui soit aussi totalement dénué de ton, un livre dont l'auteur soit aussi apparemment absent.

Ce qui apparaît à travers les souvenirs d'un certain nombre de gens qui ont connu Déat, c'est que c'était fondamentalement un intellectuel et un agrégé de philosophie.

Dans les années 1930, il est socialiste, et incontestablement socialiste, par imprégnation, comme il le dit lui-même, par idéalisme, par pacifisme aussi. Mais il considère que la SFIO est engagée dans une impasse et il veut tirer le socialisme français de cette impasse.

Il veut fonder une nouvelle doctrine — car c'est un doctrinaire — justifiant une nouvelle orientation politique, mais il serait tout à fait inexact et injuste de dire qu'en 1933, au moment de la scission des « néos », Déat est déjà une sorte de cryptofasciste et que, s'il s'écarte de la SFIO, c'est parce qu'il est séduit par le modèle du national-socialisme.

Adrien Marquet.

Le deuxième homme important, c'est Adrien Marquet. Tout le contraire d'un doctrinaire, il est avant tout un gestionnaire soucieux d'efficacité municipale et un ambitieux qui n'aime pas rester trop longtemps à l'écart du pouvoir.

A peu près de la même génération que Déat, il est né en 1884.

C'est un homme d'humble origine. Il a commencé par faire des études de dentiste. Il devient socialiste très jeune. Il est secrétaire de la fédération de la Gironde tout de suite après l'unité.

Maire de Bordeaux en 1921, député de la Gironde en 1924, il dirige à la Chambre le petit groupe des socialistes girondins qui lui sont totalement fidèles.

A Bordeaux, il est très apprécié, et pas seulement dans les milieux socialistes, car c'est un maire efficace et modéré — ce n'est pas un maire sectaire.

A la SFIO, il n'inspire pas pleinement confiance. On l'appelle parfois « le socialiste en souliers vernis », car il a un certain souci de l'élégance vestimentaire, ou « Adrien le gigolo ».

Marquet se préoccupe assurément fort peu de repenser le

socialisme, ce n'est pas son genre. Sa motivation essentielle est sans mystère : c'est la participation au pouvoir. Il s'empressera en 1934, tout de suite après le 6 février, d'entrer dans le gouvernement Doumergue.

Renaudel.

Le troisième homme est Renaudel, dont la personnalité est certainement beaucoup plus attachante et beaucoup plus chaleureuse que celle de Marquet.

C'est un socialiste de droite qui se réclame sans cesse de Jaurès et qui, dans la SFIO des années 1930, incarne en toutes circonstances la fidélité à Jaurès.

Il est petit-fils et fils d'instituteurs. Lui-même a fait des études de vétérinaire à Maison-Alfort. Il a été étroitement mêlé, à côté de Jaurès qui l'aimait bien, à la vie du socialisme français depuis la fin du XIXe siècle.

Pendant la guerre — et c'est important — Renaudel a été parmi les socialistes français un des partisans les plus ardents de la défense nationale, et il était à l'époque une des bêtes noires des futurs communistes.

A la SFIO, on aime bien Renaudel, on l'appelle « le gros ». C'est un bon orateur. C'est aussi un homme de commissions, qui a de la rondeur, de la chaleur, qui arrange les choses. C'est lui qui dirige *la Vie socialiste,* organe des socialistes de droite.

Renaudel n'est ni un philosophe, ni un ambitieux. C'est fondamentalement un socialiste jaurésien et un patriote. Ses motivations sont donc complètement différentes de celles de Déat et de celles de Marquet.

S'il opte pour le néo-socialisme, non sans déchirements d'ailleurs, c'est avant tout sans doute par patriotisme socialiste, parce qu'il est préoccupé par la montée du fascisme, parce qu'il considère, comme en 1914, que les socialistes feraient la politique du pire en s'isolant et parce qu'il estime qu'il faut, comme en 1914, assurer la défense nationale, même si la doctrine subit dans cette circonstance quelques accrocs apparents.

S'il s'oppose donc à la majorité de la SFIO, c'est avec la conscience de s'opposer, comme dans sa jeunesse, au dogmatisme guesdiste. Renaudel déteste les guesdistes, s'est toujours opposé à eux et s'il va du côté des « néos » en 1933, c'est avec le sentiment, erroné sans doute, de poursuivre le même combat.

Renaudel, d'ailleurs, ne jouera pratiquement aucun rôle dans le nouveau parti, le parti socialiste de France, après la scission, et il mourra, désespéré et isolé, quelques mois plus tard.

Trois hommes, trois cheminements différents, trois motivations différentes. C'est dire que le débat n'est pas simple. Il porte effectivement, me semble-t-il, sur cinq problèmes différents que je vais m'efforcer de passer rapidement en revue.

IV. CRISE DU SOCIALISME

Le premier problème, c'est une réflexion sur l'adaptation du socialisme à l'évolution de la société capitaliste.

Cette réflexion procède d'une constatation. Le capitalisme, en définitive, se porte bien. Les États bourgeois ont brisé les mouvements révolutionnaires de l'après-guerre. L'autodestruction du capitalisme et l'avènement du socialisme semblent rejetés dans un avenir de plus en plus problématique.

C'est cette constatation fondamentale qui inspire l'œuvre du Belge Henri de Man dont le livre *Au-delà du marxisme* paraît en 1927, en allemand sous le titre : *la Psychologie du socialisme.*

Henri de Man, dont je n'ai pas le loisir de parler longuement, récuse le déterminisme économique à la façon de Marx et la lutte des classes. Selon le titre allemand de son livre, *la Psychologie du socialisme,* il opte pour un socialisme idéaliste, volontariste et réformiste, et il se fait d'une façon concrète le doctrinaire de la planification afin d'améliorer sans bouleversement révolutionnaire les conditions d'existence des travailleurs belges.

Les idées d'Henri de Man trouvent un premier vulgarisateur en France dès 1928 et ce vulgarisateur s'appelle André Philip, qui publie dès 1928 un petit livre de deux cents pages intitulé *Henri de Man et la Crise doctrinale du socialisme.* André Philip a vraiment le sentiment que le socialisme est en crise. Son livre présente très clairement les idées maîtresses d'Henri de Man. Notons entre parenthèses qu'André Philip n'ira pas du côté des néo-socialistes lors de la scission de 1933.

Un an auparavant, en 1927, Jules Moch — qui, lui non plus, n'ira pas du côté des néo-socialistes en 1933 — ancien polytechnicien, qui signe « ancien ingénieur de la Marine », avait publié un livre intitulé : *Socialisme et Rationalisation,* aujourd'hui bien oublié, mais qui est assez intéressant. En effet, dans ce livre, Jules Moch, très sensible à l'exemple des États-Unis, à l'expérience américaine, fait l'apologie de la rationalisation qui avait alors fort mauvaise presse dans les milieux ouvriers et dans les milieux socialistes en France.

C'est de 1929 que date le livre de Hyacinthe Dubreuil, un ouvrier qui a fait un séjour aux États-Unis, qui en a tiré un livre intitulé *Standards,* dans lequel il présente avec sympathie la standardisation, la rationalisation qui sont en cours aux États-Unis. Vous trouvez là un témoignage qui va directement à l'encontre de celui de Georges Duhamel sur les abattoirs de Chicago.

Pour en revenir à Jules Moch, il défend dans son livre une thèse productiviste et il affirme que la rationalisation s'accomplit pour le bénéfice de tous et non pas pour le bénéfice d'une minorité. Il écrit : « Loin d'accélérer la prolétarisation, la rationalisation tend donc à la freiner, à augmenter les possibilités d'épanouissement de chacun. »

La rationalisation — et c'est la thèse du livre — n'est donc pas pour Jules Moch l'ennemie du socialisme. Les socialistes auraient tort de s'opposer à la rationalisation, ils doivent s'attacher à en tirer parti pour améliorer la condition ouvrière.

En 1930, Déat publie son livre *Perspectives socialistes.* Dans ce livre on trouve un écho très manifeste des idées de Bernstein et de la polémique Bernstein-Kautsky qui a tenu une place importante dans l'histoire du mouvement socialiste à la fin du siècle dernier.

Déat qui est tout à fait dans la ligne de Bernstein, manifeste un anticapitalisme incontestable, mais il avance trois idées qui sont toutes les trois proprement révisionnistes :

— Première idée : les socialistes ont le plus grand tort d'avoir l'œil fixé sur la propriété et sur la collectivisation de la propriété. Il faut abandonner l'optique de la propriété. Ce qui compte désormais, c'est « non pas la propriété des biens, mais la maîtrise des forces ». C'est donc un socialisme très pragmatique et beaucoup plus soucieux d'efficacité que d'appropriation collective.

— La deuxième thèse de Déat, c'est qu'il faut utiliser l'État. Déat cherche à réconcilier les socialistes avec l'État. Il essaie de démontrer que l'État n'est pas intrinsèquement pervers et qu'il n'y a pas lieu d'attendre pour utiliser l'État la conquête du pouvoir par les socialistes car, sinon, on risque d'attendre éternellement.

Il y a donc toute une réhabilitation de l'État dans le livre de Déat et c'est ainsi qu'il écrit dans *Perspectives socialistes :* « Même si l'État était fils de la conquête, même s'il a été forgé de toutes pièces, l'État paraît avoir en lui des éléments consubstantiels à toute société humaine, à toute vie collective. »

Les socialistes — seconde thèse — doivent donc utiliser l'État bourgeois sans attendre une problématique conquête du pouvoir.

— La troisième thèse de Déat, c'est que le socialisme ne doit pas être exclusivement prolétarien. Le socialisme a été beaucoup trop prolétarien jusqu'à maintenant, estime Déat. Il doit désormais s'attacher à réaliser l'alliance de tous les exploités, y compris les classes moyennes. Déat parle abondamment des classes moyennes à une époque où le thème de la défense des classes n'était pas très répandu dans la littérature socialiste.

En fonction de ces trois principes, Déat propose trois remèdes :

1. ce qu'il appelle la socialisation de la puissance, c'est-à-dire le contrôle de l'État sur la vie économique ;

2. ce qu'il appelle la socialisation du profit par une taxation qui devrait être très rigoureuse, et même, selon Déat, draconienne, des profits excessifs — et il préconise toute une réforme de la fiscalité ;

3. ce qu'il appelle la socialisation de la propriété par un certain nombre de nationalisations et par le développement des coopératives. Ici, Déat suit d'assez près Henri de Man et pense qu'il doit coexister un secteur socialisé et un secteur libre, où jouent librement les lois du marché.

Ces idées exprimées par André Philip, par Jules Moch et par Déat — le livre de Déat ayant plus de retentissement que les autres — sont très réformatrices et elles réagissent manifestement contre une vision catastrophique et eschatologique de la révolution. Mais ces idées ne sortent pas — et c'est ce qu'il faut souligner — d'un cercle étroit d'intellectuels.

En 1934, la thèse officielle de la SFIO — thèse acceptée par la quasi-totalité ou, du moins, par l'immense majorité des socialistes — est celle qui est exprimée par Paul Faure dans une petite brochure intitulée : *Au seuil d'une révolution* — brochure au titre caractéristique et dont la date, 1934, est également caractéristique.

Dans cette brochure, Paul Faure, secrétaire général de la SFIO, expose que le capitalisme est en train de s'effondrer, que la France est à la veille d'une révolution et que le socialisme va accéder au pouvoir.

Il est vrai que ce texte de Paul Faure est écrit dans une atmosphère de crise, non seulement économique, mais politique, dans une atmosphère de crise générale et cela m'amène à un deuxième point : après la réflexion sur l'avenir du capitalisme, une réflexion sur la crise.

La crise économique touche rudement les classes moyennes et les mesures de déflation prises en France par un certain nombre de gouvernements, et spécialement par le gouvernement Doumergue en 1934 et le gouvernement Laval en 1935, atteignent plus particulièrement les fonctionnaires. D'où le thème de l'appel aux classes moyennes que Déat lançait dès 1930, avant que la France ne soit touchée par la crise économique, mais qui est abondamment repris par les néo-socialistes à partir du moment où la crise vient toucher de plein fouet la société française.

Ce thème de l'alliance nécessaire du prolétariat et des classes moyennes est très important dans la littérature des « néos ». C'est ainsi que Déat, qui parlait déjà des classes moyennes dans *Perspectives socialistes* en 1930, en reparle abondamment en 1933, dans son discours de rupture au congrès de Paris — discours de rupture qui est publié sous le titre provocant : *Ordre, Autorité, Nation.* La formule, d'ailleurs, est non pas de Déat, mais de Marquet.

Cette brochure qui est le meilleur moyen d'avoir une idée

rapide des principaux thèmes des « néos », contient quatre textes : le discours de Barthélémy Montagnon, un ingénieur, un syndicaliste, l'un des plus intéressants, le discours de Marquet, le discours de Déat et un discours de Max Bonnafous qui tournera relativement mal plus tard car il sera ministre de Vichy et taxé de collaboration. C'est en 1933 le seul des quatre qui ait des accents proprement fascistes.

Premier thème lié à la crise, celui de l'appel aux *classes moyennes*.

Deuxième thème, celui de l'*État*.

En effet, pour remédier à la crise économique, certains socialistes estiment qu'il est nécessaire de renforcer l'autorité de l'État.

C'est ainsi que Montagnon, dans son discours de rupture en 1933, se prononce « pour un État fort, un État puissant, un État d'autorité ». Marquet se prononce dans le même sens à ce même congrès de Paris en juillet 1933, et c'est en entendant les propos de Marquet sur la nécessité de renforcer l'autorité de l'État que Léon Blum dit à mi-voix : « Je suis épouvanté. » De même, lorsque Charles Lussy déclare que c'est par le gouvernement qu'on peut faire la révolution, Léon Blum dit à mi-voix : « C'est presque du fascisme. »

Il faut se rendre compte de l'importance qu'a ce débat autour de l'État. Il faut comprendre à quel point la gauche française dans son ensemble et les socialistes en particulier comprennent mal ce qu'est un État. On retrouve ici, largement répandue dans l'opinion, la trace de cette vieille méfiance envers l'État, envers les interventions de l'État, qu'exprimaient jadis les proudhoniens et les syndicalistes révolutionnaires.

Un homme de gauche, en 1934, et même en 1936 — ce qui contribue peut-être à expliquer certaines difficultés du Front populaire — était très mal placé pour comprendre ce qu'était un État, ce qu'étaient les nécessités de l'État.

De la nécessité de renforcer l'État, certains socialistes, s'inspirant d'Henri de Man et de son plan de travail, en viennent à l'idée de la planification.

C'est le troisième thème : *la planification.*

Le petit groupe de « Révolution constructive » dont Georges Lefranc s'est fait l'historien, préconise en France des mesures planificatrices et c'est le même petit groupe qui inspire en 1935 le plan de la CGT.

La direction du parti, dans l'ensemble, manifeste fort peu d'intérêt à l'égard de ces trois thèmes : appel aux classes moyennes, renforcement de l'État, planification. L'appel aux classes moyennes se heurte à la tradition guesdiste, solidement implantée dans le parti, incarnée en la personne de Paul Faure. La planification n'intéresse que quelques rares spécialistes et il n'y a pas beaucoup d'économistes dans le parti. Le renforcement de l'État a, aux yeux des socialistes, des relents fascistes ou cryptofascistes.

Ici se pose le problème des expériences étrangères et c'est un troisième problème : après la réflexion sur l'avenir du capitalisme, après la réflexion sur la crise, la réflexion sur les expériences étrangères.

A dire vrai, cette réflexion n'est pas très poussée et, d'une façon générale, les socialistes français des années 1930 s'intéressent peu aux expériences étrangères. C'est un reproche qui est périodiquement adressé aux dirigeants de la SFIO par ceux qui iront plus tard du côté du néo-socialisme : nous avons l'œil fixé sur la France. Nous ne connaissons que la France. Nous avons l'œil fixé sur le Parlement. Nous ignorons ce qui se passe à l'étranger.

En fait, la situation de la social-démocratie en Europe à cette époque n'est pas particulièrement brillante, rappelons-le : effondrement de l'expérience travailliste en Grande-Bretagne, impuissance à peu près totale de la social-démocratie allemande devant l'avènement d'Hitler, la droite au pouvoir en Belgique.

Que reste-t-il alors comme expériences étrangères dont puisse s'inspirer un socialiste? Pas grand-chose.

Il y a la Belgique et son plan du travail qui inspire un petit groupe au demeurant restreint, André Philip et le groupe de « Révolution constructive », les disciples d'Henri de Man.

A l'Amérique du New Deal seuls quelques socialistes s'intéressent. C'est le cas de Jules Moch, celui de Charles Spinasse, qui sera ministre du Front populaire.

Il y a l'Italie, et l'attitude est ambiguë à cet égard. Certains « néos » sont séduits par l'expérience italienne et très précisément par le corporatisme italien. C'est le cas de Max

Bonnafous. C'est le cas, avec des nuances, de Montagnon. Mais ceux qui s'intéressent à l'Italie, ceux qui pensent que les socialistes ont quelque chose à tirer de l'expérience italienne sont peu nombreux.

Quant à l'Allemagne national-socialiste, elle est mal connue, mais je n'ai trouvé personne, sauf peut-être Max Bonnafous, qui, en 1933, propose aux socialistes de s'inspirer de l'Allemagne hitlérienne.

A cet égard, il faut faire clairement justice d'une allégation souvent reprise et notamment dans des histoires très récentes du socialisme, en particulier dans le livre de Daniel Ligou sur l'histoire du socialisme français.

L'explication du schisme de 1933, selon Daniel Ligou, aurait été l'attirance des néo-socialistes pour les régimes fascistes. C'est, je crois, le type même de l'explication *a posteriori*. Bien sûr, il est vrai que certains « néos » expriment une admiration, au demeurant nuancée, pour les nouveaux régimes et notamment pour le régime italien. Il est vrai aussi que plusieurs « néos », notamment Déat, ont ultérieurement rejoint le fascisme. Mais on n'a pas le droit de dire, lorsqu'on lit objectivement les textes de 1933, que Déat était fasciste dès 1933. Au contraire, il exprime dans tous ses textes de 1933 un antifascisme dont il ne me semble pas qu'on puisse mettre en doute la sincérité.

Ce qui oppose la minorité à la majorité de l'époque, c'est la tactique à adopter pour barrer la route au fascisme.

La minorité — c'est-à-dire les « néos » — pense que pour barrer la route au fascisme, il faut accepter de collaborer avec des gouvernements non socialistes et même d'y participer. Déat reproche ainsi à Blum son attitude purement passive devant la montée du fascisme et il l'interpelle au congrès de 1933 en lui disant : « Allez-vous attendre la longue maturation de l'économie capitaliste? Allez-vous attendre que le pouvoir tombe entre vos mains comme un fruit mûr? Allez-vous attendre que tout soit préparé pour la succession et que vous n'ayez plus qu'à vous asseoir dans le fauteuil d'où vous dirigerez l'ensemble de l'économie? »

Déat accuse Blum de fatalisme et il déclare : « Nous voulons agir, nous voulons transformer le monde dans lequel nous vivons. »

« Par une politique gauchiste [et, ici, il est très manifeste que Déat vise Léon Blum] le parti risque de provoquer une crise de régime et d'ouvrir la voie au fascisme interne et externe. »

« Par une politique gauchiste, affirme-t-il, le parti se couperait des classes moyennes, de la démocratie, de la nation. »

La nation, c'est le quatrième thème, le quatrième élément d'un débat très confus. Les « néos » parlent beaucoup de la nation, ils adoptent la formule « Ordre, autorité, nation » qui est en contradiction évidente avec les principes de l'Internationale. Mais tous les « néos » n'ont pas la même conception de la nation.

Renaudel, socialiste patriote, dans la tradition de Jaurès, dans la tradition jacobine, est avant tout préoccupé par la défense nationale, par la défense de l'intégrité nationale et par la résistance à l'hitlérisme. Pour lui, c'est cela que veut dire la nation.

Déat, qui parle, lui aussi, de nation, ne pense pas essentiellement à la défense nationale. Déat est profondément pacifiste. Il croit dans les vertus du désarmement et, tout en étant initialement hostile à l'Allemagne hitlérienne, il en viendra au fascisme par pacifisme.

Quant à Marquet, la nation, pour lui, c'est encore autre chose. La nation, au fond, c'est l'union nationale, ce sont les gouvernements d'union nationale dans lesquels il serait grand temps d'entrer et dans lesquels Marquet a, pour sa part, le plus grand désir d'entrer.

Nous en arrivons ainsi à un cinquième et dernier problème qui est celui de la participation au pouvoir.

C'est le thème central — sinon le plus intéressant sur le plan doctrinal —, celui qui domine les débats des années 1930. C'est, en effet, le problème de la participation qui est la cause la plus directe du schisme de 1933.

Mais, là encore, les motivations des uns et des autres sont très différentes. Certains, comme Renaudel, pensent qu'il faut participer parce que le parti ne peut pas se permettre de rester isolé et de faire la politique du pire dans l'état de crise et de péril extérieur que connaît la France.

D'autres songent aux avantages que peuvent conférer la

proximité et, si possible, l'exercice du pouvoir. C'est le cas de Marquet qui entre dans le gouvernement Doumergue en 1934. C'est aussi le cas de Déat — encore que les motivations de Déat soient sans doute différentes — qui entrera dans le gouvernement Sarraut en 1936.

Ce débat sur la participation est confus. Il oppose les parlementaires socialistes qui, pour la plupart, sont partisans de la participation, dans une proportion des trois quarts environ à l'origine, et la Commission administrative permanente, qui, elle, au contraire, est très hostile à la participation.

Ainsi, le débat sur la participation se trouve transformé en un débat assez subalterne sur la discipline à l'intérieur du parti socialiste.

Tels sont donc les grands thèmes du débat qui oppose en 1933 les tenants du socialisme traditionnel aux tenants du néo-socialisme, qui aurait pu être un grand débat comparable au débat Bernstein-Kautsky. Mais, en réalité, il n'y a pas eu de grand débat et il n'y a même pour ainsi dire pas eu de débat. D'abord, parce que la plupart des « néos », en dehors sans doute de Déat, n'avaient guère le goût des débats doctrinaux et parce que les préoccupations tactiques et parlementaires estompèrent complètement le débat doctrinal. Ensuite, parce que la direction du parti, y compris Léon Blum, était beaucoup plus soucieuse de préserver l'unité du parti et d'assurer sa discipline, que d'engager un grand débat sur l'adaptation ou la non-adaptation de la doctrine socialiste à la société des années 1930. Consciemment ou inconsciemment, Léon Blum esquive sans cesse le débat.

Ainsi, le débat se trouve ramené à un simple problème de discipline. Finalement, ce débat avorté se termine par un schisme également avorté, un petit schisme. 27 députés seulement — alors qu'initialement on aurait pu penser à un schisme beaucoup plus important — et 7 sénateurs quittent la SFIO en 1933 pour rejoindre le nouveau parti, le parti socialiste de France. Une seule fédération importante, la fédération de la Gironde — celle de Marquet —, rejoint le nouveau parti. Celui-ci ne dépasse guère 20000 membres au moment de sa création. Cette création n'ébranle pratiquement pas la SFIO et le parti socialiste de France ne tardera pas à voler en éclats.

En fait, le schisme des « néos » n'affaiblit pas vraiment la SFIO et on peut même penser, au contraire, que le schisme des « néos » contribue à purger le parti de ses éléments de droite, et par conséquent, qu'il laisse la voie libre en 1934 aux partisans du Front populaire.

Mais si le parti sort intact de la crise de 1933, il faut noter, me semble-t-il, que la doctrine socialiste dans les années 1930 ne manifeste pas en définitive une très grande vitalité.

Ce qui caractérise, en effet, la doctrine socialiste à l'époque, c'est une certaine immobilité, en dépit du talent et de la supériorité intellectuelle de Léon Blum. On pourrait même parler d'un certain immobilisme. Léon Blum, d'ailleurs, à cette époque, est perpétuellement accusé d'être un homme du passé, un homme attaché à des formules périmées, un homme qui refuse de regarder en face l'évolution des sociétés. Il fait figure de gauchiste avant d'être taxé de « droitier » comme il le sera plus ou moins ouvertement après la publication de *A l'échelle humaine*.

Quant aux tentatives des révisionnistes, elles ne vont pas très loin, la destinée ultérieure des « néos » contribuera d'une façon durable à les discréditer.

La question fondamentale qui se trouvait posée par Déat dès 1930 n'est pas une vaine question : « Est-ce que le socialisme du XXe siècle doit vraiment s'accrocher à la collectivisation qui devient de plus en plus problématique, ou est-ce qu'il doit s'orienter vers un socialisme de contrôle? » C'est tout le problème de l'adaptation du socialisme à la persistance des structures capitalistes qui se trouvait ainsi posé dans les années 1930.

4. Le communisme

Il y a, en fait, entre 1920 et 1939, trois époques différentes du communisme français, et je voudrais essayer de souligner les différences entre les types de communisme correspondant à ces trois époques, en laissant de côté le détail des événements.

I. LE COMMUNISME AVANT LA BOLCHEVISATION

La première période est celle du romantisme révolutionnaire et de la révolte contre la guerre. Elle commence à la fin de la guerre de 1918 et elle s'achève en 1923-1924, lorsque le parti communiste, né en décembre 1920 au congrès de Tours, s'engage dans la voie de la bolchevisation des structures. C'est l'époque pendant laquelle Frossard, qui rejoindra ultérieurement la SFIO, est secrétaire général du parti communiste.

Si l'on cherche à passer en revue les principales motivations des communistes français à cette époque, il faut, semble-t-il, en déterminer quatre.

— La première est *l'influence du milieu,* l'influence de la classe, de la tradition de gauche. A cet égard, il y a deux documents auxquels je vous renvoie. Le premier est *Fils du peuple* de Maurice Thorez qui reste un document de base sur l'histoire du communisme, avec ses versions successives. La deuxième série de textes, ce sont des interviews publiées dans *l'Humanité,* aux mois d'avril-mai 1956, sous le titre : « Souvenirs de militants communistes ». Plusieurs communistes expliquent comment ils sont devenus communistes et on pourrait comparer, *mutatis mutandis*, d'une façon un peu serrée, la brochure de Louis Lévy : *Comment ils sont devenus socialistes?,* de 1931, aux « Souvenirs de militants communistes » publiés dans *l'Humanité* en 1956.

Lisons le début de *Fils du peuple :*

« Fils et petit-fils de mineurs, aussi loin que remontent mes souvenirs, je retrouve la rude vie du travailleur : beaucoup de peine et peu de joie, le coron triste, l'entrée du carreau, le cheminement des mineurs accablés par l'effort à plusieurs centaines de mètres sous terre, et parfois l'accordéon, la course des " coulonneux " et les flonflons de la ducasse.

Sur ce fond monotone et terne surgit plus intense, plus poignant le défilé des bâches noires ou vertes, marquées de taches foncées, s'allonge la perspective des cercueils de bois blanc alignés dans les hangars. Je vois des hommes, des femmes, des enfants, courir en tous sens, se heurter, se bousculer, revenir tournoyer sur place. Des gendarmes gardent les portes contre lesquelles se brise une foule hurlante.

Puis, mes souvenirs s'enchaînent, se précisent, s'éclaircissent. Les scènes et les couleurs deviennent plus distinctes et plus nettes. Je vais avoir six ans, étant né presque avec le siècle, le 28 avril 1900. Un jour comme les autres, je jouais avec d'autres gosses du coron lorsque notre attention fut attirée par un grondement sourd, un piétinement lointain, le fracas des sabots sur les pavés. Les gens se précipitaient dans une même direction. Je fis comme eux. C'était amusant de galoper, de dépasser les vieux qui soufflaient, les femmes qui portaient leur dernier-né sur le bras. On criait : " C'est à Courrières, à la fosse de Méricourt. Il y a des centaines de victimes ". »

Et c'est tout un récit qui rappelle celui de Zola dans *Germinal,* le récit d'une catastrophe ouvrière. Ce ton de *Fils du peuple* se retrouve dans la plupart des « Souvenirs de militants communistes » que rapporte *l'Humanité* en 1956.

Benoît Frachon, né en 1893, un peu plus âgé que Thorez, fils d'un ouvrier du Chambon Feugerolles dans la Loire, écrit : « J'ai suivi le sort de tous les fils d'ouvriers. Je suis entré à l'usine pour apporter mes 30 sous par jour à la maison. Mes 30 sous à moi représentaient 10 heures de travail, le visage et les mains à la gueule d'un four où je chauffais le boulon pour l'emboutissage. A ce régime, quand on a la chance de trouver près de soi quelques braves et vaillants militants ouvriers, on devient vite un révolté avant d'être un révolutionnaire. J'eus ma première carte syndicale à seize ans, en 1909. L'année suivante, je participais à ma première grève. »

Et ce sont des histoires de grèves, de catastrophes ouvrières qui reviennent dans tous ces souvenirs.

Marcel Cachin, né, lui, en 1869, parle du « crime de Fourmies » — la fusillade de Fourmies —, de l'époque de Guesde, de la mort de Jaurès.

Daniel Renoult, né en 1881, déclare qu'il a été élevé dans un milieu républicain et démocrate et écrit : « Mon père, qui fut maire de sa commune [une commune de la Seine-et-Marne] avait lutté pour la République sous l'Empire. »

Jacques Duclos, né en 1896 dans les Hautes-Pyrénées, raconte qu'il a été élevé par un vieil instituteur — le thème de l'instituteur socialiste et celui du grand-père socialiste reviennent dans ces souvenirs — « intelligent et humain », mais qu'il a connu pour son malheur un « curé sectaire et borné ».

Étienne Fajon, lui, né en 1907, dans l'Hérault, dit à peu près la même chose. Ses parents — un modeste viticulteur et une institutrice — sont l'un et l'autre des « républicains sincères, ardemment laïques, mais éloignés des idées révolutionnaires ».

Le père de Waldeck Rochet, ouvrier sabotier, est dans son village de la Bresse un homme de gauche, un fervent laïque, un bon républicain, mais ce n'est pas un révolutionnaire. Il est abonné au *Progrès de l'Union* et il admire beaucoup Jaurès. Après l'assassinat de Jaurès, il s'écrie : « Jaurès est mort. Nous aurons la guerre. » Et Waldeck Rochet rapporte combien ce mot de son père l'avait profondément frappé.

On pourrait citer très longuement des textes de ce genre. Je n'en cite qu'un pour finir avec ce premier thème. Ce sont les souvenirs de L.-O. Frossard. Ils sont intéressants car Frossard, contrairement aux communistes dont je viens de parler, quitte le parti communiste en 1923. Mais son témoignage va exactement dans le même sens. C'est un livre de souvenirs intitulé : *Sous le signe de Jaurès*.

Frossard décrit son enfance dans un village de Franche-Comté et c'est très exactement une enfance à la Péguy. Il parle de son père, bourrelier, solide, républicain, bon artisan, amoureux du travail bien fait. Il parle de l'influence décisive qu'a eue sur lui le médecin de village. Il parle des veillées : « On lisait du Victor Hugo. » Il décrit les luttes entre les blancs et les rouges à l'intérieur du village et il explique qu'il n'a pas eu à choisir son camp car il était né d'emblée dans un certain camp.

On retrouve ce thème dans tous les souvenirs de militants communistes de la première génération : nous sommes communistes par fidélité, par fidélité à un milieu, par fidélité à une certaine tradition.

— Le deuxième thème, c'est *l'influence de la guerre.* A l'origine de la scission de Tours, en décembre 1920, se trouve la dénonciation de la guerre, la révolte contre la trahison des chefs socialistes comme Guesde ou comme Sembat, ou des chefs syndicalistes comme Léon Jouhaux, qui s'étaient ralliés à la politique d'union sacrée. Et sans doute est-il nécessaire de rappeler ici l'action du Comité pour la reprise des relations internationales qui s'était fondé après la conférence de Zimmerwald en 1915.

Mais il faut noter à cet égard — et c'est un des apports de la thèse d'Annie Kriegel *Aux origines du communisme français,* qui fait le point de façon à peu près définitive sur le problème — que la scission de Tours se fait, non pas sur le problème de la guerre et la dénonciation des social-chauvins, mais sur l'adhésion à la IIIe Internationale et les vingt et une conditions fixées par celle-ci.

L'opposition : minoritaires-majoritaires à propos de la guerre ne coïncide pas ou ne coïncide que très partiellement avec l'opposition : adhésion à la IIIe Internationale-fidélité à la SFIO. Certains adversaires de l'union sacrée — et non des moindres — seront en 1920 et après 1920 très hostiles à la IIIe Internationale et au communisme et, inversement, un certain nombre de partisans de l'Union sacrée seront partisans de la IIIe Internationale et du communisme.

Quoi qu'il en soit, la haine de la guerre est une des principales raisons de l'adhésion au communisme et les témoignages à cet égard ne manquent pas.

Le premier témoignage à citer est celui de Maurice Thorez qui est intéressant car, né en 1900, Maurice Thorez n'a pas fait la guerre mais il a connu l'exode et *Fils du peuple* contient une longue description de l'exode de 1914 qui annonce à beaucoup d'égards l'exode de juin 1940.

Il faudrait citer d'autres noms et naturellement celui d'Henri Barbusse. C'était un ancien écrivain symboliste qui, avant la guerre, ne donnait pas l'impression d'être prédisposé au communisme. Or Barbusse connaît la guerre comme combattant et il publie en 1916 un livre qui a eu, à l'époque un immense succès *le Feu, journal d'une escouade.*

Récit très réaliste, long cri de révolte contre la guerre, le livre se termine par cette déclaration : « Les 30 millions d'esclaves jetés les uns sur les autres par le crime et l'erreur, dans la guerre et la boue, lèvent leurs faces humaines où germe enfin une volonté. L'avenir est dans les mains des esclaves, et on voit bien que le vieux monde sera changé par l'alliance que bâtiront un jour entre eux ceux dont le nombre et la misère sont infinis. »

Tout en ayant manifesté sa sympathie dès le congrès de Tours, Barbusse n'adhère pas immédiatement au parti communiste. Il ne devient officiellement communiste qu'en 1923.

Jusqu'à sa mort, en 1935, il sera le grand écrivain, le grand intellectuel communiste, jouissant d'ailleurs à l'intérieur du parti communiste d'une assez large marge de manœuvre pour des initiatives unitaires, qui ne coïncidaient pas encore exactement avec la ligne du parti [1].

Il faudrait aussi mentionner le témoignage d'hommes plus jeunes comme Vaillant-Couturier et Raymond Lefebvre. Vaillant-Couturier était né en 1892 et Raymond Lefebvre en 1891.

C'est une histoire intéressante que celle de Vaillant-Couturier et de Raymond Lefebvre. C'est l'histoire de deux jeunes intellectuels, deux jeunes bourgeois ayant fait des études supérieures, qui passent directement des bancs de l'université dans les tranchées. Tout en combattant l'un et l'autre avec un incontestable courage, ils manifestent immédiatement une révolte très éloquente contre la guerre. « La guerre ne nous quittera plus », dit Vaillant-Couturier. Et Raymond Lefebvre déclare : « C'est là que prend sa source notre jaillissement de révolution. »

Tous deux fondent en 1917, en pleine guerre, l'Association républicaine des Anciens Combattants, l'ARAC, qui deviendra plus tard l'Association des Anciens Combattants d'obédience communiste, association groupant naturellement des effectifs bien moindres que les associations nationales d'Anciens Combattants.

Raymond Lefebvre meurt accidentellement en 1920, après un voyage en Union soviétique, mais Vaillant-Couturier,

1. Voir sur ce point le numéro spécial de *la Revue française de sciences politiques*, juin 1967, sur le parti communiste français et les intellectuels.

jusqu'à sa mort en 1937, sera une des figures marquantes du communisme français.

D'autres communistes apprécient fort peu les Anciens Combattants. Henri Lefebvre consacre des pages fort cruelles aux Anciens Combattants dans son livre de souvenirs *la Somme et le Reste.* Il explique que les Anciens Combattants étaient vraiment insupportables avec leurs médailles, leurs commémorations éternelles. Quant à Aragon, qui n'était pas encore communiste à l'époque, mais qui devait le devenir en 1927, il écrit dans *Clarté,* le 15 juillet 1925 — et c'est un jugement lapidaire que je cite textuellement : « Je tiens tout homme qui se pare d'un pareil titre — et il s'agit du titre d'ancien combattant — pour un con ou pour un escroc. »

Quelle que soit l'opinion d'Aragon et si intéressante soit-elle, on ne saurait surestimer l'influence qu'a exercée la guerre sur le communisme des années 1920. On voit se mêler dans l'idéologie communiste de la première période des tendances diverses, à des doses diverses selon les individus : d'abord un pacifisme humanitaire dans la ligne de Barbusse et de Romain Rolland, chez d'autres un antimilitarisme catégorique qui s'exprime bien dans la rubrique de *l'Humanité* « Les gueules de vaches », chez d'autres encore le souvenir du défaitisme révolutionnaire et l'apologie de Brest-Litovsk, chez d'autres enfin un incontestable nationalisme qui va de pair avec le communisme, une sorte de communisme national ou de nationalisme communiste qui s'épanouira largement après 1934.

— Le troisième thème, c'est *la Révolution russe* et il est clair que, pour les communistes de la première génération, c'est la révolution russe qui donne un sens à cette révolte contre la guerre.

La presse bourgeoise s'indigne, elle présente des tableaux horrifiques de ce qui se passe en Russie et, à cet égard, la collection de l'*Illustration* après 1917 est un document fort éclairant. Mais les communistes ou ceux qui ont de la sympathie pour le communisme éprouvent un grand espoir. C'est cette « grande lueur à l'Est » dont parlera Jules Romains qui est à l'époque proche du communisme.

On pourrait citer beaucoup de témoignages. L'un des plus intéressants est celui de Frossard qui a fait avec Cachin un séjour à Moscou en 1920, avant le congrès de Tours, et qui a raconté ses souvenirs d'Union soviétique dans son livre intitulé : *Sous le signe de Jaurès.* Frossard a vu en Lénine l'héritier de Jaurès et son témoignage se termine par ces quelques lignes : « J'ai mangé, à la table de Lénine, la maigre soupe de poisson, la bouillie de millet, et bu le thé sans sucre. Le spectacle de cette Révolution, qui s'ouvrait douloureusement la route à travers d'énormes accumulations d'obstacles et des périls sans cesse renaissants, avait assez de grandeur pour m'émouvoir, pour emporter l'adhésion de mon cœur, à défaut de celle de ma raison. Je la lui donnai. »

Cachin, qui accompagne Frossard à Moscou et qui jusqu'à sa mort restera fidèle au communisme, donne, dans une série d'articles publiés dans *l'Humanité* en 1920, un témoignage qui va dans le même sens.

Cachin s'attache surtout à expliquer que Lénine aime la France et qu'au fond la révolution russe est la suprême victoire de la Révolution française. Lui aussi parle avec émotion de sa visite à Lénine et ce qui l'a surtout frappé — ce qu'il répète aux lecteurs de *l'Humanité* — c'est que Lénine lui a longuement parlé des traditions révolutionnaires de la France et, en particulier, des ouvriers parisiens héritiers de la Commune. Il considère donc la Révolution russe comme l'héritière de la Révolution française.

Dans tous les « Souvenirs de militants communistes » publiés dans *l'Humanité* en 1956, le thème de la Révolution russe et le lien entre Révolution russe et Révolution française apparaissent constamment.

Il faudrait ajouter que, pendant cette première époque du communisme français, l'image de la Révolution russe est une image à la fois romantique et populaire, très différente de l'image qui apparaîtra plus tard, de celle des tracteurs, du stakhanovisme et de la collectivisation. Durant cette première phase, l'image de la Révolution russe, c'est au fond, avant Eisenstein, l'image des foules envahissant le palais d'Hiver dans le film *Octobre.*

A ces trois motivations — l'influence du milieu, la révolte contre la guerre, la confiance dans la Révolution russe — s'en ajoute une quatrième qui est confuse et importante : un certain romantisme révolutionnaire.

Sans doute ne faut-il prononcer le mot de « romantisme » qu'avec prudence. Le terme de « romantisme » ne convient bien qu'aux intellectuels, et les intellectuels ne sont pas extrêmement nombreux dans le parti communiste — encore qu'ils soient plus nombreux à la première période qu'à la période suivante. Mais on trouve, semble-t-il, non seulement chez les intellectuels communistes de l'époque, mais chez un grand nombre de non-intellectuels, un sentiment profond, et à certains égards assez romantique, de révolte et de refus. Un refus total, un refus de l'ordre bourgeois, un refus de la France de Poincaré et de la Chambre bleu horizon, un refus non moins catégorique de la France d'Édouard Herriot et de la France du Cartel des gauches, un refus de la France des Arts décoratifs, des profiteurs de guerre et des profiteurs de paix. Une révolte non seulement contre le conformisme de droite qu'incarne assez bien Maurice Barrès qui meurt en 1923, mais une révolte parallèle contre le conformisme de gauche qu'incarne assez bien Anatole France.

A cet égard, il y a des textes très intéressants dans une petite revue pour intellectuels communistes et communisants qui s'appelait *Clarté,* qui date de cette période et qui renvoie dos à dos Maurice Barrès et Anatole France, le grand nationaliste et le grand libéral, comme deux mystificateurs dont la jeunesse ne veut plus, dont les communistes n'ont que faire [1].

II. L'ISOLEMENT (1923-1934)

Cette seconde période commence avec la bolchevisation des structures à partir de 1924, selon les directives de l'Internationale communiste.

C'est l'époque des grandes campagnes antimilitaristes et anticolonialistes lancées par le parti communiste, d'abord à propos de l'occupation de la Ruhr par Poincaré en 1923, puis à propos de l'expédition du Rif en 1925-1926 (cf. le

1. Sur *Clarté,* on lira avec profit l'article de Nicole Racine dans le numéro spécial de la *Revue française de science politique,* juin 1967.

télégramme de solidarité, qui fit à l'époque scandale, même dans les milieux socialistes, adressé par Sémard et Jacques Doriot à Abd el-Krim, — télégramme qui se terminait par : « Vive l'indépendance du Maroc! Vive la lutte internationale des pays coloniaux et du prolétariat mondial. »)

C'est l'époque de l'ouvriérisme et du dogmatisme, époque bien symbolisée par le nom de Treint qui fut secrétaire général du parti communiste et qui est l'auteur de la phrase sur la « volaille à plumer » à propos des socialistes.

C'est aussi l'époque des poursuites judiciaires lancées contre le parti communiste, l'époque des condamnations et de la semi-clandestinité ; l'époque enfin de l'isolement et du déclin.

Durant cette période, en effet, les effectifs du parti communiste français ne cessent de s'abaisser. De 110000 membres environ en 1921, ils descendent jusqu'à moins de 30000 en 1933. C'est donc un déclin constant qui correspond à une remontée régulière du parti socialiste.

Durant cette période, et surtout à partir de 1927-1928, le parti communiste français, adoptant fidèlement la tactique classe contre classe définie alors par l'Internationale communiste, lance des attaques constantes contre la SFIO qui est accusée d'être le principal soutien social de la bourgeoisie.

Par conséquent, durant cette période — qui est avec celle de la guerre froide, la période la plus sectaire de l'histoire du communisme français — beaucoup d'intellectuels s'éloignent du parti ou en sont exclus, notamment les intellectuels trotskystes ou trotskysants comme Pierre Naville ou comme Boris Souvarine qui deviendra plus tard d'un anticommunisme vigilant et animera la revue *Est-Ouest* qui est la principale publication spécialisée en France dans l'anticommunisme.

Le parti, en cette phase de sectarisme et d'isolement, reçoit cependant l'adhésion d'un certain nombre d'hommes qui n'étaient pas venus au communisme durant la première phase et dont d'ailleurs la plupart étaient trop jeunes pour devenir alors communistes.

Deviennent communistes deux groupes d'intellectuels numériquement peu nombreux mais dont les motivations sont intéressantes car ce ne sont pas les mêmes que durant la période précédente.

Il s'agit d'abord du groupe des surréalistes avec André Breton, Louis Aragon, Éluard, Benjamin Péret, qui deviennent communistes en 1927 et pour lesquels le communisme est en quelque sorte la forme organisée d'une révolte absolue contre la société. La plupart des surréalistes, notamment Breton, seront très mal à l'aise à l'intérieur d'un parti qui les accueille avec méfiance. Breton sera exclu du parti en 1933 avec la plupart de ses amis, tandis qu'Aragon continuera une longue carrière au service du parti.

Le second groupe d'intellectuels qui adhère au parti en 1928-1929 est constitué par quelques jeunes philosophes dont la plupart étaient trop jeunes pour avoir connu l'époque de la guerre ou, du moins, pour l'avoir vécue.

C'est le cas d'Henri Lefebvre, Paul Nizan, Politzer, Guterman, Georges Friedmann, Pierre Morhange. Nizan a rompu avec le parti en 1939 après le pacte germano-soviétique et a été tué à Dunkerque en 1940 après avoir été accablé d'injures et de calomnies durables par le parti communiste à la suite de sa rupture de 1939. Nizan est un normalien de la promotion 1924, la promotion de Jean-Paul Sartre et de Raymond Aron. Il est l'auteur d'*Aden-Arabie* [1], des *Chiens de garde* dans lequel il dénonce très violemment les philosophes sorbonnards, *Antoine Bloyé,* roman partiellement autobiographique, *la Conspiration* enfin qui lui vaudra un prix littéraire.

Georges Politzer, qui fait partie du même groupe, est un philosophe de valeur qui, à une époque où peu de gens s'intéressaient à la psychologie scientifique et à la psychanalyse, avait acquis dans ces domaines une incontestable compétence. Parce que le parti communiste manquait d'économistes, il demanda à Politzer de se spécialiser dans l'économie politique et Politzer obtempéra. Ultérieurement, Politzer devait être exécuté par les Allemands pendant la guerre.

On peut se demander si Politzer, comme Nizan, ne s'était pas posé beaucoup de questions après le pacte germano-soviétique. En tout cas, Politzer a publié pendant l'hiver 1940-1941, donc avant le début des hostilités entre l'Allemagne et

1. Il faut lire la préface de Sartre à la réédition d'*Aden-Arabie*, Maspero, 1961.

l'Union soviétique, à la fin de 1940, un petit livre intitulé : *Révolution et Contre-Révolution au XXe siècle,* où il soutient des thèses très vigoureusement anti-hitlériennes.

Pour en revenir aux motivations et pour ne pas se perdre dans le détail des itinéraires individuels, ce qui est intéressant sur le plan général, c'est que ces jeunes philosophes en révolte contre la philosophie officielle à base d'idéalisme kantien et à base de bergsonisme [1] sont à la recherche d'une doctrine qui constitue une explication globale du monde et une justification de leur propre révolte.

Aussi sont-ils les premiers intellectuels communistes qui s'attachent sérieusement à l'étude du marxisme qui, jusqu'alors, était à peu près entièrement délaissé, non seulement par l'université mais par le parti communiste lui-même. Il faut souligner cette longue ignorance du marxisme parmi les communistes jusqu'en 1939.

Certes, jusqu'en 1939, les communistes lisent *le Manifeste* et ont une vague teinture de marxisme, mais il semble que la plupart des communistes, et même des dirigeants communistes, connaissent mieux Lénine et Trotsky qu'ils ne connaissent Marx.

Durant cette seconde période, ce sont surtout des intellectuels — peu nombreux — qui adhèrent au parti communiste et c'est sur leurs témoignages que l'on peut s'appuyer pour essayer de discerner, en schématisant beaucoup, les motivations du communisme.

On peut dire que le communisme est caractérisé par deux traits. D'abord, devenir communiste dans les années 1930, ce n'est plus adhérer à un idéal généreux et vague, une sorte de foi, comme durant la première période, c'est vraiment entrer dans une organisation rigide comportant une doctrine rigoureuse. Ensuite, l'image de l'Union soviétique se transforme, les souvenirs romantiques des foules de 1917 envahissant le palais d'Hiver s'estompent derrière l'évocation des combinats et des tracteurs, de la lutte pour l'industrialisation et la productivité.

1. Cf. le pamphlet de Politzer contre le bergsonisme, *La Fin d'une parade philosophique*. Cf. aussi *Les Chiens de garde* de Nizan.

III. LE COMMUNISME AU TEMPS DU FRONT POPULAIRE

La troisième période, qui commence en 1934 et qui s'achève en 1939 avec le pacte germano-soviétique, est pour le parti communiste français la période de la réintégration dans la collectivité nationale.

Il faudrait s'interroger sur les causes de cette nouvelle stratégie adoptée par le parti communiste français en 1934 et, à cet égard, le débat est loin d'être clos.

Il est évident que cette nouvelle stratégie du parti communiste — qui se manifeste au lendemain du 6 février 1934 et qui se concrétise en juillet avec le pacte d'unité d'action avec les socialistes — est la conséquence de la nouvelle stratégie adoptée par la IIIe Internationale qui sera officiellement ratifiée en août 1935 au VIIe Congrès du Komintern.

Cette nouvelle stratégie de l'Internationale est elle-même la conséquence de la nouvelle situation internationale créée par l'avènement de Hitler en janvier 1933 et par la perception, d'ailleurs tardive, du danger hitlérien par la IIIe Internationale.

Sur ce point, je vous renvoie aux textes que cite Alfred Grosser dans son petit livre *Hitler, la Presse et la Naissance d'une dictature* [1].

Il y a là une première série de facteurs qu'il faut mentionner et, à cet égard, je tiens à citer un livre récemment publié aux États-Unis sous le titre *The Comintern Historical Highlights* dont le responsable est Branko Lazitch, qui est un critique érudit du communisme.

Dans ce livre figurent les papiers de Vassart, qui était en 1934 un communiste important et qui devait rompre avec le parti en 1939, au moment du pacte germano-soviétique.

Vassart, qui tenait une sorte de journal, dont un condensé a été publié dans cet ouvrage collectif *The Comintern* développe l'idée que Thorez était un exécutant docile, dénué de toute espèce d'initiative et, au demeurant, assez borné par rapport aux directives de la IIIe Internationale. A dire vrai, le témoignage de Vassart n'est pas tout à fait incontestable car il

1. Colin, « Kiosque », 1959.

a été exhumé après sa mort, trente ans après les événements. On peut donc se demander si son journal n'a pas été remanié par sa veuve et si ce témoignage n'a pas été influencé par la rupture de Vassart avec le parti en 1939. En d'autres termes, le document Vassart serait certainement plus convaincant s'il s'agissait d'un document datant de 1934, alors que ce n'est pas le cas [1].

Mais cette première série de facteurs étant rappelée, il ne faut pas sous-estimer le contexte proprement français du tournant pris par le parti communiste français à partir de 1934.

Le Front populaire est dans une très large mesure une réaction contre les conséquences de la crise économique et contre la politique de déflation brutale, frappant surtout les classes moyennes et les fonctionnaires, adoptée par les gouvernements Doumergue et Laval.

Le Front populaire, dans cette perspective, est une réaction contre la misère provoquée par la crise et contre la politique des décrets-lois. C'est une occasion inespérée pour le parti communiste français de réaliser le front commun des mécontents et des victimes de la crise. C'est la thèse que développe Louis Bodin dans le numéro spécial d'*Esprit* sur le communisme, qui date d'octobre 1966, et qui me semble très convaincante.

Il faut tenir un large compte du contexte français, mais il est bien évident que ce contexte français n'aurait pas conduit le parti communiste et ne pouvait pas le conduire à adopter une ligne politique en contradiction avec la ligne de la IIIe Internationale.

Dans ces conditions, il ne faut pas surestimer le rôle personnel joué par Maurice Thorez et ce serait verser dans le culte de la personnalité que de faire dater la nouvelle ligne du parti de l'avènement de Maurice Thorez au secrétariat général du parti communiste français.

Vous savez que ce fut la thèse officielle de l'historiographe communiste à l'époque stalinienne : tout a changé en 1930

1. Le livre de Ph. Robrieux sur *Maurice Thorez* (Fayard, 1976) reprend en gros et avec d'autres arguments à l'appui, la thèse de la docilité de Thorez (au moins jusqu'en 1956) présentée par Vassart. (*N.d.É.*)

avec l'avènement de Maurice Thorez au secrétariat général. Cette thèse, encore que très estompée et présentée avec nuances, se retrouve à certains égards dans le livre de Jacques Fauvet sur l'*Histoire du parti communiste* qui me paraît attribuer à l'influence personnelle de Maurice Thorez un rôle excessif pour expliquer le tournant de 1934 [1].

D'abord, on ne sait pas quand Thorez est devenu secrétaire général du parti communiste. Il ne l'est sûrement pas devenu en 1930 pour la bonne raison qu'en 1930 le parti communiste avait encore une direction collégiale à quatre têtes : Frachon, Thorez, Barbé et Célor. Barbé et Célor devaient être exclus du parti, mais avec douceur, pour « groupisme » et sectarisme.

C'est en juillet 1931 que l'affaire Barbé-Célor éclate, et c'est en août 1931 que Thorez publie les articles — toujours cités dans l'historiographie communiste — de *l'Humanité* sur le thème : « Plus de mannequins dans le parti » et « Que les bouches s'ouvrent ».

Il est exact que Thorez a écrit ces articles en août 1931 et qu'ils contrastent avec le sectarisme et l'autoritarisme de la période antérieure. C'est vrai mais quand on lit de près ces articles, on s'aperçoit que leur portée est bien moindre que celle qui leur est assignée par certains historiens communistes.

Et surtout, si une ligne nouvelle a été fixée par Thorez en août 1931, le moins qu'on puisse dire, c'est que cette ligne n'apparaît guère jusqu'en juin 1934. Les communistes et les socialistes continuent à s'injurier comme à la belle époque et, le soir du 6 février 1934, au moment où les manifestants tentent de prendre le Palais-Bourbon, Thorez prépare un discours — qui est reproduit dans ses *Œuvres complètes* — sur le thème de la peste et du choléra : entre la peste et le choléra, on ne choisit pas.

D'ailleurs, les effectifs du parti continuent à décliner jusqu'en 1934.

Bref, pour en finir sur ce point, Thorez a été à partir de 1934 l'homme d'une certaine politique, d'une politique de rassemblement qui correspondait sans doute à son tempéra-

1. On lira avec intérêt sur ce sujet la critique qu'André Ferrat, ancien dirigeant communiste et proche de M. Thorez jusqu'en 1936, a faite du livre de J. Fauvet : « Monsieur Fauvet saisi par la légende », *Preuves*, n°s 168 et 170. (*N.d.É.*)

ment et à ses tendances, mais ce n'est certainement pas lui qui a défini et imposé cette politique.

Thorez, en 1934-1935, parle abondamment des soucis quotidiens et, en particulier, du panier de la ménagère [1]. Le grand thème de Thorez en 1934-1935, ce n'est pas le péril hitlérien — ce n'est que secondairement le péril provoqué par les ligues fascistes —, c'est avant tout la misère de la ménagère et les difficultés de la vie quotidienne.

Toujours est-il que le parti communiste français adopte dès 1934 — donc avant le VIIe Congrès de l'Internationale — une idéologie radicalement opposée à celle de la période précédente.

Une idéologie de défense : défense des classes moyennes, défense de la paysannerie dont le parti communiste français s'était peu occupé jusque-là ou s'était occupé avec peu de succès, sauf dans quelques zones nettement déterminées, défense des fonctionnaires, défense des intérêts locaux, défense du franc, défense aussi de la culture française.

Une idéologie de rassemblement et vous savez comment Maurice Thorez, en 1936, tend la main, non seulement aux catholiques, mais aux radicaux, mais aux volontaires nationaux, c'est-à-dire aux fidèles du colonel de La Rocque. Il tend la main en quelque sorte à tous les bons Français.

Une idéologie nationale enfin. Le parti communiste français se met brusquement à exalter Jeanne d'Arc, les encyclopédistes, Rouget de Lisle et *la Marseillaise*. Il est à cet égard intéressant de suivre de près les Almanachs du parti communiste d'année en année et de voir quels sont les grands héros pour les communistes avant 1934 et après 1934. Brusquement, en 1934, toute une série de personnages — Jeanne d'Arc la première, mais aussi un bon nombre de généraux — se trouvent incorporés dans le Panthéon communiste où ils ne figuraient point pendant la période antérieure. Vaillant-Couturier intitule un de ses textes « Des Capétiens aux communistes », et il présente les communistes comme les plus sûrs héritiers des Capétiens.

En 1938, lors du vote sur les accords de Munich, les 73 parlementaires communistes sont les seuls à voter contre,

1. Cf. son article publié dans *l'Humanité* le 21 février 1935.

ainsi qu'Henri de Kerillis et un député socialiste moins connu, Bouhey. Sur 75 votes contre les accords de Munich, il y a 73 votes communistes. Gabriel Péri — qui sera exécuté par les Allemands pendant la guerre — prononce à cette occasion devant une Chambre des députés en furie et qui l'interrompt après chaque phrase, un discours éloquent.

Toujours est-il que la nouvelle stratégie du parti communiste provoque un afflux d'adhésions. En trois ans, les effectifs du parti passent de moins de 30 000 à la veille du 6 février 1934 à plus de 350 000.

Le parti communiste sort de son isolement et ses nouveaux adhérents, d'un type très différent de ceux de la période précédente, accentuent l'évolution du communisme vers un communisme national. Ainsi, le changement de dimension du parti apparaît non seulement comme une conséquence, mais comme une sorte de cause accélérante de l'évolution de la stratégie et de l'idéologie du communisme.

Parmi les nouveaux adhérents figurent nombre d'intellectuels qui entrent dans le parti parce qu'il propose une voie nationale de passage au socialisme, parce qu'il est l'élément d'extrême gauche d'une coalition unitaire.

Enfin, toute une génération est née à la politique sous le signe de l'antifranquisme et, en 1936, le parti communiste est le seul parti politique français à s'opposer à la non-intervention.

Si Albert Camus est devenu communiste à l'âge de vingt ans, avant de se détacher complètement du communisme, c'est, bien sûr, à cause de la misère en Kabylie à laquelle il consacre une série d'articles dans *Alger républicain*, mais c'est aussi et surtout peut-être à cause de l'Espagne qui restera pour lui jusqu'à sa mort une obsession.

L'époque du Front populaire, c'est aussi pour les communistes la belle époque des compagnons de route qui, sans adhérer au parti, ne dissimulent pas leur sympathie pour le communisme et siègent sur les mêmes estrades que les orateurs communistes. Les deux plus célèbres compagnons de route sont André Gide qui rompt en 1936 avec le parti, à la suite de son voyage en URSS, et surtout André Malraux que la presse de droite considère comme un dangereux personnage.

Loin de nuire au parti communiste, la chute du gouvernement Léon Blum et la rupture du Front populaire ne font que renforcer l'audience des communistes, en tout cas auprès des intellectuels et même dans d'autres milieux.

Il en est de même en ce qui concerne l'attitude du parti lors de la crise de Munich. Le parti communiste bénéficie des déceptions provoquées par la SFIO. La courbe des effectifs du parti continue à augmenter après 1936, alors que celle des effectifs de la SFIO stagne et décline plutôt.

C'est donc un parti en plein essor que vient frapper, en août 1939, le pacte germano-soviétique qui ouvre une nouvelle période dans l'histoire du communisme français, celle du communisme en guerre.

En ce qui concerne les effectifs du parti, voici quelques chiffres.

Années	Membres du PC	Membres de la SFIO	Voix communistes	% voix communistes par rapport aux inscrits	Nbre d'élus communistes
1921[1]	110000	50000			13[2]
1924	50-55000	72000	875000	7,9	26
1928	40-45000	110000	1063943	9,3	14
1932	32000	137000	794883	6,8	10
1936[3]	290000	250000	1487336	12,6	72
1937[4]	340000				

1. Au 1er octobre.
2. Sur 72 députés socialistes.
3. Décembre.
4. Fin.

Ce qui paraît important et qui intéresse à la fois la stratégie, la sociologie et l'idéologie, c'est que les changements idéologiques affectent infiniment plus le parti, c'est-à-dire le nombre de membres que l'électorat.

Même à sa période la plus sectaire en 1923-1933 à un moment où le parti n'a plus que 30 000 membres, il a encore 800 000 électeurs. Le rapport membres/électeurs est donc alors en chiffres ronds de 1 à 30, tandis qu'en 1936 le rapport membres/électeurs est de 1 à 5, c'est-à-dire complètement différent.

Cette remarque statistique apporte un élément de confirmation à une hypothèse que j'ai déjà présentée concernant les niveaux de l'analyse idéologique. En effet, au niveau des états-majors, la SFIO et le parti communiste s'opposent très violemment jusqu'en 1934 et une méfiance extrêmement grande subsiste après cette date mais au niveau de l'opinion publique, il existe une certaine fluidité entre l'électorat socialiste et l'électorat communiste.

Le second tour des élections de 1932 est instructif à cet égard car de nombreux électeurs communistes se refusent à appliquer les directives du parti, la tactique classe contre classe, et à faire élire un candidat de droite lorsqu'un SFIO ou même un radical est en ballottage. Par conséquent, un nombre non négligeable d'électeurs communistes en 1932 se refusent à suivre la tactique classe contre classe, et votent pour un socialiste, voire pour un radical.

Ainsi, il existe bien, dans l'électorat, dans l'opinion publique, une solidarité de gauche, une sorte de conscience de gauche qui est loin d'apparaître au même degré au niveau des partis et des dirigeants.

5. L'opposition droite-gauche

Il nous reste à nous demander — ce qui n'est pas le plus aisé — ce qu'est la gauche des années 1930 et où se situe exactement l'opposition droite-gauche, quelles sont les lignes de clivage — si nous arrivons à en discerner — entre la droite et la gauche.

Pour nous faciliter la tâche, voici quelques textes, pour la plupart empruntés à une brochure polémique publiée en 1931 par Emmanuel Beau de Loménie, sympathisant de l'Action française.

*

Quelques textes sur la droite et la gauche dans les années trente

I. TEXTES EXTRAITS DE L'ENQUÊTE DE BEAU DE LOMÉNIE « QU'APPELEZ-VOUS DROITE ET GAUCHE? », LIBRAIRIE DU DAUPHIN, 1931

1. *Discours du maréchal Lyautey le 20 mai 1930 à l'assemblée générale des Amis des étudiants français.*

« Aristocratie vient du mot grec *aristoïcratès,* or le mot *aristoï* ne signifie nullement les " nobles ", mais les " meilleurs " : l'élite. *Cratès* veut dire le pouvoir; donc *aristoï-cratès,* c'est le pouvoir aux mains des meilleurs.

Démocratie vient de *démos-cratès. Démos,* la multitude. Démocratie, c'est donc le pouvoir aux mains de la foule, du nombre; sans sélection.

Aristocratie, c'est le pouvoir exercé par les meilleurs, par en haut. Démocratie, c'est le pouvoir exercé par en bas. Y a-t-il donc, si on se reporte au vrai sens des mots, à se défendre de se dire aristocrate? Ne pas aimer le peuple : Regardez donc ces " meilleurs " avec les ouvriers, les paysans, les soldats, et voyez s'ils ne les aiment pas. Ils les aiment en patrons, en chefs, en grands frères tutélaires et bienfaisants. Ils sont, pour en revenir encore au grec, " démophiles ", qui aiment le peuple; et l'on en arrive ainsi à cette formule : Être aristocrates, parce qu'on veut le pouvoir aux mains des meilleurs, et démophiles, parce qu'on aime le peuple. Loin de s'exclure, ces deux mots s'associent sans le moindre paradoxe. »

2. *Réponse d'André Siegfried.*

« Votre question est intéressante, mais difficile.

Je crois qu'un instinct sûr nous fait connaître si telle personne est " à droite " ou " à gauche ", et de deux personnes laquelle est à la gauche de l'autre. Mais, s'il s'agit de dire pourquoi, la difficulté commence.

Il me semble que, tout au fond de l'opposition entre droite et gauche, il y a l'opposition du pouvoir absolu et du pouvoir populaire. C'est par tempérament qu'on est attiré par l'une ou l'autre conception, par intérêt aussi. Si vous croyez que la naissance, la fortune, la position sociale vous confèrent des droits au gouvernement, si vous estimez que la société, pour bien fonctionner, exige la direction d'autorités sociales, vous êtes à droite : l'Église, de ce point de vue, est à droite, puisqu'elle n'admet qu'en Dieu la source de souveraineté. »

Dans son *Tableau des partis en France* (1930), André Siegfried écrit : « Admettre l'esprit de 89 voilà entre la gauche et la droite la démarcation essentielle. »

3. *La droite définie par Georges Valois.*

« A droite se placent tous les hommes qui fondent l'ordre social sur la direction autoritaire de toute la vie politique, économique, sociale, intellectuelle; c'est-à-dire les hommes qui n'admettent point qu'il puisse y avoir discussion entre les classes dites dirigeantes et les classes dites dirigées, qui n'admettent point qu'il puisse y avoir rencontre paritaire entre les représentants de ces deux classes.

A droite se placent également ceux qui fondent les droits sociaux de l'individu sur la transmission héréditaire de la propriété des choses.

A droite se placent également ceux qui n'admettent point le principe de la liberté intellectuelle.

A droite se placent encore ceux pour qui, d'une manière générale, la société est faite de deux classes différentes : l'une des dirigeants héréditaires, l'autre des dirigés non moins héréditaires et qui sont moralement inférieurs aux premiers. On admet le passage d'une classe à l'autre, mais à condition que le dirigé entrant dans la classe dirigeante accepte idées et préjugés de cette classe dite dirigeante.

Tout cela forme un ensemble et un système culturel complet. »

Quelques lignes plus loin, Georges Valois oppose terme pour terme la gauche à la droite.

4. *Réponse du comte de Blois.*

« A gauche, il y a plus de tolérance pour les confessions religieuses; à gauche, il y a plus de sectarisme sournois. Mais, de différence entre les programmes, il n'y en a plus ou presque plus. Du reste, l'électeur suit de très loin les travaux des élus au Parlement. La seule action très nette que l'on peut percevoir dans le pays, c'est l'assaut donné à la notion de propriété. Ceux qui mènent cet assaut peuvent être classés à bon droit, comme " à gauche ". Ceux qui y résistent, plus ou moins timidement, d'une manière plus ou moins affichée, peuvent être classés comme " à droite ".

C'est la seule classification que je puisse définir, avec un peu de précision, pour répondre à votre intéressante enquête. »

5. *Réponse de Pierre Dominique.*

Pour Pierre Dominique, alors radical-socialiste, il suffit pour être de gauche d'adhérer aux trois grands principes de la Révolution française :

« — L'homme est naturellement bon
— Le progrès indéfini de l'humanité
— Le Paradis sur la Terre. »

Cette définition est approuvée par Robert Havard de la Montagne et par Amédée d'Yvignac.

6. *Le début de la réponse d'Alain.*

« Lorsqu'on me demande si la coupure entre partis de droite et partis de gauche, hommes de droite et hommes de gauche a encore un sens, la première idée qui me vient est que l'homme qui pose cette question n'est certainement pas un homme de gauche. »

7. *La conclusion de Thibaudet.*

« L'expression, le plan de division, la flèche indicatrice de mouvement, qui cessent peu à peu d'avoir un sens dans le monde parlementaire, conservent-ils leur sens ancien dans le monde électoral? Une mystique de la gauche pure, un caractère religieux attaché au mot « gauche », existent-ils aujourd'hui au sens où ils existaient au moment des luttes anticléricales et de la République militante? Il ne me le semble pas. En tout cas cela serait à étudier de près, sur le terrain, je veux dire le terrain électoral. Attendons les élections de 1932, et gardons-nous, d'ici là, de certaines généralisations précipitées. »

8. *La réponse de Jacques Kayser.*

Cette affirmation : « Droite, gauche : quel est le critérium? Je crains, hélas! qu'il faille le trouver dans ces questions de laïcité qui furent primordiales, qui le redeviendront peut-être, mais qui, pour l'instant, ne sont que subalternes. »

Et cette conclusion : « Je dirai, pour ma part, qu'est " à gauche " l'homme qui recherche pour son pays des solutions d'ordre international, qui défend, à l'intérieur, les droits de la collectivité contre toutes les emprises des " corps " et des intérêts particuliers, qui ne considère pas le *statu quo* comme répondant aux nécessités de l'époque, qui n'admet pas que la forme actuelle de la propriété soit un fondement légitime d'ordre social. Pour reprendre les formules du XIXe siècle, je crois que les mots " droite " et " gauche " s'éclaireraient mieux si l'on remplaçait le premier par ceux " d'évolution-protestation-mouvement ".

Pour ma part, je proteste contre l'état des choses actuel. Je crois à l'évolution nécessaire de toutes les lois, de tous les traités, de toutes les conditions. Je suis donc partisan du mouvement, des expériences qu'il peut imposer.

C'est pourquoi je me crois à gauche. »

9. *Les trois principes de la droite pour Amédée d'Yvignac.*

— Réformer pour conserver.
— Conserver pour accroître.
— Accroître pour transmettre.

Immédiatement, on voit qu'une politique de gauche fait sauter le dernier terme : toute tradition (matérielle ou morale) s'oppose à ses principes de liberté et d'égalité. Quant aux deux autres, ils deviennent à peu près ceci :

— Réformer pour détruire.
— Détruire pour consommer.

10. *Enfin, pour le démocrate-populaire Robert Cornilleau* qui entend se situer au centre, la droite c'est la résistance, la gauche le mouvement ; la droite le frein, la gauche l'accélérateur.

II. DEUX TEXTES D'EMMANUEL MOUNIER

1. *Dans le premier numéro d'*Esprit, *octobre 1932, « Refaire la Renaissance ».*

« Droite, gauche, il faudra écrire l'histoire de cette comptabilité universelle, et montrer à l'œuvre une opinion diffuse contraignant peu à peu dans cette double colonne toutes les valeurs spirituelles. Il y a des vertus de droite : l'honneur, la mesure, la prudence, et des vertus de gauche comme l'audace et la paix. La charité est à droite, avec l'Académie, la religion, le ministre de la Guerre, l'âme, M. Bourget, le latin, l'économie libérale, les notaires et les familles. La justice est à gauche avec Picasso, les fonctionnaires, M. Homais, l'hygiène sociale, le féminisme, la liberté et la psychologie expérimentale. La liste est ouverte, complexe, paradoxale, car enfin si le rapport est public de M. Bourget avec l'Académie, moins évident par exemple est celui des notaires avec la charité, ou de l'âme avec la guerre, ou de M. Homais avec les délicatesses de la psychologie. » (*Esprit,* Œuvres de Mounier, I, p. 139.)

2. *Dans le « Court traité de la mythique de gauche », mars 1938.*

« On l'a cent fois dit, mais pas encore assez sans doute pour que chacun l'entende : à interroger le contenu rationnel des mots, aucune opposition n'est plus décevante, même sur le seul plan politique, que l'opposition gauche-droite. Essayons de la fixer sur un contenu quelconque, elle devient indéfendable. Dira-t-on que la gauche, c'est la Révolution contre l'Ordre? Mais la république des radicaux est une république bourgeoise, le rêve de bien des socialistes est un rêve bourgeois, et la droite est habituellement flanquée d'une aile révolutionnaire, voire insurrectionnelle. Le déraciné contre l'enraciné, l'ouvrier, et l'intellectuel contre le paysan et le propriétaire. Mais la démocratie radicale et socialiste est pour partie une rurocratie, pour partie une garde nationale des petits rentiers. La justice et la propreté contre l'argent? Il faudrait oublier les affaires Wilson, Panama, Stavisky, l'immortel cri de guerre de 24 : " A nous, toutes les places, et tout de suite ", les avocats d'affaires et les radicaux de banque. Et le pape est un peu plus social, on l'avouera, que M. Émile Roche. La liberté contre la tyrannie? La Compagnie de Jésus est un jardin d'enfants à côté de l'organisation du parti communiste, et il ne déplaisait pas à l'entourage de Combes d'installer la dictature de la libre pensée. La Science et le Progrès contre l'obscurantisme? La science de 1880 contre celle de 1938? Sébastien Faure contre Pascal? Bayet contre Jésus-Christ? Marceau Pivert à la table de Nietzsche et de Voltaire? Merci pour le progrès. L'anticléricalisme? Il me semble qu'on le trouve aussi virulent chez Maurras et chez Hitler que rue de Valois ou à *l'Humanité,* et qu'il est même plutôt question, ici, de le liquider. La Démocratie contre les tyrans? Par exemple : Staline contre George VI? Le parti des sans patrie? Voir 93, la Commune contre le Siège, Gambetta et le jusqu'auboutisme républicain, Barthou et la loi de trois ans; et pour les dernières sources, lire *l'Huma,* chronique militaire. »

*

Où se situent les lignes de clivage entre la droite et la gauche?

Si l'on cherche à répondre synthétiquement à cette question, on peut, semble-t-il, distinguer cinq lignes de clivage :

1. l'histoire ou, plus exactement, deux visions de l'histoire;
2. la société ou, plus exactement, deux visions de la société;
3. la religion — et il faut souligner l'importance de ce facteur;
4. sinon la politique étrangère, du moins les relations internationales;
5. à partir de 1932-1933 la naissance de l'antifascisme.

1. *L'histoire, le poids des réminiscences historiques.*

Il ne faut pas oublier le nombre et la violence des affrontements bipolaires depuis le début de la IIIe République :

Le 16 mai 1877, Mac Mahon, Gambetta : « se soumettre ou se démettre », la droite, toute la droite, contre la gauche, toute la gauche.

Le boulangisme est un autre affrontement bipolaire qui ne coïncide pas exactement avec l'affrontement droite-gauche, au moins à l'origine puisque le boulangisme naît à gauche, est lancé par des radicaux. Mais il y a l'affaire Dreyfus — encore un affrontement bipolaire — les dreyfusards contre les antidreyfusards, la défense républicaine et les élections de 1902 : là encore, la droite contre la gauche, le Bloc des gauches, la Séparation.

Enfin, les élections de 1924 et, là encore, la droite contre la gauche, les communistes restant à l'écart.

Il faut souligner, me semble-t-il, que, dans les années 1930, tous ces souvenirs d'affrontements bipolaires sont encore extrêmement vivants : six ans pour le Cartel des gauches, vingt-cinq ans pour la Séparation, un peu plus de trente ans pour l'affaire Dreyfus.

Conclusion : les hommes qui ont cinquante ans en 1930 avaient une vingtaine d'années au moment de l'affaire Dreyfus. Ils ont connu le Bloc des gauches, puis le Cartel des gauches et, pour eux, l'opposition droite-gauche est enracinée, non seulement dans une histoire relativement ancienne, mais dans l'histoire encore très récente de 1924.

C'est un premier point qui est, je crois, fondamental et c'est le fondement même de la tradition républicaine. Il y a deux visions antagonistes de l'histoire, deux conceptions totalement différentes de l'histoire.

2. *La société.*

De même que la droite et la gauche ont deux conceptions différentes de l'histoire, la droite et la gauche ont, et, là encore, je schématise grossièrement — deux conceptions différentes de la société et de l'évolution sociale.

Il faut ici se reporter au premier texte cité plus haut, le discours du maréchal Lyautey au 20 mai 1930 à l'assemblée générale des Amis des étudiants français. Pour apprécier ce texte comme il convient, il faut se rappeler l'immense prestige dont jouit le maréchal Lyautey en 1930, juste avant la grande année de l'Exposition coloniale qui sera à beaucoup d'égards l'année Lyautey.

De ce texte on peut rapprocher le texte n° 4 qui est la réponse du comte de Blois. C'est une réponse également manichéenne et qui n'est pas inspirée par une vive sensibilité de gauche, c'est le moins qu'on puisse dire.

J'ai été surpris de retrouver ces textes en 1930. Je pensais bien que j'aurais découvert beaucoup de textes de ce genre vers 1900, mais je ne croyais pas qu'en 1930 des personnalités telles que le maréchal Lyautey et le comte de Blois choisiraient ces critères pour distinguer la droite de la gauche parce que c'est très exactement *l'Étape* de Paul Bourget, d'un côté le respect des élites, de l'autre le nombre et le peuple.

Tout cela est donc encore vivant — il faut en avoir conscience — dans la France des années 1930. D'un côté, l'aristocratie au sens du maréchal Lyautey, la France des élites, des châteaux et des conseils d'administration, la France des importants, selon Alain, et, de l'autre côté, la démocratie, la confiance dans le mérite et le talent.

Le grand débat : est-il légitime d'arriver par le mérite, par le talent, par le concours? est un débat encore vivant dans la France des années 1930.

D'un côté, les héritiers chers à Barrès, de l'autre côté, les boursiers chers à Herriot, les gros et les petits, Ariel et Caliban. Et ce n'est pas par hasard que Guéhenno publie vers 1928 un livre intitulé : *Caliban parle* — Caliban, c'est-à-dire le peuple dont Guéhenno se sent solidaire, le peuple des ouvriers de Fougères auquel il appartient et auquel il se sent profondément attaché.

3. *La religion.*

Le troisième clivage qui est important, c'est le fait religieux. Il y a deux visions différentes du fait religieux. C'est ce que dit Jacques Kayser qui, d'ailleurs, le regrette, dans le texte n° 8.

Il existe en 1930 un univers catholique, un univers relativement homogène, un certain type d'éducation catholique, de dévotion, d'exégèse, de catéchèse, d'enseignement religieux, donc une certaine homogénéité des attitudes religieuses et des attitudes politiques. Le catholicisme de l'époque est beaucoup plus homogène et beaucoup plus monolithique que dans la France actuelle.

Dans les campagnes et dans les villes où les souvenirs de 1893 et de 1905 ne sont pas effacés, l'Église reste la grande puissance d'ordre et de tradition. André Siegfried — qui, il est vrai, est protestant — affirme dans le texte n° 2 — et cela est pour lui une vérité d'évidence — que l'Église est à droite puisqu' « elle n'admet qu'en Dieu la source de souveraineté ».

L'affirmation peut surprendre un lecteur d'aujourd'hui, mais, en 1930, elle ne semblait point choquante car, bien sûr, s'il s'est produit dans l'Église de France tous les changements que nous connaissons (création de la JOC, de la JAC, de la JEC, naissance de *l'Aube,* de *Sept, Esprit*) — et je ne sous-estime point l'importance de ces signes de renouvellement — dans les années 1930, les facteurs de tradition dans l'Église de France sont historiquement beaucoup plus pesants que les facteurs de renouvellement et le clivage catholiques/non-catholiques reste fondamental, surtout dans la France rurale.

Il n'y a pas dans la France de 1930 de catholiques de gauche et on ne peut pas historiquement situer à gauche des publications comme *Sept, l'Aube,* ou *Esprit* à tout le moins au moment où Emmanuel Mounier lance cette revue en 1932. En 1936, seuls, une infime poignée de catholiques groupés autour de la « Jeune République » se prononceront nettement pour le Front populaire [1].

N'oublions pas qu'Emmanuel Mounier — aujourd'hui parfois considéré comme un catholique de gauche — publie en 1938 un court traité *De la mythique de gauche* qui est un livre très dense et très critique à l'égard de ce qu'il appelle la mythique de gauche, c'est-à-dire l'idéologie de la gauche, selon Daladier.

A cet égard — et cela me paraît important — 1930 est beaucoup plus près de 1900 que de 1960.

1. *Esprit* manifestera une large sympathie pour le Front populaire, non exempte de critique. Il convient de faire remarquer cependant qu'*Esprit* n'est pas officiellement une revue catholique — de nombreux non-catholiques y collaborent. Les articles les plus favorables à l'expérience Blum sont d'un protestant : Roger Leenhardt, le futur cinéaste. (*N.d.E.*)

4. *Les relations internationales.*

Le quatrième clivage, ce sont les relations internationales.

Sans doute y a-t-il au Parlement et même dans l'opinion publique un assez large accord sur ce que doit être et ce que peut être la politique étrangère de la France. Les gouvernements de centre gauche ne font pas une politique étrangère très différente des gouvernements de centre droit. Cela est vrai des politiques pratiquées, mais si l'on s'intéresse moins aux politiques pratiquées par les gouvernements, ou aux politiques défendues par les partis politiques, qu'à la sensibilité politique de l'opinion, on découvre, semble-t-il, une opposition assez profonde entre la droite et la gauche.

D'un côté, le culte de l'armée et des généraux, des vertus guerrières, les anciens combattants, les défilés militaires, les retraites aux flambeaux, et la monopolisation par la droite de l'adjectif « national ».

De l'autre côté, l'accent mis sur la coopération internationale : le désarmement pour les socialistes, la sécurité collective pour les radicaux et pour tous ceux qui se situent dans la postérité de Briand.

Il y aurait toute une étude à faire sur Briand et sur le briandisme, car Briand, en fait, a été l'inamovible ministre des Affaires étrangères de gouvernements de droite comme de gouvernements de centre gauche sans pratiquer une politique bien différente, quel que fût le président du Conseil.

Mais l'image de Briand divise profondément l'opinion et on s'en aperçoit au moment de sa mort où les uns pensent : « Briand est mort. Cela va être la guerre » et les autres pensent « Briand est mort. Nous en avions assez de cet individu vendu aux Allemands ». On saisit ici, dans le cas de Briand et du briandisme, la différence entre le plan de la politique étrangère pratiquée et le plan de la sensibilité populaire.

Le débat des aphorismes latins : « *Si vis pacem para bellum* » et « *Si vis pacem para pacem* » est vraiment un débat des années 1930.

Être de gauche dans les années 1930, c'est essentiellement refuser un certain type de nationalisme et d'exaltation cocardière. C'est donc un refus, beaucoup plus qu'une politique étrangère fondamentalement différente, de la politique étrangère pratiquée par les gouvernements de droite, et ce refus d'une certaine exaltation cocardière n'exclut pas une sorte de confiance innée dans la supériorité de la France et une conscience aiguë de l'extrême bonheur d'être français.

5. *L'antifascisme.*

A ces quatre clivages s'en ajoute, à partir de 1932, un cinquième qui est l'antifascisme.

La gauche découvre l'antifascisme en 1932 et surtout en 1933-1934 et, grâce à l'antifascisme, sous le signe de l'antifascisme, se réalise une unité d'ailleurs précaire.

Nous manquons d'un livre d'ensemble sur l'antifascisme à ses différents niveaux, et ce serait un beau livre à écrire. Il faudrait distinguer l'antifascisme des formations politiques — premier niveau —, l'antifascisme des intellectuels — deuxième niveau —, et enfin l'antifascisme de l'opinion publique — troisième niveau. Il importerait aussi, je crois, de distinguer nettement deux formes d'antifascisme : d'abord, l'antifascisme à usage externe, contre Hitler, contre Mussolini, plus tard contre Franco; ensuite, l'antifascisme à usage interne, contre les ligues et, très précisément, contre le colonel de La Rocque qui est la cible de tous les antifascistes entre 1934 et 1936.

Si l'on faisait un jour une histoire de l'antifascisme, il faudrait souligner plusieurs faits : d'abord le fait historiquement important que les intellectuels se sont ébranlés dès 1932, avant les partis politiques qui ne se sont ébranlés qu'en 1934.

1932, c'est l'année où se forme, sous l'initiative d'Henri Barbusse, le mouvement Amsterdam-Pleyel contre le fascisme et la guerre, qui organise une première réunion à Amsterdam et une deuxième réunion salle Pleyel et qui s'efforce de constituer un front commun international des intellectuels antifascistes.

1932, c'est l'année où émergent brusquement dans le *Journal* de Gide des préoccupations politiques qui étaient totalement absentes dans les années antérieures.

1933, c'est l'année où paraît *la Condition humaine* d'André Malraux qui reçoit à cette occasion le prix Goncourt.

1934, au lendemain même du 6 février — alors que l'unité des partis politiques est encore extrêmement précaire et que les radicaux sont encore fort loin d'entrer dans le rassemblement populaire —, c'est la création du Comité de vigilance des intellectuels antifascistes qui publie le bulletin intitulé *Vigilance*. L'un des responsables du Comité de vigilance est Alain. Là encore, l'intellectuel radical précède l'ébranlement des hommes politiques radicaux.

Cela me paraît un fait historiquement important : le front commun des intellectuels précède le front commun des partis politiques, mais il serait certainement abusif d'en tirer la conclusion que c'est le front commun des intellectuels antifascistes qui a rendu ultérieurement possible le front commun des partis.

Les intellectuels ont joué en cette circonstance (et un homme, comme Guéhenno, dont André Gide disait : « Comme il y a des gens qui parlent du nez, M. Guéhenno parle du cœur », est très représentatif de cette sensibilité antifasciste de 1932) le rôle d'une minorité d'avant-garde, mais cette minorité d'avant-garde serait vraisemblablement restée une avant-garde sans troupes si les événements de 1933 — avènement d'Hitler, crise de régime, agitation des Ligues — et surtout du 6 février 1934 n'avaient pas rendu le rassemblement populaire possible et même nécessaire.

C'est une première remarque qui me paraît importante : la discordance entre la chronologie des intellectuels et la chronologie des partis politiques.

Ma deuxième remarque, c'est que l'antifascisme a incontestablement soulevé un mouvement d'opinion à la base, un mouvement d'opinion large et profond. Un grand nombre de Français ont réellement cru que le fascisme était à la veille de submerger la France.

Le fascisme, mais quel fascisme? C'est ici qu'il faut distinguer le fascisme externe et le fascisme interne.

Bien sûr, les antifascistes n'éprouvaient aucune sympathie pour Mussolini, ni pour Hitler, mais l'Italie et l'Allemagne étaient loin, nous étions mal informés sur ce qui se passait en Italie et en Allemagne, ou plutôt nous n'avions en fait aucun désir de nous informer avec précision.

L'opinion publique — et même l'opinion des intellectuels —

n'était que très abstraitement consciente du péril hitlérien pour la France. Un antifascisme incontestablement sincère et vigoureux s'accompagnait d'un très profond attachement à la paix et d'une très profonde méconnaissance des nécessités de la défense nationale. D'où l'inertie générale de l'opinion française, y compris l'opinion de gauche, en mars 1936, lorsque Hitler a procédé à la remilitarisation de la Rhénanie. D'où l'inertie et le soulagement de la plus grande partie de l'opinion française et de l'opinion de gauche — les communistes exclus — après la conclusion de l'accord de Munich en 1938.

La France de juin 1936, c'est aussi, il ne faut pas l'oublier, la France de mars 1936 et c'est aussi la France de septembre 1938.

Entre 1936 et 1938, il y a eu la guerre d'Espagne et toute une génération est née à la politique sous le signe de la guerre d'Espagne. L'antifranquisme, cependant, a dépassé les frontières de la gauche et il a été pour une petite minorité de catholiques l'occasion d'un choix fondamental et de la décision initiale.

C'est ici qu'il faudrait naturellement rappeler le choix de Bernanos et la publication des *Grands Cimetières sous la lune,* le choix de Mauriac et ses articles dans *Sept* et dans *Temps présent,* le choix de Mounier et ses articles dans *Esprit.*

Mais il faut préciser que ni Bernanos, ni Mauriac, ni Mounier ne sont à l'époque des hommes de gauche.

Bernanos, en 1936, a rompu depuis cinq ans avec l'*Action française,* mais il reste un homme de droite, très profondément marqué par l'*Action française.* Bernanos est jusqu'à sa mort resté un ancien camelot du roi, tout en étant devenu vigoureusement antimaurrassien.

Mauriac est un homme de droite solidaire de *l'Écho de Paris* où il écrit régulièrement, et où il salue sans aucune espèce de sympathie l'avènement du ministère Léon Blum. Mauriac est très propriétaire de Malagar et il l'est en 1936 comme il le restera toujours.

Mounier, lorsqu'il fonde *Esprit,* est un jeune catholique à l'âme ardente, que la politique n'intéresse pas. Il en découvre progressivement la nécessité principalement au moment de la guerre d'Espagne.

Le refus de Mounier — comme celui de Bernanos et celui de Mauriac — c'est le refus de considérer que les catholiques doivent s'engager dans une nouvelle croisade au service de Franco.

Beaucoup d'intellectuels de ma génération, et surtout des intellectuels catholiques, ont été très marqués par l'antifranquisme et plus sans doute par l'antifranquisme que par le Front populaire [1].

Mais ceux qui allaient se battre de l'autre côté des Pyrénées n'étaient pas légion. Les communistes eux-mêmes — alors que le parti communiste était le seul parti politique en 1936 à condamner la non-intervention en Espagne — n'ont pas fait de gros efforts pour aider les républicains espagnols et pour alimenter en hommes les brigades internationales.

La référence espagnole est donc pour toute une génération une référence fondamentale, mais il faut bien reconnaître qu'il n'était pas très difficile de se déclarer antifranquiste en 1936, quand le fait de se déclarer antifranquiste conduisait uniquement à aller à Lunapark pour crier : « Des canons pour l'Espagne! »

Ce qui me frappe rétrospectivement, lorsque je songe à cette époque, c'est l'extrême ignorance de l'opinion française à l'égard des problèmes internationaux, des réalités internationales, des réalités militaires, de la défense nationale et, je dirai plus, à l'égard de ce qui était possible et de ce qui ne l'était pas sur le plan international à un gouvernement de gauche.

Dans une France toujours gallocentrique l'antifascisme lui-même était gallocentrique et l'antifascisme était dirigé bien plus contre La Rocque que contre Hitler ou contre Mussolini.

Certes, La Rocque n'était pas Hitler, et il devait le montrer pendant la guerre où il fut déporté en Allemagne. Certes, l'idéologie des Croix-de-Feu, ou du parti social français qui succéda aux Croix-de-Feu en 1936, apparaît beaucoup plus proche de l'idéologie conservatrice — un conservatisme mâtiné de militarisme et de catholicisme social dans le style de Lyautey — que d'un fascisme.

1. Il serait injuste à ce sujet de ne pas mentionner les articles de Georges Bidault dans *l'Aube*. Cf. la thèse de Françoise Mayeur sur *l'Aube* publiée dans les Cahiers de la Fondation.

Certes, il n'y a pas eu de véritable fascisme en France, en dehors des intellectuels groupés autour de *Je suis partout* — et ils n'étaient pas légion — et en dehors du parti populaire français de Jacques Doriot qui ne naît qu'en 1936. Mais une mobilisation en entraîne une autre : l'impuissance des radicaux au pouvoir depuis 1932 renforce des ligues jusqu'alors embryonnaires, le mouvement des ligues entraîne la constitution du Front populaire et la peur créée par le Front populaire entraîne un durcissement des ligues.

Cela m'amène à une dernière remarque. La droite et la gauche dans la France des années 1930 et aussi dans la France de 1936 se connaissent remarquablement mal et se définissent l'une contre l'autre, en fonction d'une certaine image passablement mythique de l'autre. Une gauche anti s'oppose à une droite anti.

Une droite antisocialiste et anticollectiviste, voire antidémocratique, une droite confondant socialisme et communisme comme si la SFIO était un parti de partageux et comme si Léon Blum devait faire le lit des communistes, d'une part. Une gauche anticléricale, anticapitaliste, antinationaliste, antibelliciste, d'autre part, comme si la droite était un ramassis de boutefeux et de fascistes.

Pour finir, il faut relire les deux textes de Mounier cités plus haut parce qu'ils amènent à mettre en doute la validité de ma conclusion, et parce qu'ils montrent que les choses ne sont pas si simples. Il est toujours sain, après avoir essayé de bâtir une conclusion en cinq points, de s'apercevoir qu'un témoin perspicace n'était pas enclin à voir les choses aussi simplement.

*

Ce cours a été suivi d'un débat, au cours duquel les points suivants ont été précisés.

— Il est très difficile, dans les années 1930, de distinguer nettement une politique économique de droite et une politique économique de gauche. La distinction est encore plus difficile à établir en ce qui concerne la politique financière, notamment l'attitude à l'égard du franc et à l'égard de l'équilibre budgétaire (cf. sur ce point la thèse de Marguerite Perrot publiée dans les Cahiers de la Fondation).

— Sur le plan social, il faut signaler que la seule réforme de quelque ampleur avant 1936, l'institution des assurances sociales, est l'œuvre d'un gouvernement de droite. Le bilan social des gouvernements présidés par des radicaux après les élections de 1932 est extrêmement maigre.

— En ce qui concerne les institutions, il faut signaler, à partir de 1930 environ, le mouvement tendant à la réforme de l'État et au renforcement du pouvoir exécutif — Comité technique pour la réforme de l'État, livres de Tardieu, gouvernement Doumergue, etc. En gros, on peut dire qu'il s'agit d'un thème de droite mais il s'agit surtout d'un débat de spécialistes et on peut douter que le débat sur les institutions ait une forte influence sur les motivations politiques. En tout cas, si le thème est important en 1934, il l'est beaucoup moins en 1936.

— La droite et la gauche n'ont évidemment pas les mêmes bases sociologiques, et sans doute aurait-il été nécessaire d'insister davantage sur ce point, mais les diverses formations de gauche ont elles-mêmes des bases sociologiques très diverses. La sociologie du radicalisme est-elle très profondément différente de la sociologie des Croix-de-Feu? On peut en douter. Le cas est différent pour le parti socialiste, qui devient de plus en plus un parti de fonctionnaires, et pour le parti communiste qui est sans doute à l'époque plus ouvrier et surtout plus prolétarien qu'il ne l'est aujourd'hui.

— Le problème colonial ne constitue pas une ligne de clivage fondamentale entre la droite et la gauche. Les radicaux sont très attachés à l'Empire et n'ont pas à cet égard des idées très différentes de la droite. Les socialistes sont très attachés au principe de l'assimilation. Quant aux communistes — après avoir été très isolés au moment de leurs grandes campagnes anticolonialistes lors de la guerre du Rif — ils mettent une sourdine à leur anticolonialisme (comme d'ailleurs au soutien de l'autonomisme en Alsace-Lorraine) : l'évolution des communistes est particulièrement nette après 1936 (voir sur ce point les *Œuvres complètes* de Maurice Thorez).

En 1931, lors de l'Exposition coloniale, France de gauche et France de droite communient dans la même ferveur.

6. 1936

Plutôt que de retracer les événements, je voudrais centrer l'analyse sur un problème : la gauche française a-t-elle manqué une grande occasion en 1936, le Front populaire a-t-il été, comme l'affirme Daniel Guérin, une « révolution manquée »?

Pour répondre à cette question, il est nécessaire de rappeler d'abord quelques données de fait.

Le Front populaire répond à deux séries de causes, si l'on cherche à évoquer le contexte social et économique de la France de 1936.

Il s'agit, d'une part, de causes très anciennes : la misère et la tristesse ouvrières dont parlent Georges Navel et Simone Weil, l'extrême cloisonnement de la société française.

D'autre part, il y a des causes conjoncturelles qui sont liées à la crise et à la déflation et, n'étant pas économiste, je me contenterai de rappeler quelques faits bien connus et qui sont amplement relatés dans l'*Histoire économique...* de Sauvy.

— Première cause : l'effondrement des prix. Par rapport à l'indice 100 en 1929, les prix de 1935 sont de 51 pour le blé, 49 pour le vin, 45 pour la viande, donc la moitié ou même, dans certains cas, moins de la moitié des indices de 1929.

— Deuxième cause : la baisse spectaculaire de l'indice moyen des revenus qui passe de 100 en 1929 à 70 en 1935, les revenus les plus atteints étant les revenus agricoles qui se situent à l'indice 41 — par rapport à 100 en 1929 — et les revenus du commerce et de l'industrie qui se situent à 54.

— Troisième série de causes : la réduction de la durée du travail et l'augmentation du nombre des chômeurs qui dépasse, semble-t-il, 800 000 en mars 1936, juste avant les élections du Front populaire, le chiffre officiel étant de 465 000.

— Quatrième série de causes : la multiplication des faillites qui est extrêmement frappante : il y a en gros, en 1935, 10 000 ou 11 000 faillites contre 5 000 ou 6 000 en 1929. Le nombre des faillites est donc multiplié par 2 et le nombre des liquidations judiciaires pour cette même période est également multiplié par 2.

Il faut noter que les principales victimes de la crise sont les exploitants agricoles, les petits commerçants et les petits industriels, ainsi que les fonctionnaires qui sont d'ailleurs moins victimes de la crise à proprement parler que de la politique de déflation pratiquée par Laval en 1935.

Par conséquent — et c'est un fait capital — les classes moyennes, en 1936, sont dans l'ensemble plus atteintes par la crise que la classe ouvrière.

La classe ouvrière voit cependant diminuer la masse de ses salaires, et le risque de chômage entretient en milieu ouvrier une atmosphère d'insécurité, d'angoisse et d'injustice.

Toutefois, il s'agit là d'évaluations relatives et il ne faut pas perdre de vue l'extrême faiblesse d'un grand nombre de revenus salariés en 1936. 5 millions et demi de salariés gagnent en 1936 moins de 18 000 francs de l'époque par an, dont les deux tiers moins de 9 600 francs. Une publication peu suspecte de tendresse pour le Front populaire, *l'Illustration,* parle des salaires de famine qui sont pratiqués dans certaines branches industrielles. Lors de la Conférence de l'hôtel Matignon, les délégués de la CGT brandiront des feuilles de paie faisant apparaître des salaires particulièrement bas, et notamment, des salaires horaires de 80 centimes de l'époque.

Ici, il faudrait rappeler le témoignage de Léon Blum qui, au moment du procès de Riom, dit :

« J'ai entendu monsieur Duchemin [1] dire à monsieur Richemond, tandis qu'on lui mettait sous les yeux le taux de certains salaires, de salaires effroyables par leur modicité : " Comment est-ce possible? Comment avons-nous pu laisser faire cela? Nous avons manqué à notre devoir en laissant les choses aller ainsi ". »

On aurait pu s'attendre, dans ces conditions, à un large déplacement de voix lors des élections de 1936. Or, tel n'est pas le cas. Le déplacement de voix de la droite vers la gauche est, en fait, extrêmement faible lors des élections de 1936 puisque les formations de droite, qui avaient recueilli en 1932

1. M. Duchemin était à l'époque un des principaux dirigeants patronaux.

4 307 000 voix en obtiennent 4 233 000 en 1936. La droite recule donc de moins de 100 000 voix.

La gauche, dans l'ensemble, gagne peu de voix. Le fait notable, c'est que la situation de la gauche est très différente selon les formations. Les communistes gagnent en gros 650 000 voix, passant de 800 000 à 1 468 000. Les socialistes et assimilés restent pratiquement stationnaires, autour de 2 millions de voix. Quant aux radicaux, eux, ils perdent presque tout ce qu'ont gagné les communistes, soit près de 400 000 voix. Les radicaux et assimilés passent de 2 300 000 à 1 955 000 voix environ. Le gain net pour les formations de gauche — radicaux et assimilés, socialistes et assimilés, communistes — est de 200 000 voix environ. On ne saurait dire qu'il s'agit d'un déplacement spectaculaire.

Ce qu'il est important de noter, c'est la montée des communistes et surtout le fait que le jeu des désistements réciproques sous le signe du Front populaire a porté ses fruits. C'est ainsi que le groupe parlementaire communiste, au lendemain des élections de 1936, comprend 72 membres. Il s'agit donc d'un changement considérable par rapport à la situation antérieure.

Après avoir ainsi rappelé les données de fait, d'ordre économique et d'ordre électoral, il faudrait poser une seconde question : Quel est le programme des formations de gauche? Ce programme des formations de gauche traduit-il une véritable volonté révolutionnaire? En effet s'il n'y a point de volonté révolutionnaire, il est difficile de parler de révolution trahie.

Il y a trois programmes qu'il faut examiner : celui du Rassemblement populaire, celui de la SFIO et celui des communistes.

Le programme du Rassemblement populaire est adopté le 10 janvier 1936 et c'est le type même du texte de compromis modéré dans son chapitre économique et qui manifeste la volonté la plus évidente de ne pas effrayer les radicaux. C'est le type même du programme de revendications, et c'est d'ailleurs ainsi qu'il est intitulé : « Programme de revendications du Rassemblement populaire ».

Le programme comporte un préambule assez long, se réclamant des grands principes. Ce préambule précise que le programme du Rassemblement populaire est uniquement un catalogue de revendications urgentes, mais il ajoute que « ces revendications urgentes et par là même restreintes, si elles apportent une première modification au système économique actuel, devront être complétées par des mesures plus profondes pour arracher définitivement l'État aux féodalités industrielles et financières ». C'est donc à une première phase que se réfère le programme du Rassemblement populaire, mais rien ou presque rien n'est dit sur la seconde phase. C'est en quelque sorte le plus large dénominateur commun, mais rien n'est indiqué sur les divergences entre protagonistes (contrairement au texte publié récemment par la Fédération et le PCF).

Ce qu'il est intéressant d'examiner, c'est la dernière partie de ce texte qui comprend d'abord une partie sur les revendications politiques (défense de la liberté, défense de la paix). Puis une partie sur les revendications économiques, elle-même divisée en trois sous-parties :

1. restauration de la capacité d'achat supprimée ou réduite par la crise ;
2. contre le pillage de l'épargne, pour une meilleure organisation du crédit ;
3. assainissement financier.

Ce programme économique est somme toute traditionnel. Le mot de « nationalisation » n'est pas prononcé ou n'apparaît que latéralement dans la phrase suivante : « révision des marchés de guerre en liaison avec la nationalisation des industries de guerre ». Il est donc question uniquement de la nationalisation de l'industrie de guerre et encore d'une façon incidente.

On ne saurait dire qu'on trouve là un programme révolutionnaire, ni même un programme hardi de réformes.

Le programme socialiste, lui, est beaucoup plus hardi et — ce qui est intéressant — beaucoup plus précis que le programme communiste.

En effet, le programme électoral du parti socialiste commence par démontrer que la crise économique est la cause déterminante de la crise politique et qu'elle est elle-même issue des contradictions du régime capitaliste. « Le coupable, lit-on dans ce texte, est donc saisi et confondu : c'est le régime capitaliste. »

Après cette affirmation vigoureuse, la SFIO dénonce les méfaits de la politique de déflation et, notamment, « les pratiques barbares et insensées qui ont trouvé leur expression dernière dans les décrets-lois Doumergue et Laval ». Le programme affirme que le remède à la crise doit être cherché dans la direction opposée, c'est-à-dire dans un relèvement de la capacité générale d'achat. Nous retrouvons ici les idées de Léon Blum sur l'augmentation du pouvoir d'achat et sur une stimulation de l'économie rehaussant peu à peu la consommation jusqu'au niveau de la production normale.

La SFIO s'associe au catalogue de revendications figurant dans le programme du Rassemblement populaire et, dans le domaine social, elle mentionne les contrats collectifs et les congés payés qui n'apparaissaient pas dans le programme du Rassemblement populaire.

Surtout, la SFIO va beaucoup plus loin — ce qui n'était pas difficile — que le programme du Rassemblement populaire en ce qui concerne les nationalisations.

« Il faut rétablir l'ordre dans la production, peut-on lire dans le programme de la SFIO, et restituer à la collectivité le profit des grands monopoles capitalistes. »

Le parti socialiste réclame donc la nationalisation des grands monopoles capitalistes pour en remettre la gestion aux travailleurs et aux usagers, sous le contrôle de l'État.

Quant aux communistes, ils manifestent un souci de modération extrêmement visible, lorsqu'on confronte, terme pour terme, le programme de la SFIO et celui du PCF. Presque sur tous les points du programme, les communistes sont en retrait — ce qui peut paraître étonnant — sur le programme de la SFIO.

Il est vrai que les communistes à l'époque manifestent une grande attention aux classes moyennes et qu'ils sont animés par le souci de ne pas faire peur aux radicaux.

On trouve évidemment dans le programme du PCF une terminologie vigoureusement anticapitaliste et des attaques très violentes — je cite un certain nombre d'expressions — contre « une minorité malfaisante de parasites », contre « les magnats du Comité des forges », contre « les régents de la Banque de France », contre « les marchands de canons », contre « les marchands d'engrais Kuhlmann et Saint-Gobain », contre « les rois du commerce », contre « la politique des 200 familles qui se solde par la misère du peuple, par l'affaiblissement du rayonnement intellectuel de la France ».

Mais cet anticapitalisme, incontestable, se dissout dans l'anecdote, dans la dénonciation des 200 familles, et on ne saurait dire qu'on découvre dans le programme électoral du parti communiste en 1936 des mesures précises et vraiment révolutionnaires.

Le parti communiste se contente, au fond, de reprendre les revendications énoncées dans le programme du Rassemblement populaire et la seule chose qu'il ajoute, c'est un projet de prélèvement sur les grosses fortunes au nom du slogan : « Il faut faire payer les riches. »

Cette modération très apparente du parti communiste en 1936 pose un problème historique difficile et, aujourd'hui encore, controversé.

Certains expliquent cette modération par l'alignement à peu près total des communistes sur la politique extérieure soviétique et par le souci du gouvernement soviétique d'avoir en France un bon gouvernement républicain, sans doute fort modéré, mais qui puisse s'opposer efficacement au péril fasciste.

Telle est l'explication souvent donnée et reprise par Annie Kriegel lors du colloque de la Fondation sur *Léon Blum, chef de gouvernement.*

Sans écarter ce type de préoccupations et sans prêter aux communistes français une marge d'action par rapport à l'Union soviétique qu'ils ne possédaient assurément point à l'époque, il faut tenir compte aussi du contexte national. Les communistes ont été pendant très longtemps totalement isolés de la collectivité nationale. Ils y sont rentrés depuis 1934 et ils sont heureux d'être réintégrés dans la collectivité nationale.

Une des raisons principales de la modération du parti communiste, c'est le souci de ne pas se couper des classes moyennes et d'opérer un vaste rassemblement des mécontents.

Dès ce moment-là, dès 1936, le parti communiste joue le jeu des élections et il mesure sa force en fonction des pourcentages qu'il obtient aux élections.

Bien sûr, il ne serait pas impossible de découvrir çà et là des textes dans lesquels apparaît une conscience plus claire de ce qu'est une révolution mais, dans l'ensemble, il ne semble pas erroné de dire que la révolution, telle qu'elle apparaît dans la littérature de gauche en 1936, est essentiellement rétrospective et historique. Il est beaucoup plus souvent question des grands principes de la Révolution française que des transformations révolutionnaires que pourrait connaître la France de 1936.

Peut-on dire qu'il existe dans les masses inorganisées une volonté authentique et précisément révolutionnaire qui n'apparaîtrait point dans les déclarations officielles du Rassemblement populaire ou des formations de gauche? C'est ce qu'affirment un certain nombre d'observateurs. Ainsi Daniel Guérin dans son livre *Front populaire, révolution manquée.* C'est ce qu'affirmait à l'époque Marceau Pivert, socialiste de gauche, lorsque, dans un article célèbre du *Populaire*, en mai 1936, il écrivait : « Tout est possible. » Mais lorsqu'on regarde de près cet article de Marceau Pivert, on s'aperçoit qu'en définitive il affirme bien que tout est possible, mais qu'il n'indique guère de façon précise ce qu'il faudrait faire pour réaliser une révolution dans la France de 1936 [1]. D'ailleurs, Marceau Pivert fait un assez long bout de chemin avec le gouvernement présidé par Léon Blum.

Cette volonté précisément révolutionnaire, il est très difficile de la discerner, même dans les petites minorités d'extrême gauche, car il y a à l'époque, comme à toute époque, de petites minorités d'extrême gauche.

Une étude précise leur a été consacrée dans une livraison du *Mouvement social* qui a paru en janvier-mars 1966 et qui porte sur le Front populaire. Cette étude a pour auteur Pierre Broué, actuellement professeur à Grenoble, qui est de tendance trotskyste.

1. Ce texte est cité en annexe dans le livre *Léon Blum, chef de gouvernement*. Marceau Pivert s'était vu répliquer un article de Marcel Gitton dans *l'Humanité* du 29 mai 1936 : « Tout n'est pas possible. »

Cette étude montre :

1. qu'il s'agissait vraiment de groupuscules;

2. que leurs idées étaient singulièrement romantiques, imprécises et floues. Il faudrait vraiment beaucoup de bonne volonté pour découvrir dans les textes cités par Broué des arguments capables d'étayer la thèse de Daniel Guérin.

Il faudrait évoquer maintenant le climat de 1936 : d'une part l'espoir, d'autre part la peur.

Quel espoir? Non pas l'espoir d'une révolution au sens précis du terme, mais un espoir très profond et qui ne sera point déçu, espoir d'une transformation, d'un changement, et tout simplement apparition de l'espoir dans des vies où il paraissait définitivement banni. Ce n'est certainement pas par hasard qu'André Malraux a intitulé son livre sur la guerre d'Espagne *l'Espoir*.

1936, c'est vraiment l'année de l'espoir et il faudrait ici évoquer tout ce qu'ont représenté pour la population ouvrière l'institution des congés payés, la fin de l'isolement, la possibilité du départ.

Il faudrait aussi évoquer les pages souvent citées de Simone Weil sur la joie [1]. Simone Weil est aussi l'auteur d'un texte sur la fierté, qui a paru le 10 juin 1936 dans *la Révolution prolétarienne :*

« Dans ce mouvement, il s'agit de bien autre chose que de telle ou telle revendication particulière, si importante soit-elle. Il s'agit, après avoir toujours plié, tout subi, tout encaissé en silence pendant des mois et des années, d'oser enfin se redresser, se tenir debout, prendre la parole à son tour, se sentir des hommes pendant quelques jours. »

Il faudrait évoquer les mots de 1936 : le bonheur, la paix, la vie, la République, le peuple, la justice, la liberté, l'unité et, naturellement, l'espoir.

Il faudrait évoquer les formules de 1936 : « Le pain, la paix, la liberté »; « Une France libre, forte et heureuse »; « Donner

1. Texte cité dans L. Bodin et J. Touchard, *Le Front populaire et la Presse*, Colin, « Kiosque », 1961.

du pain aux travailleurs, du travail à la jeunesse et au monde la grande paix humaine. »

Il faudrait évoquer aussi la *Victoire sur la misère* qui paraît dans la presse de gauche, en caractères d'affiches, au lendemain de l'accord Matignon.

Il faudrait évoquer les phrases caractéristiques de 1936.

André Malraux, dans la préface du *Temps du mépris,* qui date de 1935, écrit : « Il est difficile d'être un homme, mais pas plus de le devenir en approfondissant sa communion qu'en cultivant sa différence. »

C'est l'époque où André Gide explique que « dans communisme il y a communion » et qu'il est venu au communisme par souci de communion.

Il faudrait citer Giono dont certains écrits incarnent bien les aspirations de 1936 : *Que ma joie demeure!* « Ma joie ne demeurera que si elle est la joie de tous » (préface des *Vraies Richesses,* 1936).

Guéhenno, toujours ému, toujours émouvant, explique que, dans les manifestations du Front populaire, il tient à brandir le poing fermé, car c'est un geste de solidarité, mais qu'il ne lève pas son bras trop haut car ce serait un geste de haine.

Ces textes de Guéhenno sont un des meilleurs témoignages sur le climat de l'époque. On y trouve des phrases comme : « La révolution n'est que l'accomplissement de la raison et la dernière exigence de la sagesse. »

Léon Blum, pour sa part, écrit : « Il est revenu un espoir, un goût du travail, un goût de la vie. La France a une autre mine et un autre air. Le sang coule plus vite dans un corps rajeuni. Tout fait sentir qu'en France la condition humaine s'est relevée. »

Mais le Front populaire, c'est peut-être surtout la présence des foules.

Foule du 12 février 1934, le jour où, pour la première fois, une colonne de manifestants socialistes et une colonne de manifestants communistes convergent et se confondent sur le cours de Vincennes.

Foule du 14 juillet 1935 de la Bastille au cours de Vincennes. Nous savons par *les Mémoires d'une jeune fille rangée* que Simone et Jean-Paul étaient côte à côte dans la foule du 14 juillet 1935. Nous savons en revanche qu'ils n'étaient point dans la foule du 14 juillet 1936, car, entre-temps, les élections avaient eu lieu, et il n'était plus nécessaire de se déranger.

Mais, entre le 14 juillet 1935 et le 14 juillet 1936, il y avait eu au moins deux grandes manifestations de foule : la manifestation du 16 février 1936, après l'attentat contre Léon Blum consécutif aux obsèques de Bainville, lorsque Léon Blum avait été sérieusement molesté et même blessé par un certain nombre de Camelots du roi ; puis la foule du 24 mai 1936 au mur des Fédérés, « 600 000 au Mur », comme titre *l'Humanité.*

Foule du 14 juillet 1936, foule joyeuse, dans une atmosphère de kermesse.

Foule du 22 novembre 1936, rendant le dernier hommage à Roger Salengro après son suicide, foule silencieuse et recueillie. Cela a été la dernière grande manifestation de foule du Front populaire.

En province, comme à Paris, le Front populaire organise nombre de défilés, de commémorations, de rassemblements — de rassemblements pacifiques d'ailleurs, dans la plupart des cas, dans une atmosphère de bonne humeur. Bien sûr, on crie beaucoup : « La Rocque au poteau », mais on crie aussi : « Raccourcir Casimir ! », avec une certaine gaieté. *La Marseillaise* et *l'Internationale* alternent. Les drapeaux tricolores sont mêlés avec les drapeaux rouges. Les Faucons rouges ont reçu consigne de faire disparaître de leur chant *l'Avant-garde,* le vers qui promet à un sort fâcheux « les JP et les curés » depuis que Maurice Thorez a tendu la main aux uns et aux autres.

Ces manifestations de foules n'ont rien de terrifiant. Il ne faut d'ailleurs pas oublier que ce sont des manifestations pacifiques organisées avec l'accord de la police et dans un certain nombre de cas avec le concours du gouvernement.

Quoi qu'il en soit, on ne saurait trop souligner l'importance des manifestations de foule en 1936. 1936, cela a été fondamentalement la présence de la foule dans la rue. Mais cette présence, pacifique certes, suscitait de la part des adversaires du Front populaire une véritable peur et une véritable haine. « Désormais, écrit Pierre Taittinger dans *l'Ami du peuple* — après la manifestation du 14 juillet 1936 —, c'est la foule anonyme, irresponsable, la foule passionnée, aveugle et déchaînée, aigrie par trois ans de crise. Oui, c'est la foule qui exerce le pouvoir! »

Le Front populaire a suscité un très grand mouvement de peur, et la droite a cru que le communisme était à la veille de s'instaurer en France.

Ces craintes peuvent nous paraître *a posteriori* singulièrement vaines, mais il faut savoir que des gens, qui n'étaient pas tous de « fieffés réactionnaires », pour employer la terminologie communiste, ou qui n'étaient pas tous des imbéciles, ont cru réellement et sincèrement que le Front populaire, c'était la fin de la propriété privée, l'instauration du régime des soviets, et que le Front populaire, ce serait la guerre, la fin de la défense nationale.

D'où l'extrême violence qui se manifeste dans la presse de l'époque, en particulier après la manifestation du 16 février 1936 consécutive à l'attentat du boulevard Saint-Germain contre Léon Blum. Dans les manifestants, *l'Action française* voit « des échappés de prison, des gibiers de bagne et une majorité de métèques ».

Après la manifestation du 24 mai 1936 au Père-Lachaise, *Gringoire* écrit : « Le grand cimetière fut livré pendant toute l'après-midi à des bandes d'énergumènes déchaînés et sans respect pour la mort. »

Lucien Rebatet dans *les Décombres* décrit ainsi le spectacle de Paris : « Une foule d'émeute montée d'on ne savait où tenait le pavé. Des voyous patibulaires doublés de petites femelles pires encore harcelaient jusque sur les boulevards les passants au profit des joyeux grévistes installés dans les banlieues. »

Tel est le ton de l'opposition en 1936. Léon Blum a pu parler à ce propos au procès de Riom de « terreur » et de « panique », et les deux expressions ne sont sans doute pas forcées.

Mais la menace ne tarde pas à s'éloigner. La droite va vite s'apercevoir que les socialistes ne sont pas des communistes et que le gouvernement est un gouvernement. Le temps n'est pas encore venu où Alain Laubreaux, journaliste à *Je suis partout,* ironisera sur la « terreur rose », mais, au début de juillet 1936, la grande peur de mai-juin 1936 est à peu près dissipée.

Cependant à la peur succède la haine et c'est une véritable campagne de haine qui se développe dans la deuxième partie de l'année 1936. Certes, cette haine s'était manifestée bien avant, et peu d'hommes ont été vilipendés et traînés dans la boue comme l'a été Léon Blum. Ne reculant point devant l'appel au meurtre, le 9 avril 1935, Charles Maurras écrivait : « C'est un homme à fusiller, mais dans le dos. » Le 13 octobre 1935, c'est le texte fameux sur le couteau de cuisine dans lequel Maurras promet l'usage dudit couteau aux parlementaires qui sont partisans des sanctions à l'égard de l'Italie fasciste. Le 15 mai 1936, Maurras écrit de nouveau, quinze jours après le deuxième tour des élections : « C'est en tant que juif qu'il faut voir, concevoir, entendre et *abattre* le Blum. Ce dernier verbe paraîtra un peu fort de café. Je me hâte d'ajouter qu'il ne faudra abattre physiquement Blum que le jour où sa politique nous aura amené la guerre impie qu'il rêve contre nos compagnons d'armes italiens. Ce jour-là, il est vrai, il ne faudra pas le manquer. »

Les ministres de Léon Blum ne sont pas épargnés : violence des attaques contre Pierre Cot, contre Jean Zay et surtout contre Roger Salengro acculé au suicide à la suite de la campagne lancée par *Gringoire,* « la feuille infâme ».

Lorsqu'on lit ou lorsqu'on relit la presse de l'époque avec le recul du temps, on ne peut pas manquer d'être frappé par le caractère d'extraordinaire violence et d'extraordinaire outrance qu'elle exprime.

On a beaucoup discuté pour savoir si la France de 1936 était ou n'était pas au bord de la guerre civile. Sans doute la France n'a-t-elle pas été au bord de la guerre civile, mais les Français de droite connaissaient à l'époque si mal les Français de gauche, et les Français de gauche connaissaient si mal les Français de droite, qu'il serait imprudent d'affirmer *a posteriori* que les risques de guerre civile étaient totalement illusoires.

Un certain nombre de gens se mettaient à stocker des armes dans la perspective du grand soir, pour empêcher la révolution. A partir du moment où des gens se mettent à stocker des armes, il ne faut pas totalement écarter l'idée qu'ils puissent être tentés de s'en servir. C'est à ce moment-là et dans ce climat que se crée la Cagoule qui, certes, ne provoquera point la guerre civile, mais qui se signalera jusqu'à la guerre de 1939 par un certain nombre d'attentats et de crimes.

Nous en venons à la question fondamentale : Y avait-il en 1936 une volonté révolutionnaire? Y a-t-il eu révolution manquée ou révolution trahie?

Pour répondre à cette question, il faut rappeler un certain nombre de facteurs :

— l'importance fondamentale d'une France qui est encore essentiellement rurale en 1936 et dont les revendications concernant la revalorisation des prix agricoles n'ont rien de spécifiquement révolutionnaire;

— l'importance et la pesanteur d'une opinion provinciale où les vieux stéréotypes, le Front populaire contre les curés, les petits contre les gros, sont encore prédominants. Il ne faut pas oublier que la province existe et que le Front populaire en province n'a pas nécessairement les mêmes caractères qu'à Paris [1];

— la condition d'une classe ouvrière qui est trop isolée dans la nation et trop profondément enfoncée dans la misère pour avoir une conscience claire de ce que peut être une perspective révolutionnaire;

— l'état d'esprit résolument conservateur des radicaux qui représentent, malgré la chute de leurs suffrages, le tiers des voix dont a bénéficié la coalition du Front populaire, et même un peu plus. Les radicaux ne sont certes point animés par une volonté révolutionnaire, et un gouvernement sans les radicaux, dans le contexte de 1936, n'était pas imaginable;

— la tactique résolument modératrice adoptée par le parti communiste en 1936. Si l'on ne tient pas compte de cette modération constamment affichée par les communistes en 1936, on ne comprend rien au Front populaire.

A ces différents éléments s'ajoutent un certain nombre de facteurs résultant de l'existence et de la force de l'opposition. On oublie parfois qu'il y avait en 1936 une opposition et que cette opposition était singulièrement forte [2] :

1. Cf. le mémoire de J.-L. Gastinel sur *Le Front populaire à Nantes et à Saint-Nazaire.*

2. Cf. la contribution de René Rémond et Janine Bourdin à l'ouvrage collectif *Léon Blum, chef de gouvernement, op. cit.*

— les ligues qui n'auraient certainement pas admis n'importe quoi ;

— une armée et une police qui ne sont pas sûres et qui n'auraient pas, non plus, admis n'importe quoi, surtout dans la perspective d'une intervention en Espagne ;

— un patronat dont les sentiments sont fort clairs. Le patronat, après la grande peur de juin 1936, ne tarde pas à se ressaisir et à adopter une politique très dure à partir de septembre-octobre 1936 ;

— l'Église catholique et celle-ci adopte à l'égard du Front populaire une attitude dénuée de toute nuance et de toute ambiguïté. Voir sur ce point la Lettre pastorale des cardinaux français aux catholiques de France datée du 31 octobre 1936, qui figure dans le cahier 155 de la Fondation ;

— la presse, et la presse parisienne est très largement à droite. C'est ici qu'il faut rappeler le poids considérable des hebdomadaires de droite comme *Gringoire* et *Candide,* comme *Je suis partout,* poids sans aucune espèce de proportion avec celui des hebdomadaires de gauche comme *Marianne* ou *Vendredi.*

Si l'on essaie de déterminer aussi exactement que possible ce que pouvait faire le gouvernement Léon Blum et ce qu'il ne pouvait pas faire, on doit aboutir à la conclusion que la marge de manœuvre de Léon Blum était extrêmement étroite, que les reproches rétrospectivement adressés par Daniel Guérin à Léon Blum ne tiennent guère compte des réalités et des possibilités.

3

La gauche française de 1940 à 1968

1. La Résistance et la gauche

La Résistance et la gauche : comme pour 1936, histoire d'un grand espoir et aussi histoire d'une grande déception.

Je commence par quelques indications bibliographiques. Comme la littérature est gigantesque sur le sujet, peut-être est-il nécessaire de donner quelques points de repère.

— D'abord un premier ouvrage qui porte exactement sur l'objet de ce cours : la thèse d'Henri Michel intitulée *les Courants de pensée de la Résistance* [1]. C'est une thèse de plus de 800 pages, utile, contenant beaucoup de textes, mais qui ne me paraît pas pleinement satisfaisante.

— Un deuxième livre — antérieur au premier et d'accès plus aisé — qui est un recueil de textes non commentés, dont les auteurs sont Mirkine-Guetzévitch et Henri Michel. Le livre date de 1954 et son titre est *les Idées politiques et sociales de la Résistance* [2].

— En troisième lieu, deux collections de témoignages : la collection des éditions de Minuit qui sont publiées clandestinement en France et la collection des Cahiers du Rhône qui sont publiés en Suisse pendant la guerre. C'est aux éditions de Minuit qu'a notamment paru *le Silence de la mer* de Vercors.

— Quatrième groupe de textes : parmi les innombrables témoignages sur cette période, je choisirai pour ma part le

1. H. Michel, PUF, 1962.
2. H. Michel, PUF, 1954.

livre de Christian Pineau, l'ancien ministre socialiste, qui a paru en 1960 et qui est intitulé *la Simple Vérité*. C'est un livre sans aucune grandiloquence et que je trouve personnellement assez beau et assez instructif.

— Il ne faut pas oublier naturellement toutes les monographies et tous les ouvrages qui ont été publiés dans la collection « Esprit de la Résistance » aux Presses universitaires de France, notamment le livre d'Hostache sur *le Conseil national de la Résistance,* un certain nombre de monographies consacrées aux principaux mouvements de Résistance, *Combat, Défense de la France,* l'OCM (l'Organisation civile et militaire), etc.

— Ne pas oublier enfin deux livres inégalement importants. L'un, de Léon Blum : *A l'échelle humaine,* qui ne paraît qu'en 1945, mais qui est écrit pendant l'hiver 1941-1942 et qui est très influencé par les circonstances. Livre extrêmement connu, je me dispenserai de le commenter longuement. L'autre livre, beaucoup moins connu mais qui va dans le même sens que celui de Léon Blum, qui porte un titre similaire, est celui d'André Hauriou, professeur à la faculté de droit de Paris, intitulé *le Socialisme humaniste* et qui a paru à la fin de la guerre.

Quant aux histoires de la Résistance, la meilleure est incontestablement celle qui a commencé à paraître chez Laffont sous la direction d'Henri Noguères [1].

A l'origine de la Résistance, il y a le désastre de juin 1940. Il ne suffit pas de le dire, il faut essayer de le faire sentir.

La France avait vécu pendant vingt ans sur les souvenirs de la victoire de 1918, qu'il s'agisse des Anciens Combattants, des pupilles de la Nation ou des jeunes Français nés vers 1918, qui avaient vingt et un ou vingt-deux ans en juin 1940 — c'est-à-dire l'âge d'être responsables de la vie d'une quarantaine d'hommes.

La propagande gouvernementale — y compris la voix de Jean Giraudoux — n'avait cessé de répéter aux Français pendant tout l'hiver 1939-1940 qu'ils vaincraient parce qu'ils

1. H. Noguères *et al., Histoire de la Résistance en France de 1940-1945,* Laffont, 1967, 1969, 1972.

étaient les plus forts, et les Français étaient persuadés que la France serait victorieuse car elle était la plus forte.

Les Français de gauche ou se croyant de gauche faisaient la guerre sans l'aimer, mais ils étaient profondément convaincus que la France se battait pour la défense de la liberté et pour un certain type de civilisation que nous confondions un peu naïvement avec la civilisation française.

Et pendant l'hiver 1939-1940, peu occupés par des tâches militaires, nous relisions *La guerre de Troie n'aura pas lieu* ou nous lisions *la Douceur de la vie* de Jules Romains, qui venait de paraître.

Et soudain, c'est l'écrasement de juin 1940, un écrasement comme la France n'en avait jamais connu dans son histoire, pire qu'un écrasement, un effondrement et une liquéfaction.

Quiconque n'a pas connu l'humiliation de juin 1940 ou quiconque ne fait pas l'effort nécessaire pour comprendre aujourd'hui ce qu'a pu être cette humiliation risque de ne jamais sentir ce qu'a pu être à l'origine la Résistance, c'est-à-dire un mouvement élémentaire de dégoût et de refus, un mouvement qui, à l'origine, était totalement apolitique, commun aux hommes de droite comme aux hommes de gauche, à des aristocrates comme à des prolétaires.

La liquéfaction de l'opinion française en juin 1940 est, il faut bien le dire, à peu près totale.

L'appel lancé de Londres le 18 juin par un sous-secrétaire d'État à la Guerre, à peu près complètement inconnu et récemment appelé à des fonctions ministérielles, n'est entendu que par une poignée de Français, pour la plupart eux-mêmes inconnus. Aucun homme politique connu, aucune formation politique ne répond initialement à l'appel du général de Gaulle et celui-ci en conçoit une amertume profonde qui s'exprime, non sans cruauté, dans le premier tome des *Mémoires de guerre*.

A Vichy, la Chambre élue en 1936, la Chambre du Front populaire — privée, il est vrai, des députés communistes, déchus de leur mandat —, n'oppose aucune résistance à la venue au pouvoir du maréchal Pétain. Le 10 juillet 1940, il n'y a que 80 parlementaires pour voter contre la délégation des pouvoirs au maréchal Pétain.

Le vote intervient par 569 voix contre 80 et 17 abstentions

déclarées dont celle d'Édouard Herriot. Ni Herriot, président de la Chambre, ni Jeanneney, président du Sénat, ne se montrent en cette circonstance particulièrement fermes.

Les 80 appartiennent pour la plupart à des formations de gauche, mais on trouve aussi parmi eux des parlementaires de droite ou du centre, comme le marquis de Chambrun ou le marquis de Moustier, ou des démocrates comme M. Pierre Trémintin.

A la SFIO, il y a — et il ne faut pas oublier qu'il s'agit des votes cumulés des députés et des sénateurs — 36 votes contre (dont 29 votes de députés) et 90 votes pour.

Parmi les radicaux et assimilés, on compte 27 votes contre (dont 13 votes de députés) et 170 votes pour.

Ces votes massifs expliquent les difficultés des radicaux à la Libération et aussi, pour une part, l'extrême mépris du général de Gaulle pour les partis politiques.

Mais l'opinion des parlementaires reflète à l'époque très fidèlement l'opinion générale du pays. Si un référendum avait pu être organisé en France en juillet 1940, sur l'initiative du maréchal Pétain, celui-ci aurait obtenu une écrasante majorité. Presque personne à l'époque ne met en doute son patriotisme et sa volonté de tout faire pour sauver ce qui peut l'être.

Les Résistants de 1940 sont donc singulièrement peu nombreux et, pour comprendre l'histoire de la Résistance et les rapports entre la Résistance et la gauche, il importe, je crois, d'introduire un certain nombre de distinctions selon les époques, selon les lieux, selon les formes de Résistance, selon les générations et enfin, — c'est ce qui nous retiendra le plus — selon les tendances politiques.

1. *Distinctions selon les époques.*

— la Résistance de juin 1940 qui est à l'origine un pur acte de foi : « ne pas se rendre », comme disait Péguy avant 1914;

— la Résistance de l'hiver 1940-1941, après la poignée de mains Hitler-Pétain à Montoire, après les premières manifestations de la Révolution nationale, après les mesures contre les juifs, contre les francs-maçons et contre les fils d'étrangers, après les appels renouvelés à la contrition, à la pénitence et à la régénération par le malheur;

— la Résistance après l'entrée en guerre de l'Union soviétique, en juin 1941, date importante pour les communistes — j'y reviendrai — mais aussi pour beaucoup de non-communistes qui peuvent enfin s'accrocher à un espoir raisonnable de défaite allemande, malgré les succès impressionnants que commencent par remporter les troupes allemandes sur le front de l'Est;

— avril 1942, le retour de Laval à Vichy, la fin de la Révolution nationale première période, la fin des illusions patriotiques, l'arrivée au pouvoir d'une nouvelle équipe, le départ de nombreux hommes qui avaient cru sincèrement, naïvement sans doute, possible de bâtir à Vichy un ordre nouveau sans renoncer aux valeurs patriotiques;

— novembre 1942, le débarquement en Afrique du Nord, l'occupation de la zone libre par les Allemands, puis la défaite des Allemands à Stalingrad. C'est pendant l'hiver 1942-1943 que la victoire commence à basculer du côté des Alliés; à partir de l'hiver 1942-1943, il devient assurément plus aisé et plus raisonnable d'être Résistant;

— 1943, c'est l'année du STO — Service du travail obligatoire — et c'est une date importante, la menace du départ en Allemagne, les premiers maquis constitués par les réfractaires au Service du travail obligatoire qui songent avant tout, ce qui est fort légitime, à échapper au départ en Allemagne et qui sont très inégalement animés par la volonté d'une Résistance active. Les maquis ne se constituent vraiment qu'à partir de l'été 1943 et sont directement liés au Service du travail obligatoire;

— juin 1944, c'est le débarquement en Normandie, c'est l'afflux d'une nouvelle promotion de Résistants plus nombreux que les précédents;

— et la dernière promotion de Résistants, c'est celle qui suit la Libération. La France à peu près entière se retrouve résistante pour acclamer le général de Gaulle en manifestant à peu près la même ferveur que pour accueillir le maréchal Pétain en 1940. Ce ne fut pas la meilleure période de la Résistance.

2. *Distinctions selon les lieux.*

Jusqu'en novembre 1942, les Résistants de la zone occupée sont contraints à une clandestinité totale. Ils voient les Allemands dans leur village, ou ils les voient défiler, au son d'une musique militaire, sur les Champs-Élysées, tous les jours, à l'heure du déjeuner. Les affiches de la Kommandantur leur apprennent périodiquement de nouvelles exécutions d'otages. La propagande de Vichy est beaucoup moins perceptible que dans la zone libre. La Résistance est donc avant tout une résistance anti-hitlérienne, même anti-allemande et la résistance anti-vichyssoise dans la zone occupée se confond étroitement avec la résistance anti-allemande.

Dans la zone libre, jusqu'en novembre 1942, les choses sont beaucoup plus complexes car la politique de Vichy suscite rapidement une résistance proprement politique et, à cet égard, il faut signaler les mesures d'exception contre les fils d'étrangers, contre les francs-maçons — mesures qui datent du mois d'août 1940 — et contre les juifs — mesures qui datent d'octobre 1940.

Il faut aussi signaler l'importance du procès de Riom pendant l'hiver 1941-1942, contre Daladier, Léon Blum et le général Gamelin. Le procès de Riom donne aux accusés l'occasion de défendre la IIIe République et, dans le cas de Léon Blum, l'action du Front populaire. Il est incontestable que le procès de Riom a donné un nouvel élan à la Résistance. C'est sans doute la raison pour laquelle ce procès a été brusquement interrompu.

En zone libre, la Résistance prend ainsi un caractère plus nettement anti-Vichy — et il y a à Vichy pendant la première période beaucoup d'anti-Allemands sincères, tandis qu'en zone occupée le problème n° 1 est celui de la Résistance anti-allemande. Il faut souligner le fait que, pendant un certain temps, la Résistance anti-allemande et la Résistance anti-vichyssoise ne se confondent pas.

La Résistance des communistes après juin 1940 est avant tout une Résistance contre Vichy (cf. l'appel du 10 juillet 1940, qui, en fait, est postérieur et dont je reparlerai).

Parmi les premiers Résistants de l'intérieur, en zone Nord,

en zone Sud, dans les camps de prisonniers, beaucoup croient au début et croiront longtemps — certains jusqu'à la fin — à un double jeu, à une entente secrète entre Pétain et de Gaulle, selon la thèse de l'épée du général de Gaulle et du bouclier brandi par le maréchal Pétain.

Mais une différence fondamentale sépare les Résistants de la France métropolitaine et ceux de la France libre, les clandestins et les combattants en uniforme. Entre les uns et les autres existe une incompréhension assez profonde et qui, loin de se réduire, ne fera sans doute que s'accuser à mesure que les années passeront.

Les combattants de la France libre ont tendance à considérer qu'ils sont les seuls vrais combattants et, lorsqu'on lit les discours du général de Gaulle, on se rend compte qu'il s'est longtemps nourri de l'espoir, de la fiction qu'il existait une France unanimement résistante. On se rend compte également que le général de Gaulle n'a guère compris qu'à partir de 1942-1943 le rôle que pouvaient jouer dans la France occupée les mouvements de Résistance.

D'autre part, les Résistants de la France occupée ont tendance à considérer qu'ils courent plus de risques, sinon que les combattants d'Afrique ou d'Italie, du moins que les Résistants de Londres ou d'Alger.

Cette incompréhension profonde, qui se manifeste dès 1940 et surtout en 1944, notamment pendant le drame du Vercors, sera la cause de malentendus extrêmement graves à la Libération et ce sera sans doute, avec beaucoup d'autres, une des causes de l'échec politique de la Résistance.

3. *Distinctions selon les formes de Résistances.*

— la Résistance de ceux qui se battent sous l'uniforme français et parfois, comme en Syrie, contre d'autres Français portant l'uniforme français ;

— la Résistance de ceux qui pratiquent l'attentat contre les Allemands. Le premier attentat connu de ce type est celui du métro Barbès-Rochechouart, en août 1941. C'est un attentat contre un officier allemand commis par un communiste, le futur colonel Fabien. C'est l'époque où les communistes recommandent les attentats et l'époque où le général de

Gaulle les déconseille formellement. Jusqu'à la fin, la radio de Londres ne cessera de répéter que les attentats conduisent à des exécutions sommaires d'otages et qu'il ne faut surtout point engager des actions prématurées ;

— la Résistance de ceux qui pratiquent le sabotage et, à cet égard, je vous renvoie au film de René Clément sur les cheminots *la Bataille du rail ;*

— la Résistance de ceux qui pratiquent le renseignement et, si vous aimez le cinéma, je vous renvoie au film de Noël-Noël *le Père tranquille,* qui est à mes yeux, un des meilleurs films sur l'époque de guerre ;

— la Résistance des militaires et, là encore, il faudrait distinguer trois groupes de militaires :

a) les militaires de Vichy, l'ORA (Organisation de Résistance de l'armée). Ce sont les éléments résistants de l'Armée de l'armistice, avec le général Cochet à l'origine ;

b) l'Armée secrète qui est organisée à Londres, et dont le premier organisateur est le général Delestraint qui sera massacré par les Allemands ;

c) les FTP (francs-tireurs et partisans) d'obédience communiste, encore qu'il y ait eu bon nombre de non-communistes parmi les FTP.

Ces trois groupes — ORA, Armée secrète, FTP — se fondront tout à fait à la fin sous le titre de FFI : Forces françaises de l'intérieur ;

— la Résistance des maquisards qui est très différente selon les maquis et qui est parfois assez éloignée d'une résistance militaire ;

— la Résistance de ceux qui rédigent et publient des tracts et des brochures, ce qui est méritoire et dangereux, mais un livre comme celui d'Henri Michel et Boris Mirkine-Guetzévitch fait une part sans doute excessive à ce type de Résistance. Ce n'est pas à travers des écrits qu'on peut percevoir le plus aisément ce qu'a pu être l'idéologie de la Résistance ;

— la Résistance de ceux qui fabriquent des projets de Constitution — et jamais on n'a fabriqué plus de projets de Constitution qu'à l'époque ;

— la Résistance politique de ceux qui préparent la Libération et qui tiennent à être en position de force à l'époque de la

Libération. Ne nous imaginons point que les communistes n'y songent pas. Ne croyons pas non plus que la Délégation générale, présidée par Alexandre Parodi ne se préoccupe point des lendemains de la Libération. Ne nous imaginons pas qu'un homme comme Michel Debré, qui s'occupait plus particulièrement des nominations de préfets, n'était point animé par le souci d'éviter qu'il n'y ait trop de préfets communistes à la Libération et que les Comités de libération ne jouent un rôle excessif;

— la Résistance des Français qui se contentent d'écouter la radio de Londres ou d'épingler des petits drapeaux sur les cartes de Russie.

Il y a donc la Résistance totalement désintéressée et la Résistance moins désintéressée, la Résistance passive, la Résistance active, la Résistance aussi de ceux qui se préoccupent moins d'accomplir une action efficace que de porter témoignage.

4. *Distinctions selon les générations.*

Les uns ont un passé politique, des convictions déjà assurées, qu'ils soient politiquement engagés depuis très longtemps ou depuis le 6 février 1934 ou depuis 1936 (et à ces deux dates correspondent des types d'engagement très différents).

Pour les autres, c'est la défaite qui est le choc initial et la Résistance qui est le premier engagement politique.

Je citerai trois exemples à cet égard — et je pourrais les multiplier :

— Un premier groupe est celui des jeunes catholiques comme Jean-Marie Domenach ou Gilbert Dru — et il est pour le moins étonnant que, dans une thèse de 880 pages, Henri Michel, ne cite pas le nom de Gilbert Dru, tué à Lyon en août 1944 (cf. le numéro assez émouvant sur Gilbert Dru paru dans *France-Forum* en 1964, pour le 20ᵉ anniversaire de sa mort). Il y a les jeunes catholiques qui sortent du scoutisme, de l'Action catholique, et qui découvrent la politique avec la Résistance.

— Un autre groupe est celui de *Défense de la France,* un des journaux clandestins de l'époque, un journal de jeunes étudiants parisiens qui a donné naissance à *France-Soir*. *Défense de la France* avait trois protagonistes : Robert Salmon, Jean-Daniel Jurgensen et Philippe Viannay.

— Enfin, il faut signaler tous les jeunes qui découvrent en même temps le communisme et la Résistance, qui viennent au communisme par la Résistance. C'est le cas d'un garçon comme Edgar Morin qui a raconté dans son *Autocritique* comment il était venu au communisme pendant l'époque de la Résistance, alors qu'il avait vingt ou vingt-deux ans. C'est le cas aussi d'Annie Kriegel et de beaucoup d'autres.

5. *Distinctions selon les tendances.*

Mais la différence fondamentale, celle qui doit nous retenir un peu plus longuement, c'est la différence selon les tendances, et il faut ici, je crois, nuancer fortement ce que dit Henri Michel dans sa thèse sur *les Courants de pensée de la Résistance.*

D'abord, il faut rappeler un fait : qu'il y a eu à Vichy, dans les sphères gouvernementales, des hommes de gauche ou d'anciens hommes de gauche.

Ne citons que trois noms connus : René Belin qui vient de la CGT où il avait des fonctions particulièrement importantes auprès de Jouhaux, et qui est ministre du Travail; Paul Marion, ancien membre du parti communiste, puis du parti populaire français de Doriot, et qui sera pendant longtemps ministre de l'Information; Gaston Bergery, ancien radical de gauche, « jeune turc » du radicalisme, ancien directeur de *la Flèche,* ancien artisan du Front commun, qui avait constitué la première étape vers le Front populaire.

Bien sûr, ces hommes de gauche sont largement minoritaires à Vichy à côté des anciens maurrassiens, des officiers de marine, des anciens hommes de droite. Mais si aucune formation de gauche ne se rallie à Vichy, ce n'est pas vrai des individus.

Quant aux « collaborateurs » de Paris, le fait est plus frappant encore [1]. Lorsqu'on regarde quels sont les responsables des mouvements collaborationnistes à Paris, on cons-

1. Cf. Michèle Cotta, *La Collaboration,* Colin, « Kiosque », 1965.

tate que les responsables de ces mouvements sont dans une très large proportion d'anciens hommes de gauche : Jacques Doriot, ancien membre du parti communiste, Marcel Déat, ancien membre de la SFIO et auteur du schisme des « néos » en 1933. Mais on pourrait citer bien d'autres noms, ne serait-ce que celui de Jean Luchaire, ancien membre du parti radical et sympathisant des « jeunes turcs ».

D'autre part, parmi les Résistants, il y a un nombre élevé durant la première période — beaucoup plus élevé que ne le dit Henri Michel — d'hommes de droite. Cela est évident pour Londres où, à l'origine, les hommes venus de la gauche sont extrêmement minoritaires et d'ailleurs très méfiants. Cela est vrai aussi pour la Résistance intérieure et il ne serait pas difficile de citer beaucoup de noms : d'Estienne d'Orves, officier de marine, qui sera le premier fusillé, le colonel Rémy, Guillain de Bénouville, Jacques Renouvin, qui viennent tous les trois de l'Action française, le colonel Passy qui vient de la Cagoule, Jacques Arthuys, ancien membre du Faisceau de Georges Valois, Maxime Blocq-Mascart, un des fondateurs de l'OCM, l'Organisation civile et militaire, qu'on retrouvera au moment du 13 mai, et qui n'a jamais passé pour un homme de gauche. Charles Vallin, membre du PSF, député PSF, ancien lieutenant de La Rocque, rejoint Londres dès 1942, en même temps que Pierre Brossolette, membre de la SFIO. Joseph Laniel et Debu-Bridel sont, l'un et l'autre, membres du Conseil national de la Résistance qui tient sa première réunion en mai 1943.

Parmi les premiers Résistants, on trouve des officiers comme le général Delestraint ou comme le général Cochet, des professeurs comme René Courtin qui fut un des premiers cofondateurs du *Monde*. Il est difficile de considérer le général Delestraint ou René Courtin comme des hommes de gauche.

Ce qu'il faut signaler, c'est qu'il y a aussi parmi les premiers Résistants d'assez nombreux catholiques.

A l'origine, la hiérarchie catholique, dans son ensemble, s'est ralliée sans réserves au régime de Vichy et elle ne s'en dégagera que tardivement et très partiellement, non sans quelques manifestations de zèle inutiles [1].

1. Voir le livre solide de J. Duquesne, *Les Catholiques français sous l'Occupation*, Grasset, 1966.

La hiérarchie, dans son ensemble, avec de rares exceptions, accueille à l'origine avec faveur le nouveau régime. Mais un certain nombre de laïcs jouent immédiatement, dès 1940, un rôle important et même déterminant dans la Résistance. C'est ici qu'il faut citer un certain nombre de professeurs venus pour la plupart de la démocratie chrétienne : Georges Bidault, Pierre-Henri Teitgen, François de Menthon, Paul Coste-Floret. Il faut aussi rappeler l'appel à la Résistance lancé par Edmond Michelet à Brive dès le 17 juin 1940.

Il faut citer un certain nombre de religieux appartenant au clergé régulier, plus que séculier, comme le R.P. Chaillet, le R.P. Fessard, le R.P. de Lubac qui fondent en novembre 1941 les *Cahiers du témoignage chrétien* qui seront à l'origine de l'actuel *Témoignage chrétien.*

Enfin, un certain nombre de jeunes catholiques comme André Mandouze, Jean-Marie Domenach ou Gilbert Dru s'engagent très tôt dans la Résistance qui constitue leur première expérience politique.

On peut dire que l'Église de France a été dans une très large mesure sauvée par l'attitude de laïcs et de religieux sans mandat et que, sans eux, nous avions les meilleures chances de connaître en 1944 une crise d'anticléricalisme comme la France en aurait sans doute peu connu dans son histoire.

De même, ce sont des individus isolés et pour la plupart inconnus qui forment les premiers mouvements de Résistance, ce ne sont pas des hommes qui appartiennent à des partis politiques.

« Combat », qui est un des principaux mouvements de Résistance, est l'œuvre initialement d'Henri Frenay, ministre des Prisonniers et Déportés à la Libération, à un moment où M. François Mitterrand, qui était secrétaire général aux Prisonniers et Déportés dans la France occupée, souhaitait vivement être nommé ministre du général de Gaulle.

Par conséquent, à l'origine de « Combat », nous trouvons un officier qui n'a jamais fait de politique, Henri Frenay. Puis, autour de lui, s'agrègent des gens pour la plupart inconnus à l'époque : Claude Bourdet, Albert Camus, Pascal Pia.

« Libération-Sud » est dans une large mesure l'œuvre d'Emmanuel d'Astier de la Vigerie, qui est à l'origine à peu près inconnu, et qui n'a pas de passé politique.

« Franc-Tireur », troisième grand mouvement de la zone Sud, a une coloration politique plus marquée, assez nettement à gauche avec un certain nombre d'israélites parmi ses fondateurs. C'est certainement le plus à gauche des mouvements de la zone Sud.

Ces mouvements de la zone Sud, après des difficultés un peu fastidieuses, finissent tardivement par fusionner dans les Mouvements Unifiés de Résistance, les MUR.

Dans la zone Nord, il y a « Libération-Nord » qui a une coloration politique de gauche. Le principal animateur est Christian Pineau qui deviendra un leader socialiste et qui est alors connu comme syndicaliste.

Il y a l'OCM qui est dans l'ensemble une organisation de droite. Par un hasard singulier — mais il ne faudrait point avancer d'interprétations malveillantes — Guy Mollet se trouve avoir fait partie de l'OCM.

« Ceux de la Résistance » et « Ceux de la Libération » sont deux petits mouvements qui, pour la plupart, ont à leur tête des hommes de droite : ceux de la Résistance, Bourdeau de Fontenay, le bâtonnier Charpentier, etc. ; ceux de la Libération, André Mutter qui sera plus tard député indépendant.

Défense de la France est un petit journal d'étudiants totalement apolitique.

Ce qu'il faut noter, c'est le pullulement des groupements, leur organisation médiocre, leur particularisme extrême, surtout le fait qu'à l'époque on ne choisissait pas son groupement. C'est au hasard des rencontres et des filières qu'on aboutissait dans tel ou tel groupement et qu'on découvrait, que ce groupement avait une coloration politique qu'on n'avait point choisie.

Après les mouvements, les partis. Il est fondamental de se rendre compte que l'osmose mouvements-partis ne s'est réalisée que de la façon la plus imparfaite.

Les partis politiques de gauche jouent dans la Résistance un rôle fort inégal.

1. Le parti radical, en tant que tel, ne joue aucun rôle dans

la Résistance. Il est vrai que sa structure très lâche ne le prédisposait guère à l'action clandestine.

Sans doute, le parti radical est-il représenté au Conseil national de la Résistance par Paul Bastid, ancien ministre de Léon Blum. Sans doute Édouard Daladier est-il arrêté. Sans doute Jean Zay est-il massacré par la milice. Sans doute Pierre Mendès France rejoint-il Londres et se bat-il dans les Forces aériennes françaises libres. Sans doute Pierre Cot quitte-t-il la France avec le désir de rester à Londres, mais le général de Gaulle le trouve encombrant — il en fait l'aveu dans ses *Mémoires de guerre* — et explique que la place de Pierre Cot serait plutôt aux États-Unis qu'en Angleterre.

Mais l'attitude d'Herriot est pour le moins équivoque, en 1944 comme en 1940, et compte tenu de l'importance d'Herriot dans le parti radical, il y a là un fait gênant.

Bref, il y a eu certainement des Résistants radicaux, mais ils n'ont pas été innombrables et le parti radical en tant que tel n'a joué aucun rôle dans la Résistance entre 1940 et 1944.

Les Résistants, dans leur ensemble, et surtout les Résistants des mouvements, ne sont pas tendres à l'égard des radicaux. A la Libération, le parti radical, qui était présidé à l'époque par Théodore Steeg — un vieillard minuscule et chenu —, le parti radical, tel qu'il pouvait apparaître à son premier congrès, qui se tenait dans la salle des Horticulteurs, rue de Grenelle, en décembre 1944, donnait l'impression d'appartenir à un autre monde.

2. Les parlementaires socialistes n'avaient pas été beaucoup plus héroïques que les parlementaires radicaux le 10 juillet 1940, mais l'organisation de la SFIO se prêtait un peu mieux que celle du parti radical à une action de résistance. D'autre part, la SFIO comptait parmi ses membres un certain nombre de militants, instituteurs, fonctionnaires de diverses catégories, d'israélites. Les juifs étaient assez nombreux à la SFIO et ils avaient été durement touchés par les mesures de Vichy. L'hostilité à Vichy était donc normale, et imposée par les circonstances, pour un assez grand nombre de socialistes.

Mais ce qu'il faut surtout souligner, c'est le rôle personnel de Léon Blum car, si le rôle personnel de Léon Blum n'avait pas été fondamentalement différent du rôle personnel d'Édouard Herriot, je ne sais pas si, en définitive, le bilan de la SFIO pendant la Résistance n'aurait pas été assez analogue au bilan du parti radical.

C'est ici qu'il faut mentionner la défense de Léon Blum devant la Cour de Riom qui marque en quelque sorte la résurrection de la SFIO.

Emprisonné, cible de toutes les attaques, Blum écrit en prison *A l'échelle humaine* pendant l'hiver 1941-1942. *A l'échelle humaine,* qui sera publié à la Libération et qui est un livre d'autocritique, est un livre attachant, qui dénonce les abus du régime parlementaire, et souligne avec force qu'il ne faut pas confondre démocratie et parlementarisme, qu'il peut y avoir une démocratie authentique qui ne soit point conforme à toutes les règles de la démocratie parlementaire, telle qu'elle était pratiquée ou plutôt défigurée sous la IIIe République. *A l'échelle humaine* est aussi un plaidoyer pour une rénovation du socialisme et pour une moralisation de la politique.

Mais *A l'échelle humaine* n'est pas diffusé pendant la guerre et ne sera publié qu'à la Libération.

Ce qui est peut-être plus important, c'est le rôle que joue Léon Blum pour favoriser la reconstitution d'une SFIO clandestine. Dans cette SFIO clandestine dont le secrétaire général de l'époque est Daniel Mayer, le rôle de Léon Blum est important car il incite les socialistes, initialement réticents, à se rallier au général de Gaulle.

A cet égard, on se reportera au recueil publié sous le titre *l'Œuvre de Léon Blum,* qui contient, non seulement *A l'échelle humaine,* mais tous les billets envoyés par Blum à Félix Gouin qui représentait la SFIO à Londres en 1942.

Félix Gouin n'aimait guère le général de Gaulle, et il faisait part de ses réserves à Léon Blum. Léon Blum lui répond en substance que les socialistes n'ont pas le choix et qu'ils doivent soutenir sans réserves le général de Gaulle.

Il est certain que les lettres envoyées par Léon Blum à Londres, que ses consignes aux militants de la SFIO clandestine, transmises par l'intermédiaire de Daniel Mayer, ont joué un rôle déterminant pour le ralliement de la SFIO au gaullisme à partir de 1942.

A Londres, puis à Alger, se trouvent de nombreux

socialistes très attachés à la SFIO la plus traditionnelle : Félix Gouin, Vincent Auriol, Jules Moch, et ils ne manifestent assurément pas le même souci que Léon Blum de repenser le socialisme. A cet égard, il faut lire les mémoires de Vincent Auriol, un gros livre en deux volumes, qui a été publié sous le titre *Hier-Demain*. Le « Demain » de Vincent Auriol semble devoir être très semblable à « Hier », et à cet égard la différence avec *A l'échelle humaine* est extrêmement apparente.

Rares sont donc les socialistes membres de la SFIO qui, comme Pierre Brossolette — lequel mourra tragiquement pendant la guerre —, pensent que les partis politiques ont fait faillite, y compris la SFIO, et qu'il sera indispensable à la Libération de constituer un nouveau parti politique sur des bases nouvelles, un parti issu de la Résistance et animé par l'idéal de la Résistance.

Les socialistes manifestent donc — et c'est un point important — un patriotisme de parti pendant la Résistance et un particularisme que ne manifestent pas au même degré les communistes. Il y a une perméabilité entre l'idéologie de la Résistance et l'idéologie communiste, qui n'existe pas entre l'idéologie de la SFIO et l'idéologie de la Résistance.

Sans doute peut-on dire que, dans l'ensemble, la Résistance était socialiste — un socialisme très vague, très généreux, très naïf en définitive — mais pour quelqu'un qui avait découvert la politique à l'époque de la Résistance il était plus normal, en 1944-1945, de se sentir proche du parti communiste que de cet univers de la SFIO qui semblait vraiment intact depuis la fin du XIXe siècle, l'univers des secrétaires de sections et des secrétaires de fédérations.

3. L'attitude des communistes français pendant la guerre mériterait un développement particulier. Je signale deux ouvrages récents qui sont importants et qui ont à certains égards renouvelé la connaissance du sujet :

a) *L'Histoire de la Résistance en France,* ouvrage publié sous la direction de Henri Noguères. Noguères, de tendance socialiste, a fait ce livre en collaboration avec un communiste et un homme de droite, Marcel Degliame-Fouché et Jean-Louis Vigier. Ces trois auteurs n'apprécient pas de la même façon le rôle joué par les communistes pendant la Résistance.

Une note de Jean-Louis Vigier figure à la fin du livre et porte une appréciation plus critique que celle de ses deux co-auteurs sur le rôle joué par les communistes pendant les années 1940-1941. Ce premier tome ne couvre que la période juin 1940-juin 1941. C'est d'assez loin la meilleure histoire de la Résistance, la plus objective et la plus attachante qui existe.

b) Je n'en dirai pas autant du livre récemment publié aux Éditions sociales — les éditions du parti communiste français — sous le titre *le Parti communiste français dans la Résistance.* C'est un ouvrage anonyme, très officiel, mal dégagé des habitudes de l'historiographie stalinienne. Ce livre reprend sans les modifier beaucoup les deux ouvrages antérieurs qui étaient proprement staliniens : d'une part, celui de Bouvier et Gacon, publié aux Éditions sociales en 1953 : *la Vérité sur 1939,* qui est une justification du pacte germano-soviétique; d'autre part, celui de Germaine Willard, publié en 1960, sous le titre : *la Drôle de guerre et la Trahison de Vichy* [1].

Lorsqu'on examine objectivement et sans passion le rôle des communistes français pendant la guerre, il est indispensable de distinguer nettement trois phases, et non pas deux.

1. La première phase est celle qui va du pacte germano-soviétique d'août 1939 à la débâcle de juin 1940.

En 1939, après quelques semaines d'incertitude, le parti s'aligne sur les positions de l'URSS et justifie le pacte germano-soviétique exactement dans les mêmes termes qu'à Moscou. Le parti est cependant secoué par une crise profonde, plus profonde sans doute que ne l'ont dit les historiens communistes.

Sur 75 parlementaires communistes au total (73 députés et 2 sénateurs), 22, soit près du tiers, se désolidarisent du parti après le pacte germano-soviétique. Et il est infiniment probable que les dissidents auraient été plus nombreux si le parti n'avait pas été immédiatement interdit, les parlemen-

1. Ont également paru depuis 1960-1961 le gros livre de Charles Tillon sur les FTP qui contient beaucoup de détails mais qui est dans l'ensemble assez décevant et le livre d'Auguste Lecœur, *le Partisan,* qui est beaucoup plus intéressant et du même auteur, qui est sévère pour les dirigeants du parti et notamment pour Jacques Duclos, *le Parti communiste français et la Résistance,* août 1939-juin 1941.

taires et les militants pourchassés ou emprisonnés, la presse communiste elle-même interdite.

Il est permis de penser qu'un certain nombre de militants communistes, qui étaient, en fait, assez profondément ébranlés par le pacte germano-soviétique, sont restés fidèles au parti pour une raison, d'ailleurs parfaitement honorable, de fidélité, ne voulant pas abandonner des camarades que guette la prison.

Il est probable — certains témoignages et, en particulier, celui de Jean Zay, permettent de le penser — que tels étaient les sentiments de Gabriel Péri qui fut plus tard assassiné par les Allemands. Tout semble indiquer que Gabriel Péri, tout en restant fidèle au parti communiste, avait été profondément ébranlé par le pacte d'août 1939.

Durant toute cette période qui correspond à la drôle de guerre, l'attitude des communistes est d'une parfaite simplicité. Ils dénoncent la guerre impérialiste, et se prononcent pour la paix immédiate. C'est leur attitude dès septembre 1939, et cette attitude ne se modifie point jusqu'au mois de juin 1940.

A cet égard, il y a un épisode important : « Le procès des 44 ». C'est le procès des 44 parlementaires communistes qui furent jugés en mars 1944 et qui furent assez lourdement condamnés.

Ce procès a fait l'objet de deux publications qu'il est intéressant de confronter. La première est celle d'un avocat belge, Jean Fonteyne, communiste lui-même, qui avait défendu les parlementaires communistes français et qui a publié dès 1940 un livre intitulé *le Procès des 44*. Tout permet de penser que les textes cités en avril-mai 1940 par ce communiste belge, totalement solidaire des accusés qu'il venait de défendre, sont bien des textes authentiques. Or, il se trouve que ce sont des textes différents que l'on trouve dans le livre publié par Florimond Bonte sous le titre *le Chemin de l'honneur*, en 1949.

J'avais jadis procédé à une confrontation du texte fourni par Fonteyne et du texte fourni par Bonte. C'est un bel exemple de faux patriotique car Bonte, écrivant en 1949, a gommé systématiquement du texte de Fonteyne tout ce qui concerne la dénonciation de la guerre impérialiste et la revendication de la paix immédiate. Il a, en revanche, ajouté des passages anti-hitlériens qui ne figuraient point dans le texte de Fonteyne — et ce n'est probablement pas par hasard qu'ils n'y figuraient point.

2. La deuxième période — qu'il faut distinguer nettement de la première — va de juin 1940, c'est-à-dire la débâcle, à juin 1941, c'est-à-dire le début de la guerre entre l'Allemagne et l'Union soviétique.

C'est une période où le parti est à peu près complètement désorganisé. C'est aussi une période où le ministre de l'Intérieur de Vichy, Adrien Marquet, ancien « néo », lance circulaire sur circulaire aux préfets pour que l'on surveille de près les anciens militants communistes.

Le parti est donc pourchassé, dispersé, désorganisé et des initiatives contradictoires sont prises à l'échelon local.

C'est ainsi que les historiens anticommunistes — dont le principal est l'Italien Rossi qui a écrit plusieurs livres sur cette période — insistent sur certains textes, tandis que l'historiographie communiste insiste sur d'autres textes.

Les historiens anticommunistes soulignent un certain nombre de faits et de démarches, d'abord la démarche, pour le moins imprudente — c'est le moins qu'on puisse dire — faite en juin 1940, peu de temps après l'occupation de Paris, par un membre du Comité central du parti, Tréand, auprès des autorités allemandes pour faire reparaître *l'Humanité* sous contrôle allemand.

D'autre part, la lettre de François Billoux, un des principaux dirigeants du parti communiste, emprisonné, demandant à être entendu au procès de Riom et écrivant à ce sujet au maréchal Pétain le 19 décembre 1940. Qu'un membre du parti communiste français demande à être entendu à un procès vichyste intenté à Léon Blum et à Daladier, on pouvait juger cette démarche contestable.

On pourrait citer aussi toute une série de textes contre de Gaulle, contre les gaullistes, « les valets de la cité de Londres », « les laquais de l'impérialisme anglo-saxon ». Enfin on peut mentionner divers textes dans *l'Humanité* clandestine ou dans d'autres publications communistes, sur le thème : « Cette guerre n'est pas notre guerre. »

Que trouvons-nous en contrepartie?

Il y a d'abord l'appel du 10 juillet 1940 [1], signé de Maurice Thorez, qui n'était pas à l'époque en France, et de Jacques Duclos qui, lui, y était, et qui a été longtemps présenté par l'historiographie communiste comme un appel à la résistance anti-hitlérienne. Une photocopie de cet appel avait même été publiée dans *l'Humanité* en décembre 1947.

Il n'y a qu'un malheur. C'est que cette photocopie publiée dans *l'Humanité* en décembre 1947 est un texte tronqué qui fait apparaître l'appel du 10 juillet 1940 comme un appel à la résistance anti-hitlérienne, alors que, lorsqu'on regarde le texte intégral — qui se trouve cité à la fin de l'*Histoire de la Résistance* de Noguères, on se rend compte qu'il s'agit d'autre chose.

On trouve dans ce texte de très violentes attaques contre tous les dirigeants de la IIIe République, y compris Léon Blum qui est mis exactement sur le même plan que les dirigeants de droite. On y trouve également de très violentes attaques contre Vichy, « le gouvernement de traîtres et de vendus qui siège à Vichy ».

On y trouve reprise l'idée que, seuls, les communistes ont lutté et continuent à lutter contre la guerre, que, seuls, ils ont infatigablement réclamé la paix pendant l'hiver 1939-1940. Et il y a un passage qui indique clairement que le parti communiste français continue à réclamer la paix, et la paix immédiate.

Mais il y a un passage — et c'est celui qui est toujours cité par les historiens communistes — qui dit : « La France veut vivre libre et indépendante, etc. » On peut, certes, présenter ce texte qui est vigoureux, comme un appel à la Résistance, mais c'est avant tout un appel à la Résistance contre Vichy et, à aucun moment, dans ce texte de quatre ou cinq pages imprimées grand format, les Allemands ne se trouvent mentionnés.

La bataille de textes n'est pas extrêmement convaincante et il faut bien dire que beaucoup de textes ont été fabriqués *a posteriori*, et par les historiens communistes et par les

1. En fait il semble bien que l'appel ait été antidaté, et qu'il date au plus tôt de la fin de juillet. Il fait en effet allusion à des événements postérieurs au 10 juillet.

historiens anticommunistes. Par conséquent, lorsqu'on se trouve en face d'un texte datant de l'époque, il est très difficile de savoir s'il ne s'agit pas d'un faux ou d'un texte antidaté.

Mais ce qui est incontestable, c'est que les communistes peuvent légitimement faire état d'un certain nombre d'actes de Résistance, individuels ou collectifs, bien avant juin 1941.

Des hommes comme Gabriel Péri et Georges Politzer, dont j'ai déjà parlé, ont, l'un et l'autre, publié dans le courant de l'hiver 1940-1941, plusieurs mois avant l'entrée en guerre de l'Allemagne contre l'Union soviétique, des brochures qui sont animées par des sentiments vigoureusement anti-hitlériens.

Bref, si l'on cherche à dresser un bilan sans passion de cette deuxième période — qui est certainement la plus controversée de l'histoire du parti communiste français — il faut, je crois, souligner deux faits.

D'abord, il est parfaitement faux de dire que les communistes ont toujours été à l'avant-garde de la lutte anti-hitlérienne. Une telle affirmation ne résiste pas à un examen critique.

Mais il est également faux de dire que les communistes ont attendu juin 1941 pour entrer dans la Résistance et qu'ils ont avant cette date collaboré avec les Allemands.

Il y a beaucoup d'actes de résistance individuels ou même d'actes de résistance collective à l'échelon local avant juin 1941 et, à cet égard, le livre d'Henri Noguères apporte beaucoup de témoignages irréfutables. Il ne semble pas faux de dire qu'à cet égard les dirigeants nationaux du parti sont en retrait sur les militants et les dirigeants locaux.

En fait, on peut dire que c'est Vichy qui a largement contribué à sauver le parti communiste français et à réintégrer le parti communiste français dans la collectivité nationale, car il était normal de passer insensiblement de la résistance anti-Vichy, qui était celle des communistes au départ, à la résistance anti-allemande.

3. Cependant, c'est seulement à partir de juin 1941 que le parti communiste français entre décidément dans la Résistance anti-allemande où il jouera un rôle décisif, aidé par l'habitude de la clandestinité. Les francs-tireurs et partisans français constituent le groupe le plus homogène, le mieux armé, le mieux organisé.

Le parti a beaucoup de morts. Il se targuera à la Libération de ses 75 000 fusillés. Le chiffre est manifestement gonflé car, d'après toutes les évaluations, il ne semble pas qu'il y ait eu — ce qui est déjà beaucoup — plus de 30 000 fusillés environ au total. Or, comme tous les fusillés n'étaient pas communistes, on peut sans doute considérer qu'il y a eu 15 000 communistes fusillés mais sûrement pas 75 000.

Quoi qu'il en soit, les victimes communistes ont été très nombreuses. La première, c'est Jean Catala, membre du Comité central, qui est décapité le 29 septembre 1941. Après viennent les victimes de Châteaubriant où sont exécutés un certain nombre d'otages communistes désignés en accord avec les autorités françaises, et en particulier en accord avec Pucheu. Le drame de Châteaubriant intervient en octobre 1941. Puis, bien d'autres dirigeants communistes sont massacrés : Gabriel Péri, Lucien Sampaix, Jacques Solomon, Jacques Decour, Georges Politzer, etc.

On pourrait citer beaucoup de textes, qui ont été recueillis à la Libération. Je ne citerai que la dernière lettre de Péri avant son exécution :

« Que mes amis sachent que je suis resté fidèle à l'idéal de ma vie, que mes compatriotes sachent que je vais mourir pour que vive la France.

Je fais une dernière fois mon examen de conscience. Il est positif. C'est cela que je voudrais que vous répétiez autour de vous. Je crois toujours cette nuit que mon cher Paul Vaillant-Couturier avait raison de dire que le communisme est la jeunesse du monde et qu'il prépare des lendemains qui chantent.

Je me sens fort pour affronter la mort. Adieu! Que vive la France! »

Les écrits communistes postérieurs à 1941 sont donc profondément différents des écrits communistes de l'hiver 1939-1940.

Il n'est absolument pas question de dénoncer la guerre impérialiste ou de réclamer la paix immédiate. Les communistes français font la guerre contre l'Allemagne aux côtés de l'Union soviétique et ils ont une confiance inébranlable dans la victoire. L'Union soviétique ne peut être vaincue et la

France ne peut être vaincue. Ainsi reparaissent toutes les références à l'histoire de France qui avaient été brusquement gommées de l'idéologie communiste entre 1939 et 1941, toutes les références à Valmy, aux soldats de l'an II, à la mission de la France.

L'attitude des communistes à l'égard des gaullistes se modifie radicalement. Les soldats du général de Gaulle qui se sont battus à Bir Hakeim « donnent l'exemple à tous les Français ». Le parti communiste français encourage tous les communistes et tous les Français à se rallier sans exclusive au général de Gaulle. Le parti délègue des représentants auprès du général de Gaulle et, en avril 1944, deux communistes, Billoux et Grenier, entrent dans le Comité français de la Libération nationale. C'est la première fois dans l'histoire de France, en avril 1944, que deux communistes deviennent ministres.

Par conséquent, ce communisme de guerre est un communisme de tradition, de rassemblement, de défense de la France, un communisme national. Tous ces thèmes apparaissent abondamment dans *l'Humanité* clandestine, dans les déclarations des fusillés ou dans les poèmes d'Aragon et d'Éluard.

L'idéologie communiste est donc à cette époque, beaucoup plus perméable que l'idéologie socialiste à ce qu'on peut appeler l'idéologie de la Résistance. Les socialistes apparaissent extrêmement soucieux de justifier la IIIe République et les communistes apparaissent beaucoup plus sensibles que les socialistes à la volonté de renouvellement profond qui anime la génération de la Résistance.

C'est l'époque où Aragon refuse de séparer « celui qui croyait au ciel, celui qui n'y croyait pas ». C'est l'époque du poème d'Éluard sur la liberté, *J'écris ton nom.* C'est l'époque aussi que décrit Roger Vaillant dans *Drôle de jeu,* qui est un des bons romans sur la Résistance et dont le héros ressemble singulièrement à Roger Vaillant.

On pourrait citer bien d'autres textes et, en particulier, le témoignage d'Edgar Morin dans son *Autocritique,* où il explique pour quelles raisons et dans quelles circonstances il est devenu communiste pendant la guerre.

Il y a donc eu toute une génération de jeunes hommes qui sont devenus communistes pendant la guerre grâce à la

Résistance, par la Résistance. Beaucoup d'entre eux d'ailleurs ne resteront pas communistes.

Cela dit, il est bien évident que le parti poursuit un double objectif : d'une part, la lutte patriotique contre les Allemands qu'il faut chasser, d'autre part le souci d'être en position de force à la Libération. D'où beaucoup de heurts entre communistes et non-communistes, beaucoup de méfiance entre communistes et socialistes.

L'ESPRIT DE LA RÉSISTANCE

Ce panorama des différentes forces politiques à l'époque de la Résistance étant achevé, il faut essayer de préciser ce qu'a été d'une façon générale l'esprit de la Résistance et il faut distinguer les thèmes négatifs et les thèmes positifs.

Thèmes négatifs.

1. Le premier thème négatif, c'est une *hostilité très générale à l'égard de la IIIe République* qui se combine avec un attachement à peu près unanime aux principes républicains.

On trouve dans les textes de la Résistance un certain nombre de condamnations vigoureuses et parfois très sommaires de la IIIe République. Si l'on jouait au petit jeu consistant à brandir un certain nombre de textes et à demander : « Qui est l'auteur de ce texte? Est-ce un texte qui émane de Vichy ou est-ce un texte qui émane d'un mouvement de Résistance? », on risquerait parfois de se tromper.

Je ne veux certes pas confondre Vichy et la Résistance, mais — c'est, je crois, incontestable — on trouve dans la littérature de la Résistance une condamnation très vigoureuse de la IIIe République et d'un certain style de démocratie parlementaire. Les socialistes sont les seuls à s'ériger vigoureusement en défenseurs de la IIIe République.

2. Après la dénonciation de la IIIe République, *le procès des partis politiques.*

La plupart des Résistants affirment que la Résistance a une signification politique et qu'elle n'est pas un simple sursaut de patriotisme, mais le jugement qu'ils portent sur les partis politiques est le plus souvent extrêmement critique.

Léon Blum, dans *A l'échelle humaine,* se livre à une vigoureuse critique, non seulement de la classe dirigeante française, mais du parti socialiste français avant 1939. Il déclare que la SFIO n'a pas su renouveler et moraliser comme elle aurait dû le faire la vie politique, et il explique que la SFIO doit se renouveler profondément.

Le jeune Gilbert Dru rêve d'un parti nouveau d'inspiration personnaliste et communautaire. Et ce parti sera le Mouvement républicain populaire, avant de décevoir sans doute les aspirations que Gilbert Dru aurait mises en un tel parti.

L'idée que les partis, profondément renouvelés, doivent jouer un rôle dans la IVe République est une des idées-force de la Résistance métropolitaine, d'où tous les projets sur le statut des partis qui sont élaborés à cette époque et qui accompagnent souvent les projets constitutionnels.

Mais, d'une façon générale, la critique des partis tels qu'ils fonctionnaient sous la IIIe République est presque aussi vive dans les écrits de la Résistance que dans celle de Vichy. C'est ainsi que *les Cahiers politiques* — organe de ce qu'on appelait à l'époque le Comité général d'études, qui rassemblait Michel Debré, Alexandre Parodi, Pierre-Henri Teitgen, Paul Bastid, etc. —, publient en août 1943 une étude qui développe cette idée : « On ne saurait trop insister sur la nocivité des partis politiques. » Et la conclusion de cette étude est la suivante : « Partout, il faudra retrouver l'esprit jacobin. »

Henri Frenay — cet ancien capitaine d'active qui a joué un rôle décisif dans le lancement du mouvement « Combat » — critique violemment lui aussi, les anciens partis.

Et l'organe intitulé *Résistance* titre — et ce titre est très significatif de l'attitude des Résistants à l'égard des partis — : « Des partis, oui, mais d'autres! »

3. A ce procès des partis politiques est lié — c'est le troisième thème — un *procès de la démocratie parlementaire.*

Certains Résistants n'aiment pas beaucoup employer le terme de « démocratie » et il faut à cet égard signaler l'histoire de l'École des cadres d'Uriage qui est à l'origine créée par Vichy, qui doit être une école des cadres de Vichy, qui est supprimée brutalement par Laval à la fin de l'année 1942 et qui, avec les mêmes hommes et avec la même idéologie, devient une école des cadres de la Résistance qui joue un rôle important en 1944.

Domenach était venu nous parler d'Uriage dans notre séminaire, il y a quelques années. Il nous avait fait sur Uriage un exposé très vivant et très attachant. Il nous expliquait que le terme de « démocratie » était un terme qu'on n'employait pas volontiers à Uriage, qu'on préférait parler — et c'est la terminologie de Mounier — de retrouver le Moyen Age et de refaire la Renaissance. Au fond, Uriage devait être une de ces communautés exemplaires qui devaient contribuer à régénérer le pays.

D'une façon générale, et sans parler plus longuement d'Uriage [1], on s'efforce à l'époque de distinguer aussi nettement que possible « démocratie » et « démocratie parlementaire ». Et, là encore, c'est Léon Blum qu'il faut citer.

Dans *A l'échelle humaine,* Léon Blum s'attache à démontrer que la démocratie parlementaire n'est pas la seule forme possible de la démocratie et que le régime démocratique n'est pas nécessairement voué à l'impuissance et à l'inefficacité.

Et Léon Blum, reprenant un certain nombre de thèmes qu'il avait jadis développés à la fin de la Première Guerre mondiale, dans ses *Lettres sur la réforme gouvernementale,* se prononce pour une sorte de régime présidentiel, sans nul doute fort différent du régime de la Ve République, mais qui a autorisé certains lecteurs rapides à affirmer en 1958, et plus encore en 1962, que Léon Blum n'aurait pas manqué d'être partisan des institutions que nous connaissons actuellement.

Le Comité général d'études élabore projets constitutionnels sur projets constitutionnels où il est toujours question du renforcement du pouvoir exécutif, où apparaît toujours la même distinction entre démocratie et démocratie parlementaire.

1. Sur Uriage, voir l'article de Janine Bourdin dans le numéro spécial de la *Revue française de science politique* en décembre 1959 sur les intellectuels; voir aussi R. Josse, « L'École des cadres d'Uriage (1940-1942) », *Revue d'histoire de la Deuxième Guerre mondiale,* janvier 1966. Et *Pierre Dunoyer de Segonzac. Le vieux chef. Mémoires et pages choisies,* ouvrage posthume, Éd. du Seuil, 1971. Voir aussi le livre collectif *Vers le style du vingtième siècle,* par l'équipe d'Uriage, sous la direction de Gilbert Gadoffre, Éd. du Seuil, 1945.

A cet égard, il faut mentionner la brochure publiée, sous le pseudonyme de Jacquier-Bruère, par Debré et Monick en 1945, sous le titre *Refaire la France*. On y trouve l'essentiel des thèmes constitutionnels qui reparaissent dans la Constitution de 1958. Il y a toute une préhistoire de la Constitution de 1958 dont on retrouve la trace dans les travaux du Comité général d'études.

Tous ces projets de renforcement du pouvoir exécutif seront balayés à la Libération sous l'influence des partis politiques qui feront adopter une Constitution à prédominance parlementaire. La réaction antiparlementaire avait été à Vichy tellement brutale que, par un retour de balancier, la Constitution ne pouvait que pencher du côté du parlementarisme. Les projets constitutionnels tendant à renforcer l'autorité du pouvoir exécutif sont donc mis en sommeil à la Libération.

Sur les futures institutions de la France, l'accord est loin de se réaliser, mais cela n'a pas beaucoup d'importance, le nombre des résistants qui s'intéressent vraiment à ces problèmes est infime.

4. Par contre, pratiquement tous les Résistants sont animés par le même *anticapitalisme*.

La France, trahie par sa classe dirigeante, la dénonciation du régime capitaliste : c'est un thème fondamental de la Résistance métropolitaine. On retrouve des échos très vivants de ce thème à Londres et à Alger. On retrouve même des échos assourdis de ce thème à Vichy et, en particulier, dans le discours que Gaston Bergery avait préparé pour le maréchal Pétain en octobre 1940.

C'est cette dénonciation du capitalisme qui inspire le programme du Conseil national de la Résistance qui a été tellement invoqué dans les années 1940-1945.

Lorsqu'on relit ce texte aujourd'hui, deux choses paraissent frappantes.

D'abord, ce texte va infiniment plus loin que le programme du Rassemblement populaire de 1936 qui est, nous l'avons vu, le type même du texte de compromis, les communistes s'alignant sur les radicaux et présentant purement et simplement un catalogue de revendications immédiates. Il est donc incontestable que le programme du CNR va sensiblement plus loin que celui du Rassemblement populaire de 1936. Mais s'agit-il d'un programme révolutionnaire? Peut-on véritablement dire, comme tant de gens l'ont dit ou l'ont pensé sans le dire, en 1944-1945, que le général de Gaulle trahissait le programme du CNR?

Lorsqu'on reprend le texte objectivement aujourd'hui, lorsqu'on le confronte avec les réalisations gouvernementales de 1944-1946, on arrive à la conclusion que le gouvernement présidé par le général de Gaulle a réalisé l'essentiel du programme du CNR et qu'il ne s'agissait à aucune espèce de degré d'un programme révolutionnaire.

Ce n'est pas comme le programme de 1936 un catalogue de revendications immédiates. C'est un répertoire de grands objectifs, de grandes têtes de chapitres, mais on ne saurait dire que ces têtes de chapitres brillent par la précision.

Ainsi, en ce qui concerne la planification, le programme du CNR se contente de demander « l'intensification de la production nationale selon les lignes d'un plan arrêté par l'État après consultation des représentants de tous les éléments de cette production ». On ne saurait dire qu'on découvre dans le programme du CNR une conception très développée de ce que doit être une planification démocratique.

Thèmes positifs.

A ces thèmes négatifs correspondent un certain nombre de thèmes positifs, généreux, ardents, mais, il faut bien le dire, un peu flous.

1. Le thème le plus apparent c'est un constant souci de morale, une morale exigeante et un peu vague qui se présente comme une morale de l'homme. Dans les écrits de la Résistance, et surtout dans les écrits émanant de la Résistance inorganisée, de la Résistance des mouvements beaucoup plus que de la Résistance des partis, il est surabondamment question de l'homme, de l'esprit, de la personne humaine, de la communauté humaine, de la dignité humaine, du témoignage, du message, de la pureté — une République pure et dure — de l'âme de la France, de l'âme des Français (« France, prends garde de perdre ton âme! », selon le titre d'un des numéros des *Cahiers du témoignage chrétien*).

Lorsqu'on est un peu familier avec le style, le ton et le

vocabulaire des années 1930, on arrive à cette conclusion — qui me paraît idéologiquement importante — que ce moralisme de la Résistance nous ramène bien davantage à l'idéologie des années 1930 qu'au style de 1936.

En effet, à l'époque de la Résistance comme dans les années 1930, il est abondamment question de la crise de l'homme, du dépassement nécessaire, de la mystique s'opposant à la politique. On reprend les mêmes maîtres, on exhume Proudhon, Péguy, et on oppose un Péguy résistant [1] au Péguy de la révolution nationale et du travail en chantant.

Il y a là tout un conglomérat idéologique à l'écart duquel les socialistes SFIO se tiennent le plus souvent. Cependant un certain nombre de socialistes, au premier rang desquels il faut citer Léon Blum, se préoccupent de renouveler profondément la doctrine socialiste, de construire un socialisme pour l'homme. C'est le thème que développe Léon Blum dans son livre *A l'échelle humaine*. Mais il n'est pas le seul et André Hauriou, lui aussi socialiste, écrit un gros livre intitulé : *le Socialisme humaniste* où l'on retrouve la plupart des thèmes qui remplissent les écrits des Résistants inorganisés.

Cette espèce de moralisme généreux, l'homme coulant à pleins bords, est un des traits qui, *a posteriori*, me paraissent les plus apparents dans l'idéologie de la Résistance.

2. Deuxième thème : une certaine volonté révolutionnaire et, là encore, la révolution a coulé à pleins bords sans qu'on sache très bien ce qu'était une révolution. Vraiment, la révolution était partout. Il y avait la révolution nationale de Vichy. Le général de Gaulle affirmait que la France était entrée dans une révolution, « la plus grande de son histoire ».

On pourrait citer bien des textes sur ce thème. Je n'en citerai qu'un, dont l'auteur est M. Robert Salmon.

« C'est une crise de civilisation et non pas seulement une crise de politique que nous traversons, et le monde avec nous. C'est une conception nouvelle de l'homme qu'il nous faut bâtir. C'est l'échelle des valeurs qui doit être révisée et élargie.

La révolution sera totale ou elle échouera. Ce sera la révolution du peuple tout entier et, alors, elle réussira... »

3. Le troisième thème, c'est la France elle-même et un

1. Cf. la brochure des éditions de Minuit, *Péguy-Péri*.

certain type de patriotisme et même de nationalisme qui apparaît aussi bien dans les écrits des communistes que dans ceux des non-communistes.

Ce nationalisme de la Résistance prend parfois des formes élémentaires du type « A chacun son boche », mais d'une façon générale, les slogans de ce type s'accompagnent d'une certaine estime pour l'adversaire — qu'on ne trouvait absolument pas au même degré ou qu'on ne trouvait même pas du tout pendant la guerre de 1914-1918.

Sur ce respect de l'adversaire, on peut citer deux témoignages bien connus. L'un est *le Silence de la mer* de Vercors où apparaît un officier allemand digne et sympathique. L'autre est postérieur, ce sont les *Lettres à un ami allemand* d'Albert Camus.

Le nationalisme de la Résistance est donc assez profondément différent du nationalisme qui se manifestait dans les écrits de Barrès ou de Gustave Hervé pendant la guerre de 1914.

4. Mais le thème le plus apparent dans l'idéologie de la Résistance métropolitaine, c'est celui de l'unité des combattants qui doit survivre à la fin des combats.

Dans le texte du programme du CNR les signataires, quelles que soient leurs divergences politiques, « proclament qu'ils sont décidés à rester unis après la Libération ».

Certains rêvent de voir se créer un grand parti de la Résistance, regroupant en quelque sorte tous les Résistants de gauche et de droite, « celui qui croyait au ciel, celui qui n'y croyait pas ». C'est l'époque où Aragon écrit un texte intitulé « La conjonction *et* » où il explique que le temps est venu de réconcilier la France de Jeanne d'Arc *et* la France des encyclopédistes, que le génie de la France est français *et* humain, qu'il est temps de créer un humanisme français.

Les uns pensent donc à créer un grand parti de la Résistance, regroupant tous les Résistants. D'autres, comme Léon Blum, rêvent de ce que pourrait être un parti socialiste élargi, une sorte de travaillisme français qui ne soit plus un parti de lutte de classes, mais d'action de classes.

Certains rêvent que le général de Gaulle pourrait prendre la tête d'un grand parti gaulliste. François Goguel a écrit un jour que la grande erreur du général de Gaulle avait sans doute été de ne pas créer un parti gaulliste dès 1944. J'en suis beaucoup moins sûr que lui.

D'autres, plus modestes dans leurs ambitions, considèrent que les Résistants doivent normalement se reclasser, — que la gauche, la droite, le centre, la démocratie chrétienne existent, mais que les Résistants peuvent contribuer à rénover les formations existantes.

BEAUCOUP D'ESPOIRS, BEAUCOUP D'ÉCHECS

1. Premier échec : l'incompréhension réciproque entre le général de Gaulle et la Résistance métropolitaine. Les Résistants rêvaient d'une révolution généreuse et ils assistent, surpris, à la restauration d'un État. Ils voient renaître un État avec perplexité et sans enthousiasme.

Un témoignage intéressant, c'est la petite brochure de Philippe Viannay, sous le pseudonyme Indomitus — dont le titre est caractéristique : *Nous sommes des rebelles.* C'est un texte de la fin de 1944 — début 1945 où Viannay explique que les rebelles issus de la Résistance ne peuvent pas accepter cette restauration de l'État que propose le général de Gaulle. Viannay critique l'entourage et non le général lui-même, mais on sent dans sa brochure une très grande déception.

2. Second échec pour la Résistance : la restauration des partis politiques et leur réapparition immédiate sur la scène politique.

Les Résistants rêvent alors de créer leur parti politique, un parti différent des autres, et c'est toute l'histoire du MLN : le Mouvement de libération nationale.

Je me souviens avec précision du congrès du MLN qui eut lieu en janvier 1945 à la Mutualité, où l'enjeu était de savoir si le MLN adhérerait au Front national d'obédience communiste ou s'il resterait autonome. Toute une série d'orateurs étaient venus à la Mutualité pour défendre les deux thèses antagonistes. On avait vu défiler Emmanuel d'Astier, Pierre Hervé, Pascal Copeau pour se prononcer en faveur du Front national. La thèse adverse avait été défendue avec éloquence par André Malraux qui arrivait en uniforme du front de l'Est, de sa brigade d'Alsace-Lorraine, ainsi que Claudius-Petit, Robert Salmon, et quelques autres.

Le Congrès se termina par un schisme. La majorité repoussa l'adhésion au Front national.

Mais qu'en sort-il? Il en sort en définitive un minuscule parti, l'UDSR (l'Union démocratique et socialiste de la Résistance). C'est le seul parti qui ait le mot « Résistance » dans son titre, mais on ne saurait dire que la première UDSR de René Pleven, François Mitterrand, Jacques Soustelle et Jacques Baumel ait largement contribué à rénover les structures politiques françaises.

3. Le troisième échec a été celui du socialisme humaniste, celui de Léon Blum. A cet égard, il faut signaler le congrès de la SFIO d'août 1946 qui a consommé l'échec des tentatives de rénovation de la SFIO poursuivies par Léon Blum et par Daniel Mayer, alors secrétaire général du parti et qui était le fidèle disciple de Léon Blum.

Le congrès d'août 1946, c'est l'enterrement du socialisme humaniste, le triomphe des secrétaires de sections et des secrétaires de fédérations, en même temps que l'accession de Guy Mollet au secrétariat général de la SFIO.

4. Quatrième échec : les catholiques ne sont pas tentés par le socialisme humaniste. Ils sont obsédés par l'idée d'avoir un parti à eux et le MRP est ce parti qui semble réaliser l'idéal du Sillon et des démocrates chrétiens d'avant-guerre. Ce parti — qui se place sous le patronage de Marc Sangnier et de Francisque Gay — suscite d'immenses espoirs qui seront largement déçus.

5. Le cinquième échec est celui de la gauche unie. La libération fait apparaître au grand jour les préventions profondes entre socialistes et communistes, et les tentatives de rapprochement entre socialistes et communistes, menées d'ailleurs avec une extrême circonspection, se terminent par un échec total, bien avant qu'un président du Conseil socialiste, Paul Ramadier, ne renvoie les ministres communistes en mai 1947. Là encore, ceux qui avaient pu croire à un rapprochement socialiste-communiste, à la création d'un grand parti de la gauche unie, sont rapidement déçus.

6. Enfin — mais j'y reviendrai — le dernier échec est sans doute celui du parti communiste lui-même. Le PCF ne fait pas

la révolution à la Libération et ne semble pas y avoir sérieusement songé, en dehors de quelques individualités dont sans doute André Marty. A dire vrai, quelles chances avait une révolution de réussir? Quelles chances le parti communiste avait-il de s'installer durablement au gouvernement? Quelles possibilités aurait eues un gouvernement dirigé par les communistes dans une France occupée par les forces anglo-américaines? Les dirigeants communistes qui étaient réalistes savaient que ces chances étaient pratiquement nulles, et que tout n'était pas possible [1].

Toujours est-il que le parti communiste échoue, d'une part, dans la mesure où certains de ses membres avaient cru pouvoir miser sur la révolution et, d'autre part, dans la mesure où ses dirigeants misent sur le communisme gouvernemental.

2. Le radicalisme

Chronologie sommaire.

Au lendemain de la guerre de 1939, presque tout le monde déclare que le radicalisme est mort ou moribond. Aux élections municipales de 1945, les radicaux perdent plusieurs milliers de municipalités; aux élections cantonales, ils ne conservent la majorité que dans deux Conseils généraux alors qu'ils en avaient 36 avant la guerre de 1939; enfin, aux élections législatives de 1945, les radicaux n'ont que 25 élus, ce qui est une déroute par rapport à leurs positions d'avant-guerre.

— Première explication de cette déroute : le rôle modeste des radicaux pendant la guerre. Les radicaux se seraient compromis avec le régime de Vichy ou, du moins, n'auraient

1. A. Kriegel a tenté de débrouiller la politique du PCF de 1944 à 1947 dans un article très suggestif : « Le parti communiste français, la Résistance, la Libération et l'établissement de la IVe République », recueilli dans *Communismes au miroir français,* Gallimard, 1974, p. 161-176. (*N.d.É.*)

joué qu'un très faible rôle à l'époque de la Résistance. Cette affirmation est vraie dans une large mesure mais il faut tout de même la nuancer un peu.

Sur les 80 parlementaires qui disent non, le 10 juillet 1940, il y a 23 radicaux, ce qui n'est certes pas beaucoup, mais pas totalement négligeable. D'autre part, les radicaux ont eu un certain nombre de victimes pendant la guerre et, au premier rang de ces victimes, il faut citer le nom de Jean Zay, ancien ministre radical-socialiste de Léon Blum en 1936. Il est permis de penser que si Jean Zay avait vécu, le destin du parti radical aurait pu être très différent de ce qu'il fut. Herriot et Daladier ont été l'un et l'autre déportés en Allemagne. On pourrait rappeler le rôle de Pierre Mendès France dans la Résistance extra-métropolitaine. Le parti radical est représenté au Conseil national de la Résistance et le premier président du CNR est Jean Moulin.

Mais ce qui nuit considérablement aux radicaux à l'époque de la Libération, c'est le rôle joué par Édouard Herriot; d'abord, en juillet 1940, où le moins qu'on puisse dire est qu'il ne s'était pas opposé avec vigueur à la prise du pouvoir par le maréchal Pétain et aussi en 1944, où Herriot se prête à l'ultime manœuvre de Laval, lorsque celui-ci s'efforce de remettre aux assemblées les pouvoirs du gouvernement de Vichy, de façon à assurer une transition. Herriot déjeune avec Laval, chez l'ambassadeur d'Allemagne, quelques jours avant l'entrée des Alliés et du général de Gaulle à Paris. Sans doute Herriot sera-t-il ensuite déporté, mais le souvenir de ce déjeuner ne sera pas complètement dissipé.

Conclusion sur ce premier point : il est incontestable que certains radicaux ont joué un rôle appréciable dans la Résistance, mais le rôle du parti radical, en tant que tel, a été nul et, comme c'était inévitable, le parti a subi à la Libération les conséquences de sa discrétion entre 1940 et 1944.

— Deuxième explication, complémentaire de la première : au yeux de l'opinion, le parti radical s'identifie avec la IIIe République, dont plus personne ne veut. Les batailles menées par les radicaux pour le maintien de la Constitution de 1875 apparaissent comme des batailles d'arrière-garde et se terminent par une défaite totale, lors du référendum d'octobre 1954. Alors que tout le monde parle de renouveau, ce parti radical semble essentiellement soucieux de conserver, et les premières assises radicales qui se déroulent en décembre 1944, à la salle des Horticulteurs, sous la présidence de Steeg, rassemblent une forte majorité de vieillards.

Albert Camus, qui représente bien l'état d'esprit de la génération venant à la Résistance, apprécie sans aucune espèce d'indulgence les radicaux, notamment le président Herriot. Voici un texte très caractéristique de Camus sur Herriot, qui a paru le 27 juin 1945 dans *Combat*. Herriot avait expliqué peu avant que la France avait essentiellement besoin d'une réforme morale et Camus, qui disait à peu près la même chose mais sur un autre ton, s'indigne : « M. Herriot a parlé dans une heure qui n'est plus la sienne et sur un sujet qu'on peut estimer intempestif. La France des boutiquiers, des bureaux de tabac et des banquets législatifs, dont les radicaux-sociaux nous ont gratifiés, a fait plus pour énerver les âmes et détendre les énergies que des perversions plus spectaculaires. Les Français sont fatigués des vertus moyennes, ils savent maintenant ce qu'un conflit moral étendu à une nation entière peut coûter d'arrachement et de douleur, il n'est donc pas étonnant qu'ils se détournent de leurs fausses élites puisqu'elles sont d'abord celles de la médiocrité. »

C'est l'opinion la plus courante parmi les jeunes ou les moins jeunes vers 1945.

Cependant, à partir de 1946, on note une remontée lente mais régulière du radicalisme et il faut en retracer rapidement les étapes, bien que ceci concerne davantage l'histoire politique que l'histoire idéologique mais celle-ci est difficilement compréhensible sans celle-là.

1. Premier épisode, aujourd'hui bien oublié et d'ailleurs très éphémère, mais significatif : le rapprochement des radicaux avec les communistes, en 1945. Herriot, à son retour de captivité, adhère au Mouvement uni de la Résistance française, d'inspiration communiste, et il accepte la présidence d'honneur de l'Union des jeunesses républicaines de France, qui est l'émanation, à peine camouflée des Jeunesses communistes, sous le signe du Front national.

2. Deuxième épisode : les radicaux ont rompu avec les communistes. D'ailleurs, le rapprochement n'a été ni très long ni très poussé. Les radicaux, isolés, font campagne pour le

« non » au référendum d'octobre 1945; ils sont écrasés puisqu'ils obtiennent moins de 4 % des voix et ils ont environ 25 élus aux élections à la première Constituante.

C'est l'époque où Herriot est à l'avant-garde de la critique de harcèlement à l'égard du général de Gaulle. Il ne perd pas une occasion de censurer la pseudo-politique de grandeur, et vous connaissez le fameux épisode de janvier 1946, à l'Assemblée nationale, quelques jours avant la retraite du général de Gaulle, lorsque Herriot fait une déclaration indignée à propos d'une histoire de Légion d'honneur, en affirmant qu'il est scandaleux que le gouvernement provisoire n'ait pas arraché leur Légion d'honneur aux militaires français qui avaient été décorés en 1942, quand ils s'étaient battus contre les Américains, au moment du débarquement en Afrique du Nord. Le général de Gaulle répond brutalement à Édouart Herriot qu'il s'est battu contre les Allemands d'une autre façon que lui. Plus tard, le général de Gaulle déclarera que Herriot a « bavé » sur lui, et vous savez que le jugement que de Gaulle porte sur Herriot dans le 3e tome des *Mémoires de guerre* est dénué de toute espèce d'amabilité. Autant le jugement du général sur Léon Blum est déférent, autant son jugement sur Herriot est méprisant.

3. Troisième moment : en 1946, les radicaux font campagne contre la Constitution, qu'il s'agisse de la première version ou de la deuxième version. Ils font campagne contre l'alliance du MRP, des socialistes et des communistes et, cette fois, ils ne sont plus seuls : leur position est analogue à celle de la droite classique et à celle des gaullistes. Donc, les radicaux, qui s'opposaient aux gaullistes très violemment en 1945 et début 1946, se retrouvent dans le même camp en novembre 1946, font cause commune avec l'Union gaulliste et avec l'UDSR. On est très loin de l'époque où Herriot « bavait » sur le général de Gaulle puisqu'on assiste, quelques mois plus tard, à une alliance électorale entre les radicaux et les gaullistes contre le tripartisme et contre la Constitution. Cette tactique est favorable aux radicaux qui ont 45 élus, au sens étroit du terme, 70 élus RGR (Rassemblement des gauches républicaines) au total. Donc, la famille radicale, au sens large du terme, compte 70 élus à la Chambre.

C'est en 1946 que ceux que l'on appelait les « radicaux

progressistes », c'est-à-dire la gauche ou l'extrême gauche des radicaux, des hommes comme Pierre Cot, Jacques Kayser, Albert Bayet, la veuve de Jean Zay, quittent le parti radical, car ils n'admettent point que celui-ci vire ainsi à droite.

4. Quatrième moment : de 1946 à 1951, le parti radical rentre dans le système, surtout après le départ des communistes. En mai 1947, les radicaux comblent fort rapidement cette lacune et ce sont les gouvernements de troisième force, socialistes-MRP-radicaux. D'où des relations de plus en plus difficiles avec le RPF, mais la double appartenance radicaux-RPF n'est officiellement condamnée qu'en 1951.

5. Cinquième moment : 1951-1954. Le parti radical est un parti de gouvernement. En 1952, il soutient l'expérience Pinay. On est très loin de l'époque où Édouard Herriot acceptait la présidence d'un certain nombre de groupes communisants.

Un épisode intéressant, mais dont l'examen nous entraînerait trop loin, c'est l'épisode de la CED, où il y a des radicaux pro-CED et des radicaux anti-CED. Parmi les anti-CED, figure au premier plan Édouard Herriot, qui ne perd pas une occasion de déclarer qu'il est intolérable de voir renaître une armée allemande.

6. Nous atteignons enfin le sixième moment : 1954-1957, la phase mendésiste. Les principaux épisodes en sont :

— l'investiture manquée, mais de très peu, par Pierre Mendès France, en juin 1953 ;

— le gouvernement Mendès de 7 mois et 17 jours, de juin 1954 à février 1955 ;

— la conquête par Mendès de l'appareil du parti radical en 1955, l'afflux (relatif) des adhésions dans le second semestre de 1955, où environ 50 000 radicaux, pour la plupart relativement jeunes, viennent rejoindre les rangs du parti radical ;

— Mendès, ministre d'État du gouvernement Guy Mollet en 1956, démission en mai 1956 ;

— difficultés croissantes de Mendès avec le parti radical ;

— finalement, en mai 1957, Mendès perd la direction du parti radical. Il a perdu la partie qu'il avait tenté de jouer et qui, peut-être, était injouable car il était sans doute difficile de rénover profondément la vie politique française en misant sur le plus vermoulu de tous les partis français.

7. Dernière phase, car je considère qu'on peut prendre en

bloc la période 1957-1968. Depuis le départ de Mendès, sous les présidences successives de Daladier, puis de Félix Gaillard, puis de Maurice Faure, puis de René Billières, le parti radical mène une existence apparemment dépourvue d'éclat et les élections de 1958, de 1962, enfin de 1967, ont montré son extrême faiblesse : une petite trentaine de députés élus en 1967. Le parti radical est donc retombé, en 1967, après une remontée assez marquante, à l'étiage de 1945.

Les radicaux sont entrés dans la Fédération de la gauche démocrate et socialiste, dont ils sont l'une des trois composantes, à égalité apparente avec la SFIO, ce qui surestime assurément leur force réelle. Félix Gaillard et Maurice Faure — qui avait découvert entre le premier et le deuxième tour des élections de 1967, les vertus de l'alliance à gauche — sont entrés dans le Comité directeur de la fédération.

Ce rappel chronologique étant fourni, il importe d'aborder les problèmes qui concernent plus particulièrement l'idéologie du parti radical. Ici, je m'inspirerai d'assez près d'un livre en anglais dont l'auteur a passé un certain temps à l'ambassade des États-Unis à Paris, Francis de Tarr : *The French Radical Party since 1945.*

Typologie des radicalismes.

1. Il faut d'abord mentionner ce qu'on peut appeler le radicalisme classique, dans la tradition de la IIIe République, qui reste un radicalisme essentiellement provincial de comités. Jusqu'à sa mort, tardive, en 1957, Édouard Herriot est la plus parfaite incarnation de ce radicalisme de la IIIe République qui tend de plus en plus à devenir un radicalisme de gestion. Un homme comme Queuille, aux innombrables présidences, incarne avec lui aussi assez bien ce radicalisme de gestion. C'est là aussi que, avec des nuances, il faudrait sans doute situer des hommes comme Martinaud-Déplat, comme André Marie, et peut-être aussi, dans un style tout de même assez différent, des hommes d'une génération plus jeune comme René Billières ou comme Michel Soulié, qui a consacré un livre ému à Édouard Herriot.

Disons, pour simplifier, que ce premier type de radicalisme, c'est le radicalisme du type *Dépêche du Midi,* le radicalisme ayant dans cette région ses bastions les plus solides.

2. Le deuxième groupe, que je ne mentionne que pour mémoire, car il s'agit d'hommes qui ont quitté le parti radical, ce sont les radicaux de gauche, les radicaux progressistes qui quittent le parti en 1946, au moment où le radicalisme incline vers la droite.

Le plus brillant des radicaux progressistes est incontestablement Pierre Cot, qui quitte le parti en avril 1946 et qui a d'ailleurs gardé des liens d'amitié très étroits, malgré les divergences politiques, avec Pierre Mendès France. C'est là qu'il faudrait citer des noms comme ceux de Dreyfus-Schmidt, Jacques Kayser, Chambeyron, Pierre Meunier, Mme Jean Zay, etc., un certain nombre de ces radicaux progressistes allant ultérieurement vers l'Union progressiste et se situant donc très près des communistes.

3. Les radicaux de gauche étant éliminés, le pendule penche de plus en plus vers la droite, sous l'influence d'une troisième tendance qu'on peut qualifier de « néo-radicale » et qui est représentée par des hommes qui, pour la plupart, accèdent à la politique militante après la guerre de 1939-1945. C'est là qu'il faudrait citer des hommes dont certains sont encore membres du parti radical et dont d'autres s'en sont écartés mais sans que, me semble-t-il, il y ait des différences idéologiques profondes entre ces « néo-radicaux » qui ont quitté le parti radical et ceux qui y sont restés.

La plupart de ces « néo-radicaux » sont pour la plupart étrangers à la « tradition radicale », mais on ne saurait dire qu'ils aient contribué à renouveler le radicalisme.

C'est ici qu'il faudrait mentionner Bernard Lafay, député de Paris, Jean-Paul David, l'infatigable animateur de « Paix et Liberté », ce mouvement anticommuniste qui a joué un certain rôle sous la IVe République, comme André Morice, comme René Mayer, le « tombeur » de Mendès en février 1955, comme Maurice Faure ou comme Félix Gaillard qui ont l'un et l'autre décidé après la guerre de miser sur le parti radical ou comme Edgar Faure, qui avait songé à se présenter aux élections comme MRP avant de choisir le parti radical temporairement.

Radicalisme, mais, au fond, Edgar Faure, Maurice Faure,

on pourrait en discuter longuement, quelles sont les différences? Lorsqu'on lit leurs écrits, on les discerne malaisément. Le radicalisme d'un homme comme Félix Gaillard, qui a les caractéristiques de ce troisième type, c'est un radicalisme de grand bourgeois parisien, d'inspecteur des Finances, beau garçon, en tout cas un style de radicalisme vraiment très profondément différent du radicalisme des comités républicains de la IIIe République.

Ce « néo-radicalisme », se caractérise souvent par des liens assez étroits avec les milieux d'affaires et, notamment, avec les milieux bancaires. Il se caractérise également par un anticommunisme assez vigilant ainsi que par un vigoureux antiétatisme. « Les néo-radicaux » ne manquaient pas de dénoncer en toutes circonstances la mauvaise gestion de la Sécurité sociale, les abus des nationalisations, la prolifération des fonctionnaires, la fonctionnarisation de la médecine. A cet égard, le nom qui s'impose est celui de Bernard Lafay, infatigable défenseur de la médecine libérale et de la pharmacie non moins libérale. Enfin, ces « néo-radicaux » manifestaient, pour la plupart sous la IVe République, le plus grand attachement à la défense de l'Empire français et à la présence française en Afrique du Nord.

Le radicalisme d'Afrique du Nord, que représentaient sous la IVe République, des hommes comme René Mayer, Borgeaud, Colonna, Émile Roche, etc., tenait une place croissante à l'intérieur du parti radical, et c'est au nom de ce radicalisme nord-africain que René Mayer lance l'hallali contre Mendès, en février 1955.

Il faut enfin signaler que ces « néo-radicaux » admettent beaucoup d'atténuations au principe de la laïcité : lors du vote de la loi Barangé, les radicaux se divisent, les uns votent pour, les autres votent contre, d'autres s'abstiennent; une telle division à propos d'une mesure portant atteinte au principe de la laïcité aurait été proprement impensable avant la guerre de 1939.

4. Parmi les « néo-radicaux », il faut faire une place à part, et c'est le quatrième courant, aux radicaux gaullistes, qui n'ont jamais été très nombreux mais qui ont fait un bout de chemin, aujourd'hui bien oublié, mais tout de même très long avec le Rassemblement du peuple français, jusqu'à la condam-

nation tardive de la « bigamie », en 1951, quelques mois avant les élections de juin.

Jacques Chaban-Delmas et Michel Debré ont commencé leur carrière comme radicaux et sont restés membres du parti radical-socialiste jusqu'en 1951. Le président Chaban-Delmas, qui n'était pas encore président, déclarait en 1951, au moment où les radicaux, après cinq ans de tolérance, avaient enfin découvert que la « bigamie » avec le RPF était intolérable, qu'il était « foncièrement radical, par nature et par essence ».

Bourgès-Maunoury appartient, lui aussi, à cette petite famille des radicaux gaullistes, mais il suivra un chemin complètement différent de celui de Chaban-Delmas et de celui de Michel Debré; il rompra avec le gaullisme et deviendra un des plus jeunes et un des plus ardemment antigaullistes, parmi les radicaux de gestion.

Ainsi la remontée du radicalisme de 1945 à 1954 est due à l'influence croissante d'un néo-radicalisme qui n'a plus grand-chose de spécifiquement radical et que rien, ni la géographie, ni la sociologie, ni l'idéologie, ne distingue très nettement de la droite conservatrice et libérale. C'est très précisément contre ce néo-radicalisme que Pierre Mendès France essaie de procéder à une rénovation du parti radical.

Nous en arrivons donc au mendésisme. Je distinguerai, selon mon habitude, le mendésisme de Pierre Mendès France, d'une part, et le mendésisme des mendésistes, d'autre part.

Le « mendésisme » de Pierre Mendès France [1].

Je rappelle d'abord les principaux faits et les principales dates :

Mendès est né en 1907; il appartient à une vieille famille israélite, d'origine portugaise, fixée en France dans la région bordelaise depuis le XVIIe siècle. C'est le type même de l'élève brillant, il fait son droit, il est diplômé (3e) de l'École libre des sciences politiques, il fait une thèse de doctorat en droit qu'il consacre au redressement financier opéré par Poincaré. Cette

1. Il convient de remarquer que Mendès France a toujours récusé le terme de « mendésiste » alors que le général de Gaulle utilise depuis longtemps en privé le terme de « gaulliste ».

thèse est intéressante dans la mesure où elle trahit des sentiments assez ambigus à l'égard de l'expérience Poincaré. Le jeune Mendès, qui avait vingt-trois ans à l'époque, admire le succès technique de l'expérience Poincaré et rend hommage à la rigueur financière dont a témoigné celui-ci, tout en faisant des réserves sur l'injustice sociale résultant de ce succès financier mais, dans l'ensemble, la thèse est élogieuse; d'ailleurs, Mendès l'envoie avec une dédicace à Raymond Poincaré qui lui répond aimablement.

Mendès milite parmi les étudiants radicaux-socialistes. Il passe pour s'être fait casser le nez — c'est du moins ce qu'il a raconté lors d'un dîner-débat auquel j'assistais — en se battant contre les étudiants de droite, au quartier Latin. Il sait qu'il fera une carrière politique et il va s'installer, en 1929, à Louviers à la fois pour prendre un poste d'avocat et pour préparer sa future circonscription.

Il se présente, en 1932, comme candidat radical à Louviers dans l'Eure, et il est élu député à l'âge de vingt-cinq ans. Il se situe, à l'époque, parmi les radicaux de gauche, parmi les « jeunes turcs », les admirateurs de Daladier. Il est très partisan du Front populaire, et il devient sous-secrétaire d'État dans le second gouvernement Léon Blum en 1938.

Pendant la guerre, Mendès s'engage dans l'aviation. Au moment de la débâcle, il quitte la France sur le *Massilia* pour le Maroc. Il est arrêté au Maroc pour désertion, transféré en France, à Clermont, traduit devant un tribunal, condamné à six ans de prison et, quelques semaines plus tard, il s'évade — une vraie évasion — en juin 1941. Il rejoint Londres, où il se bat pendant un certain temps dans une unité combattante dans l'aviation.

Il est ensuite nommé commissaire, puis ministre de l'Économie nationale du gouvernement présidé par le général de Gaulle. Il donne sa démission en 1945, à l'issue du conflit qui l'oppose à Pleven, à propos du blocage des billets.

Mendès, pour l'opinion — et il entretiendra, à cet égard, sa légende — reste l'homme de la rigueur et de l'austérité contre la politique de la facilité. En 1946, fait intéressant et parfois oublié, il vote contre la Constitution, de même, d'ailleurs, que tous les radicaux. Jusqu'en 1953, il reste à l'écart des combinaisons ministérielles, s'occupant du Fonds monétaire international et représentant la France au Conseil économique et social de l'ONU.

En 1953, pour la première fois, il se présente comme président du Conseil, mais il manque l'investiture de quelques voix. Il a 301 voix alors qu'il en faut 314. Les communistes votent contre lui et il y a un très grand nombre d'abstentions parmi les députés de droite et parmi les députés RPF. Le 18 juin 1954, il est enfin investi par la Chambre, grâce au vote favorable du RPF et des communistes. 1954-1955, c'est l'année Mendès, jusqu'au 6 février 1955, la liquidation de la guerre d'Indochine, la liquidation de la CED, les accords de Londres et de Paris. Le 6 février 1955, Mendès est renversé par les nostalgiques de la CED, par les adversaires de sa politique libérale en Tunisie et par les communistes.

1955, c'est probablement la grande année du mendésisme, celle qui suit le gouvernement Mendès. Mendès entreprend la conquête du parti radical, les adhésions affluent, notamment de la part des jeunes, le Front républicain unit les radicaux, les socialistes et les républicains sociaux, mais la dissolution décidée par Edgar Faure intervient trop tôt et Mendès n'obtient qu'un demi-succès le 2 janvier 1956. Le gouvernement issu des élections du 2 janvier est présidé par Guy Mollet et non par Mendès. Mendès quitte le pouvoir quelques mois plus tard et il est, en 1957, écarté de la présidence du parti radical.

1957, c'est au fond, la fin du premier Mendès. Mendès se retrouve seul, il entrera plus tard au PSU, où il ne joue aucun rôle. Il est immédiatement hostile à la Ve République. On pouvait penser, en 1964 ou 1965, que le mendésisme était totalement fini, que la carrière de Mendès, après ses échecs aux élections dans l'Eure, en 1958, puis en 1962, était totalement terminée. On a pu avoir le sentiment, en 1965, qu'un néo-mendésisme était en train de naître, largement alimenté par les réserves d'un certain nombre de gens de gauche à l'égard de François Mitterrand, — un néo-mendésisme sans lendemain.

Si on s'interroge maintenant sur le mendésisme de Mendès, il faut distinguer le style et les idées, car le style est sans doute plus neuf que les idées.

Le mendésisme de Mendès, c'est d'abord un certain style, le

souci de réalisme, d'efficacité et surtout de franchise et toutes les formules bien connues que Mendès a utilisées comme titres de ses ouvrages : *Dire la vérité; Gouverner, c'est choisir,* etc.

C'est aussi une méthode de travail : la hiérarchie des urgences, « Ma politique est un bloc », le calendrier. Mendès annonce qu'il remettra sa démission si la question indochinoise n'est pas réglée le 20 juillet et l'opinion, haletante, attend que la question indochinoise soit réglée pour le 20 juillet 1954.

C'est aussi l'appel à l'opinion, la volonté d'informer directement l'opinion avec les causeries radiophoniques du samedi.

Le style de Mendès est donc fort différent de celui du président Laniel. Il faut se souvenir que Mendès succède à Pinay et à Laniel. On ne comprend rien au premier mendésisme si on ne cherche pas à comprendre cet effet de contraste qui pouvait jouer au bénéfice de Mendès.

N'oublions pas non plus les pratiques de Mendès, n'oublions pas que Mendès entend choisir lui-même ses ministres, sans passer par l'appareil des partis. N'oublions pas enfin son ultime appel du 6 février 1955, lorsqu'il remonte à la tribune après avoir été renversé et qu'il essaie de lancer un appel à l'opinion au-delà du Parlement et qu'il est interrompu par les cris furieux de l'Assemblée.

Il faut encore signaler la confiance de Mendès dans la technique, dans l'économie et dans la science. A cet égard, il faut citer le livre écrit par Mendès, en collaboration avec Gabriel Ardant, *la Science économique et l'Action.* Mendès est un économiste et les économistes ont toujours été rares parmi les hommes politiques français. Mais c'est aussi un juriste, pour qui la notion de contrat a toujours eu une importance décisive, avant même que Mendès ne formule explicitement, dans *la République moderne*, sa théorie du contrat de législature.

Ce qui est le plus frappant dans le style de Mendès, c'est qu'il est tout le contraire du politicien classique, tout le contraire d'un manœuvrier, tout le contraire d'un démagogue. On peut même dire que Mendès se plaît à déplaire, en quelque sorte.

Primauté du programme, primauté de la raison, Mendès est

très convaincu que, lorsqu'un argument est raisonnable, il finit toujours par l'emporter et que lorsqu'une solution est raisonnable, elle finit toujours par prévaloir. A cet égard, il ressemble singulièrement à Michel Debré. Je relisais hier le compte rendu du débat Debré-Mendès, lors des élections de décembre 1965, sur Europe I, qui a été recueilli en volume, sous le titre : *le Grand Débat*. Ce sont deux monologues, par deux hommes totalement impropres au dialogue, deux hommes qui, au fond, sont deux puritains de la politique. On peut dire que Debré est le puritain de la majorité et le solitaire de la majorité, de même que Mendès est le solitaire et le puritain de l'opposition. Il m'est rarement arrivé de rencontrer quelqu'un qui pontifie moins que lui, mais qui semble aussi totalement imperméable à ce qu'on peut lui dire. Seul Georges Boris passe pour avoir eu sur lui une influence durable.

Le style est neuf, sans doute, ou du moins paraissait profondément neuf en 1954-1955, au moment du gouvernement Mendès, mais la doctrine est-elle aussi neuve que le style? S'agit-il d'un nouveau radicalisme, ou de quelque chose de tout à fait différent?

Pour ma part, je serais plutôt enclin à penser qu'il s'agit bien d'un radicalisme et que Mendès, comme il se plaît à le rappeler reste fondamentalement un élu radical de 1932. Lorsqu'on parle à Mendès de l'élection du président de la République au suffrage universel, du fait que c'est sans doute irréversible, etc., il répond en substance : « Que voulez-vous...? Moi, je suis un radical de 1932. » Pour lui l'élection du président de la République au suffrage universel, c'est la tradition bonapartiste.

Essayons d'expliciter cette thèse selon laquelle Mendès est essentiellement un radical de 1932 :

— Premier point : l'attachement, qui est très vif chez Mendès, à la démocratie parlementaire et sa défiance très constante à l'égard du régime présidentiel. Mendès est partisan du gouvernement de législature. Je renvoie à *la République moderne* dont il faut confronter les deux versions successives. La première édition date de 1962 et il y a une deuxième édition plus récente. Sauf erreur, il n'y a aucune variante sur les problèmes constitutionnels et l'hostilité de Mendès, non seulement au régime présidentiel, mais à l'élection du président de la République au suffrage universel, reste inébranlable.

— Deuxième point : l'attachement de Mendès au cadre départemental, au scrutin d'arrondissement dans le style de la IIIe République. Tant que Mendès a été parlementaire de l'Eure, il se considérait fondamentalement comme un député de l'Eure, il allait très consciencieusement dans sa circonscription et c'était, pour lui, extrêmement important. D'ailleurs, sous la IVe République, Mendès s'était prononcé à plusieurs reprises pour le retour au scrutin d'arrondissement car, selon lui, le scrutin d'arrondissement était la meilleure façon de moraliser la politique, en permettant au député de s'expliquer en tête à tête devant ses électeurs, d'expliquer sa position, de se justifier, de recueillir leurs avis et leurs opinions.

Ce souci de justification est un sentiment très profond chez Mendès, comme, d'ailleurs, chez Léon Blum. Mendès et Léon Blum sont deux hommes — et peut-être peut-on expliquer cela, dans une certaine mesure, par leur origine commune — qui ont profondément besoin de se justifier, de répondre à des accusations.

Ancien député d'une petite ville de l'Eure sous la IVe et sous la IIIe République, Mendès a, semble-t-il, du mal à s'installer plus tard, en 1967, dans son rôle de député de Grenoble, parce que Grenoble est une grande ville et cela rend beaucoup plus difficile ce contact direct avec l'électeur de base qui, pour Mendès, est en quelque sorte la respiration d'une démocratie.

— En troisième lieu, les idées économiques de Mendès sont, en fait, des idées très traditionnelles : l'équilibre financier et la rigueur financière, l'exemple de Poincaré auquel il consacre sa thèse de doctorat et dont il parle élogieusement lors de son investiture manquée de 1953, le plein emploi, l'investissement, la production et la productivité, l'expansion, l'augmentation des exportations, la modernisation et aussi, plus tardivement, la planification démocratique, thème fondamental de *la République moderne*.

Initialement très proche des idées économiques et financières fort orthodoxes en usage parmi les radicaux des années 1930, Mendès, qui a découvert Keynes par l'intermédiaire de Georges Boris, peu de temps avant 1938, en est, économiquement, resté à Keynes et il est fort éloigné de tout ce qui ressemble au socialisme, au sens propre du terme. Tout ce qui est collectivisation, tout ce qui est généralisation des nationalisations laisse Mendès plus que perplexe.

— Autre trait : l'hostilité à l'égard des communistes, ce qu'il faut bien rappeler, même s'il y a aujourd'hui, pour des raisons manifestes, de sérieuses atténuations à cette hostilité, l'anticommunisme de Mendès.

La droite a, pendant longtemps, représenté Mendès comme le fourrier du communisme. C'est une vue parfaitement fausse car Mendès a toujours, ou presque toujours, manifesté une très grande distance à l'égard des communistes. Il refuse les voix communistes, ne l'oublions pas, en 1954, et le 23 juillet 1955, à Évreux, dans un discours oublié, Mendès s'en prend très vivement aux non-communistes qui votent communiste. Le thème du discours, c'est : « Voter communiste, c'est s'opposer au progrès, c'est donc s'abstenir, c'est être inutile. »

Les communistes rendent bien cette hostilité à Mendès et l'indulgence que le parti communiste a témoignée à l'égard de Guy Mollet, en 1956, contraste de la façon la plus évidente avec l'attitude sévère des communistes à l'égard de Mendès. Si, finalement, les communistes ont accepté de désister leur candidat pour assurer le succès de Mendès à Grenoble en mars 1967, cela n'a pas été sans difficulté et sans résistances locales.

— Enfin, il ne faut pas méconnaître le patriotisme et même le nationalisme de Mendès, un nationalisme qui se situe très exactement dans la tradition jacobine. Mendès a montré son patriotisme en s'engageant dans une unité combattante pendant la guerre de 1939. Après son évasion, en 1953 et en 1954, il parle sans cesse du « rang de la France » et de « l'indépendance nationale » en des termes qui ressemblent beaucoup aux termes utilisés à la même époque par le général de Gaulle. Il est très réticent à l'égard de la supranationalité, il le montre en 1954, à l'occasion de la CED et il ne le dissimule pas dans sa controverse avec Michel Debré, en décembre 1965.

D'autre part, en matière coloniale, et contrairement aux accusations lancées contre lui, Mendès est tout le contraire d'un « bradeur ». J'ai relevé ici quelques citations qui le prouvent :

Le 4 juin 1953, répondant aux interpellateurs, il parle « du combat sacré qui se poursuit en Indochine ».

Le même jour, se tournant vers François Mitterrand, qui avait manifesté quelque inquiétude devant sa politique tunisienne, Mendès répond : « Je suis bien d'accord avec monsieur Mitterrand lorsqu'il dit qu'en ce qui concerne la Tunisie, le problème n'est pas d'abandonner, mais de rester. »

Le 27 août 1954, Mendès affirme que : « Le gouvernement français ne saurait en aucun cas envisager le retour sur le trône du sultan du Maroc. »

Dans le même discours du 27 août 1954, il parle de : « la grande solidarité de la Flandre et de l'Alsace jusqu'à l'Équateur ». Pour un peu, c'est « de Dunkerque à Tamanrasset »...

A propos de l'Algérie, peu de temps après le début de l'insurrection, il déclare : « Notre ennemi, au-delà de quelques malheureux égarés par des propagandes criminelles, notre ennemi, c'est la misère! »

Le même jour, il déclare : « Je ne pense, ce soir, qu'à la pérennité française en Afrique du Nord. »

L'indépendance de la Tunisie, il en parle le 5 février 1955 pour dire : « Nous n'en voulons, ni pour aujourd'hui, ni pour plus tard. »

Je ne songe pas du tout à reprocher ces citations à Mendès ou à affirmer qu'il manquait de lucidité. En 1954-1955, tout le monde ou presque disait la même chose et il aurait été étonnant qu'il dît autre chose. Si je cite ces textes, c'est pour montrer à quel point les idées de Mendès, en matière coloniale, sont proches de ce qu'on peut appeler le radicalisme colonial ou le radicalisme impérial, qui caractérisait, sous la IIIe République, des hommes comme Sarraut ou Daladier.

Mendès a donc « une certaine idée de la France » et sans doute, cette idée de la France n'est-elle pas la même que celle du général de Gaulle, mais jusqu'en 1958, jusqu'à la rupture, Mendès manifeste la plus grande déférence pour le général de Gaulle. Il se réclame de lui dans son discours d'investiture manquée en juin 1953. Il lui lance un appel, il lui envoie un télégramme très déférent le 18 juin 1954. Il le rencontre à l'hôtel La Pérouse, le 13 octobre 1954.

Ce qui m'a frappé, en relisant le discours de Mendès au moment où le général de Gaulle, après les événements du 13 mai 1958, se prépare à accéder au pouvoir, c'est que Mendès, annonçant son vote négatif, parle du général de Gaulle avec une déférence marquée.

« Qu'il rompe dès demain avec ceux qui ne cessent de se recommander de lui, qu'il restitue à l'État qu'il va personnifier l'indépendance et la dignité, ce jour-là, nous l'aiderons sans réserve et de toutes nos forces. Notre attitude à son égard ne sera jamais celle de l'opposition stérile et destructrice, elle sera celle de la critique vigilante, constructive et utile au pays. »

Ce qui m'a frappé aussi, c'est de découvrir des tautologies chez Mendès, du type « l'État doit être l'État... ». C'est très exactement le style du général de Gaulle. Mais il importe de préciser le rapport gaullisme-mendésisme, non pas au niveau Mendès-général de Gaulle, mais au niveau des mendésistes et des gaullistes.

Le mendésisme des mendésistes.

Je voudrais, là encore, distinguer deux niveaux :

— en premier lieu, le mendésisme des groupements et des personnalités mendésistes ;

— en second lieu, le mendésisme de l'opinion publique, le mendésisme de ce que le général de Gaulle appelle « la nation dans ses profondeurs ».

Le mendésisme des mendésistes est difficile à analyser car — je parle, pour le moment, du premier mendésisme à l'époque de la IVe République — il me paraît constitué par des groupements assez différents. Il y a eu des catholiques mendésistes. Alors que, jusqu'à cette date, il avait toujours voté MRP, Mauriac, au moment de la campagne électorale de fin 1955, avait publié dans *l'Express* un article dans lequel il encourageait les catholiques à voter pour le Front républicain et cet article avait suscité une polémique assez vive avec *la Croix* et une mise au point assez peu aimable pour l'éminent académicien de la part de l'*Osservatore Romano*. Il y a eu aussi peu avant les élections du 2 janvier 1956, un manifeste signé par un certain nombre d'intellectuels catholiques connus (René Rémond, Pierre-Henri Simon, Georges Suffert, Barrat, Jean Lacroix, Marrou, etc.) qui est publié le 23 décembre 1955 et dont la conclusion est la suivante : « Il faut que les catholiques sachent qu'ils peuvent voter à gauche. »

L'exemple a sans doute été suivi par un nombre non négligeable de syndicalistes CFTC, fortement déçus par le MRP. A combien de voix catholiques aboutit-on?... On a parlé d'un million de voix, ce qui me paraît grossièrement exagéré. On a parlé aussi de 500 000 voix, sans justifier ce second chiffre plus que le premier. Je serais, pour ma part, enclin à penser que ce second chiffre est sans doute un peu exagéré. En fait, l'essentiel des voix des radicaux mendésistes vient apparemment de l'électorat radical traditionnel qui se trouve, en 1956, être rallié au mendésisme ou, du moins, être comptabilisé comme mendésiste.

Géographiquement, les succès mendésistes sont nettement localisés. Ils se situent essentiellement à Paris et dans la région parisienne, dans quelques grandes villes et, enfin, dans l'Est de la France, notamment dans la Moselle et le Bas-Rhin. Le mendésisme est donc un phénomène principalement urbain, qui se manifeste surtout dans les régions industrialisées de la France dynamique selon la terminologie de François Goguel. En revanche, la pénétration du mendésisme dans les régions rurales est très faible, il n'y a pas de mendésisme paysan, et c'est un fait important.

Quant à la sociologie du mendésisme, elle découle des indications qui précèdent, mais il faut distinguer la sociologie des électeurs mendésistes et celle des 50 000 nouveaux membres qui deviennent radicaux, à la fin de l'année 1955 et au début de 1956, sous le signe du mendésisme.

L'électorat mendésiste — on le sait d'après les sondages, même très limités, publiés dans la revue *Sondages* et dans l'ouvrage collectif sur les élections du 2 janvier 1956 [1] — est un électorat très peu ouvrier, très peu paysan, très peu classes moyennes du commerce et des petites industries et aussi, sans doute, relativement peu féminin. En contrepartie, l'électorat

1. M. Duverger, F. Goguel, J. Touchard, *Les Élections du 2 janvier 1956*, Cahiers de la Fondation nationale des sciences politiques, Colin, 1957.

mendésiste paraît être un électorat à base de fonctionnaires et à base de diplômés. Il est très frappant, dans les sondages de l'IFOP, de voir le pourcentage de mendésistes augmenter de façon spectaculaire à mesure qu'on passe du niveau enseignement primaire au niveau enseignement secondaire et du niveau enseignement secondaire au niveau enseignement supérieur.

Ainsi, et bien qu'aucune étude n'existe sur ce point, on peut penser que la sociologie des nouveaux membres du parti radical n'est pas fondamentalement différente de la sociologie électorale du radicalisme mendésiste. Trois catégories paraissent avoir été particulièrement attirées par le mendésisme :

1. D'abord, les fonctionnaires, et notamment un certain type de fonctionnaires se situant au niveau des chefs de bureau, ont été volontiers mendésistes. Le commissariat au Plan et le commissariat à la Productivité étaient des administrateurs largement mendésistes.

2. En second lieu, on trouvait parmi les mendésistes des intellectuels et des universitaires, souvent brillants. L'équipe rassemblée autour des *Cahiers de la République* comportait une remarquable densité d'universitaires, parmi lesquels figurait une remarquable proportion de professeurs, et de maîtres de conférences de l'Institut d'études politiques.

3. En troisième lieu, et contrairement au gaullisme ou, du moins, d'une tout autre façon que le gaullisme, le mendésisme a exercé une incontestable séduction sur les jeunes. Il y a eu des jeunes mendésistes et c'est bien la seule époque de l'histoire du radicalisme où les jeunes radicaux ont été vraiment nombreux.

Les raisons d'un échec.

Le mendésisme de la IVe République se termine par un échec. Essayons d'en recenser les causes.

1. Une première raison qui vient à l'esprit, c'est que le mendésisme a échoué parce que le parti radical était vraiment sclérosé et qu'il offrait une base bien incertaine, bien médiocre et bien aléatoire pour une tentative de rénovation. C'est une raison incontestable mais, à dire vrai, on voit mal comment

Mendès radical, et radical de toujours, aurait décidé de miser sur une autre force politique que sur le parti auquel il appartenait depuis sa jeunesse.

2. Une deuxième raison qui a été souvent avancée, c'est que le mendésisme a échoué parce que la tentative de rénovation du parti radical menée par Mendès et ses amis a été faite très brutalement et non sans maladresses. A cet égard, il est incontestable qu'un certain nombre d'erreurs ont été commises, en particulier la brouille Mendès-Edgar Faure, qui a pesé assez lourdement sur l'avenir du mendésisme, aurait sans doute pu être évitée. En tout cas, *l'Express* a beaucoup fait pour rendre cette brouille à peu près irréconciliable.

3. Une troisième raison, c'est que la dissolution de 1955 est intervenue trop tôt. Edgar Faure savait ce qu'il faisait. Les mendésistes n'ont pas eu le temps de préparer convenablement les élections du 2 janvier 1956, ils ont été pris de vitesse. S'ils avaient eu quelques mois de plus devant eux, ils auraient obtenu des résultats spectaculaires...

C'est une thèse qui a souvent été avancée, elle ne paraît pas totalement convaincante. Sans doute le mendésisme aurait-il eu des résultats un peu supérieurs si les élections avaient eu lieu un peu plus tard, mais je ne crois pas qu'ils auraient pu être très différents.

4. Il y a un quatrième élément d'explication : c'est la SFIO qui est responsable de l'échec du mendésisme, c'est la faute à Guy Mollet, c'est Guy Mollet qui a pris, en janvier 1956, la place qui revenait à Mendès, c'est Guy Mollet qui est le « fossoyeur » du Front républicain...

Là encore, cette thèse a été largement avancée mais, elle ne me paraît pas très convaincante car, après tout, ce n'est pas la faute de Guy Mollet si les suffrages des Français en faveur de la SFIO ont été plus nombreux que les suffrages remportés par les mendésistes; il était normal, compte tenu du résultat des élections de janvier 1956, que René Coty fît appel à Guy Mollet et non à Pierre Mendès France [1].

1. « Normal » peut-être du point de vue de l'arithmétique parlementaire. Mais ce n'est pas ainsi, en général, que l'opinion considéra le choix du président de la République : Mendès France avait été l'incontestable leader du Front républicain durant la campagne électorale; hormis pour les militants socialistes, Guy Mollet n'était considéré que comme un comparse. (*N.d.É.*)

A cet égard, on peut penser que Mendès a commis une erreur en ne quittant qu'en mai 1956 le gouvernement Guy Mollet.

Mais alors, quelles sont les véritables raisons, les raisons les plus profondes?

C'est que le mendésisme n'a jamais été vraiment populaire et qu'il est resté fondamentalement un mouvement d'intellectuels, de fonctionnaires, d'étudiants [1] et de bourgeoisie urbaine. Les masses populaires, la nation dans ses profondeurs — comme dit le général de Gaulle — n'ont jamais véritablement soutenu Mendès.

Il faut aussi faire la part des circonstances, et celles auxquelles Mendès a eu à faire face étaient particulièrement difficiles. Mendès est apparu dans un temps d'humiliation, à l'époque du Diên Biên Phu et il est resté pour une partie de l'opinion l'homme de la fin sans gloire de la guerre d'Indochine. On est donc amené à se demander si Mendès n'a pas été victime des circonstances, victime de l'extraordinaire difficulté des problèmes qu'il a eu à résoudre en 1954-1955 : liquidation de la guerre d'Indochine, affaire de la CED et problème du réarmement allemand, affaire tunisienne et début de la guerre d'Algérie. Tous ces problèmes d'une urgence dramatique ont entièrement absorbé l'activité de Mendès en 1954-1955 et ne lui ont pas permis de se consacrer, comme il l'aurait voulu, à une grande œuvre de réforme économique et sociale.

D'autre part, Mendès a été, dans une large mesure, victime du régime de la IVe République. Sans majorité à la Chambre, sans possibilité de recourir à la dissolution, il était condamné à disparaître à la première occasion, dès qu'il aurait achevé de résoudre les problèmes de politique étrangère les plus importants. C'est ce qui s'est produit, en février 1955, après le ministère de 7 mois et 17 jours.

Peut-être, enfin, Mendès a-t-il été victime de lui-même, de son tempérament, de sa rigueur, de sa solitude, de son inaptitude quasi émouvante à créer autour de lui une véritable force politique. Peut-être est-ce, en définitive, cette dernière

1. Ajoutons la part des militaires du contingent — et spécialement les « rappelés » de 1955 et de 1956, chez lesquels le nom de Mendès France était populaire. (*N.d.É.*)

explication qui est la principale cause de l'échec du mendésisme. Il n'y a pas eu de mendésisme ou, du moins, le mendésisme a rapidement échoué parce que Mendès n'était pas homme à créer et à commander une force politique.

3. Le socialisme depuis 1945

Dans ce chapitre, que je traiterai brièvement, je voudrais étudier trois points : en premier lieu, les problèmes du socialisme au lendemain de la dernière guerre, de la signification idéologique du Congrès de 1946 qui marque l'accession de Guy Mollet au secrétariat général de la SFIO ; en deuxième lieu, le succès et la signification de ce que certains ont appelé le molletisme ; en troisième lieu, les autres tendances doctrinales à l'intérieur de la SFIO, la tentative de Gaston Defferre et la signification idéologique de celle-ci.

Les problèmes de la SFIO à la Libération. La grande majorité des parlementaires socialistes avaient voté le 10 juillet 1940 la délégation des pouvoirs au maréchal Pétain. 90 parlementaires socialistes avaient voté « oui ». Parmi les 80 « non », il y en avait eu 36 de provenance SFIO : 29 députés et 7 sénateurs.

Les socialistes, nous l'avons vu, sont loin de jouer un rôle comparable à celui des communistes pendant la Résistance et, à la Libération, le parti socialiste SFIO se trouve en face d'un certain nombre de problèmes difficiles.

— Premier problème : l'épuration du parti.

Il s'agit d'épurer le parti des cadres qui s'étaient plus ou moins compromis avec le régime de Vichy et, en particulier, des parlementaires qui n'avaient pas été parmi les 80 le 10 juillet 1940 et qui n'avaient pas ultérieurement manifesté d'activités de Résistance.

Cette épuration a été conduite de façon très rapide et très rigoureuse. A cet égard, je vous renvoie à une brochure de Jules Moch, *Arguments socialistes,* qui a paru en 1945 et qui donne des renseignements très précis — dont je vous épargne le détail — sur l'ampleur et la rigueur de cette épuration.

— Deuxième problème : se situer par rapport aux mouvements de Résistance.

A dire vrai, c'est plutôt le contraire qui se produit, car la SFIO estime que c'est aux mouvements de Résistance qu'il appartient de se situer par rapport à elle. A cet égard, la SFIO manifeste au moment de la Libération une remarquable insularité intellectuelle et un remarquable intégrisme idéologique.

On remarque en 1944-1945-1946, une extrême méfiance des cadres socialistes envers tout ce qui vient des mouvements de Résistance, hommes et idées, et on peut dire que le succès de Guy Mollet, accédant au secrétariat général de la SFIO en 1946, est en quelque sorte le succès des secrétaires de sections et des secrétaires de fédérations.

— Troisième problème : se situer par rapport au parti communiste.

Un comité d'entente entre la SFIO et le parti communiste se crée en décembre 1944, avant la fin de la guerre, quelques semaines après la Libération de Paris. Ce comité d'entente n'aura jamais beaucoup d'activité au sommet, mais il y a incontestablement à la base, dans les départements, à la fin de 1944, et au début de 1945, un certain nombre d'alliances et de rapprochements parfois assez étroits.

Les élections municipales d'avril-mai 1945 constituent à cet égard une date importante et marquent le sommet du rapprochement entre communistes et socialistes.

Ces élections municipales, qui sont les premières élections au suffrage universel après la Libération, se déroulent dans une atmosphère de Front populaire et il est caractéristique qu'au lendemain des résultats *le Populaire,* pour évoquer le succès des listes de gauche, titre sur toute la largeur de la page : « Après les élections municipales d'avril-mai 1945, 1936 confirmé avec éclat. »

Mais les relations socialistes/communistes ne tardent pas à se distendre. Cette tension a diverses causes sur lesquelles je ne crois pas nécessaire d'insister longuement : la méfiance profonde d'un certain nombre de socialistes, en particulier de dirigeants socialistes, le durcissement de l'attitude communiste, le début de la tension internationale, enfin — et ce n'est pas un fait négligeable — l'influence personnelle de Léon Blum qui revient d'Allemagne en mai 1945, quelques jours après le second tour, et qui marque immédiatement, dès ses premiers discours, un coup d'arrêt en expliquant en substance : « Unité d'action avec les communistes, soit, et encore pas à n'importe quelles conditions, mais unité organique, il ne peut en être question. »

Le comité d'entente socialistes-communistes a donc, si je puis dire, du plomb dans l'aile dès le printemps 1945. Il vivote encore pendant un certain nombre de mois et il disparaît définitivement à l'automne 1946, plusieurs mois avant le départ des ministres communistes du gouvernement présidé par Paul Ramadier.

Ainsi — et c'est ce qui nous importe dans ce cours qui porte principalement sur l'idéologie et non pas sur la politique — le parti socialiste, devant le parti communiste comme devant les mouvements de Résistance, a choisi la fidélité au passé, aux traditions, à la vieille maison.

La SFIO décide donc de rester elle-même dépositaire, et seule dépositaire, de la pure doctrine socialiste et elle s'attache à tourner idéologiquement les communistes sur leur gauche. D'où tous les thèmes caractéristiques des années 1945-1946 : le parti communiste n'est pas un parti internationaliste, il est, comme l'écrivait Léon Blum dans *A l'échelle humaine* dès 1941, un parti nationaliste étranger. Le parti communiste n'est pas ou n'est plus un parti anticapitaliste; il encourage la production à outrance sans se soucier des légitimes revendications des travailleurs. Le parti communiste n'est plus un parti de classe et il s'engage dans les combinaisons les plus douteuses et dans les fronts les plus larges, en particulier avec les radicaux. Le parti communiste n'est pas ou n'est plus une formation anticléricale ou, du moins, il pratique le cléricalisme le plus condamnable, le cléricalisme sans église, etc.

Ce sont là les thèmes fondamentaux des années 1944-1945-1946. En toutes ces circonstances, la SFIO se déclare fidèle à la grande tradition socialiste et elle affirme que les communistes trahissent cette tradition.

La personnalité de Blum, qui meurt en 1950, domine alors de très haut les débats de la SFIO. Cependant, Blum subit un échec important dès 1946. Au Congrès national de la SFIO d'août 1946, le rapport sur *le Populaire* où Blum écrivait presque tous les jours n'est pas adopté et Daniel Mayer, qui était le secrétaire général de la SFIO, qui passait pour l'homme de confiance de Léon Blum et qui avait largement contribué à réorganiser la SFIO clandestine pendant la guerre, n'est pas réélu au secrétariat général de la SFIO et il est remplacé par Guy Mollet qui, à l'époque, représente la tendance gauchiste.

Il n'est pas, je crois, inutile de s'arrêter quelques instants sur ce Congrès d'août 1946 puisqu'il marque l'avènement de Guy Mollet, pour une période assez longue.

C'est ici qu'il faut évoquer le débat sur le socialisme humaniste qui a précédé le Congrès d'août 1946.

Blum, dans tous ses discours postérieurs à son retour de captivité, reprend les principaux thèmes de *A l'échelle humaine,* livre écrit en captivité, publié et largement diffusé en 1945. *A l'échelle humaine* est au fond une réflexion sur une défaite, dans une certaine mesure une autocritique et un appel à la réforme intellectuelle et morale, pourrait-on dire, en paraphrasant Renan.

Qu'est-ce qui explique pour Léon Blum la défaite de 1940? Qu'est-ce qui a manqué au socialisme avant la guerre? Qu'est-ce qui a manqué à la classe ouvrière?

La réponse de Blum, c'est qu'il s'agit d'une défaite essentiellement morale. Il fallait, explique-t-il, « que la classe ouvrière écrase la médiocrité bourgeoise sous sa noblesse, qu'elle s'impose par la grandeur ». Et il pose cette question : « Avons-nous fait une part assez grande à la prédication idéale »? A cette question, Léon Blum répond négativement. Il explique « les premiers temps du socialisme avaient eu plus de grandeur. Nous étions trop prudents, trop arrivés, trop bourgeois. » Léon Blum critique en particulier l'attitude des socialistes à l'égard du problème de la défense nationale et il explique que les socialistes n'ont pas su en cette matière adopter et faire adopter par l'opinion une position suffisamment claire et ferme.

Toujours est-il que, dès son retour de captivité, au début de mai 1945, Léon Blum reprend les mêmes thèmes et que ces thèmes dissonent étrangement dans la SFIO de l'époque.

Le premier discours de Léon Blum intervient le 20 mai 1945 à une conférence des secrétaires des fédérations socialistes. Imaginez un instant l'atmosphère de cette conférence. Le 20 mai 1945, c'est quelques jours après les élections municipales qui se sont déroulées sous le signe d'alliance du Front populaire et qui ont entraîné d'importants succès pour les socialistes. L'atmosphère est donc à la congratulation et à l'euphorie.

Blum revient d'Allemagne et voici ce qu'il déclare : « Je l'ai dit dans le premier article que j'ai publié dans *le Populaire,* jamais nous n'attacherons trop d'importance à l'assainissement moral de ce pays. Depuis huit jours que j'ai touché à nouveau le sol de la France, j'avoue que je suis plein de déceptions et de soucis à cet égard. Je ne trouve pas ce que j'attendais. J'attendais quelque chose qui fût, à la fois épuré et trempé et, sous bien des rapports, j'ai l'impression de me retrouver au milieu d'un pays, comment dire, corrompu. Je n'ai pas le sentiment que la France ait encore retrouvé sa vie normale. Je n'ai pas le sentiment qu'aucune des fonctions vitales du pays ait encore retrouvé sa forme normale. »

Suivent un certain nombre de critiques assez précises à l'égard des socialistes eux-mêmes.

Vous pouvez imaginer qu'un discours de ce genre, qui fut suivi de beaucoup d'autres du même type, ne fut pas précisément apprécié par les secrétaires de fédérations et les secrétaires de sections, et on note ici l'origine du désaccord qui devait s'aggraver peu à peu jusqu'au Congrès d'août 1946.

Ici, comme avant 1939, l'influence de Blum à l'intérieur de la SFIO reste très réduite. Blum bénéficie toujours de la même autorité intellectuelle, du même prestige moral, et du prestige supplémentaire que lui confère sa captivité, mais il n'a absolument pas en main — pas plus qu'il ne l'avait avant 1939 — l'appareil du parti. Il se heurte à une tendance gauchiste qui va rapidement devenir majoritaire.

Cette tendance gauchiste, à l'époque, est représentée par une petite revue qu'il est intéressant de consulter aujourd'hui. Cette revue s'appelle *la Pensée socialiste* et elle a commencé à paraître au début de 1946. C'est une revue *ad hoc,* si je puis ainsi m'exprimer, qui s'assigne un objectif extrêmement précis : écarter Daniel Mayer du secrétariat général de la SFIO.

Dans cette petite revue qui ne dissimule pas son désir de s'emparer de l'appareil du parti et de conquérir le secrétariat général, nous trouvons des hommes qui ont suivi ultérieurement les itinéraires les plus opposés : des hommes qui ont rejoint le PSA, puis le PSU, comme Jean Rous et comme Yves Déchezeiles, Marceau Pivert, le vieux combattant trotskysant qui avait rompu avec la SFIO, qu'il jugeait beaucoup trop modérée, avant la guerre de 1939, et aussi un jeune député d'Arras, à l'époque peu connu, dont les titres de Résistance, tout en étant estimables, étaient très inférieurs à ceux de Daniel Mayer qui avait eu la responsabilité de reconstituer la SFIO clandestine.

Ce qui est intéressant, lorsqu'on feuillette *la Pensée socialiste,* c'est de noter que tous les thèmes de cette petite revue sont des thèmes durs, avec des références constantes au marxisme, à Lénine, à la révolution d'Octobre. Il faut écraser le capitalisme. Il faut affirmer sans cesse que la SFIO est et restera un parti de lutte de classe, et non point un parti d'action de classe, comme le préconisait Léon Blum. Il faut organiser le parti, lui donner une structure, créer des groupes d'entreprises un peu sur le modèle des cellules d'entreprises communistes. Il faut s'appuyer sur les syndicats, travailler à la base. Anticléricalisme : il n'est pas tolérable que la SFIO s'allie même temporairement, même tactiquement, avec le MRP. Antigaullisme qui se manifeste plus nettement et plus tôt dans *la Pensée socialiste* que dans *le Populaire.* Anticolonialisme aussi.

Il est curieux de relire aujourd'hui *la Pensée socialiste* lorsqu'on songe à ce qu'a été l'action de Guy Mollet lorsqu'il devint président du Conseil en 1956, ou lorsqu'il devint ministre auprès du général de Gaulle en 1958.

Le grand débat de l'année 1946 — car il y a eu vraiment un grand débat idéologique, peut-être le seul débat idéologique qu'ait connu la SFIO depuis la fin de la guerre — est donc placé sur le plan doctrinal, mais il s'agit, en fait, beaucoup moins de reviser ou de maintenir la doctrine socialiste que d'expulser Daniel Mayer et de conquérir l'appareil du parti. Il était d'ailleurs assez facile de trouver des armes contre Daniel Mayer qui est assurément un esprit généreux, mais dont les qualités d'organisateur prêtaient à la critique.

Il s'agit donc avant tout d'un problème d'organisation et ce qui préoccupe les socialistes à l'époque, c'est d'enrayer la chute constante des voix recueillies par le parti à toutes les élections, alors que les meilleurs observateurs prédisaient le contraire. Conformément au précédent britannique, conformément au fait que la Résistance se réclamait du socialisme, beaucoup d'observateurs prévoyaient que la SFIO serait le premier parti de France. Or, d'élections en élections, la SFIO ne cesse de perdre des voix.

Il faut comprendre cette atmosphère d'inquiétude et de déception pour saisir ce qu'a été le débat de 1946.

Il serait intéressant — mais cela dépasserait le cadre de ce cours — de s'interroger sur les causes de cette chute des voix socialistes au lendemain de la guerre. La raison principale, me semble-t-il, c'est que pour l'opinion la SFIO s'identifiait à la IIIe République et que pour un jeune homme de gauche ou croyant à la gauche qui sortait de la Résistance, il était beaucoup plus naturel de voter communiste que de voter socialiste.

Toujours est-il que c'est dans ce climat d'échec et d'inquiétude que s'ouvre le Congrès de 1946. La minorité, le groupe de *la Pensée socialiste* avait préparé un texte qui condamnait très durement la politique du secrétariat général et dont le premier signataire était Guy Mollet : « Il faut condamner toutes les tendances révisionnistes, notamment celles qui se fondant sur une conception erronée de l'humanisme — et cela vise très expressément Léon Blum — ont pu laisser croire que le parti oubliait cette réalité fondamentale qu'est la lutte des classes. C'est cet affaiblissement de la pensée marxiste dans le parti qui l'a conduit à négliger les tâches essentielles d'organisation, de propagande, de pénétration dans les masses populaires, pour se cantonner dans l'action parlementaire et ministérielle. »

A la suite de cette motion, le rapport moral présenté par Daniel Mayer est largement rejeté et Guy Mollet, avec Yves Déchezelles comme secrétaire général adjoint, accède au secrétariat général de la SFIO où il remplace l'équipe Daniel Mayer-Robert Verdier qui, à l'époque, apparaissait comme l'équipe de droite.

Guy Mollet est soutenu par les fédérations les plus

ouvrières, mais il l'est aussi par des jeunes et par les éléments les plus soucieux de doctrine, afin de faire une politique de gauche, au nom d'un retour à la pure et dure doctrine socialiste. Le malheur veut que ce retour au socialisme intégral intervienne au moment même où il devient de plus en plus inactuel, et cela pour plusieurs raisons.

La première raison, c'est la structure sociale de la SFIO et, à cet égard, je renvoie à l'étude très détaillée de Pierre Rimbert dans un ouvrage collectif de la Fondation qui date de 1955, intitulé : *Partis politiques et Classes sociales en France.* Pierre Rimbert, ancien militant socialiste, avait étudié fort attentivement la structure sociale de la SFIO et il dégageait avec des arguments irréfutables la conclusion que la SFIO était en train de perdre ses bases ouvrières.

Rimbert avait noté l'absence totale de concordance entre le plus fort pourcentage de votes socialistes dans certains départements et le plus fort pourcentage de population industrielle. Aux élections de 1951, sur lesquelles se fondait son étude, les plus forts pourcentages de voix socialistes étaient obtenus dans des départements très peu ouvriers comme la Haute-Vienne, les Landes, l'Aude, l'Ariège, les Basses-Alpes et le Var. C'est ensuite — mais loin derrière — que venaient des départements à forte densité industrielle comme le Nord et le Pas-de-Calais.

Il y a donc un décalage très net et croissant entre une idéologie qui affirme sa volonté de faire retour à la lutte de classe et de prendre appui sur la classe ouvrière, et une sociologie de plus en plus détachée des bases ouvrières.

Ce premier fait est sans doute décisif. Mais il faut souligner aussi le poids des événements. La guerre froide a pour conséquence immédiate de vider de tout contenu pratique l'idéologie traditionnelle de la SFIO telle qu'elle venait d'être solennellement réaffirmée au moment du Congrès de 1946.

Que signifie l'internationalisme prolétarien à partir du moment où la SFIO devient un parti de gouvernement dans un pays qui a choisi le camp atlantique? Que devient l'anticapitalisme à partir du moment où il apparaît de plus en plus évident que le capitalisme ne meurt pas et que la SFIO s'en accommode? Que devient l'antimilitarisme lorsque la SFIO accepte la guerre d'Indochine et se trouve engagée dans les responsabilités de la guerre d'Algérie? Que devient l'hostilité traditionnelle à la participation alors que la SFIO se trouve installée durablement au gouvernement? Et que devient même l'anticléricalisme à partir du moment où se trouve conclue une alliance de fait, sous le signe de la troisième force, avec le MRP?

Ainsi, non seulement pour des raisons sociologiques, mais pour des raisons de fait dues aux circonstances, l'idéologie de la SFIO devient de plus en plus rétrospective, de plus en plus nostalgique et de plus en plus inactuelle.

L'anticommunisme devient à partir de 1947 le trait le plus apparent de l'idéologie de la SFIO : c'est un fait bien connu, mais c'est peut-être là qu'il faudrait évoquer le problème syndical et le rôle de Force ouvrière.

En effet, Force ouvrière naît à la fin de 1947, contre la CGT à dominante communiste, dans le climat très particulier de l'année 1947. Et l'idéologie de FO, née contre le communisme, renforce la SFIO, d'une part, dans son anticommunisme et, d'autre part, dans sa propension à la revendication immédiate, aux dépens des questions doctrinales.

Nous retrouvons là un fait que j'ai déjà signalé à plusieurs reprises, mais qui est important. C'est l'absence de plus en plus évidente — du moins sous la IVe République — d'une idéologie proprement syndicale en France.

Loin de féconder l'idéologie socialiste, le syndicalisme de FO a longtemps contribué à stériliser, à durcir et à fossiliser, à cantonner dans le quotidien l'idéologie socialiste.

Toujours est-il qu'à partir de 1947 commence pour la SFIO ce que l'on peut appeler l'ère des organisateurs, c'est-à-dire l'ère de Guy Mollet.

Le socialisme de Guy Mollet.

Hasard significatif, c'est en 1947 que Léon Blum publie sa préface à l'édition française du livre de Burnham *l'Ère des organisateurs,* puisque tel est le titre français de ce livre classique. Cette préface de Léon Blum est vivement hostile à Burnham et elle se termine par une sorte d'hymne à l'alliance éternelle entre le socialisme et la démocratie, contre toute forme de technocratie. Toujours est-il que les débats idéologiques à l'intérieur de la SFIO, à l'époque de Guy Mollet, deviennent de plus en plus rares.

Le seul véritable débat qui semble déchirer la SFIO et qui est vraiment, au sens propre du terme, un débat idéologique, est le débat à propos de la CED où les parlementaires SFIO se partagent à peu près par moitié. Certains prophétisaient que la SFIO se casserait à propos du problème européen et de la CED. En fait, la SFIO ne s'est pas cassée à propos de la CED et c'est le type même du grand débat idéologique qui, apparemment, n'a laissé aucune trace puisque le clivage SFIO-PSU ne correspond à aucun degré au clivage procédistes-anticédistes [1].

Le problème fondamental dans toute cette période, c'est celui de l'organisation. Il s'agit de renforcer l'appareil du parti, d'en préserver l'unité, de condamner toutes les déviations.

Je passe sur tous les conflits — ce serait interminable : le conflit du Comité directeur avec le groupe parlementaire en 1947; le conflit avec les Jeunesses socialistes, accusées de tendances cryptotrotskystes par l'appareil du parti, conflit qui se termine par le départ du secrétaire général adjoint, Yves Déchezelles; le conflit avec *la Bataille socialiste* qui représente la tendance de gauche à l'intérieur de la SFIO; le conflit à propos du Rassemblement démocratique révolutionnaire, etc. Dans toutes ces circonstances, Guy Mollet fait strictement respecter la ligne du parti et l'on assiste à toute une série de départs et d'exclusions.

On pourrait à cet égard reprendre les réflexions que j'avançais sur l'opportunisme fondamental des hommes qui, à l'intérieur de la SFIO — et cela depuis la fin du XIXe siècle — ont mis au premier plan la rigidité doctrinale, la fidélité au principe de la lutte des classes et un certain type d'ouvriérisme. Le guesdisme n'avait pas empêché Guesde de se rallier en 1914 à la politique d'union sacrée. Le guesdisme n'avait pas empêché Paul Faure d'accepter Munich, puis Vichy, puis la collaboration. Et le gauchisme de 1946 n'a pas empêché

1. Voir à cet égard le livre collectif dirigé par Raymond Aron et Daniel Lerner, *La Querelle de la CED*, Cahiers de la Fondation, Colin, 1956.

Guy Mollet de faire la guerre d'Algérie et de se rallier en 1958 au régime né du 13 mai.

Il faudrait ici s'interroger, sans passion et sans céder à la facilité, sur la nature du mollétisme, se demander ce qu'a été le mollétisme et ce qu'il est encore aujourd'hui.

C'est le produit d'abord, nous l'avons déjà noté — de l'évolution sociale de la SFIO. C'est aussi le produit de certaines circonstances historiques.

Mais, par-delà le cas de la SFIO, on peut se demander si le triomphe de Guy Mollet ne serait pas le produit de cette tendance générale des partis politiques, et notamment des partis socialistes, à renforcer leur appareil, à faire passer l'organisation avant la doctrine, à situer au premier plan le souci de stabilité, à écarter les discussions.

C'est ce que soulignait Roberto Michels dans son livre classique sur *les Partis politiques,* paru peu avant 1914. Roberto Michels concluait à une tendance des partis politiques — et il fondait son analyse sur le cas de la social-démocratie — à l'oligarchie et au renforcement de l'appareil. On peut dire, sans vouloir généraliser abusivement, que l'histoire de la SFIO depuis 1946 confirme très exactement les analyses présentées par Michels avant 1914.

Mais il faut essayer de pousser l'analyse un peu plus loin, parler un peu de Guy Mollet, évoquer cette personnalité à propos de laquelle il est aisé de faire rire ou sourire, mais qui est plus complexe qu'il ne peut paraître au premier abord.

Guy Mollet est profondément attaché à son parti. Le parti, c'est sa vie. Il passe ses vacances dans la maison de vacances du parti. Il n'imagine pas que le parti puisse disparaître, puisse changer, puisse se fondre dans une formation plus large.

Guy Mollet n'est assurément pas un théoricien, ni un intellectuel, et lui-même ne s'en targue point. Ses œuvres de doctrine sont peu nombreuses et elles sont extrêmement proches des événements. Ses deux œuvres les plus aisément accessibles sont les deux petits livres qu'il a publiés chez Plon, dans la collection « Tribune libre », le premier est *Bilan et Perspective socialiste,* qui a paru en 1958, et qui est avant tout une défense et illustration de la politique du gouvernement Guy Mollet en 1956-1957. Le second livre, plus intéressant que le premier, c'est *13 mai 1958-13 mai 1962,* livre qui, comme l'indique le titre, date de l'été 1962, avant l'attentat du Petit-Clamart et avant la réforme de la Constitution, et qui contient les principaux textes doctrinaux de Guy Mollet pendant la période 1958-1962.

Ce qui est frappant dans tous les écrits et dans tous les discours de Guy Mollet, c'est le recours à l'histoire et plus encore le goût des assimilations. Nasser, c'est Hitler. L'affaire de Suez en 1956, c'était l'affaire de Munich de 1938. Hantise du 10 juillet 1940, hantise du coup de Prague. Il n'y a pas beaucoup de dates et pas beaucoup de faits dans l'histoire selon Guy Mollet, mais ces dates et ces faits ont une importance fondamentale.

Ce qu'il faudrait dire aussi, c'est que Guy Mollet a un ton qui lui est propre et, ici, je voudrais citer un texte qui est un des rares textes autobiographiques qu'ait écrits Guy Mollet. Dans ce texte intitulé *le Vrai Visage du socialisme,* il explique comment lui-même est devenu socialiste et il indique en substance que son itinéraire intellectuel ressemble à celui du *Petit Chose* d'Alphonse Daudet. *Le Petit Chose,* dit-il, est un excellent roman et qui n'a rien de romancé.

Guy Mollet raconte sa jeunesse et explique pourquoi il est devenu socialiste : « Mon père était tisserand, ma mère concierge. Il n'était pas question pour eux de faire suivre à leurs trois enfants des études prolongées. J'eus le bonheur cependant de réussir à l'examen des bourses... [A nous Thibaudet et l'opposition classique entre les boursiers et les héritiers !] Je devins aussi, hélas, pupille de la nation car mon père, mutilé à 100 %, mourut au lendemain de la guerre... Il paraît que j'étais bon élève. J'ai fait mes classes. J'ai passé le baccalauréat assez facilement, quelques certificats de licence, tout en exerçant pour subsister le métier de pion. »

Et Guy Mollet explique que c'est pendant qu'il était pion qu'il est devenu socialiste : « On m'a imposé des conditions auxquelles je répugnais. Le pion que j'étais avait été élevé dans une famille chrétienne, catholique, encore que, du côté de mon père, l'ascendance fût protestante, mais j'étais très fermé à tout ce qui me paraissait être une contrainte. Je me suis refusé à faire dire la prière aux élèves le soir. Au bout de douze jours, j'étais pour la deuxième fois déplacé par l'Administration. On avait un petit peu peur de mon activité. Je faisais figure de révolté, de révolutionnaire. Je me retrouvai à Caen où je fis la connaissance d'un homme admirable qui me fit découvrir Marx et Engels. Ainsi donc, si je suis venu au socialisme avec mon cœur et ma rancœur, j'y suis venu aussi avec ma raison. »

Si je vous ai cité ce texte, c'est parce qu'il n'est pas très connu, je crois, et parce qu'il s'oppose, terme pour terme, au texte de Léon Blum extrait de *Pour être socialiste*.

Pour Guy Mollet, on est socialiste parce qu'on est né socialiste en quelque sorte. On est socialiste par fidélité à sa naissance, à son milieu, à un certain genre de vie, à certaines traditions. En définitive, on est socialiste par fidélité à une classe et à certains souvenirs de jeunesse.

Pour d'autres, au contraire, pour Léon Blum qui s'en explique fort clairement, pour Jules Moch, pour André Philip, pour Gaston Defferre, si l'on est socialiste, c'est parce qu'on a choisi d'être socialiste, c'est en vertu d'un choix délibéré, d'un choix de la raison, et non pas d'une sorte de fidélité sociologique.

Mais, avant d'abandonner Guy Mollet, je voudrais poser deux questions. D'abord, comment expliquer l'emprise de Guy Mollet depuis vingt-deux ans sur la SFIO ?

Je crois que la réponse la plus simple, la moins machiavélique est en même temps la plus vraisemblable. L'emprise de Guy Mollet sur la SFIO s'explique parce qu'il est la parfaite incarnation du militant socialiste SFIO. Le militant se reconnaît en lui. Le militant n'attend pas un autre chef que lui.

Ici, je voudrais évoquer un souvenir personnel. J'ai très rarement eu l'occasion de rencontrer Guy Mollet. Je l'ai vu de près un soir, à l'Institut d'études politiques, pendant l'hiver 1957-1958, où il s'était trouvé dans une situation difficile, au moins initialement, car il s'agissait d'un petit colloque rassemblant un certain nombre d'hommes politiques et d'universitaires britanniques, américains et français qui étaient pour la plupart vigoureusement hostiles à la politique suivie par Guy Mollet pendant son gouvernement en 1956-1957.

Guy Mollet est donc arrivé devant un tribunal d'universitaires, et il nous a fait un numéro extraordinaire. Il avait à justifier Suez, et sa politique en Algérie. Il n'a pas du tout cherché à jouer l'universitaire, ni l'homme politique s'adressant à des universitaires, l'homme d'État. Il a joué l'homme de bonne volonté, le patriote, le démocrate, l'homme qui n'est pas si sûr de lui qu'on veut bien le dire, l'homme qui peut se tromper, non pas l'homme d'État, mais l'homme de conviction, non pas l'intellectuel mais le militant, le simple militant. Toutes les personnes qui ont assisté à cette séance ne se sont pas précipitées le lendemain pour prendre une carte de la SFIO, mais presque tout le monde se disait : « Après tout, ce Guy Mollet, il doit être plus compliqué qu'on ne le pense. Puis, jouait-il ou était-il sincère? S'il jouait, c'était vraiment très fort. Mais pourquoi ne serait-ce pas sincère? »

Je vous livre ce souvenir personnel. Ceux qui ont entendu, lors de nombreux congrès de la SFIO, des discours de Guy Mollet de ce type peuvent comprendre l'envoûtement qu'il exerce sur la majorité de la SFIO.

La deuxième question est plus délicate : Comment Guy Mollet a-t-il pu passer de l'anticommunisme le plus catégorique à l'accord avec les communistes?

De l'anticommunisme de Guy Mollet, on pourrait parler très longuement. Guy Mollet, jusqu'en 1962, parle, non pas des communistes, mais des bolcheviks, et, en privé des « bolchos » ou des « cocos ».

En 1962, après le déjeuner de l'Alma avec Antoine Pinay, Pierre Uri et un certain nombre d'autres convives — déjeuner éminemment pro-atlantique et pro-européen — Guy Mollet qualifie les leaders du PCF de « léninistes mal blanchis et mal destalinisés ».

Un autre texte de 1962 est plus explicite encore. Je l'emprunte au livre *13 mai 1958-13 mai 1962*. Le paragraphe est intitulé : « Les raisons fondamentales interdisant l'alliance avec les communistes. » Cela commence ainsi : « Certains diront : " Acceptez que les communistes y soient — dans une vaste alliance — et l'union sera faite! " Ce n'est pas vrai. S'il en était ainsi, il est parmi les organisations qui travaillent avec nous un certain nombre qui n'accepteraient pas de rester. C'est pourquoi nous ne voulons pas nous-mêmes l'union avec les communistes. Il y a des raisons fondamentales permanentes... »

Suit un très long couplet sur le congrès de Tours — toujours cette méthode rétrospective de Guy Mollet — et il explique que les communistes n'ont pas changé depuis le congrès de Tours. Puis, après le congrès de Tours, après les 21 conditions, le coup de Prague et le paragraphe se termine de la façon suivante : « Ceux du parti socialiste et des partis démocratiques qui firent l'unité avec les communistes en Pologne, en Hongrie, en Tchécoslovaquie et ailleurs, sont à tout jamais disparus. Ceux d'entre eux qui, au cours des années 1947-1948, ne comprenaient pas pourquoi nous n'acceptions pas en France l'action commune avec les communistes, sont tous morts aujourd'hui, à part quelques traîtres, en même temps que mourait la liberté dans ces pays. Les événements de Berlin-Est, ceux de Budapest, sont-ils déjà oubliés, eux aussi? Qu'on nous cite enfin un problème où il y ait accord entre les communistes et nous? La politique internationale? L'Europe? Berlin? Le problème de l'État? Non, il n'y a d'accord sur aucun problème? »

Ce texte a été publié au mois de juin 1962.

Comment l'homme qui a écrit ce texte, comment l'homme du déjeuner de l'Alma en est-il venu d'abord à faire voter communiste aux élections de 1962, puis à siéger à côté de Waldeck Rochet et à incarner, à côté de François Mitterrand, l'ouverture à gauche?

Les explications ne sont pas évidentes pour qui a lu un certain nombre de textes antérieurs à 1962, et je crois qu'on retrouverait des textes à peu près analogues entre 1962 et 1965.

Pour 1962, l'explication est, je crois, essentiellement électorale. Guy Mollet et la SFIO sont en difficulté. Après l'échec du « cartel des non », la SFIO, au premier tour des élections, a perdu un pourcentage non négligeable de voix par rapport aux élections de 1958 où, pourtant, elle ne s'était pas comportée de façon particulièrement brillante. Par conséquent, l'appel spectaculaire entre le premier et le second tour des élections est le type même de l'appel électoral pour sauver des sièges, stratégie justifiable et en tout cas justifiée puisque la SFIO gagne un nombre estimable de sièges entre 1958 et 1962.

Là, c'est l'explication pour 1962, l'explication électorale.

Mais, depuis 1965, s'est-il passé quelque chose? Guy Mollet a-t-il senti passer le grand frisson de décembre 1965? Se voit-il Premier ministre de François Mitterrand, président de la République — ce même François Mitterrand à l'égard duquel il était plus que réservé en octobre-novembre 1965 puisqu'on lui avait prêté une déclaration, qu'il n'avait guère démentie, selon laquelle, au fond, il aurait souhaité que Pinay se présentât aux élections car il aurait été le meilleur candidat de l'opposition.

Guy Mollet voit-il réellement des communistes dans un gouvernement qu'il pourrait être appelé à présider ou auquel il pourrait être appelé à participer? Je n'en sais rien, mais on peut au moins se poser la question.

Pour ma part, je crois que Guy Mollet est aujourd'hui, en 1968, aussi atlantique et aussi anticommuniste qu'il l'était en 1962, en profondeur, mais qu'il s'est rallié à une certaine stratégie parce que celle-ci lui apparaissait, à tort ou à raison, le seul moyen pour la SFIO de n'être débordée ni sur le centre, ni sur la gauche.

Par conséquent, une fois de plus, Guy Mollet a pris la tête d'un mouvement qui lui paraissait inéluctable.

Les autres tendances.

Il faudrait mentionner les tentatives de renouvellement doctrinal qui ont précédé la tentative de Gaston Defferre.

D'abord l'œuvre de Jules Moch, notamment *Confrontations* qui date de 1952 et qui est une confrontation du marxisme avec les réalités du monde contemporain. Cette confrontation conduit Jules Moch à récuser la lutte des classes et à critiquer vigoureusement les nationalisations françaises qui lui apparaissent comme de simples étatisations, conduisant au renforcement de la bureaucratie.

Ancien collaborateur de Léon Blum, resté très fidèle à l'esprit du Front populaire, Jules Moch, qui fut très hostile à la CED et au réarmement allemand, milite infatigablement pour le désarmement universel. Son socialisme est un socialisme de technicien — ou de polytechnicien — qui milite pour une organisation plus rationnelle et plus juste de la société. Il avait créé vers 1957 à l'intérieur de la SFIO un petit

« groupe d'études doctrinales » dont le principal animateur était Roger Quilliot et qui se donnait pour mission de repenser la doctrine socialiste.

Ce groupe n'a pas donné naissance à de grandes œuvres, en dehors de quelques articles dans la *Revue socialiste.* Le livre publié par Roger Quilliot en 1960 sous le titre *la Société de 1960 et l'Avenir politique de la France* n'a exercé qu'une influence des plus réduites et n'ouvre pas des perspectives très neuves.

Quant à Jules Moch, il est resté à la SFIO où il occupe une position en marge, une situation de demi-retraite. Il ne passe pas pour un admirateur inconditionnel de Guy Mollet, mais en 1965 il s'est montré très réservé à l'égard de la tentative Defferre, en invoquant les grands principes et la fidélité aux traditions.

Le cas d'André Philip est très différent de celui de Jules Moch. Jules Moch est le type même du polytechnicien, du « technocrate au cœur froid » selon les poujadistes alors qu'André Philip est un homme abondant, éloquent, à l'élocution généreuse, et il y a dans les *Mémoires de guerre* du général de Gaulle un passage assez drôle décrivant André Philip en proie avec le tumulte de ses propres pensées. Jules Moch et André Philip se sont violemment opposés au temps de la CED, André Philip, passionnément européen, ardent partisan de la CED, voulait alors exclure de la SFIO tous ceux qui y étaient hostiles et notamment Jules Moch. En réalité Jules Moch est resté fidèle à la SFIO et c'est André Philip qui l'a quittée pour le PSU, qu'il a d'ailleurs quitté, pour se rapprocher du gaullisme.

Les idées d'André Philip apparaissent surtout dans un livre publié en 1957, *le Socialisme trahi* et dans *les Socialistes* [1]. Le premier de ces livres, comme l'indique le titre, n'est pas aimable pour Guy Mollet et il comporte une large part de polémique, mais il s'efforce aussi de présenter des réflexions constructives sur le socialisme et notamment sur la « démocratie industrielle ». Le thème de la « démocratie industrielle »

1. A. Philip, *Le Socialisme trahi*, Plon, 1957; *Les Socialistes*, Éd. du Seuil, « Politique », 1967.

est particulièrement cher à André Philip. Un de ses ouvrages porte ce titre.

André Philip pense qu'il convient avant tout d'établir la démocratie à l'usine en associant effectivement les travailleurs aux responsabilités. Il est favorable à l'autogestion et parle avec sympathie de la Yougoslavie socialiste. Il n'aime ni l'État, ni l'autorité, ni la bureaucratie et il semble avoir été influencé d'une part par la tradition proudhonienne, d'autre part par le révisionnisme et le planisme des années 1930 et notamment par Henri de Man, l'auteur d'*Au-delà du marxisme* dont il a été le premier à introduire les idées en France.

André Philip est une personnalité généreuse et sympathique, mais son influence est à peu près nulle. C'est sur un tout autre plan que se situe la tentative de Gaston Defferre. Lui n'est pas un doctrinaire, c'en est même tout le contraire. Il se défie des doctrinaires et des œuvres de doctrine. Son seul ouvrage de doctrine, *Un nouvel horizon* qui a paru au début de 1965, n'est pas son œuvre, mais celle d'une équipe de collaborateurs (Olivier Chevrillon, Simon Nora, etc.) qui sont pour la plupart d'anciens mendésistes [1]. Dès l'examen de la couverture, le lecteur est prévenu : « Ce livre présente les lignes directrices d'une politique immédiatement applicable par un gouvernement de progrès. Les choix les plus concrets engagent une certaine conception de la société. Les projets qui conditionnent l'avenir de la France dans les vingt années qui viennent partent d'une conviction fondamentale : la " grande politique " est celle qui transforme la vie quotidienne du citoyen. »

La stratégie de Gaston Defferre est caractérisée par trois traits :

1. Il décide dès 1963 de miser sur la dynamique de l'élection présidentielle. Il accepte l'élection du président de la République au suffrage universel bien avant que les partis de gauche ne s'y rallient. Il fait à cet égard figure de précurseur.

2. Il compte sur la dynamique de l'élection présidentielle

1. J'examinerai plus particulièrement ce livre en renvoyant pour l'histoire de la candidature Defferre aux deux brochures de Colette Ysmal : *la Carrière politique de Gaston Defferre* et *Defferre parle* (Publications de la Fondation nationale des sciences politiques).

pour réaliser les regroupements nécessaires et surtout pour écarter Guy Mollet de l'appareil du parti socialiste. L'opération Defferre est une opération anti-Mollet et Mollet ne s'y est pas trompé.

3. Enfin Gaston Defferre écarte délibérément les communistes de son entreprise.

Il compte sur les voix communistes au second tour de scrutin, mais il mise sur une coalition de ceux qu'il appelle les « républicains de progrès » ou les « réformateurs », c'est-à-dire sur une coalition centre-gauche qui aurait à peu près les contours du Front républicain de 1956. Cette coalition ne peut pas être majoritaire à court terme mais elle peut le devenir :

a) en contribuant au dégel du PC, en attirant des voix communistes, et surtout en créant les conditions nécessaires pour une véritable entente avec le PC.

b) en attirant les électeurs qui se tiennent à l'écart des partis politiques, les hommes qui militent dans les syndicats, dans les clubs, dans les organisations diverses.

c) en constituant un pôle d'attraction pour les nouveaux électeurs plus soucieux d'efficacité pratique que de discussions doctrinales.

Il ne s'agit donc pas d'un projet à court terme, mais à long terme. Il s'agit de travailler pour « l'horizon 80 » : « Il est beaucoup plus important de réussir cela, écrit Gaston Defferre dans *Un nouvel horizon,* que d'être élu président dans la confusion. » Les propositions de Gaston Defferre dans *Un nouvel horizon* sont extrêmement pragmatiques. C'est le langage d'un réalisateur, d'un homme d'action, qui se montre fort sévère pour le « verbalisme révolutionnaire », pour la « gauche conservatrice », pour la « gauche archaïque » qui compte exclusivement sur la « contrainte de l'État pour assurer la justice ». Ce que veut Gaston Defferre, c'est passer de la « gauche d'opposition » à la « gauche de gestion ». Il ne s'adresse pas seulement aux socialistes, mais à ceux qu'il appelle les « républicains de progrès » (y compris les dirigeants du MRP). Il insiste dans son livre sur cinq problèmes, avant de lancer un appel à une majorité d'action :

1) L'école dont il parle longuement et qui constitue pour lui la « priorité des priorités ». Au passage il déclare que le problème de la laïcité ne doit pas diviser les réformateurs, et

c'est, pour un socialiste, une affirmation relativement hardie.

2) Les villes, les problèmes de tous ordres que pose la croissance urbaine. Ce sont des problèmes que connaît bien le maire de Marseille, il formule des propositions précises pour la lutte contre la spéculation immobilière, et se prononce pour la municipalisation des sols.

3) Troisième tête de chapitre : le contrat national de progrès. C'est peut-être la partie la plus intéressante du livre. Gaston Defferre se prononce très fermement contre l'étatisme, contre le dirigisme, contre l'abus des nationalisations. Il récuse les formules de la gauche archaïque et réhabilite le marché : « Dans une économie moderne aux rouages délicats et aux centres d'impulsions différenciés toute politique cassant le marché, imposant l'ordre par la seule force de la loi et de l'autorité, est fatale à la croissance et à la liberté des groupes sociaux. »

Ce qu'il faut donc, c'est renforcer « les organisations ouvrières, agricoles et patronales », c'est passer entre ces organisations et l'État un « contrat national de progrès », c'est « passer de la chimère autoritaire au réalisme démocratique ».

4) Le quatrième chapitre est consacré à l'enracinement de la démocratie dans la vie quotidienne. Il faut enraciner la démocratie dans les entreprises, dans les syndicats, dans les communes, dans les régions.

Gaston Defferre, dans ce chapitre, reprend fidèlement à son compte les propositions du club Jean-Moulin dans *l'État et le Citoyen.*

5) Le cinquième chapitre, sur l'Europe, est très « européen » de ton et très critique pour la politique extérieure du général de Gaulle. Gaston Defferre se prononce à la fois pour une Europe socialiste et pour l'élection d'une Assemblée européenne au suffrage universel. Il ne dit pas, à dire vrai, quelles pourraient être les chances du socialisme dans une Europe intégrée comprenant l'Allemagne, mais cela nous entraînerait à de longs débats.

Les propositions de Gaston Defferre étaient fort modérées, fort raisonnables, elles ne sont pas de nature à choquer, elles ne sont pas non plus de nature à enthousiasmer : ce socialisme gestionnaire et municipal manque singulièrement de ton et de style. Mendès France avait su créer un style, Gaston Defferre n'y est pas parvenu et c'est peut-être la raison principale de son échec ou de l'échec de ceux qui avaient misé sur lui.

4. La gauche indépendante

Depuis 1944 nous constatons une floraison d'œuvres littéraires ou philosophiques, de publications hebdomadaires, de revues, de groupements divers qui se réclament de la gauche et qui se veulent indépendants de la SFIO et du PCF.

Si l'influence se mesurait au nombre des publications et à la notoriété des signataires, cette tendance de l'opinion française serait sans nul doute la plus influente de toutes. C'est un phénomène essentiellement français qui remplit de perplexité les spécialistes étrangers, notamment les Anglo-Saxons et les Allemands. Seule peut-être l'Italie présente à certains égards les mêmes caractéristiques, la même effervescence intellectuelle, les mêmes interférences entre littérature et politique. Mais le phénomène y est, semble-t-il, beaucoup moins marqué qu'en France.

D'autre part, c'est un phénomène relativement nouveau par rapport à l'avant-guerre. Jamais la France n'a connu une situation comparable à celle de l'immédiat après-guerre :

— la grande époque d'Albert Camus et ses articles dans *Combat*,

— la naissance des *Temps modernes* en 1945,

— le magistère intellectuel exercé par Jean-Paul Sartre, le rôle de Simone de Beauvoir et de Maurice Merleau-Ponty,

— l'influence d'Emmanuel Mounier, le rôle politique d'*Esprit* et de *Témoignage chrétien,*

— les polémiques entre Mauriac et Camus, entre Mauriac et Bernanos,

— la participation de Malraux au lancement du RPF.

Jamais peut-être la littérature et la politique n'avaient été plus étroitement imbriquées. Les causes du phénomène ne sont pas évidentes, mais la principale est sans doute la guerre, le silence de plus de quatre ans, l'explosion de la Libération.

C'est aussi le discrédit des partis et des hommes politiques ou du moins de beaucoup d'entre eux : le double rejet de la IIIe République et de Vichy, la volonté de découvrir des formules neuves, un nouveau style de politique. C'est enfin l'atmosphère même d'une époque, où les problèmes sont immenses et qui prête à l'éloquence, au romantisme, à la littérature.

D'où ce révolutionnarisme généreux et un peu confus dont Albert Camus est le meilleur représentant et qui caractérise l'esprit de la Libération après avoir caractérisé l'esprit de la Résistance [1].

Si on veut retracer brièvement l'histoire de cette « gauche indépendante » depuis 1944, il faut, semble-t-il, distinguer trois secteurs :

— les hebdomadaires et les revues ;

— les formations politiques et, au premier rang d'entre elles, le PSU ;

— enfin les « forces vives » et les clubs.

Cet ordre coïncide à peu près avec l'ordre chronologique :

a. La IVe République est la belle époque des hebdomadaires et des revues.

b. Puis vient, dans les premiers temps de la Ve République la belle époque du PSU qui ne tarde pas à décevoir beaucoup de ses partisans.

c. A peu près en même temps s'ouvre la belle époque des clubs et des « forces vives ».

I. REVUES ET HEBDOMADAIRES

Quatre titres à citer en premier lieu :

a. Esprit, fondé par Mounier en 1932, la seule revue des années 1930 qui ait subsisté jusqu'à l'époque actuelle.

b. Les Temps modernes, fondés par Sartre en 1945, avec la collaboration de Merleau-Ponty, de Raymond Aron, de Camus, de Simone de Beauvoir, d'Étiemble — bref d'une équipe particulièrement brillante.

1. D'Albert Camus voir notamment les éditoriaux de *Combat* recueillis dans *Actuelles.*

c. L'Observateur, fondé en 1950 par Claude Bourdet en pleine période de guerre froide pour soutenir une politique neutraliste.

d. Enfin, *l'Express,* fondé en 1953 par Jean-Jacques Servan-Schreiber et qui, dès l'origine, mise sur le mendésisme avant la constitution du ministère Mendès en 1954.

Cette liste de quatre titres n'est évidemment pas exhaustive. Sans doute faudrait-il aussi mentionner *Témoignage chrétien,* organe issu de la Résistance et de la lutte contre Vichy, qui est le principal organe des catholiques de gauche.

Chronologie comparée des « Temps modernes » et d' « Esprit ».

Il ne faut pas confondre *Esprit* et *les Temps modernes,* et je voudrais essayer d'esquisser une espèce de chronologie comparative parce que les dates importantes pour *Esprit* ne sont pas les mêmes que pour *les Temps modernes.* Cette chronologie comparative contribue à éclairer l'histoire de ce que Guy Mollet se plaisait à appeler la « petite gauche ».

On peut en gros distinguer *quatre périodes* dans l'histoire des *Temps modernes :*

— D'abord la période 1945-1947 : période d'acommunisme dominée par les articles de Sartre qui ont été reproduits ultérieurement sous le titre « Matérialisme et révolution » [1]. Sartre se situe, non pas contre le communisme, ni dans la ligne du communisme, mais hors du système communiste et il insiste sur ce qui le sépare du marxisme. C'est l'époque où la presse communiste le traite de « rat visqueux ».

— Deuxième moment : la période 1948-1949 qui est celle de l'anticommunisme maximum. Il y a deux œuvres caractéristiques de Sartre à cette époque : d'abord *les Mains sales,* pièce qui date de 1948, ensuite *Drôle d'amitié* qui paraît dans *les Temps modernes* à la fin de 1949 et qui est probablement le texte le plus anticommuniste qu'ait écrit Sartre. *Drôle d'amitié* est une œuvre inachevée, qui devait être initialement le

1. Dans *Situations I.* Voir aussi le texte intitulé « Présentation des Temps modernes ». C'est cette période que décrit Simone de Beauvoir dans *les Mandarins* et dans le troisième tome de ses mémoires, *la Force des choses.*

commencement de la fin des *Chemins de la liberté,* et il est assez curieux — je ne pense pas que ce soit un hasard — que cette œuvre, qui occupe une trentaine ou une quarantaine de pages dans *les Temps modernes* se trouve totalement omise dans *Sartre par lui-même* de Francis Jeanson (qui est d'ailleurs un livre très utile).

— Troisième moment : 1952-1956 qui est la période de l'unité d'action et du rapprochement avec le parti communiste. L'œuvre la plus caractéristique de cette période, c'est la série d'articles « Les communistes et la paix » qui sont suscités par les manifestations contre Ridgway en 1952, la campagne contre « Ridgway la peste ». C'est après cette manifestation et l'inculpation de Jacques Duclos (cf. « L'affaire des pigeons ») que se situe le moment du rapprochement maximum entre Sartre et les communistes, rapprochement qui coïncide avec la guerre de Corée [1].

— Quatrième moment : la rupture avec le parti communiste qui se produit à propos de l'affaire hongroise, en novembre 1956, mais qui était déjà assez largement amorcée par la polémique à propos de l'affaire Hervé en février-mars de la même année. C'est en janvier 1957 que Sartre fait paraître le très long article intitulé : « Le fantôme de Staline », qui officialise sa rupture avec les communistes.

La chronologie d'*Esprit* n'est pas du tout la même.

Première phase : *Esprit* est beaucoup plus ouvert que *les Temps modernes* au dialogue avec les communistes. Exemple : le numéro spécial d'*Esprit :* « Marxisme ouvert contre marxisme scolastique », qui date de 1948. Le titre de ce numéro spécial en indique assez clairement le contenu. *Esprit* se prononce naturellement contre le marxisme scolastique, mais considère avec une certaine sympathie un marxisme ouvert et estime que le dialogue est possible entre les chrétiens et les tenants de ce marxisme ouvert.

La date capitale pour l'évolution d'*Esprit,* c'est 1948-1949 avec les événements d'Europe orientale, événements que *les Temps modernes* mentionnent beaucoup plus brièvement.

1. C'est à peu près au même moment que la pièce de Roger Vaillant, *Le colonel Foster plaidera coupable,* est interdite.

Esprit attache beaucoup plus d'importance que *les Temps modernes* à l'affaire Rajk, d'où le numéro spécial de novembre 1949. Puis il y a le numéro spécial de février 1950 sur la Yougoslavie titiste, numéro qui manifeste une assez vive sympathie pour la Yougoslavie et qui s'oppose nettement aux thèses staliniennes.

Depuis cette rupture des années 1948-1950 — rupture qui est consommée avant la mort de Mounier — depuis cette condamnation du communiste stalinien, il y aura sans doute quelques rapprochements dus aux circonstances, à propos de la lutte contre la CED, au moment de Suez, à propos de la répression en Algérie, mais le fossé a été creusé et vous ne trouvez pas dans *Esprit* quoi que ce soit qui ressemble aux articles de Sartre en 1952 sur les communistes et la paix.

La naissance de *l'Observateur* en 1950 est liée à la brève histoire du neutralisme, à la volonté manifestée par quelques hommes de dégager la France de la menace provoquée par l'affrontement des deux blocs.

Si l'on se reporte aux premiers numéros de *l'Observateur,* qui avait à l'époque l'apparence fort austère d'un bulletin doctrinal, on sera sans doute frappé de constater son anticommunisme et d'y trouver l'écho des attaques très violentes lancées contre lui par la presse communiste et contre les candidats neutralistes aux élections de 1951.

Pour le parti communiste, *l'Observateur,* qui sera accusé dans diverses circonstances d'être une publication cryptocommuniste, est le type même de l'entreprise de division. Il serait beaucoup trop long de retracer l'histoire de *l'Observateur,* devenu *France-Observateur,* puis *le Nouvel Observateur.* Ce qu'il faut noter surtout, c'est l'austérité de la présentation, la sévérité du ton, les divergences de vues et les luttes d'influence entre les responsables, notamment Gilles Martinet et Claude Bourdet, qui ont finalement abouti au départ de Claude Bourdet, l'antipathie profonde de *l'Observateur* pour *l'Express :* les responsables de *l'Observateur* ont les yeux fixés sur *l'Express* et font généralement le contraire de ce que fait *l'Express,* l'attitude constante à l'égard du parti communiste (*l'Observateur* dénonce en toute circonstance les traces ou les séquelles du stalinisme, tout en affirmant qu'aucun regroupement de la gauche n'est possible sans le PC), l'opposition résolue à la guerre d'Algérie, qui a entraîné d'innombrables saisies. Notons à cet égard une différence d'attitude avec *les Temps modernes* à propos de l'insoumission. Toute l'équipe des *Temps modernes* a approuvé la campagne des 121 dont Francis Jeanson a été le principal protagoniste. *L'Observateur,* au contraire, comme *Esprit,* comme le parti communiste, a pris ses distances par rapport à cette campagne.

L'Observateur est évidemment antigaulliste, mais il ne l'est pas sommairement. Il distingue le général de Gaulle et le régime gaulliste; s'il attaque le régime, il semble souvent fasciné par la personne du général. Il approuve au fond dans l'ensemble sa politique étrangère. Il publie les analyses de Serge Mallet qui présente le gaullisme comme le produit d'une mutation de la société française. Bref il se garde d'un certain style d'antigaullisme, il n'a jamais versé dans l'antigaullisme qui caractérise *le Coup d'État permanent* de François Mitterrand.

En ce qui concerne Mendès France, *l'Observateur* a fait un virage spectaculaire. Jadis très réservé à l'égard de ce technocrate lancé par *l'Express, l'Observateur* a placé en 1965-1966 tous ses espoirs dans Mendès et il s'est longtemps montré très réservé à l'égard de Mitterrand et de ses entreprises. *L'Observateur* s'est rallié à la candidature Mitterrand, mais sans aucun enthousiasme, après avoir tout tenté pour susciter une autre candidature et il est très évident que Mitterrand pendant longtemps n'était pas son homme, même s'il le soutenait.

Mais le phénomène qu'il importe de souligner — et qui est général — c'est la crise des hebdomadaires et des revues depuis quelques années.

Les Temps modernes se survivent, mais Sartre a fait le vide autour de lui et l'histoire des *Temps modernes* est celle d'une série de crises et de ruptures :

— rupture avec les membres du premier Comité directeur qui comprenait Raymond Aron et Albert Ollivier;

— rupture avec Camus en 1952 à propos de *l'Homme révolté* (rupture à laquelle participe largement Francis Jeanson);

— rupture avec Claude Lefort et les trotskystes la même année: Lefort se repliera sur *Socialisme ou Barbarie;*

— rupture avec Étiemble en 1953 : Étiemble se repliera sur la Sorbonne et la lutte contre le « franglais »;

— rupture avec Jean Cau qui passe à *l'Express* puis à *l'Observateur*, puis au gaullisme;

— rupture enfin avec Marcel Péju, qui provoque en 1962-1963 ces échanges de propos acides qui deviennent la lecture courante des lecteurs des *Temps modernes.*

Après s'être ostensiblement désintéressé de l'élection présidentielle, Sartre a fini par se rallier à la candidature Mitterrand à la veille du 5 décembre 1965 mais le texte dans lequel il annonce ce ralliement peut difficilement passer pour un chef-d'œuvre d'analyse politique.

Le nombre des lecteurs des *Temps modernes* ne cesse apparemment de décroître en même temps que l'intérêt de la revue. L'influence politique de Sartre est aujourd'hui à peu près nulle. Lorsqu'on songe à 1945, c'est une singulière évolution, et un singulier déclin [1].

Esprit conserve apparemment le même nombre de lecteurs, mais depuis la fin de la guerre d'Algérie, la revue s'éloigne de plus en plus de la politique. Antigaullistes en 1958, à cause du coup d'Etat, très divisés en 1962 lors du référendum instituant l'élection du président de la République au suffrage universel, les responsables d'*Esprit* ont été dans l'ensemble très hostiles à la candidature de Mitterrand. Jean-Marie Domenach est un gaulliste déçu, malheureux, qui déteste l'UNR mais qui préfère, semble-t-il, le général de Gaulle à ce que représente François Mitterrand.

L'Express et *l'Observateur* ont connu l'un et l'autre une grave crise qui a culminé en 1962-1963 et qui a fait perdre à l'un comme à l'autre une bonne partie de leurs lecteurs. Comme *l'Express* partait de plus haut, la crise y était moins sensible, mais *l'Observateur* en 1963 était perpétuellement au bord de la disparition. Tous deux ont changé de formule à peu près en même temps.

1. Sur Sartre et ses amis, voir le petit livre, issu d'un mémoire de Michel-Antoine Burnier, *Les Existentialistes et la Politique*, Gallimard, « Idées », 1966.

L'Express est devenu ce magazine illustré pour cadres pressés que nous pouvons lire chaque lundi, il a gagné beaucoup de lecteurs et c'est ce qu'il cherchait. Il serait injuste de dire qu'il s'est totalement dépolitisé, mais son influence politique est aujourd'hui sans commune mesure avec celle qu'il exerçait dans les années cinquante.

Quant au *Nouvel Observateur,* il a changé de formule et de présentation, sans modifier substantiellement sa ligne politique après le départ de Claude Bourdet. *Le Nouvel Observateur* reste l'hebdomadaire de la gauche indépendante, et a perdu l'aspect Moniteur officiel du PSU qui l'avait un moment caractérisé. *Le Nouvel Observateur* a gagné des lecteurs progressivement, au point de s'imposer aujourd'hui comme le premier hebdomadaire de la gauche [1].

II. LES FORMULES POLITIQUES

La « gauche indépendante » a fait plusieurs tentatives pour se regrouper au sein d'une formation politique, mais toutes ces tentatives se sont jusqu'à maintenant soldées par des échecs :

— échec du Rassemblement démocratique révolutionnaire en 1947-1948;

— échec de l'Union de la gauche socialiste (UGS) dans les dernières années de la IVe République;

— échec enfin — car il faut objectivement parler d'échec — du Parti socialiste unifié, depuis le début de la Ve République;

Le PSU est caractérisé par une extrême diversité idéologique. Il a rassemblé, sans les confondre, des éléments de provenances diverses :

— un noyau provenant de l'UGS et proche de *l'Observateur :* Bourdet, Martinet, etc.;

— un noyau provenant de la SFIO par l'intermédiaire du Parti socialiste autonome : Édouard Depreux, Alain Savary, André Philip, Daniel Mayer, Robert Verdier;

1. Voir sur le nouvel *Express* et *le Nouvel Observateur* l'article assez caustique de Roland Cayrol dans la *Revue française de science politique,* n° 3, 1966.

— un noyau provenant de la gauche chrétienne et notamment du MLP (Mouvement de libération du peuple);

— un noyau provenant du mendésisme, avec Pierre Mendès France lui-même, qui a adhéré au PSU mais qui est resté en marge;

— d'anciens trotskystes ou trotskysants, comme Pierre Naville, naturellement divisés en d'innombrables tendances;

— enfin, d'anciens communistes, comme Serge Mallet ou Jean Poperen — certains adhérant au PSU, d'autres restant en marge comme le petit groupe d'*Arguments* avec Edgar Morin, Jean Duvignaud, Pierre Fougeyrollas, etc.

Idéologiquement très disparate à l'origine, le PSU n'est jamais parvenu à une véritable unité et il a toujours été déchiré par des luttes de tendances d'autant plus inexpiables que chaque tendance n'était représentée que par un petit nombre d'individus. C'est ainsi qu'en 1963 les membres du PSU ont eu à choisir entre six tendances présentant six motions différentes. Ce serait déjà beaucoup pour un parti comprenant de nombreux membres, c'est vraiment excessif pour un parti aux effectifs si réduits. Le PSU a failli mourir de ces discussions byzantines, et il a découragé la plus grande partie de ceux qui lui avaient fait confiance à l'origine.

Le PSU a été un laboratoire d'idées, mais il n'a jamais été un vrai parti politique, il n'a jamais été une vraie force politique. L'idéologie du PSU a toujours été caractérisée par une sorte d'intégrisme révolutionnaire, et par un double refus :

a. Refus de la SFIO avant tout. Le PSU se caractérise par un antimollétisme exacerbé, mais lorsqu'on lit la somme doctrinale d'Édouard Depreux qui a paru vers 1960 sous le titre *Renouvellement du socialisme,* on se rend compte à quel point l'ancien secrétaire général du PSU a été marqué par son passage à la SFIO. L'idéologie qui apparaît dans ce livre est une sorte de socialisme prémollétiste et antimollétiste. Le rêve d'Édouard Depreux, c'est une SFIO débarrassée de Guy Mollet, mais l'antimollétisme à lui seul ne suffit pas à constituer une doctrine.

b. L'autre refus est celui du parti communiste. Le PSU se montre plus sévère que quiconque pour le parti communiste (qui de son côté ne le ménage pas), mais il déclare que rien n'est possible sans le concours des communistes. Rien sans les communistes, rien de durable et de solide avec eux, du moins tant qu'ils n'ont pas durablement changé. Cette attitude ne conduit pas à l'efficacité.

Aussi le PSU passe-t-il son temps à dire non :

— il a été très critique avec Pierre Mendès France avant de découvrir très tardivement ses mérites;

— il a été très critique envers le centrisme de l'opération Defferre, qui présentait en outre la tare d'être soutenu par *l'Express;*

— il est très critique en 1965 envers l'électoralisme de l'opération Mitterrand qui présente à ses yeux la tare de renforcer l'appareil des partis.

Sans doute est-il sain qu'une formation politique adopte une attitude aussi continuellement négative et critique, mais il ne faut pas s'étonner dans ces conditions que sa force politique ne cesse de décliner et qu'elle apparaisse de plus en plus comme une sorte de club.

[*N.d.E.* : L'action personnelle de Michel Rocard, inspecteur des Finances, puis la crise de mai-juin 1968 ont pu redonner du souffle au PSU mais le succès du nouveau parti socialiste, sous la houlette de François Mitterrand, condamnait à terme le PSU — comme en témoigne le ralliement de M. Rocard.]

III. LES CLUBS

Les clubs se sont mis à proliférer à partir de 1958 : *Jean-Moulin, Citoyens 60,* le Cercle *Tocqueville* de Lyon, *Démocratie nouvelle* de Marseille, etc.

Cette prolifération a été spectaculaire et on a pu parler pendant un certain temps d'une relève des partis par les clubs. En fait, les clubs sont nés dans des circonstances historiquement très précises : l'effondrement de la IVe République et le ralliement de la SFIO à la Ve République; la liquéfaction des forces politiques traditionnelles, un commun refus de la IVe République et aussi de la Ve telle qu'elle pouvait apparaître au temps des comités de salut public, des colonels et de la lutte pour l'Algérie française.

D'autre part, les clubs sont nés de l'échec du mendésisme. Leurs fondateurs et leurs premiers adhérents ont été d'anciens mendésistes ou des hommes qui auraient été mendésistes si l'occasion s'en était présentée.

Enfin, l'essor des clubs est contemporain de l'essor des « forces vives » selon l'expression alors en usage :

— influence des jeunes agriculteurs;

— évolution de la CFTC vers la déconfessionnalisation et le succès de la tendance « Reconstruction », longtemps minoritaire;

— évolution enfin des mouvements de jeunesse et des mouvements d'éducation populaire.

Deux courants se sont ainsi rencontrés dans les clubs : d'une part, une élite de hauts fonctionnaires et d'universitaires, épris d'efficacité, sincèrement attachés à la démocratie; d'autre part, des leaders d'organisations syndicales ou professionnelles, très critiques à l'égard du syndicalisme traditionnel et dans la plupart des cas très en avance sur leurs troupes (ce qui a été longtemps le cas de la CFDT).

Ces deux courants se sont rencontrés sans se confondre, et sans vraiment se connaître. Mais de cette rencontre est né un grand espoir. Les anciens élèves de l'ENA qui ont longtemps peuplé le Club Jean-Moulin ont cru qu'ils avaient des troupes derrière eux. Ils ont découvert les « forces vives » et ont cru qu'ils pourraient les mobiliser. Le livre qui reflète le mieux l'idéologie des clubs, à l'origine, est certainement l'œuvre du Club Jean-Moulin, *l'État et le Citoyen.*

Dans ce livre peuvent être dégagés un certain nombre de thèmes qui sont valables pour les membres du Club Jean-Moulin, mais sans doute aussi pour d'autres regroupements.

1. Premier thème : la participation. Pas de démocratie sans participation, pas d'État sans citoyen, d'où le titre de *Citoyens 60,* d'où le titre de *Rencontres,* d'où la volonté de dialogue, d'où toutes les considérations sur la participation dans *l'État et le Citoyen,* sur la lutte contre la dépolitisation.

2. Deuxième thème : la relève des partis par les groupements, la défense et illustration des corps intermédiaires et l'éloge des forces vives : la CFTC, l'UNEF, le CNJA, espoirs de la démocratie au même titre que Fidel Castro. Il faudra écrire un jour l'histoire du thème des « forces vives » : de

l'enthousiasme parfois naïf à une réaction peut-être excessive après les déceptions d'octobre-novembre 1962.

3. Troisième thème : le retour à la région et à la commune, l'éloge de la décentralisation. D'où la réapparition de toute une série de thèmes tocquevilliens et proudhoniens. On peut dire, en schématisant grossièrement, que *l'État et le Citoyen,* le livre du Club Jean-Moulin, est un livre dans la postérité de Tocqueville, alors que le livre de Joseph Rovan : *Une idée neuve, la démocratie,* se situe dans la postérité de Proudhon. C'est là qu'on pourrait rappeler le titre choisi par le doyen Latreille et par Me Bernardin pour leur groupement des démocrates lyonnais : le Cercle Tocqueville.

4. Quatrième thème : le plaidoyer pour le régime présidentiel.

Le Club Jean-Moulin et la plupart des clubs et des groupements acceptent les idées émises par Duverger et par Vedel, par Duverger notamment dans : *Demain, la République* et dans *la VIe République et le Régime présidentiel.* Le chapitre de *l'État et le Citoyen* sur le régime présidentiel contient plusieurs pages qui viennent du livre de Duverger : *La VIe République et le Régime présidentiel.*

5. Enfin un éloge vibrant, mais parfois un peu confus, de la planification depuis le rapport Declerq de 1959 sur la planification démocratique, rapport présenté à la CFTC.

Toute cette littérature sur la planification démocratique rappelle les années 1930. Il y a eu dans les années 1930 toute une littérature sur le plan, sur la planification, sur ce qu'on appelait à l'époque l'économie planée, qui rappelle à beaucoup d'égards l'enthousiasme actuel pour la planification démocratique.

Les tenants de la planification démocratique se sont opposés à propos de plusieurs problèmes importants :

— Première opposition : il y a, d'une part, ceux qui se situent dans le cadre du régime capitaliste plus ou moins amendé et, d'autre part, ceux, plus rares, qui comptent sur la planification démocratique pour faire éclater le cadre du capitalisme et pour instaurer un régime socialiste.

— Deuxième opposition : entre ceux qui acceptent le régime politique de la Ve République à condition qu'elle s'entoure de conseils éclairés et qu'elle soit économiquement efficace et ceux qui pensent qu'aucune planification ne sera réellement démocratique tant que subsisteront les formules actuelles de gouvernement.

— Troisième opposition : entre ceux qui sont résolument et instinctivement hostiles à toute formule de type corporatif ou corporatiste et ceux qui accepteraient volontiers d'entrer dans un Sénat économique.

— Enfin, dernière opposition : entre ceux qui sont fidèles à une conception proudhonienne de l'économie et de l'État et qui voudraient conférer des pouvoirs de décision à des conseils économiques régionaux — c'est la revendication majeure de la CFTC — et ceux qui restent hostiles à tout éclatement de l'État et qui demeurent fidèles à une conception jacobine de la démocratie.

Il est donc difficile de dire que ces thèmes favoris des clubs et des groupements sont dénués de toute ambiguïté.

L'État et le Citoyen est un livre intéressant, moins neuf sans doute qu'on ne l'a dit parfois, mais les choses se sont compliquées le jour où les dirigeants des clubs ont voulu passer de la spéculation à l'action politique.

L'opération Defferre a été pour les Clubs une première épreuve. La candidature du maire de Marseille a été lancée ou du moins chaleureusement appuyée par le club Jean-Moulin qui a publié à cette occasion un ouvrage de doctrine, *Un parti pour la gauche* qui constitue la justification doctrinale de la tentative de Gaston Defferre. Mais tous les clubs n'ont pas appuyé cette opération qui a suscité de la part de certains d'entre eux une vive réticence.

D'autre part, on s'est aperçu en cette circonstance que les « forces vives » ne s'ébranlaient pas et qu'elles n'existaient guère.

L'échec de Gaston Defferre dans ces conditions a été dans une large mesure l'échec du Club Jean-Moulin et de tous ceux qui plaçaient leurs espoirs dans les « forces vives ».

Seconde épreuve : la candidature Mitterrand (1965). Les clubs se divisent en deux : d'une part ceux qui, comme Jean-Moulin, avaient joué à fond la carte Defferre et qui avaient été traumatisés par son échec, restent à l'origine très réservés, très réticents; d'autre part, François Mitterrand est chaleureusement appuyé par les clubs de la Convention des institutions républicaines, animée par Charles Hernu, mais ces clubs n'ont bien souvent qu'une existence théorique, et n'ont guère de lien avec ce qu'on appelle les « forces vives ».

Les clubs sont donc divisés, et les plus ardemment favorables à François Mitterrand sont dans la plupart des cas les moins importants.

D'autre part, la candidature de François Mitterrand puis l'organisation de la Fédération de la gauche démocrate et socialiste (FGDS) sont conduites selon les méthodes les plus traditionnelles. Les « forces vives » sont restées en dehors de la campagne électorale de 1965 et elles sont restées, semble-t-il, fort réservées à l'égard de la Fédération.

Le bilan des clubs en 1968 n'est donc pas un bilan de victoire, il s'en faut de beaucoup, et les espoirs placés un peu naïvement dans les « forces vives » semblent fortement ébranlés.

On avait pu penser vers 1958-1960 que la France allait voir naître ce qui lui avait toujours manqué depuis l'époque de l'anarcho-syndicalisme : une idéologie syndicale indépendante des partis politiques mais déliée d'une fidélité trop sourcilleuse aux sacro-saints principes de la charte d'Amiens.

Cette idéologie syndicale n'est pas née. Nombre de « jeunes agriculteurs » sont séduits par le gaullisme. La CFDT conclut des accords de revendications communes avec la CGT, mais a bien du mal à surmonter l'opposition entre sa direction et ses troupes. Force ouvrière reste en marge et ne manifeste pas une extrême vitalité idéologique. Bref, il ne semble pas que l'unité ouvrière soit à la veille de se réaliser ni qu'une idéologie vraiment nouvelle puisse prochainement se dégager du mouvement syndical et contribuer à vivifier les formations politiques.

5. Le communisme

Je consacrerai ce dernier cours à l'évolution du communisme depuis la fin de la guerre en essayant avant tout de me demander si le communisme français a changé, en quoi et pourquoi. Ayant à résumer brièvement ce qui aurait dû normalement fournir la matière d'un développement beaucoup plus long, je vais être obligé d'être très schématique.

Depuis la fin de la guerre, il faut distinguer trois périodes dans l'histoire du communisme français. La première couvre la période 1944-1947 : c'est celle du communisme gouvernemental. La deuxième période est celle de l'isolement : elle commence en 1947 avec le départ des ministres communistes du gouvernement Ramadier, le début de la guerre froide, et elle se prolonge en fait pendant une quinzaine d'années. La troisième période, qui s'est timidement ouverte avec les élections de 1962 et la rupture entre l'URSS et la Chine à propos de l'affaire cubaine, est placée, depuis 1965 surtout, sous le signe de l'unité d'action.

Jusqu'en 1962, on répétait volontiers — Guy Mollet ne s'en privait point — que le parti communiste français était le plus stalinien d'Europe occidentale. Certains disent et répètent, comme Maurice Duverger et Alain Duhamel dans leurs articles du *Monde,* que les communistes ont profondément changé, qu'il s'agit d'une évolution irréversible. En quoi et pourquoi ont-ils changé? C'est à ces questions difficiles que je vais essayer de répondre.

Pour prendre la mesure du phénomène communiste depuis la fin de la guerre, il convient de consulter le document suivant :

Dates des élections	**Suffrages PC**	**% des inscrits**	**Députés**	**Membres** (environ)
21 oct. 1945	5 005 336	20,3	148	
2 juin 1946	5 119 111	20,7	146	
10 nov. 1946	5 489 288	21,9	166	800 000
17 juin 1951	5 056 605	20,6	103 (apparentements)	
2 janv. 1956	5 514 403	20,5	150 (id.)	320 000
23 nov. 1958	3 907 763	14,3	10	
18 nov. 1962	4 003 553	14,5	41	225 000
5 mars 1967	5 029 808	17,8	73	300 000

I. 1944-1947 : LE COMMUNISME GOUVERNEMENTAL

La première période prolonge celle du communisme de guerre et lui ressemble beaucoup : c'est celle du communisme gouvernemental.

Cette période va d'avril 1944, avec l'entrée de deux ministres communistes, François Billoux et Fernand Grenier, dans le gouvernement présidé à Alger par le général de Gaulle, à mai 1947, Ramadier renvoyant les ministres communistes du gouvernement.

Pendant toute cette période dont je ne parlerai pratiquement pas, les ministres communistes jouent le jeu gouvernemental et les communistes se comportent en parti de gouvernement. Les mots d'ordre des communistes sont : s'unir, combattre et travailler, produire, toujours produire. C'est le discours de Maurice Thorez à Waziers en 1945.

Les communistes constituent de très loin le premier parti de France. Il ne semble pas irraisonnable à certains de penser que la France puisse avoir un jour prochain un président du Conseil communiste.

Les communistes jouent à fond la carte du rassemblement national et les adhérents affluent. Le parti fête sa millionième carte en 1946. En fait, il semble bien que le parti n'ait jamais eu 1 million d'adhérents. D'après les évaluations les plus sérieuses, au sommet de sa courbe fin 1946-1947, le parti a sans doute 800 000 membres environ.

Maurice Thorez gardera jusqu'à sa mort un souvenir durable de la période où il était ministre du général de Gaulle et où le parti connaissait des succès spectaculaires.

II. 1947-1962 : ISOLEMENT

Une période totalement différente — dont je vais parler un peu plus longuement — s'ouvre en mai 1947 avec le début de la guerre froide.

Ce ne sont pas les communistes français qui prennent l'initiative du changement. Ils ne se rendent pas immédiatement compte que la période du communisme gouvernemental est révolue et que le monde est entré dans la guerre froide. Ils se font même rudement rappeler à l'ordre à cet égard, en septembre 1947, à la conférence constitutive du Kominform en Pologne. Je vous renvoie à ce sujet au livre très intéressant de l'Italien Réale qui est intitulé : *Avec Jacques Duclos sur le banc des accusés.*

Après ce rappel à l'ordre, les communistes se lancent dans la lutte avec ardeur et violence. Ce sont les grèves de novembre 1947 et les débats parlementaires de cette époque dans une atmosphère de guerre civile. C'est la campagne contre la « sale guerre » d'Indochine qui a été extrêmement vive. C'est l'affaire Henri Martin, etc.

C'est en mars 1950 l'appel de Stockholm contre la guerre atomique qui, selon les communistes — le chiffre est sûrement gonflé, mais le nombre des signataires a été considérable — aurait rassemblé 15 millions de signataires.

Ce sont les campagnes anti-américaines qui culminent en 1952, contre les bases américaines, contre la guerre de Corée, contre « Ridgway la peste ».

C'est enfin la campagne contre la CED, contre les « revanchards allemands », qui permet aux communistes de sortir de leur isolement. Pour des raisons très différentes, communistes et gaullistes se retrouvent d'accord pour condamner la CED et, parfois, se retrouvent sur les mêmes estrades.

Sur le plan idéologique, cette période est caractérisée par un extrême dogmatisme. C'est ce que Edgar Morin, dans son *Autocritique,* appelle la période de la seconde glaciation.

C'est la belle période du jdanovisme — Jdanov est mort en 1947 — ou, si vous préférez, la belle période du stalinisme intellectuel.

Distinction entre la science bourgeoise et la science prolétarienne, entre l'art bourgeois et l'art prolétarien, entre la littérature bourgeoise et la littérature prolétarienne, Jean Kanapa considéré comme un grand philosophe, André Stil considéré comme un grand écrivain, Fougeron considéré comme un grand peintre.

Exaltation en permanence du maréchal Staline et du non moins génial Maurice Thorez auquel Aragon consacre un poème délirant, lors de son retour d'Union soviétique.

Les intellectuels communistes sont invités à se porter en

permanence, selon la formule alors utilisée, sur les positions de la classe ouvrière et à accabler d'injures Tito, Rajk, Slansky, les intellectuels non communistes.

Il faut lire ou relire *la Nouvelle Critique,* revue du marxisme militant, qui naît en 1948, pour savoir jusqu'où a pu aller le communisme français à cette époque dans la voie du sectarisme, de l'outrance et de l'hyperdogmatisme.

Ce qui est intéressant, me semble-t-il, et paradoxal, c'est que le parti communiste français adopte une idéologie hyperdogmatique au moment même où il s'efforce de pratiquer une stratégie de rassemblement au nom de la défense de la paix — le Mouvement de la paix rassemble beaucoup de non-communistes — et au nom de la défense de l'indépendance nationale. Il y a donc une discordance entre une idéologie remarquablement fermée et une stratégie ouverte, ce qui fait apparaître en quelque sorte la gratuité du stalinisme.

Mais les résultats de cette politique sont très différents selon qu'on considère l'électorat qui reste remarquablement fidèle au parti communiste français, en dépit de son dogmatisme idéologique — et les élections de 1956 sont à cet égard pour le parti un incontestable succès — ou les effectifs du parti qui se dégonflent spectaculairement, passant de 800 000 à 300 000 environ, à la fin de la IVe République. Le parti annonce à l'époque 420 000 cartes, mais le nombre des adhérents ne devait pas dépasser 300 000.

Il faut ajouter que, en dépit des vraisemblances, l'époque du stalinisme intellectuel n'a pas entraîné une perte d'influence très sensible pour le parti dans les milieux intellectuels. C'est dans les années 1948-1950 qu'on compte à l'École normale supérieure le plus de communistes, notamment parmi les philosophes et parmi les scientifiques. C'est en 1952, à l'époque de l'hyper-dogmatisme, que Sartre, jadis traité de « rat visqueux » par les communistes, se rapproche du parti et qu'il publie dans *les Temps modernes,* « Les communistes et la paix ». C'est également en 1952, à l'époque des manifestations contre Ridgway, que Roger Vaillant adhère au parti communiste.

Beaucoup plus d'intellectuels quitteront le parti après 1956 qu'à l'époque du stalinisme intellectuel et de l'hyperdogmatisme. C'est le cas de Pierre Hervé au début de 1956, de

Claude Roy, Jacques-Francis Rolland, Roger Vaillant, après Budapest, d'Henri Lefebvre un peu plus tard, de Fougeyrollas qui publie *le Marxisme en question* en 1959, de Jean Baby qui publie sa *Critique de base* en 1960. Cette liste est très loin d'être exhaustive.

Mais, plutôt que de raconter les événements et de me perdre dans les détails, je voudrais essayer de répondre sommairement à trois questions qui me paraissent importantes.

1. Pourquoi ce stalinisme persistant du parti communiste français et pourquoi la différence avec le parti communiste italien?

2. Pourquoi l'extrême modération des communistes français à l'époque de la guerre d'Algérie et à l'égard de l'indépendance algérienne?

3. Pourquoi le gaullisme a-t-il enlevé au parti communiste français en 1958 et en 1962 plus d'un électeur communiste sur quatre? Pourquoi cette hémorragie qui n'est peut-être pas achevée?

Première question : Pourquoi le stalinisme persistant du parti communiste? Et pourquoi la différence avec les communistes italiens?

La réponse n'est pas évidente, mais on peut, semble-t-il, mentionner trois séries d'explications. On ne peut négliger une première série d'explications, même si elle est la plus banale : l'influence des dirigeants, le rôle des hommes.

Le parti communiste italien a presque toujours eu à sa tête des intellectuels ou, du moins, les intellectuels ont toujours joué un rôle important et même souvent directeur dans le communisme italien, qu'il s'agisse de Gramsci ou de Togliatti. Au contraire, le parti communiste français est longtemps resté fidèle à une tradition ouvriériste, qui a d'ailleurs de profondes racines, nous l'avons vu, dans la tradition du mouvement ouvrier français. En conséquence, les communistes italiens ont constamment cherché à établir des théories originales. Il existe toute une théorie longuement élaborée, longuement mûrie, de la voie italienne au socialisme que Togliatti, s'inspirant de Gramsci, formule explicitement dès ses premiers discours de 1944, de même qu'il formulera un peu plus tard, en 1956, dans son interview à Nuovi Argomenti, sa théorie du polycentrisme.

On ne trouve absolument rien de tel en France, sinon une assez manifeste allergie de la part des dirigeants du parti à l'égard des débats théoriques. La fameuse interview, toujours citée par les communistes français, de Maurice Thorez au *Times,* le 17 novembre 1946, dans laquelle Thorez affirmait « qu'on peut envisager pour la marche au socialisme d'autres chemins que celui suivi par les communistes soviétiques », cette déclaration de Thorez au *Times* est d'une portée très limitée et, surtout, elle a une valeur essentiellement tactique car elle est de sept jours postérieure aux élections qui ont vu le parti communiste français remporter un très large succès et elle se situe au moment même où le comité central vient de réclamer pour Thorez la présidence du Conseil. Il s'agit donc de rassurer et il n'y a rien là qui permette de parler d'une voie française au socialisme, expression d'ailleurs que, sauf erreur, Maurice Thorez n'a jamais employée.

Un second élément d'explication — car ce que je viens de dire est une constatation plus qu'une explication — résulte de l'histoire et cela me paraît fondamental. L'histoire des deux partis communistes — le français et l'italien — est profondément différente.

Le PCI s'est formé dans la lutte antifasciste jusqu'en 1943-1944 et le communisme italien a été profondément marqué, dès ses origines, par l'atmosphère du Front national antifasciste. Il n'y a donc pas — et cela est essentiel — de coupure radicale entre le communisme italien et la tradition nationale italienne, et il n'y a pas non plus de coupure radicale entre le communisme italien et la tradition libérale italienne représentée par un homme comme Croce dont l'influence en Italie, même sur les communistes, a toujours été très importante. On peut donc dire que le communisme italien, pour des raisons historiques, est idéologiquement beaucoup moins isolé dans la société politique italienne que le communisme français dans la société politique française.

A cela il faut ajouter, je crois, trois faits :

— D'abord, le PCI n'a pas connu le succès du communisme français en 1936. Il n'a pas connu le triomphalisme de Maurice Thorez en 1936, triomphalisme consécutif aux élections de 1936 et à la remontée des effectifs du parti et des voix obtenues par le parti, qui a conduit Maurice Thorez et ses successeurs à un électoralisme dont le parti communiste italien, sans en être totalement exempt, donne beaucoup moins de preuves.

— Deuxième fait : le PCI n'a pas connu le traumatisme du pacte germano-soviétique de 1939. PCI et PCF sont en 1939 dans des situations extrêmement différentes. En effet, dénoncer la guerre impérialiste ne posait assurément pas les mêmes problèmes, dans une Italie alliée à l'Allemagne, à un parti communiste italien depuis longtemps engagé à fond dans la lutte antifasciste contre Mussolini, et, dans une France en guerre contre l'Allemagne, à un parti communiste français qui affichait depuis 1935 un patriotisme intransigeant.

C'est un fait important. Le pacte germano-soviétique de 1939 constituait pour les communistes français une rupture totale avec l'idéologie de la période antérieure, tandis que, pour les communistes italiens, le pacte germano-soviétique prolongeait en quelque sorte la période antérieure.

— Enfin, dernière circonstance d'ordre historique : à l'époque de la guerre froide — pendant laquelle d'ailleurs, le PCI, il ne faut pas l'oublier, manifeste un très honnête stalinisme — les relations des partis communistes avec les partis socialistes sont très différentes. Les socialistes français sont très souvent au pouvoir, tandis que les socialistes italiens sont constamment ou presque constamment dans l'opposition. Il y a donc — et, là encore, c'est important — un rapprochement, des possibilités d'osmose et aussi des risques de concurrence entre le PCI et le socialisme de Nenni, qui n'existaient absolument pas à l'époque de la guerre froide entre le PCF et le socialisme de Guy Mollet.

C'est sans doute l'histoire très différente des deux partis communistes qui a contribué à façonner deux idéologies elles-mêmes très différentes.

Ces deux explications me paraissent fondamentales. Peut-être faut-il en ajouter une troisième, chère à Annie Kriegel : les rapports différents du communisme avec l'Église catholique dans les deux pays.

En France, les communistes sont pour la plupart totalement déchristianisés. En Italie, ce n'est pas du tout le cas puisque, en 1966, d'après le sondage de la Doxa de Milan, sur 100 partisans du PCI, 13 seulement déclarent ne croire à aucune religion et 34 déclarent qu'ils fréquentent plus ou moins régulièrement l'Église.

En France — et je reprends la thèse d'Annie Kriegel —, le PCF est tenté de constituer une sorte de contre-église avec une vérité révélée, avec un dogme, avec des rites, tandis qu'en Italie, comme en Pologne, l'Église et le parti s'interpénètrent assez étroitement. Est-ce un hasard, demande Annie Kriegel, si le parti communiste italien et le parti communiste polonais ont été l'un et l'autre les partis les moins staliniens d'Europe, alors qu'il s'agit des deux pays les plus catholiques d'Europe? Je ne me hasarde pas à discuter cette suggestion stimulante.

Seconde question : Pourquoi la modération des communistes lors de la guerre d'Algérie?

Le parti communiste français a fait campagne pour l'indépendance de l'Algérie, mais sa campagne a été très mesurée, très prudente, très différente de la campagne contre la « sale guerre » d'Indochine.

En ce qui concerne l'Algérie, les communistes votent les pouvoirs spéciaux au gouvernement Guy Mollet en 1956. Plus tard, ils condamnent l'insoumission, le sabotage, la désertion. Ils font campagne contre les 121 lors du fameux Manifeste.

Pourquoi? On peut, je crois, découvrir quatre raisons d'inégale importance que j'énumère rapidement :

1. Le désir des communistes français de ne pas se couper des masses populaires et de ne pas lancer le parti dans une grande campagne d'agitation qu'auraient sans doute mal comprise les soldats du contingent et surtout leurs familles, bref la crainte de l'isolement.

2. Le souci de ne pas rompre prématurément la solidarité avec la SFIO, la volonté de jouer au maximum l'union des gauches et de ne pas se mettre à la remorque de la petite gauche ou des éléments inorganisés. Nous retrouvons le poids de la référence 1936 et de la tactique du Front populaire, le rêve de refaire, en 1956, 1936.

3. La méfiance des communistes français, et aussi du gouvernement soviétique, envers les nationalistes bourgeois du FLN et du GPRA, les relations très difficiles des nationalistes algériens et des communistes d'Algérie qui, pour la plupart, étaient d'origine française. C'est toute l'histoire du PCA,

lequel a été pendant très longtemps un parti de communistes français en Algérie.

4. Dernière raison : la volonté du gouvernement soviétique de ne pas contrecarrer l'action du général de Gaulle afin de le laisser développer sa politique d'indépendance à l'égard des États-Unis, d'où l'incident de septembre 1959 après la déclaration du 16 septembre sur l'autodétermination. Le PCF commence, dans un premier temps, par affirmer que la déclaration du général de Gaulle n'a aucune portée, aucun intérêt, et Maurice Thorez ne dit pas autre chose, le 27 septembre, au Martinet, dans le Gard. Un mois plus tard, la déclaration sur l'autodétermination est devenue un élément positif et Maurice Thorez déclare, faisant son autocritique sur le dos d'autrui, qu'il n'a jamais cessé de le répéter. Il est permis de penser qu'entre ces deux dates, le gouvernement soviétique avait fait savoir son point de vue au parti communiste français.

Il ne faut d'ailleurs pas oublier que l'annonce du voyage officiel de Khrouchtchev en France, qui sera un large succès et qui contribuera à transformer largement l'image du communisme soviétique en France, date du 23 octobre.

Bref, les motifs qui expliquent ou pourraient expliquer la modération du PCF à propos de la guerre d'Algérie sont nombreux et complexes. Il ne faut pas écarter les motifs de politique internationale tenant aux relations entre le gouvernement français et le gouvernement soviétique. Mais la raison la plus profonde paraît être le souci manifesté par les dirigeants communistes de ne pas lancer une grande campagne qui aurait risqué de déconcerter les membres du parti et peut-être, plus encore, de décourager une partie de l'électorat communiste.

Les communistes ont toujours attaché une importance essentielle aux résultats électoraux. Ils sont restés durablement marqués par la débâcle de 1958. Reste à tenter d'expliquer cette débâcle.

Le gaullisme a enlevé au PCF en 1958 près du tiers de son électorat. Les communistes, qui avaient obtenu des succès encourageants et même très encourageants aux élections municipales de 1959, ne regagnent pratiquement rien aux élections de 1962. Ces deux échecs, succédant aux beaux scores obtenus par le parti communiste sous la IVe République avec une remarquable stabilité, expliquent sans doute pour une large part que le parti ait renoncé à présenter en décembre 1965 un candidat et qu'il se soit rallié à la candidature Mitterrand.

En mars 1967, le parti a regagné 1 million de voix, mais il est encore très loin d'avoir retrouvé les chiffres de la IVe République. Pour retrouver le pourcentage de 1956, compte tenu de l'augmentation du nombre des inscrits, le parti aurait dû obtenir en mars 1967, non pas 5 millions de voix en chiffres ronds, mais 6 millions.

Le problème se pose : pourquoi le gaullisme a-t-il ainsi mordu sur l'électorat communiste? Beaucoup d'explications ont été avancées, y compris le cryptocommunisme du général de Gaulle, mais j'abandonne bien volontiers cette explication à ceux qu'elle séduit, je me borne à recenser les explications sérieuses et j'en vois cinq.

1. Il y a d'abord l'explication par Budapest qui a été largement avancée en 1958. Le PCF a été abandonné par un électorat qui ne lui pardonnait pas d'avoir approuvé très bruyamment — beaucoup plus bruyamment que le PCI — l'intervention des chars russes à Budapest en 1956.

Il est certain que Budapest a ébranlé beaucoup d'intellectuels, mais il paraît très douteux que Budapest ait profondément ébranlé l'électorat communiste dans son ensemble. Et, même si l'explication était partiellement valable pour 1958 — et, à mon avis, très partiellement —, elle ne semble guère valable pour 1962 et pour 1967, alors que l'image des chars russes dans Budapest a été complètement relayée par l'image des spoutniks et des cosmonautes soviétiques.

2. On en vient ainsi à un deuxième élément d'explication largement avancé dans les milieux de gauche après 1958 : l'explication par le réfrigérateur, par la machine à laver, par la 2 CV et, pour lâcher les grands mots, l'explication par la dépolitisation, par l'américanisation de la classe ouvrière et par le poids de la société de consommation.

L'explication a été très fréquemment avancée, dès 1958, notamment par Serge Mallet. Mais on comprend mal qu'elle ait séduit un bon nombre d'esprits habituellement aigus car le nombre des réfrigérateurs et des machines à laver, le poids de la société de consommation n'avaient pas, semble-t-il, augmenté dans des conditions telles entre le 2 janvier 1956 et les consultations électorales de 1958 qu'on puisse ainsi expliquer la débâcle de 1958.

D'ailleurs, il est intéressant de noter que, d'après les récentes enquêtes d'opinion publiées, il y a quelque temps, dans les *Cahiers du communisme,* les catégories de revenus les plus fidèles au parti communiste, en ce qui concerne l'électorat, ne sont pas les deux catégories de revenus les plus basses, mais les deux catégories immédiatement supérieures, c'est-à-dire les revenus mensuels qui se situent entre 70 000-80 000 anciens francs par mois et 120 000 anciens francs par mois (en francs de 1967-1968).

Ce qui est vrai, semble-t-il, c'est que l'augmentation du niveau de vie et la transformation des genres de vie ont sans doute profondément modifié le contenu et la signification du communisme. Peut-être est-on entré dans l'ère du communiste de consommation. Mais je ne pense pas qu'on puisse ainsi expliquer la brusque chute des suffrages communistes en 1958.

3. On en viendrait donc à examiner une troisième explication, celle par la guerre d'Algérie qui est peut-être plus solide, mais qui pose, elle aussi, des problèmes.

On peut penser qu'en 1958 un bon nombre d'électeurs communistes de 1956 ont fait confiance au général de Gaulle pour régler le problème algérien. Aux élections de 1962, après l'attentat du Petit-Clamart et les manifestations de l'OAS, on peut penser que cette même fraction de l'électorat communiste a manifesté quelque reconnaissance et quelque admiration pour le général de Gaulle pour avoir mis fin à la guerre d'Algérie. Mais, en 1967, la guerre d'Algérie est bien loin et il est difficile, semble-t-il, de s'obstiner à en faire la cause principale de la défection d'une large fraction de l'électorat communiste.

4. On est ainsi conduit à une quatrième explication, celle par le prestige du général de Gaulle, par sa politique extérieure d'indépendance nationale, en définitive la sensibilité nationale, l'orgueil national d'une large fraction de l'électorat communiste.

Cette quatrième explication paraît plus solide que les précédentes, mais elle me semble inséparable d'une cinquième et dernière explication.

5. C'est le fait qu'une partie importante de l'électorat communiste a sans doute été sensible, d'abord en 1958, puis en 1962, à l'époque du « cartel des non », non pas à l'antiparlementarisme, ce qui serait trop dire, mais à l'aversion pour la IVe République et à un désir un peu élémentaire de renouveau qui s'exprimait alors dans la plus grande partie de l'opinion publique. Ni en 1958, ni en 1962, le PCF ne proposait d'alternative claire au régime gaulliste, sinon une espèce de retour à la IVe République.

On peut donc penser que la défection des électeurs communistes s'explique par un sentiment élémentaire du genre : « S'il faut choisir entre le général de Gaulle et la IVe République, Pinay, Laniel et Félix Gaillard, s'il faut choisir entre le général de Gaulle et le « cartel des non », mieux vaut encore le général de Gaulle! » Et si les suffrages communistes ont remonté, modérément mais de façon nette, en 1967, c'est parce qu'était apparue pour la première fois, grâce à l'unité d'action, une alternative possible au régime gaulliste.

Si cette analyse était exacte, elle nous conduirait à une conclusion qui paraît importante. C'est que l'électorat communiste — je ne dis pas le parti — ne constitue pas une société close et que les motivations du vote communiste ne sont pas fondamentalement différentes des autres motivations de vote, qu'en définitive l'électorat communiste est profondément incorporé à l'ensemble de la société française et qu'il participe, contrairement aux affirmations d'un certain nombre de sociologues américains, largement à un certain consensus national. Peut-être la distance sociologique et la distance idéologique qui séparaient jadis l'électorat communiste du reste de l'électorat français — distances qui étaient larges avant la guerre de 1939 — sont-elles en train de se réduire. Peut-être faut-il chercher là, sinon la cause la plus apparente des changements qui affectent depuis quelques années le communisme français, du moins le motif le plus solide de prévoir que ces changements ne seront pas un épisode éphémère.

III. LA PÉRIODE RÉCENTE

C'est ce changement, réel ou supposé, de l'idéologie communiste que je voudrais examiner dans la dernière partie de ce cours, en essayant de répondre, aussi schématiquement que je l'ai fait pour les questions précédentes, à trois questions : Quand? Pourquoi? En quoi?

1. D'abord, quand?

La période proprement stalinienne du parti communiste français ne s'achève ni en 1953 avec la mort de Staline, qui ne change rien, ni en 1956 avec le XXe Congrès, après lequel la direction du PCF — je n'entre pas dans les détails — ne procède qu'à une mini-déstalinisation, expliquant en substance que le parti de Maurice Thorez n'est jamais tombé dans les défauts dénoncés par le camarade Khrouchtchev dans le rapport attribué à ce dernier, puisque telle est la terminologie jusqu'au mois de juin.

Elle ne s'achève pas non plus en 1958 où le parti va d'échec en échec et est à peu près totalement isolé. Durant les premiers temps de la Ve République, le parti reste strictement fidèle à la doctrine stalinienne et ceux qui s'en écartent, comme Servin et Casanova, sont condamnés en 1961.

J'aurais aimé vous parler plus longuement de l'affaire de Servin et Casanova qui a été une affaire importante et complexe. On peut dire en deux mots que tout s'est passé comme si Servin et Casanova avaient eu l'ambition d'être les premiers khrouchtcheviens français et, selon une pratique constante dans l'histoire du parti communiste, ils sont frappés au moment même où Maurice Thorez se prépare à infléchir dans un sens khrouchtchevien la ligne du parti.

Toujours est-il que la condamnation de Servin et de Casanova — qu'il ne faut surtout pas considérer comme des libéraux, Servin en avait donné d'innombrables preuves à l'époque stalinienne — la condamnation de Kriegel-Valrimont, de Pronteau et d'une large partie du groupe d' « Économie et politique », tend à prouver que rien n'a changé substantiellement dans l'idéologie communiste entre 1956 et 1961.

Jusqu'à la fin de l'année 1962, le parti communiste français — et cela est fondamental pour qui connaît l'importance de la terminologie pour les communistes — ne cesse de déclarer que le « principal danger » entre l'opportunisme, et le révisionnisme d'une part, le sectarisme, d'autre part, est le révisionnisme et l'opportunisme.

C'est pour la première fois, au Comité central de Malakoff, les 13-14 décembre 1962, que Maurice Thorez, inversant la terminologie, déclare que le « principal danger » est devenu le dogmatisme. Dès lors, les événements vont se précipiter. Au Comité central d'Ivry des 8-10 mai 1963, Maurice Thorez déclare « que la théorie du parti unique en régime socialiste est une erreur de Staline ». Et le XVIIe Congrès, tenu à Paris du 14 au 17 mai 1964, consacre l'évolution idéologique du parti. C'est donc en 1962-1963, à mon avis, que se situe la date où les dirigeants du parti communiste français, extrêmement réticents en 1956 à l'égard de Khrouchtchev, s'engagent délibérément dans la voie de ce que les pro-chinois appellent le révisionnisme khrouchtchevien, quand ils n'emploient pas des termes moins aimables.

La réponse à la première question — Quand? — est donc claire : c'est en 1962-1963 que se situe la date fondamentale.

2. Deuxième question : pourquoi ce changement?

Il y a une raison qu'il faut, je crois, écarter. C'est la volonté de changement de la part des dirigeants du parti communiste ou même la réflexion théorique de la part des intellectuels communistes. Sans doute une certaine évolution se manifeste-t-elle parmi les intellectuels, mais pour avoir dépouillé numéro après numéro *la Nouvelle Critique* pendant toute cette période, je peux assurer que *la Nouvelle Critique* du début de l'année 1962 est encore extrêmement stalinienne de ton.

Les deux causes principales, à mon sens, sont, l'évolution des relations internationales et l'évolution de la conjoncture politique en France.

En 1956, Khrouchtchev apparaît avant tout comme l'homme qui a dénoncé le premier les erreurs et les crimes de Staline et le PCF est extrêmement réticent à son égard. Quelques années plus tard, Khrouchtchev apparaît moins comme l'homme du rapport secret que comme l'homme de la coexistence pacifique, l'homme du voyage aux États-Unis, l'homme du voyage en France en mars-avril 1960, l'homme surtout qui a évité la guerre lors de la crise provoquée à Cuba par l'affaire des missiles en octobre 1962.

J'attache pour ma part une extrême importance à l'affaire de Cuba. Ce n'est certainement pas un hasard si la déclaration de Maurice Thorez au Comité central de Malakoff de décembre 1962 — que je rappelais tout à l'heure — se situe quelques semaines après la reculade soviétique à Cuba, qui est dénoncée immédiatement par la Chine de Mao Tsé-toung.

Bref, ce n'est pas l'attitude du parti communiste français à l'égard de l'Union soviétique qui a substantiellement changé depuis 1956. Ce qui a changé depuis 1956, c'est l'attitude de l'Union soviétique et, à cet égard, la date de 1962, qui est le début du schisme ouvert entre l'URSS et la Chine, est d'une importance capitale.

Deuxième série de motifs : la conjoncture politique en France.

Au début de 1962, les relations entre socialistes et communistes sont détestables. Guy Mollet traite les dirigeants communistes de léninistes mal blanchis et mal déstalinisés. Et c'est au moment des élections de 1962 que Guy Mollet, en passe de perdre son siège à Arras, découvre les vertus de l'unité d'action et lance un appel émouvant, en novembre 1962. Cet appel émouvant produit des résultats non négligeables. Le parti communiste, qui avait eu des résultats médiocres au premier tour des élections, se retrouve avec 41 sièges, alors qu'en 1958, il en avait 10. Ce n'est pas non plus un hasard si la déclaration de Maurice Thorez à Malakoff en décembre se situe quelques jours après le second tour des élections de 1962.

Je ne retrace pas toute la marche vers l'unité d'action qui n'a rien à voir ici. Trois ans plus tard, en 1965, l'unité d'action est en quelque sorte imposée par le mécanisme même de l'élection présidentielle et le processus s'accélère.

Pour conclure sur ce point, il serait tout à fait aventureux de soutenir que c'est l'évolution idéologique du parti communiste français qui a ouvert la voie de l'unité d'action. Il semble beaucoup plus vraisemblable de dire que c'est la voie initialement entrebâillée en 1962 vers l'unité d'action qui a précipité une certaine évolution idéologique du parti communiste français.

Il ne semble donc pas erroné de conclure que les deux principaux artisans de l'évolution idéologique du parti communiste français ne sont ni Maurice Thorez, ni Waldeck-Rochet, mais Nikita Khrouchtchev et le général de Gaulle.

3. Reste à mesurer en quoi le parti communiste français a changé. A cet égard, il faut distinguer les secteurs, les interlocuteurs, les niveaux.

a. Les secteurs. Les changements sont très différents selon les secteurs. Le changement est appréciable dans le domaine le plus proche de l'action politique, de l'action quotidienne, dans tout ce qui concerne les conditions mêmes de l'unité d'action, c'est-à-dire le multipartisme, la dictature du prolétariat, la révolution. A cet égard, il faut attacher de l'importance à la brochure de Waldeck-Rochet : « Qu'est-ce qu'un révolutionnaire dans la France d'aujourd'hui? » Le parti s'accroche au concept de révolution, mais il s'efforce d'expliquer que ce concept n'a pas le même sens aujourd'hui qu'hier, et il procède à la même opération avec le concept de dictature du prolétariat.

Le changement est beaucoup moins apparent dans le domaine de la réflexion économique. Les thèses officielles de Maurice Thorez sur la paupérisation — thèses lancées en 1955 — n'ont jamais été abandonnées par le parti communiste et on s'en aperçoit en lisant la déclaration commune PC-Fédération de la fin du mois de février 1968.

D'autre part, la thèse officielle exprimée par Henri Claude, avec un médiocre talent, sur le gaullisme et le grand capital, le gaullisme pouvoir renforcé des monopoles, ne semble pas non plus avoir été répudiée.

En revanche, une certaine évolution — mais, là encore, nous nous retrouvons près de l'action quotidienne ou, plus exactement, des nécessités de l'unité d'action — s'est manifestée à propos du Marché commun que le PCF accepte, dans la déclaration commune de la fin de février, de considérer « comme une réalité ».

Dans le domaine des activités intellectuelles, le bilan doit être nuancé. Le changement est très apparent dans les deux domaines d'élection de Roger Garaudy. C'est d'abord la littérature et l'art. Depuis octobre 1963 — notez la date — Roger Garaudy, dans *D'un réalisme sans rivage,* se reconnaît le droit d'aimer librement Picasso, Saint-John Perse et Kafka. Et Aragon, dans sa préface, écrit que « ce livre est un événement ». Il y a ensuite les relations avec les catholiques qui sont la spécialité de Garaudy. C'est en janvier 1964 — là encore, la chronologie est importante parce que nous retrouvons toute une série de dates postérieures à 1962 — que des prêtres participent pour la première fois à une semaine de la pensée marxiste, et c'est en 1965 que Garaudy publie *De l'anathème au dialogue,* à propos du dialogue avec les catholiques.

Dans le domaine philosophique, il faut être plus réservé. Sans doute faut-il mentionner les travaux théoriques d'Althusser, mais celui-ci a toujours été un marginal à l'intérieur du parti. Sans doute aussi le Comité central d'Argenteuil de mars 1966 a-t-il été consacré à l'étude des problèmes idéologiques et culturels et s'est-il terminé par une résolution rendant hommage au rôle irremplaçable des intellectuels et des philosophes. Ce Comité central a permis à un certain nombre de philosophes communistes de regretter longuement en substance, que ce ne soit pas Althusser qui écrive les livres de Garaudy.

Mais on ne saurait dire que le communisme français ait donné naissance depuis un certain nombre d'années à d'importants travaux d'ordre philosophique ou à d'importants travaux sur le marxisme. À cet égard, on peut se demander pourquoi le parti a éprouvé en 1967 le besoin de rééditer une conférence de Waldeck Rochet datant de 1961-1962, qui est intitulée : « Qu'est-ce que la philosophie marxiste? ». Le moins qu'on puisse en dire est qu'elle n'est pas une contribution de grande originalité au progrès de la théorie marxiste.

Enfin, le domaine qui évolue le moins — et ce n'est pas étonnant — est celui de l'historiographie. On peut dire à cet égard que l'historiographie du PCF reste dans l'ensemble parfaitement conforme aux méthodes éprouvées de l'historiographie stalinienne. La récente *Histoire du PCF au temps de la*

Résistance en porte témoignage, de même, et surtout, que l'Histoire officielle du PCF.

Le processus de déstalinisation est donc très inégal selon les secteurs et les secteurs qui bougent le plus sont les secteurs les moins théoriques et les plus proches de l'action politique quotidienne.

b. De même, l'évolution est très inégale selon les *interlocuteurs.*

Il est incontestable que le PCF a renoncé dans l'ensemble au style de polémique qu'il utilisait jadis à l'égard des intellectuels non communistes comme Sartre, Raymond Aron, Merleau-Ponty, qui avaient été abreuvés d'injures à la belle époque stalinienne. Le dialogue est ouvert avec les non-communistes — et c'est la fonction des Semaines de la pensée marxiste. Le dialogue est à l'ordre du jour, qu'il s'agisse des catholiques ou de M. Philippe Sollers et de ses amis du groupe *Tel Quel*. Et il faut noter que le structuralisme n'a pas fait l'objet d'une condamnation sommaire, comme l'existentialisme un certain nombre d'années auparavant.

Mais la même volonté de dialogue et d'ouverture est très loin de se manifester d'abord avec les éléments les plus proches du parti communiste et, très précisément, avec ceux qui entendent se situer à gauche du parti communiste, qu'il s'agisse des pro-chinois, des anarchistes, des trotskystes et autres « groupuscules ».

Il en est de même à l'intérieur du parti communiste français lui-même. A cet égard, les statuts de 1964 ne paraissent pas avoir changé grand-chose, contrairement à ce qu'avait écrit *le Monde* à l'époque. Le parti ne tolère pas les tendances, contrairement au PCI où coexistent deux tendances, la tendance Ingrao et la tendance Amendola.

Qu'il puisse y avoir des tendances à l'intérieur du PCF n'est pas près, semble-t-il, de passer dans les faits. C'est le parti qui continue à dire et à fixer l'idéologie et le Comité central d'Argenteuil, l'affirme sans ambiguïté : la responsabilité de la théorie incombe au parti. C'est la vieille conception léninienne et il n'est pas étonnant que cette conception soit encore affirmée par le PCF, mais il est notable que le PCI s'en soit sensiblement détaché.

Par conséquent, tant que ce principe demeure intangible, on peut être sceptique sur les chances d'une profonde rénovation de l'idéologie. Il est bien intéressant que le Comité central d'Argenteuil ait permis une discussion relativement ouverte et qu'il n'ait pas condamné brutalement Althusser comme il en avait été à un moment question. Mais ce qui aurait été une profonde transformation, c'est que le Comité central considère qu'il n'était point de sa compétence de trancher, de dire la vérité en ce qui concerne des débats au demeurant fort abstraits entre philosophes communistes.

C'est le problème fondamental. Le communisme peut-il changer profondément, l'idéologie communiste peut-elle changer profondément sans que le parti renonce à dire l'idéologie, sans que le parti renonce à sa structure? Et peut-il modifier substantiellement sa structure sans cesser par là même d'être un parti communiste?

c. Aussi le changement est-il extrêmement inégal selon *les niveaux* du communisme, et il faudrait ici distinguer les quatre niveaux du communisme : l'idéologie communiste au niveau n° 1, les dirigeants, l'idéologie communiste au niveau n° 2, les intellectuels qui écrivent dans *la Nouvelle Critique, la Pensée* ou dans *Économie et Politique,* au niveau n° 3, le communisme des militants, au niveau n° 4, le communisme de l'électorat.

Mon hypothèse — que j'aurais aimé développer — c'est que les changements les plus importants se produisent au niveau n° 4, celui de l'électorat. Je pense pour ma part que les électeurs communistes, sociologiquement et idéologiquement, ressemblent sans doute davantage aux autres électeurs français que ce n'était le cas avant la guerre de 1939 ou à l'époque de la guerre froide.

C'est peut-être pour se modeler sur cet électorat que les déclarations du PCF, au moment des élections de 1967, avaient adopté ce ton dont vous vous souvenez. Le programme du PCF — sur papier bleu pâle, très enfant de Marie, représentant une femme en train de bercer son enfant — ne citait qu'un nom propre, et il se trouve qu'il s'agissait du « bon La Fontaine ». Aucune allusion n'était faite à l'internationalisme prolétarien et le programme du PCF se terminait par une ferme déclaration sur la défense de l'indépendance nationale.

Bref, il semble que l'idéologie du PCF tende à se modeler de plus en plus sur l'idéologie présumée de son électorat et qu'il ne constitue à aucun degré une « minorité d'avant-garde ».

Conclusion : Je suis beaucoup moins convaincu que Maurice Duverger ou d'autres de l'ampleur et du caractère irréversible des changements intervenus dans l'idéologie communiste et je crois surtout que, si le PCF a changé, c'est avant tout parce que le monde changeait autour de lui, parce que les relations internationales évoluaient, que le camp socialiste changeait, qu'il se produisait le schisme sino-soviétique, que les données de la vie politique française se modifiaient et que de nouvelles perspectives étaient offertes par l'unité d'action, que la société française évoluait et que l'électorat communiste français évoluait avec elle.

Cela dit, si vous rencontrez un intellectuel communiste, un dirigeant communiste, il vous répétera que le parti communiste « se porte bien ».

Mais quelles sont les perspectives pour un communiste français aujourd'hui? Regagner l'électorat communiste de la IVe République, récupérer 1 million de voix, soit. Distancer la Fédération, être l'élément fondamental d'une gauche unie, soit. Battre aux élections, selon la terminologie communiste, le pouvoir gaulliste et la réaction, soit.

Mais dans le cas — qui ne me paraît pas assuré du tout d'ailleurs — d'un succès électoral de la gauche, quelles sont les perspectives? La solution 1936, c'est-à-dire le soutien sans participation ou la solution 1946, c'est-à-dire une espèce de néo-tripartisme, François Mitterrand remplaçant Félix Gouin?

Je dois dire que, si j'étais communiste, j'aurais beaucoup de mal à trouver cette perspective exaltante. C'est peut-être pour cela, que le nombre des communistes, dans ce parti qui se porte bien, augmente si lentement et que nombre de jeunes intellectuels regardent bien davantage du côté de Pékin, du côté de La Havane ou du côté de chez Maspero, que du côté du carrefour Châteaudun.

Cela dit — et c'est un problème dont j'aurais aimé parler longuement — ce communisme si gestionnaire, si responsable, si modéré, court-il ou ne court-il pas le risque d'être tourné sur sa gauche? Toutes les conditions semblent réunies aujourd'hui pour que le parti communiste soit tourné sur sa gauche. Mais, après tout, toutes les conditions étaient réunies en 1936, toutes les conditions étaient réunies en 1944-1945, de sérieuses conditions étaient réunies à l'époque de la guerre d'Algérie, et le parti communiste français n'a jamais été tourné. Le sera-t-il aujourd'hui? Je ne me hasarderai pas à faire de pronostics mais je pense que, si le parti communiste français devait être véritablement et durablement tourné sur sa gauche, s'il devait voir naître sur sa gauche une véritable force politique, ce serait beaucoup plus à la conjoncture internationale que serait dû ce phénomène qu'à la conjoncture proprement nationale [1].

1. En relisant au mois de juillet 1968 les notes de cette dernière leçon faite le 8 mai 1968, j'estime qu'il serait malhonnête de modifier en quoi que ce soit cette conclusion : je ne veux pas céder à la tentation de la lucidité *a posteriori.*

4

La gauche en France depuis 1968 *

par Michel Winock

La crise de 1968 et ses prolongements de 1969 (départ du général de Gaulle) sont un indiscutable tournant dans la vie politique et sociale de la France, et tout autant dans l'histoire de la gauche française.

Il est aussi délicat que prématuré d'apprécier correctement les effets de Mai 68 sur la gauche. Sans doute peut-on dire qu'à court terme les journées de Mai ont eu des conséquences malheureuses sur l'union de la gauche et sur ses chances électorales puisque la dissolution de l'Assemblée de 1967, où la gauche était le mieux représentée depuis 1958, laissait place à une Chambre où les députés gaullistes revenaient en force, profitant de l'inquiétude générale où les événements de Mai 68 avaient jeté le corps électoral.

D'autre part, les divergences d'appréciation sur 68 laissaient dans les rangs de la gauche traditionnelle des désaccords profonds qui freinaient pour un temps le mouvement unitaire amorcé depuis 1965.

Cependant, cette espèce de révolution culturelle a — sinon créé — tout au moins révélé à la gauche et à son électorat la pauvreté d'une problématique politique trop classique et par là même contribué au renouvellement de celle-ci. Il est probable, d'autre part, que l'essor d'une ultra-gauche a nettement affaibli, au moins sur le terrain idéologique, la légitimité révolutionnaire du parti communiste; du même coup, ce qu'on appelle communément le gauchisme a pu, par

* Les quatre premières parties de ce chapitre, reprises de l'édition de 1977, datent de l'été 1978. Elles n'ont pas été modifiées; elles ont été complétées par une adjonction commandée par l'événement : « La victoire socialiste de 1981. »

sa démythification du PCF, servir au dégel de la gauche. Remarquons toutefois que cette relative « perte d'identité » a produit, dans le temps, des effets opposés : elle a pu, dans les années qui ont suivi immédiatement 1968, inciter les communistes, contestés sur leur gauche, à chasser sur de nouveaux territoires à leur « droite », et contribuer ainsi au rapprochement avec les socialistes; mais il faut sans doute y voir, en définitive, une des raisons qui ont entraîné la rupture survenue en 1977 : cette perte de substance idéologique ne s'est en effet accompagnée d'aucun progrès électoral, tandis que le PS, dont on a souligné la fonction de parti « attrape-tout », voyait régulièrement croître son influence. Les communistes ont pu, ainsi être tentés par un retour à une tradition qui, passé la grande période du gauchisme politique, ne leur était plus sérieusement disputée, et dont l'abandon ne leur avait, tout compte fait, valu aucune compensation décisive.

1. Le gauchisme

Le terme de « gauchisme » désigne vulgairement depuis les lendemains de Mai 68 un ensemble hétéroclite d'opinions et de conduites politiques (voire apolitiques). En effet, outre le gauchisme politique proprement dit, il serait erroné de compter pour négligeable un plus vaste mouvement de mentalités qu'on peut désigner, pour le distinguer des gauchismes constitués en partis ou en tendances, sous le vocable de gauchisme culturel. Les années passant, le gauchisme politique prend de plus en plus figure d'un phénomène résiduel, jugé archaïque et parfois violemment renié par ceux-là mêmes qui en furent les animateurs : ne seraient-ce que les représentants de ce courant de pensée qui défraya la chronique parisienne des années 1976-1977 sous le nom de « nouvelle philosophie ». Le gauchisme culturel, au contraire, loin de s'essouffler, s'est enrichi de nouvelles pratiques et a conquis des secteurs de l'opinion peu accessibles à la propagande politique radicale — au risque, évidemment, de s'affadir, de se laisser « récupérer ».

a. Le gauchisme culturel.

Pour beaucoup de nos contemporains, Mai 68 semble avoir été le point de départ et le moteur du vaste mouvement de « contestation » dont la société française paraît agitée depuis les fameuses journées des barricades. En fait, ce mouvement de remise en cause social dépasse de loin le cadre français : l'Angleterre, les États-Unis, les Pays-Bas, l'Allemagne, l'Italie..., bref tous les pays occidentaux, chacun à sa manière mais aussi selon des modes universels, sont touchés par une vaste critique qui ne s'abreuve plus aux sources classiques — libérales, socialistes, marxistes — mais chez les dénonciateurs post-marxistes de la « société de consommation » (H. Lefebvre, les situationnistes, Marcuse, Illich, etc.). Mouvement généralisé, diffus, impropre à l'union, il ne peut composer une force politique nouvelle visant la conquête du pouvoir. Mais l'acuité de ses attaques, son irrespect méthodique, son génie questionneur ont instauré un nouvel état d'esprit dans maintes couches de la population face aux institutions et aux statuts traditionnels : dénonciation de l'école, de la médecine, du service militaire, de la « phallocratie », de la « normalité » sexuelle, de la pollution, de la prison, de l'automobile, de l'institution ecclésiastique, de l'État jacobin... Des catégories particulières, professionnelles ou autres, s'organisent en mouvements de protestation ou de « libération » : le MLF (Mouvement de libération des femmes), le FHAR (Front homosexuel d'action révolutionnaire), le syndicat des prostituées, les médecins contestataires de l'Ordre, le syndicat de la magistrature, le CAP (Comité d'action prisons), les mouvements nationalistes breton, occitan, corse, etc. Des expériences multiples sont lancées : nouvelles communautés villageoises, nouvelles communautés chrétiennes (Boquen), « grandes familles », pratiques écologistes diverses... Étrange contraste pour l'historien que cette turbulence des idées et des pratiques sociales nouvelles, par comparaison avec les dix premières années de la Vᵉ République!

Le succès d'un hebdomadaire satirique comme *Charlie Hebdo*, si différent du vieux *Canard enchaîné*, symbolise assez bien cette mutation : un nouveau langage, une nouvelle agressivité, c'est ce que concrétisent encore les vagues successives de graffiti qui couvrent les murs de la ville et plus spécialement les affiches publicitaires du métro parisien. Remarquable également a été le succès du quotidien *Libération,* fruit d'un mariage difficile entre gauchisme politique (essentiellement l'ex-GP) et gauchisme culturel, et qui n'a pu véritablement prendre son essor que lorsque la disparition du courant organisé dont il était en partie issu lui laissa les coudées franches. *Libération* réussit aujourd'hui — non sans heurts, parfois — ce qui fut projeté par les groupes maoïstes d'antan : toucher une opinion qui va du jeune chômeur révolté à une intelligentsia de haut vol — et volontiers snob.

Un des effets de ce mouvement global de contestation (mot d'époque) a été une tendance très nette à la politisation de la vie quotidienne. Le « tout est politique » est devenu pour beaucoup l'alpha et l'oméga de leur pratique sociale, dans le temps où progressait le dégoût pour les formes et les enjeux traditionnels de la politique : la raison soupçonneuse traque l'innocence jusqu'en ses derniers replis.

Du même coup, les partis de gauche traditionnels ont dû, *volens nolens,* prendre en compte un certain nombre de ces remises en cause : les socialistes ont donné pour titre à leur programme de gouvernement « Changer la vie », la référence à Rimbaud étant plus opportune que la référence à Jules Guesde.

b. Le gauchisme politique.

Tous les spécialistes s'entendent à blâmer le mésusage du terme « gauchisme » qui, dans la langue commune, désigne pêle-mêle un ensemble de constellations politiques situées à l'ultra-gauche, dont le seul dénominateur commun est de s'affirmer révolutionnaires et de s'opposer aux appareils des partis socialiste et communiste. Mais la force du langage commun est irrésistible et il est sans doute vain ici de s'y opposer.

Tous ces groupes et groupuscules qui composent donc le gauchisme se définissent généralement par rapport à l'expérience historique des révolutions soviétique et chinoise. Leur histoire est ancienne, ils n'ont pas surgi en Mai 68 (nombre de futurs militants gauchistes ont fait leurs premières armes pendant la guerre d'Algérie, en critiquant l'attentisme ou les pratiques trop classiques du PCF — critiques renouvelées au moment de la guerre du Vietnam) mais c'est assurément Mai 68 qui se trouve, chronologiquement, à l'origine de leur essor ou de leur nouvelle actualité. On peut distinguer :

1. Une constellation *gauchiste* proprement dite. Il s'agit des théoriciens et des groupes qui remettent en cause Lénine et le bolchevisme, c'est-à-dire les toutes premières phases de la révolution d'Octobre. La confiscation d'une révolution par un parti, d'un parti par un état-major, et finalement de tout un pays par une bureaucratie, tel est le thème central de leur critique. Dans la lignée de Pannekoek, théoricien du communisme de conseil, de Castoriadis, l'ancien animateur de la revue *Socialisme ou Barbarie* (1949-1965), de Claude Lefort, ancien membre de l'équipe des *Temps modernes,* de plus jeunes auteurs où il faudrait citer notamment André Glucksmann récusent la dogmatique marxiste-léniniste et la priorité de l'organisation, défendant l'*autonomie* des luttes prolétariennes de libération.

Castoriadis, dans un texte de 1956 consacré à l'insurrection hongroise, résumait ainsi les positions de son groupe : « Nous nous sommes acharnés à montrer que la conclusion claire, définitive et irréfutable, de l'expérience de la Révolution russe était qu'un parti distinct de la classe ouvrière ne pouvait être l'instrument de la dictature du prolétariat, que celle-ci était le pouvoir des organismes soviétiques des masses; mais aussi et surtout que la dictature du prolétariat n'avait pas de sens si elle n'était pas d'abord et en même temps gestion ouvrière de la production [1]. »

Ce courant composite nourrit la réflexion qui se fait depuis des années dans les rangs syndicalistes et politiques de la gauche non communiste sur « l'autre socialisme », non plus le socialisme « par le haut » mais le socialisme « par le bas » : celui de l'autogestion.

1. P. Chaulieu (alias C. Castoriadis), « La révolution prolétarienne contre la bureaucratie », *Socialisme ou Barbarie*, décembre 1956.

La défiance envers les appareils, l'électoralisme et la bureaucratie rapprochent ce courant de la tradition anarchiste qui a toujours ses groupes et ses journaux.

2. Une constellation *trotskyste* (récusant d'ailleurs l'appellation de « gauchisme »), qui accepte en bloc la Révolution russe jusqu'à la mort de Lénine et s'oppose radicalement au stalinisme défini comme une dégénérescence de l'État prolétarien. Du bolchevisme, tous les courants trotskystes ont gardé le goût de la dogmatique et de l'organisation : leur sectarisme en découle. A peine Trotsky avait-il, en 1938, fondé la IVe Internationale que la première scission du groupe « Lutte de classes » entamait la longue histoire des divisions trotskystes. Trois groupes principaux se partagent actuellement le trotskysme :

— la *Ligue communiste révolutionnaire,* dirigée par Alain Krivine, deux fois candidat aux élections présidentielles (1969 et 1974), qui diffuse le journal, quotidien depuis le 15 mars 1976, *Rouge;*

— l'*Association des jeunes pour le socialisme* (la plus connue des deux filiales de l'Organisation communiste internationale), qui est la tendance « lambertiste », née en 1952, sur le refus de faire de l' « entrisme » dans le PCF, comme le préconisait alors Frank (le groupe constituant finalement le noyau de la Ligue communiste);

— *Lutte ouvrière,* qui diffuse un journal du même nom, et qui s'est fait connaître du grand public par la candidature aux présidentielles de 1974 d'Arlette Laguiller; c'est une tendance ouvriériste, travaillant surtout dans les entreprises.

3. Une constellation *maoïste.* La famille maoïste est sans conteste la famille gauchiste qui a fait le plus parler d'elle; elle a été la plus active et la plus originale. Dans cette mesure précisément, elle est aussi celle qui s'est le plus rapidement dispersée, la plupart de ses militants ne souhaitant pas devenir les mainteneurs d'une nouvelle tradition, encore moins les gestionnaires d'un appareil. Le terme de « famille » pour désigner cet ensemble est d'ailleurs trompeur, puisqu'on y trouve, ou y trouvait, des groupes extrêmement différents, que n'unissait guère qu'une commune référence à une Chine

communiste très diversement interprétée : pour les uns, la *Gauche prolétarienne, Vive la Révolution,* dans un sens plutôt « anarchiste » que semblaient valider à l'époque les soubresauts de la Révolution culturelle; pour les autres, PCMLF et « marxistes-léninistes » divers, dans un sens plus traditionnel d'autorité du Parti et de dictature du prolétariat. Que la lecture « marxiste-léniniste » se soit, à l'usage, révélée plus conforme à la réalité des luttes politiques en Chine n'empêche que les groupes qui s'en réclament n'ont guère exercé d'influence sur la vie sociale et culturelle en France, alors que la GP et VLR ont constitué, pendant quelque temps, de réels centres d'attraction pour une partie de la jeunesse intellectuelle et même ouvrière, d'ailleurs rapprochées par « l'établissement » d'étudiants et de lycéens dans les usines. Essentiellement tournée vers le travail en direction des couches ouvrières les moins « assimilées » — OS, immigrés —, la GP a contribué à porter sur le devant de la scène un certain nombre de luttes — contre les cadences, les accidents du travail, la hiérarchie, le travail posté, mais aussi la cherté des transports, le scandale des bidonvilles, etc. — auxquelles syndicats et partis de gauche ne prêtaient pas alors une attention soutenue. Les nombreuses actions illégales entreprises par ses militants faisaient parfois fulgurer, dans la grisaille des banlieues assujetties au « métro-boulot-dodo », un furtif éclat de romantisme latino-américain.

Si l'on ne devait retenir qu'un des traits originaux de VLR, il faudrait mettre en avant la tentative que ses militants ont faite et telle qu'elle s'exprime dans leur journal *Tout* (« Ce que nous voulons : tout ») de fédérer l'ensemble des contestations particulières et autonomes : jeunes, femmes, homosexuels, communautés, etc. — entreprise finalement vaine mais qui ne manquait pas d'originalité! Le mouvement s'est finalement sabordé, tout comme la GP.

4. Une série de *carrefours*. Aux constellations précédentes schématiquement décrites, il convient d'ajouter les lieux privilégiés où leurs influences interfèrent. Il serait ici impossible de faire une liste exhaustive. Évoquons plutôt quelques carrefours qui ne sont pas en tant que tels des structures gauchistes :

— dans le syndicalisme, la CFDT, plus que les deux autres centrales ouvrières, et la FEN sont l'objet d'un investissement gauchiste — trotskyste tout particulièrement — et les majorités de ces syndicats doivent compter avec des fédérations parfois dominées par tel ou tel groupe gauchiste ;

— dans la presse : il n'est pas douteux que nombre de grands quotidiens — à commencer par *le Monde* — ou des hebdomadaires, comme *le Nouvel Observateur*, donnent la plume à des militants gauchistes ;

— dans l'édition : il est notable que, outre les grandes maisons comme Gallimard et le Seuil dont les collections accueillent les divers courants gauchistes, de nombreuses maisons plus petites, anciennes et surtout nouvelles, ont à leur compte depuis des années toute une production d'ouvrages, soit réédités, soit nouveaux, qui ont gonflé considérablement la littérature contestataire et, dans une moindre mesure, servi les groupes politiques : Maspero, Spartacus, la librairie « Gît-le-Cœur », la Tête de Feuilles, Champ libre, Federop, le Sagittaire, etc. ;

— dans l'Université, et tout particulièrement à Paris VIII (Vincennes), où tous les gauchismes ont rivalisé, surtout dans les trois ou quatre premières années de son existence (« Vincennes » est né au cours de l'été 1968) ;

— dans les maisons de jeunes et de la culture et d'une manière générale dans les organisations de jeunesse ;

— dans un parti politique : le PSU, qui n'est pas à proprement parler gauchiste, qui est très antérieur à 1968 (date de 1960) mais qui est parcouru de courants divers, trotskystes, maoïstes, etc.

Enfin, la sclérose progressive du gauchisme politique, l'inévitable lenteur de l'action culturelle au sein de la société civile, l'exemple de la RAF allemande et des Brigades rouges italiennes, sombre, mais fascinant sans doute pour un jeune chômeur qu'exaspère, autant que l'ennui et la pauvreté, le sentiment d'avoir été « lâché » par les intellectuels de 68, tous ces facteurs ont concouru récemment à un certain développement d'un courant dit « autonome », hostile à tous les appareils et à tous les discours, fussent-ils d'extrême gauche, et adepte d'une violence immédiate. Il est encore trop tôt pour dire si ce courant, qu'on ne peut d'ailleurs classer « à gauche » qu'au prix de quelque artifice, prendra une réelle ampleur, ou si son action se restreindra à quelques échauffourées en queue de manifestation.

Au total, et si bref que soit ce panorama, on mesure l'extraordinaire agitation d'idées, l'étonnante mobilisation de *nouveaux* militants, le remarquable renouvellement de la critique sociale que constitue, depuis 1968 *environ*, le phénomène globalement appelé « gauchiste ».

En termes électoraux — c'est-à-dire sur le terrain traditionnel de l'affrontement politique — il ne paraît pas avoir eu beaucoup d'importance positive. En revanche, le gauchisme, par la faveur qu'il a prise dans la jeunesse et dans certaines professions, a questionné et stimulé la gauche classique tout en popularisant des revendications et des objets nouveaux de lutte, dont certains ont déjà trouvé une solution législative : par exemple, liberté de la contraception et de l'avortement... Peu d'institutions en définitive sont restées hors de l'atteinte directe *ou indirecte* de la contestation « gauchiste » et c'est pourquoi il serait assurément erroné de s'en tenir à l'observation des théâtres politiques habituels pour juger de son importance réelle.

2. Le renouveau du parti socialiste

L'une des nouveautés les moins contestables depuis 1968 est le redressement du parti socialiste. Au lendemain de l'échec électoral des législatives de 1978, nul ne peut pronostiquer ce que sera l'avenir du PS ; son renouveau demeure, de toute façon, un des événements majeurs de notre vie politique depuis 1945.

A cet égard, la date de référence est moins 1968 que 1969. C'est en 1969, en effet, que le parti socialiste atteint son étiage — G. Defferre, son candidat, n'arrive qu'en quatrième position avec 5 % des voix — lors de l'élection présidentielle — mais c'est aussi en 1969 que se tient, un mois plus tard, le congrès d'Issy-les-Moulineaux, date de naissance du nouveau parti socialiste, à la tête duquel se trouve provisoirement porté Alain Savary. L'ère de la SFIO mollétiste paraît close, quand bien même G. Mollet a soutenu l'élection d'Alain Savary. En juin 1971, lors du congrès d'Épinay, la Convention des institutions républicaines s'unit avec le PS : dès lors, François Mitterrand, comme premier secrétaire du parti socialiste, va présider à une remontée décisive du PS — remontée électorale certes mais accompagnée et étayée par un nouvel apport de militants et un effort de renouvellement doctrinal, comme l'atteste l'adoption du programme « Changer la vie » en mars 1972. L'étape suivante a été la négociation et la signature en juin 1972 d'un programme commun de gouvernement entre le PS et le PCF. Cette alliance, qui selon la plupart des observateurs devait profiter, sur le modèle du Front populaire, au parti communiste, avantage tout au contraire le parti socialiste — comme l'attestent les résultats des élections législatives de mars 1973 (le PS seul obtient alors 19,2 % des suffrages exprimés, 20,7 % avec ses alliés radicaux de gauche). Un nouveau bond en avant est accompli l'année suivante, lors de l'élection présidentielle d'avril-mai 1974 : au premier tour, F. Mitterrand, en face d'une droite divisée, arrive en tête avec 43 % des voix (il en avait obtenu moins de 32 % en 1965) et, au second tour, n'est battu que de très peu par V. Giscard d'Estaing (49,19 contre 50,81 %, soit une différence de 345 000 voix). En automne 1974, lors des Assises pour le socialisme tenues à Paris, le PS se renforçait de nouvelles couches militantes de la CFDT et du PSU. Michel Rocard, secrétaire général du PSU, ne réussit pas à entraîner la majorité de son parti dans la fusion avec le PS, mais son adhésion accrédite le PS aux yeux de nombreux militants, syndicalistes et socialistes, qui répugnaient encore à prendre leur carte dans un parti marqué par tant d'années d'opportunisme.

Les élections cantonales de 1976, puis les municipales de 1977, ont révélé officiellement ce que les sondages laissaient supposer : que le parti socialiste était devenu le premier parti de gauche par le nombre des voix obtenues. Depuis 1945, le parti socialiste avait perdu le *leadership* électoral de la gauche ; pour la première fois, il reprenait l'avantage sur le parti communiste. Au premier tour des élections législatives perdues de mars 1978, le PS n'en recueille pas moins le même nombre de voix, à peu de choses près, que le RPR; il devance le PC de près de 600 000 voix.

Il est à remarquer que la progression du parti socialiste n'est pas seulement quantitative, qu'elle est observable dans de nouvelles couches et dans de nouvelles régions : « Régions catholiques, zones ouvrières, secteurs urbains : une implantation qui suggère le renouvellement d'une clientèle », écrivait J. Ozouf en analysant les résultats des législatives de 1973 [1]. A ces implantations nouvelles — Est, Bretagne, etc. — qui se sont confirmées depuis 1973, fait toutefois pendant un relatif effritement dans des régions traditionnelles comme le Midi socialiste.

La sociologie de ce renouvellement électoral reflète une sociologie du renouvellement de ses militants. Ceux-ci, estimés à 160 000 environ en 1977, viennent de plus en plus des milieux urbains, ouvriers, catholiques — gagnant du terrain jusque dans les vieux fiefs communistes de la banlieue rouge. Il n'empêche que le militantisme ouvrier reste, évidemment, un phénomène infiniment plus marginal au PS qu'il ne l'est au PC.

On doit se demander quelles sont les causes de ce renouveau inattendu, général et progressif depuis 1969.

— Mentionnons tout d'abord le départ puis la mort du général de Gaulle, fondateur et chef charismatique de la Ve République. Le départ de De Gaulle, suivi cinq ans plus tard de la mort de son successeur G. Pompidou, l'élection enfin à la présidence de la République d'un homme qui n'appartient pas à la famille gaulliste, ont certainement favorisé le *retour* à gauche d'une partie de l'électorat qui avait basculé du côté gaulliste de 1958. Les sondages d'opinion et la sociologie électorale ont montré les variations de l'électorat de

1. D'après un sondage de la SOFRES pour *le Nouvel Observateur* (28 mai 1973) :

Avaient voté pour le	PS	PC
— ouvriers	27 %	37 %
— catholiques pratiquants	37 % [1]	23 % [2]
— habitants (ville de plus de 100 000 habitants)	24 %	23 %

1. Très pratiquants : 13 % et peu pratiquants : 12 %.
2. Très pratiquants : 2 % et peu pratiquants : 21 %.

De Gaulle à Giscard d'Estaing : en particulier, bien des électeurs de sexe masculin, bien des électeurs ouvriers, qui donnaient leur confiance au gaullisme ne l'ont pas transférée sur la droite giscardienne. Ainsi, tout se passe comme si nous assistions à un retour du balancier vers la gauche, la phase gaulliste étant achevée. La gauche — ou les gauches si l'on préfère — qui avait eu la majorité (théorique) sous la IVᵉ République, qui l'a perdue sous la république gaullo-pompidolienne, serait en passe de retrouver son ancienne puissance. L'ambiguïté politique du gaullisme avait détaché nombre d'électeurs de la gauche; cette ambiguïté cessant, la gauche devait naturellement en profiter.

— Une deuxième cause serait à chercher sans doute dans la conjoncture générale. Les problèmes disputés publiquement aujourd'hui sont de plus en plus nettement des problèmes économiques et sociaux. Dans une France où désormais les salariés représentent plus de 80 % de la population active, où l'inflation et le chômage, sans atteindre des proportions véritablement catastrophiques, semblent installés pour une longue période, il est sûr que l'image du parti socialiste, parti populaire, mais dirigé par les représentants des élites traditionnelles, parti de gauche, mais non révolutionnaire, est attrayante — dans le temps même où les équipes qui sont au pouvoir depuis le début de la Vᵉ République subissent inévitablement l'usure.

— Le parti socialiste, d'autre part, a réussi sa mue, ou, sinon, il a réussi à y faire croire. Cette lente transformation interne, dont tant d'observateurs désespéraient, c'est un fait qu'elle est aujourd'hui avérée : le retrait de Guy Mollet au congrès d'Issy-les-Moulineaux, la fin historique du « mollétisme » qui avait dominé toute l'histoire du parti socialiste depuis 1946 a encouragé bon nombre de militants à l'adhésion. La génération de la guerre d'Algérie notamment, qui avait vu dans le socialisme mollétiste un parti étiqueté de gauche faisant une politique de droite, a renforcé en masse les rangs du parti socialiste du fait de cette transformation. L'option de gauche, telle qu'elle s'est exprimée par la stratégie d'alliance avec le PC et par le choix doctrinal exposé dans son programme et répété par la bouche de son leader, une telle option qui paraît dans l'ensemble à contre-courant des tendances respectives des différents partis socialistes occidentaux a contribué à effacer toutes les suspicions auxquelles le parti socialiste — depuis 1947 — était en butte. Il est vrai que l'échec électoral, en 1978, de cette option, ressuscitant, ou plutôt ravivant les vieux doutes sur la capacité des communistes à tolérer des alliés qui ne soient pas des satellites, peut donner une nouvelle vigueur à des courants moins unitaires, que le PC encourage d'ailleurs, à sa façon, par sa nouvelle, mais déjà rituelle dénonciation du «virage à droite » du PS.

Peut-être, plus profondément, le parti socialiste parvient-il mieux que tous les autres à représenter les aspirations des Français d'aujourd'hui, les nouveaux comportements psychologiques, les aspirations des jeunes générations. C'est du moins ce que nous suggère une enquête sur le changement des mentalités — enquête dont les résultats ont été résumés dans *le Point* du 22 septembre 1975. Les nouvelles tendances : contre l'ordre et l'autorité, une moindre sensibilité à la supériorité nationale, « l'ouverture au changement », le libéralisme sexuel, le retour à la nature, etc., toutes ces tendances nouvelles — selon notre enquêteur —, c'est le parti socialiste qui les exprime le plus nettement [1]. Un sondage réalisé par l'Institut DEP, et publié par *l'Express* des 28 février et 7 mars 1977, allait dans le même sens : chez les jeunes, les intentions de vote exprimées en faveur du PS (augmenté du MRG) représentaient plus du double de celles qui allaient vers le PC.

Il y a là tout un champ d'exploration, encore mal défriché mais qui mérite toute notre attention : mythologique ou réelle, l'image du parti socialiste paraît au troisième quart du XXe siècle incarner une modernité que le PC, malgré tous ses efforts d'aggiornamento, ne semble pas capable d'assumer.

— Il faut aussi faire sa place à la personnalité et à l'action de François Mitterrand. D'aucuns voudront, sommairement, tout ramener à lui. Ce serait abusif. Mais il est incontestable que F. Mitterrand a réussi à fédérer des forces à l'origine disparates et à les représenter publiquement sous les traits d'un leader éloquent, talentueux, sincèrement converti au

1. Notons cependant qu'une enquête publiée dans *l'Opinion française en 1977* (Presses de la Fondation nationale des sciences politiques, 1978) donne des résultats opposés.

socialisme — ce qui était une performance exceptionnelle si l'on songe à l' « image de marque » de F. Mitterrand qui a si longtemps répugné à tant de militants et tant d'électeurs : l'arriviste parlementaire, l'éternel ministre de la IVe République, etc. Par son invariable opposition à la majorité de la Ve République depuis 1958, par un certain dépouillement personnel et un approfondissement de ses choix politiques, par son audace aussi (qu'on songe à ce coup de poker de 1965, quand tout seul il décide de se porter candidat aux présidentielles et qu'il décroche le soutien communiste!), F. Mitterrand a su s'imposer non seulement comme le chef incontestable du parti socialiste — mais aussi comme le représentant indiscuté de la gauche, tout au moins tant que la gauche est restée unie.

— C'est aussi la dynamique de l'Union de la gauche qui a aidé au renouveau du PS. Par son alliance avec le parti communiste, le PS a pu décevoir certains de ses anciens fidèles; mais il a mis fin du même coup à l'équivoque d'un parti qui, par anticommunisme, était trop naturellement porté à faire une politique droitière. L'alliance avec le PC a eu beau être décevante, la fidélité à cette alliance a contribué cependant à situer le PS décidément à gauche. Et, lorsqu'elle s'est brisée, les campagnes du PC ne sont guère parvenues à accréditer l'idée d'un PS traître à ses engagements.

— Enfin, il faudrait mentionner le rôle des militants nouveaux, celui du CERES, celui de tant de transfuges de la gauche indépendante, le rôle aussi des intellectuels qui ont adhéré au PS depuis quelques années...

Au total, le parti socialiste est loin encore d'être véritablement unifié. Entre les locataires de la « Vieille Maison » et tous ces hommes qui viennent d'ailleurs, entre les différentes tendances, ce n'est pas l'harmonie et il faut souvent beaucoup d'autorité à F. Mitterrand pour maintenir tout ce monde sous un seul sigle. L'échec électoral de 1978, écartant à nouveau les socialistes d'un pouvoir dont la conquête est incontestablement — à la différence du PC — la raison d'être du parti, et portant atteinte, dans une certaine mesure, à l'autorité de l'homme qui personnalisait l'unité, parfois imposée, des différentes tendances, ne peut qu'aviver les contradictions et encourager les forces centrifuges.

3. La stagnation du parti communiste

Comparé à la montée continue du PS depuis 1969, le parti communiste paraît beaucoup plus stable. Sur le plan électoral, le parti communiste n'a jamais, sous la Ve République, retrouvé ses positions d'avant 1958. Les voix communistes, toute la IVe République durant, ont été assez constantes — autour de 25 % des suffrages exprimés. L'arrivée au pouvoir du général de Gaulle les a nettement abaissées — l'étiage du PC se situant en 1958. Depuis, malgré les promesses d'une remontée en 1967, le PC n'a jamais pu dépasser, lors des élections législatives, les 22,5 % des suffrages exprimés. En chiffres bruts, les voix communistes sont en 1973 à peu près de 5 millions, c'est-à-dire le même chiffre qu'en 1945 — alors que la population française passait de 40 millions à 53 millions d'habitants :

% des suffrages exprimés

octobre	1945	26
juin	1946 (const.)	26,2
novembre	1946	28,6
	1951	25,6
	1956	25,9
	1958	18,9
	1962	21,9
	1967	22,5
	1968	20
	1973	21,4
	1978	20,5

Les élections de 1973 sont particulièrement significatives puisqu'elles ont eu lieu à gauche sur la base d'une union et d'un programme commun. Or, le parti communiste n'a pas retrouvé ses chiffres de 1967 et a subi un net recul dans certains de ses fiefs de la banlieue parisienne et de province. Ces élections et ce recul ont été depuis lors confirmés par les élections partielles de 1974 et par les élections cantonales de 1976. L'élection de maires communistes dans 72 villes de plus de 30000 habitants, à l'issue des élections municipales de 1977, masque la persistance de sa stagnation face à ses alliés socialistes : le PC prend des municipalités, mais son influence électorale reste étale. Les élections législatives de 1978 confirment ce phénomène : les 25 % de voix que Georges Marchais fixait comme objectif à son parti lors de la conférence nationale des 7 et 8 janvier sont loin d'être atteints, puisque le PC ne recueille que 20,55 % des suffrages exprimés, en dessous même des 21 % que le secrétaire général estimait à l'avance « insuffisants ». Le parti communiste n'est plus que la deuxième force électorale de la gauche (c'était la troisième en 1936 [1]).

Cette stagnation, voire ce déclin électoral, ne paraît pas explicable par une chute parallèle des adhésions. D'après les chiffres qui nous sont connus, le PC reste de loin la plus grande organisation militante de la gauche (trois fois plus de militants qu'au PS). Le dynamisme militant du PC ne paraît nullement amoindri : affichages, meetings multiples, campagnes diverses, fête de *l'Humanité*, vente des journaux, présence sur les chaînes de radio et de télévision, pénétration efficace des milieux scolaires et universitaires sans compter le contrôle de la plus forte centrale syndicale française, la CGT dont les effectifs se maintiennent très solidement, mais qui connaît quelques revers lors de diverses élections syndicales postérieures aux législatives de 1978 : conséquence, sans aucun doute, de son alignement sur le PC trop manifeste — bien que vigoureusement dénié — lors de la rupture de l'union de la gauche. Quoi qu'il en soit, la présence du militant communiste est indiscutablement plus forte que celle du militant socialiste.

Comment expliquer ce si vif contraste entre le dynamisme militant et le déclin électoral?

Sans prétendre épuiser le sujet, on peut émettre quelques hypothèses d'explication :

— On aurait pu alléguer, parmi les causes les plus superficielles, la médiocre « équation personnelle » de Georges Marchais, comparée en tout cas au prestige dont

1. En 1936, suffrage exclusivement masculin. La SFIO obtient 2000000 voix; les radicaux-socialistes, 1960000; le PCF, 1500000.

jouissait un dirigeant comme Thorez : c'est ce que je faisais dans la première édition de ce livre. Depuis lors, cependant, le secrétaire général du PC s'est composé, à la radio et à la télévision, une image de « battant », familier et volontiers grossier, rudoyant ses adversaires, imperturbable devant leurs objections, maître des fausses indignations et des confessions calculées : personnage dont on ne sait trop s'il amuse ou s'il irrite, qui il convainc et qui il révolte.

— Plus profondément, le parti communiste français, dont la marque stalinienne n'est pas effacée dans les structures mentales de ses cadres, paraît en contradiction avec les tendances libérales, voire libertaires, anti-autoritaires en tout cas, qui se font jour dans la société française. Dans tout ce que nous avons appelé plus haut « gauchisme culturel » et qui n'est le plus souvent que le renouvellement des formes de la critique sociale et de ses objets (femmes, prisons, tabous sexuels, écologie, travail industriel, etc.), le parti communiste n'apparaît pas comme une force d'innovation, s'en tenant le plus souvent sur le terrain solide mais routinier de l'économie.

A tort ou à raison, le parti communiste paraît plus *vieux* que le parti socialiste. Il est vrai que la rigidité de ses structures et d'une certaine façon sa résistance aux tendances les plus avancées de la société contemporaine peuvent lui attirer la sympathie et l'adhésion de militants et d'électeurs soucieux de pouvoir agir dans le cadre rassurant d'un parti discipliné, cependant que les autres institutions traditionnelles (famille, église, patrie, école) paraissent ébranlées. Mais, du même coup, aux yeux de beaucoup c'est une fonction conservatrice (conservatrice d'un certain nombre de valeurs) qu'assume désormais le PC, et non une fonction d'avant-garde comme il y prétend.

Enfin et surtout, le déclin électoral du PC est dû au succès même du parti socialiste. Tout ce que nous avons dit plus haut au sujet des succès croissants du parti socialiste nuit finalement au développement électoral du PC. Ajoutons que la constitution de la Ve République — révisée en 1962 — favorise le parti socialiste : ce sont les élections présidentielles qui ont, dans une large mesure, fait le succès de F. Mitterrand et, partant, assuré le *leadership* au parti socialiste. Rien de plus logique en effet, pour un électeur que de *confirmer* aux législatives son vote des présidentielles : bien des électeurs ex-communistes ont mis en accord leur double vote.

En face de ce lent déclin, en tout cas de cette stagnation, en face des progrès socialistes, le PC a senti le danger. Les concessions doctrinales qu'il a consenties, les sinuosités de sa politique vis-à-vis du PS, n'ayant entraîné aucun renversement de cette tendance, tout porte à croire que le PC a finalement préféré prendre le risque de rompre une alliance qui le rejetait inexorablement au second plan. Du même coup, on peut se demander si le tournant amorcé à la fin de 1975 (abandon de la formule « dictature du prolétariat », reconnaissance de la nécessité du pluralisme politique, critiques explicites de la répression en URSS) va conduire le parti communiste à une révision de plus en plus approfondie de ses positions antérieures, ou si au contraire il va connaître une nouvelle période de raidissement idéologique et politique — à moins que le délestage idéologique (un peu plus de libéralisme) n'aille de pair avec un renforcement des structures de direction (un peu plus de centralisme). En 1978, des signes semblent indiquer qu'il a choisi, en tout cas, de retremper, aux dépens du parti socialiste, son image pure et dure de parti du prolétariat, représentant et défenseur intransigeant des couches les plus défavorisées face à la « poignée de milliardaires » qui présideraient aux destinées du pays.

4. De l'union à la désunion de la gauche

Un fait sans précédent dans l'histoire politique française s'est produit le 27 juin 1972, lorsque les deux délégations socialiste et communiste ont signé un *programme commun de gouvernement*. Un autre fait d'importance capitale, mais non sans précédent celui-là, a été la rupture survenue entre les deux partis en septembre 1977, rupture qui a entraîné leur commune défaite aux élections législatives de mars 1978.

Entre les deux stratégies possibles pour le parti socialiste : la stratégie de gauche (alliance avec le PC) et la stratégie de

« troisième force » (alliance avec les centristes), les socialistes ont résolument choisi la première. On peut se demander, il est vrai, s'ils avaient encore le choix — puisque la stratégie de troisième force, tentée par G. Defferre en 1965, avait nettement échoué.

Cette évolution du parti socialiste vers la gauche (alliance communiste + options « socialistes » plus affirmées) contribuait à modifier le paysage de la gauche, en plaçant le parti radical et le PSU devant une situation nouvelle.

Le PSU, créé en 1960, avait pour objectif principal de refaire en France un grand parti socialiste de gauche, à la suite de l'évolution droitière de la SFIO mollétiste (guerres coloniales, soutien à la Vᵉ République, alliance avec les partis de droite...). Sans doute, avec les années et surtout en 1968, le PSU s'était-il enrichi d'éléments plus gauchistes; il reste que fondamentalement, dès lors que le parti socialiste remettait le cap sur la gauche, le PSU perdait sa véritable justification. On assista donc peu à peu à des retours au PS (A. Savary, R. Verdier, etc.), puis à des adhésions (Gilles Martinet, Michel Rocard.). Aux élections le PSU apparaît de plus en plus faible — perdant de 1968 à 1973 à peu près la moitié de ses voix. En 1974, la fusion avec le PS était à l'ordre du jour. Michel Rocard et B. Chapuis qui en étaient les partisans furent cependant battus en octobre 1974; eux et leurs amis adhérèrent donc seuls, ce qui affaiblit la portée de l'événement que furent peu de temps après les Assises du socialisme. Il n'empêche qu'on ne voit plus très bien aujourd'hui la raison d'être du PSU — promis semble-t-il à devenir un groupe gauchiste de plus, peut-être pluraliste, moins sectaire que les autres... En tout cas, la place du PSU dans la gauche des années 1970 n'a plus rien de commun avec celle qu'il avait obtenue dans les années 1960.

Quant au parti radical, son déclin amorcé sous la IIIᵉ République n'a cessé de se confirmer sous la Vᵉ. L'évolution industrielle de la France paraissait vouer à la chute inévitable un parti dont la base sociale était celle d'une France archaïque et rurale. Toutefois, le parti radical qui avait encore de solides racines dans les départements du Sud-Ouest parvenait à survivre, du fait de l'activité de quelques personnalités... Mais, en octobre 1969, J.-J. Servan-Schreiber, directeur de *l'Ex-*

press, ancien champion de P. Mendès France, fut appelé au secrétariat général du parti — dont il devint président en octobre 1971, après avoir été élu député à Nancy, en juin 1970, au terme d'une campagne électorale spectaculaire. Résolument moderniste, J.-J. Servan-Schreiber entreprit de mettre du vin nouveau dans les vieilles outres, de modifier la sociologie du parti (appel aux cadres urbains, aux techniciens...).

Hostile à l'alliance avec les communistes, fidèle à l'économie libérale, J.-J.-Servan-Schreiber entraîna les radicaux dans l'alliance avec d'autres groupes centristes dans le Mouvement réformateur (novembre 1971). Mais cette alliance à droite menaça directement les intérêts électoraux d'un certain nombre de dirigeants radicaux — surtout à la suite de la signature du programme commun entre socialistes et communistes. C'est cette rébellion d'élus menacés qui est à l'origine de la création du mouvement des radicaux de gauche et de l'adhésion de celui-ci, en juillet 1972, au programme commun. Dès lors, le radicalisme est divisé : entre une section de droite, dont toute la stratégie est hostile au programme commun et qui, en 1974, après l'élection de Giscard d'Estaing, se trouve dans la nouvelle majorité présidentielle; une section de gauche, qui ne paraît plus être qu'une force résiduelle, assimilable au parti socialiste : on prend l'habitude, depuis 1973, de ne plus distinguer ses voix des voix socialistes. Après les élections législatives de 1978, les partisans d'un désengagement à gauche s'affrontent vivement à ceux qui entendent rester fidèles à l'orientation suivie depuis 1972.

Ainsi deux grands partis dominent aujourd'hui la gauche politique française : le parti communiste et le parti socialiste. On doit se demander ce qui a concouru au rapprochement, puis à leur désunion.

La toile de fond de cette alliance a les dimensions de la scène internationale. C'est indiscutablement la fin de la guerre froide et la « coexistence pacifique » entre l'URSS et l'Occident qui ont permis aux communistes de remporter des succès de plus en plus nets dans leurs tentatives frontistes avec les socialistes. Tentatives anciennes. Qu'on se rappelle, pour ne pas remonter plus haut, la dernière législature de la IVe République. En 1956, malgré un engagement de plus en plus net dans une politique d'ordre colonial de la part du gouvernement Mollet, on voit les députés communistes voter au président du Conseil socialiste les pouvoirs spéciaux qu'il demandait à la Chambre pour l'Algérie — et ménager durablement un ministère qui ne leur fait pourtant aucun cadeau. Cette politique frontiste constamment relancée sous la Ve République a fini par porter ses fruits — mais que le type de relations pacifiques qui s'est instauré entre l'Est et l'Ouest vienne à être remis en question, il est probable que le parti communiste, même dans l'hypothèse où il ne le souhaiterait pas, serait à nouveau condamné à l'isolement.

Dans ce contexte international, clarifié encore par la fin de la décolonisation, où les socialistes avaient partagé tant de malheureuses responsabilités, le rapprochement entre communistes et socialistes a encore bénéficié des règles constitutionnelles du système politique français — au premier chef des lois électorales qui définissent le mode d'élection du président de la République et du Parlement.

L'élection présidentielle — et notamment la clause de la loi de 1962 concernant le 2e tour de l'élection, où seuls doivent se retrouver en présence deux candidats — incline obligatoirement les états-majors à rechercher des accords avec les forces politiques voisines. La déroute de la gauche lors des élections présidentielles de 1969 (qui a vu au deuxième tour deux candidats de droite face à face) démontre *a contrario* cette nécessité de l'entente préalable et les avantages d'une candidature unique de la gauche. L'élection de 1974 a fait la démonstration de cette nécessité : la défaite de F. Mitterrand fut si courte qu'elle a marqué le meilleur « score » de la gauche sous la Ve République.

Le scrutin d'arrondissement pour les élections législatives a joué dans le même sens de ce qu'on appelle la « bipolarisation ». Le scrutin de liste départemental favorise les petites formations et l'émiettement politique; le scrutin d'arrondissement pousse aux accords et aux ententes préalables. Le souci de réélection invite ainsi la classe politique à rechercher des appuis dans le rapprochement avec les formations politiques voisines.

Ce qui s'est passé à gauche a d'ailleurs eu son répondant à droite : le « centre » n'a cessé d'être laminé et d'être aspiré par l'un ou l'autre pôle de la vie politique française. C'est pourquoi un certain nombre d'acteurs politiques qui craignent cette polarisation, cette division devenue structurelle de la nation, militent en faveur d'une nouvelle loi électorale qui rendrait plus mobiles les majorités et assouplirait les conditions du jeu politique. Quoi qu'il en soit, le système politique de la Vᵉ République a créé les conditions sans précédent de l'unification de la gauche.

Cette union, tant qu'elle a duré — dans les faits, puisqu'en 1978 elle n'est toujours pas, *officiellement*, rompue, communistes et socialistes s'attachant au contraire à démontrer qu'ils restent fidèles à une politique que leur partenaire a abandonnée — n'a cessé de faire progresser la gauche dans son ensemble. Au lendemain des municipales de 1977, qui paraissaient faire définitivement de la majorité au pouvoir une minorité dans le pays, 78 % des Français croyaient à une victoire de la gauche en 1978 (sondage SOFRES/NO, *Nouvel Observateur* du 23 mai 1977).

Alors s'enclenche le mécanisme d'une rupture certes pas imprévisible entre deux partis qu'une longue histoire d'hostilité réciproque séparait, mais inattendue tout de même alors que la victoire semblait presque assurée, et que la majorité des observateurs tenait pour acquise la volonté des communistes de participer au pouvoir. Rappelons-en les grandes étapes :

Dès le lendemain des élections municipales, Georges Marchais fait savoir qu'il souhaite aboutir à un remaniement du texte du programme commun, vieux de cinq ans. Au fur et à mesure que progressent les travaux du groupe d'experts *ad hoc*, il apparaît que le PC souhaite une profonde révision de ce document, alors que le PS, peu soucieux de s'exposer à la surenchère de ses alliés, se contenterait de réactualiser les causes que l'évolution économique a manifestement rendues caduques. Polémiques et mises en garde se multiplient, et il apparaît que les positions des alliés d'hier — sur les nationalisations, le resserrement de l'éventail des salaires, les questions militaires, etc., sont fort éloignées les unes des autres. Un premier sommet de la gauche capote le 14 septembre, les radicaux de gauche manifestant théâtralement leur hostilité à l'interprétation extensive que donnent les communistes du plan de nationalisations prévu par le programme commun. Le 21 septembre, une seconde réunion est suspendue au bout de quelques heures. Tandis que le PS cherche à préserver l'avenir, le PC lance une vaste « campagne d'explication » sur le « virage à droite » du PS. En l'absence d'un programme « bien réactualisé », les communistes refusent de prendre des engagements concernant les désistements au second tour des législatives. Dans ces conditions, le 1er tour, le 12 mars 1978, voit la gauche devancer, comme prévu, mais bien moins nettement que prévu, la majorité sortante : le PC campe sur ses positions, mais le PS, augmenté du MRG, avec un peu moins de 25 % des suffrages exprimés, est loin des 30 % dont le créditaient les sondages les plus optimistes. Les retrouvailles contraintes des dirigeants de la gauche, qui affirment le 13 mars leur volonté d'aboutir à un gouvernement commun après un an de polémiques allant *crescendo*, loin de relancer la « dynamique unitaire », suscitent le scepticisme, pour ne pas dire plus. Au second tour, la majorité sortante est reconduite, avec une avance confortable de 89 sièges.

La défaite déclenche dans les deux partis un double processus symétrique : chacun tente de préserver son unité en rejetant sur l'allié d'hier la responsabilité exclusive de la défaite, cependant que des contestations internes mettent plus ou moins ouvertement en cause la politique suivie par leur direction respective. Chez les communistes, une tendance représentée par le philosophe Louis Althusser, soucieux d'un retour à une tradition marxiste plus stricte, se retrouve provisoirement alliée aux partisans d'un *aggiornamento* décisif, dont l'historien Jean Elleinstein est le représentant le plus connu : d'un côté comme de l'autre, on réclame une plus grande liberté de débat et de critique au sein du PC. Faute de pouvoir s'exprimer dans *l'Humanité*, les contestataires doivent pourtant recourir à l'hospitalité de la « presse bourgeoise ». Ces mouvements regroupent surtout des intellectuels, mais on relève tout de même, au bas des manifestes qui circulent, les signatures de quelques élus, et même de permanents. Au parti socialiste, les méthodes de direction césariennes du premier secrétaire sont contestées, notamment par les militants de la fédération du Nord, regroupés derrière le n° 2 du parti, Pierre Mauroy, cependant qu'un conflit larvé oppose les minoritaires du CERES, mais aussi les anciens conventionnels de l'entourage de François Mitterrand, aux amis politiques de Michel Rocard, qui estiment que le PS a trop abdiqué de son indépendance face au PC, et se voient suspectés de « technocratisme » ou de « néotravaillisme ». On doit à la vérité d'ajouter que des rivalités personnelles, suscitées par l'éventualité de la succession de François Mitterrand, redoublent et avivent les controverses politiques.

Il reste à s'interroger sur les raisons de la rupture. On a déjà, au passage, indiqué celle qui fut sans doute la plus décisive : la conscience acquise progressivement par le PC, de 1972 à 1977, que l'union profitait unilatéralement aux socialistes. A cet égard, Georges Marchais eut le mérite de la franchise lorsqu'il fit clairement dépendre, à la conférence nationale des 7 et 8 janvier 1978, la poursuite ou l'échec de l'union du résultat qu'obtiendrait le PC au premier tour des élections législatives. Les exigences manifestées tout au long de l'année 1977, la pression de plus en plus vive exercée sur le PS, visaient, dans cette perspective, peut-être pas à provoquer une rupture à tout prix, mais à rattraper le terrain électoral perdu en faisant apparaître, à la veille des échéances décisives, le PC comme la force motrice de l'union, fidèle dépositaire des intérêts des travailleurs face à un PS toujours prêt à « gérer la crise ». Peut-être s'agissait-il, aussi, de prendre des gages dans l'hypothèse d'une victoire, les communistes étant de plus en plus convaincus que leurs partenaires comptaient se servir d'eux pour accéder au pouvoir, quitte à les en chasser ensuite, ou, en tout cas, à les réduire à la portion congrue.

En toute hypothèse, il paraît certain que les communistes préféraient une défaite de la gauche à une victoire due uniquement aux progrès socialistes, donc à leur propre effacement. Le processus engagé en mars 1977 pouvait donc conduire, dans leur esprit, soit à un rééquilibrage de l'union à leur profit, soit à un échec qui était le moindre mal.

Peut-on, pour autant, voir dans les communistes les seuls artisans de la désunion et de la défaite de mars 1978? Ce serait sans doute excessif. Il est certain que les socialistes, et d'abord François Mitterrand, souhaitaient « avoir les mains libres » dans la prévision d'un exercice prochain du pouvoir, et que cette volonté manifeste de préserver un certain flou quant à des options fondamentales ne pouvait que susciter la méfiance des communistes. Il est certain, d'autre part, que la pensée économique des dirigeants du PS avait beaucoup évolué depuis 1972 : un certain maximalisme, qui était de mise en 1972, à l'époque où le PS devait encore donner des preuves de son nouvel ancrage à gauche, n'avait plus cours, en 1977, dans le parti dominant de l'union, où d'ailleurs l'influence marxiste de J.-P. Chevènement et du CERES avait été éclipsée par celles d'hommes comme J. Attali, L. Fabius, Michel Rocard. Mais il est certain aussi que le PC n'a pas été brutalement mis devant le fait accompli de cette évolution.

Y a-t-il, à gauche, une fatalité de la désunion? Le « mythe unitaire » doit-il toujours se briser en éternel re-Tours? C'est un fait que l'histoire politique française paraît démontrer l'impossibilité d'une durable entente. La gauche, victorieuse en 1924, doit — au bout de deux ans — se séparer au bénéfice d'un ministère d'Union nationale. Même scénario en 1932-1934. Même scénario en 1936-1938. En 1945-1946, le tripartisme, alliant les démocrates chrétiens du MRP aux partis communiste et socialiste, est interrompu en 1947. Majoritaire encore en 1956 (sinon unie), la gauche doit abandonner le pouvoir au général de Gaulle en 1958... Bref, tout se passe comme si, depuis la fin de la Première Guerre mondiale, la vocation de la gauche au pouvoir était réduite à néant ; qu'au-delà de deux années, toute victoire de la gauche paraissait promise à l'échec. Dès lors, cette répétition serait-elle à prendre pour une *loi* de notre vie politique? La gauche n'aurait-elle plus de vocation durable au pouvoir, faute d'unité — l'unité de ses composantes n'étant, à tout prendre, qu'électoraliste, superficielle et conjoncturelle?

Une telle histoire ne va pas sans laisser des traces profondes dans les mentalités, surtout quand on sait quels stigmates l'épisode de la guerre froide a laissés sur les générations de la IVe République. Dans un article publié en décembre 1973 [1], D. Lacorne montrait la pérennité de l'oppo-

1. D. Lacorne, « Analyse et " reconstruction " de stéréotypes : communistes et socialistes face au " socialisme soviétique " », *Revue française de science politique*, décembre 1973.

sition idéologique entre les élites municipales communistes et les socialistes face au « socialisme soviétique ». Pour ne citer que deux résultats de cette enquête, observons qu'à la question : « Croyez-vous que le socialisme existe en Union soviétique? », 100 % des élus municipaux communistes répondent *oui*, alors que 91,2 % des élus socialistes répondent *non*. Inversement, à la question : « Croyez-vous que le socialisme existe en Suède? », 84,2 % des communistes répondent *non* et 54,3 % des socialistes *oui* (sans réserve).

Un tel désaccord sur la définition du socialisme révèle certainement la difficulté d'une alliance entre communistes et socialistes dont le but, sans être la révolution socialiste en France, est tout de même de faire faire à la société française quelques pas décisifs dans la direction d'un régime socialiste. Tant qu'il s'agit d'une opposition à la droite, d'une alliance défensive ou d'un accord électoral, l'alliance entre communistes et socialistes peut paraître solide. Du moment qu'il s'agira de gouverner, toutes les contradictions de l'alliance (en politique extérieure, en politique économique et sociale, etc.) risquent de devenir insurmontables.

Cette incertitude de fond permet aujourd'hui de former toutes sortes de spéculations sur l'avenir des deux grands partis de gauche : leur union sera-t-elle reconduite, sur de nouvelles bases ménageant une plus grande indépendance mutuelle? Continueront-ils, au contraire, à s'éloigner, le PC se repliant sur son territoire traditionnel, ou bien tentant, comme certaines convergences peuvent parfois donner à le croire, une sorte de « compromis historique » avec la droite gaulliste, court-circuitant la gauche socialiste, le PS, quant à lui, cherchant à constituer seul une majorité, ou bien encore pratiquant l'alliance avec la droite libérale? Il est également tentant et dangereux de se livrer à la prospective.

Juillet 1978.

5. La victoire socialiste de 1981

Au lendemain des élections législatives de mars 1978 sanctionnant son nouvel échec, la gauche est apparue plus divisée que jamais. Le relatif succès du PS, prenant le meilleur sur le PC pour la première fois depuis 1936, entraînait un durcissement des positions communistes : le repli sur les bases ouvrières et léninistes se trouvait d'autant mieux justifié aux yeux du PC. Les socialistes, quant à eux, retombaient à pied d'œuvre : que devaient-ils faire sur les ruines de l'union de la gauche? Pour les uns, il importait de ne pas changer de stratégie : c'était par l'union des forces de gauche qu'on arriverait au pouvoir; il fallait en maintenir le principe, même si le partenaire obligé s'y refusait provisoirement. François Mitterrand incarna lui-même cette fidélité à la politique de l'union, dût-il en subir une baisse de crédibilité dans l'opinion. Pour les autres, il convenait de prendre toute la mesure du dernier échec de l'union de la gauche; affirmer une ligne propre au PS, dont la spécificité avait été altérée par les compromis nécessités par l'alliance avec le parti communiste; bref, ne plus tout attendre d'une union dont l'avenir était de plus en plus hypothétique. C'est autour du nom de Michel Rocard que s'est cristallisée cette tendance, désireuse de définir une nouvelle ligne.

La courte période qui sépare les élections législatives de 1978 et l'élection présidentielle de 1981 est ainsi caractérisée, du point de vue qui nous intéresse, par la rupture confirmée de l'union de la gauche, l'isolement volontaire et agressif du parti communiste, enfin la crise du parti socialiste, d'où François Mitterrand et ses partisans sortent finalement grands vainqueurs sur Michel Rocard et ses amis.

I. LE CONGRÈS DE METZ ET LA DÉFAITE DES ROCARDIENS

Le débat au sein du parti socialiste polarisé autour de Mitterrand et de Rocard a connu, au cours de ce laps de temps, deux épisodes distincts. Le premier, qui s'ouvre au lendemain des élections législatives, s'achève au congrès de Metz (6-8 avril 1979). Il prend la forme d'une controverse idéologique et stratégique. Les « rocardiens » en sont les vaincus. La seconde et dernière étape est toute politique : elle est occasionnée par l'incertitude où François Mitterrand laisse les socialistes au congrès de Metz et dans les mois suivants sur son éventuelle candidature à la présidence de la République à l'élection de 1981. Les silences entretenus par le premier secrétaire donnent à penser qu'il ne se présenterait pas une troisième fois. Michel Rocard, encouragé par des sondages d'opinion flatteurs pour sa popularité qui dépasse de beaucoup tout au long de 1980 celle de François Mitterrand, postule la candidature officielle du parti socialiste le 19 octobre. Le 8 novembre, Mitterrand, pressé par ses partisans, annonce à son tour la sienne, ce qui entraîne le retrait immédiat de Rocard. De nouveau, les espérances de la minorité rocardienne et de ses alliés s'effondrent.

De ces dix-huit mois de luttes intestines et de débat public, que doit-on retenir? Laissons ce qui appartient au plus vulgaire des relations partisanes, les ambitions des clientèles ou les règlements de compte personnels, pour aller au cœur de l'opposition des deux tendances.

Ces deux tendances, telles qu'elles se manifestent au congrès de Metz, s'organisent autour de Mitterrand et de Rocard; elles sont loin cependant d'épuiser la pluralité idéologique et politique du PS. Les mitterrandistes sont majoritaires mais ne disposent pas de la majorité absolue; il leur faut donc des alliés. Au congrès de Metz, comme à d'autres moments de son histoire, c'est dans le CERES qu'ils les trouvent. C'est un renversement des alliances : depuis le congrès de Nantes, en 1977, la majorité de la direction socialiste était formée de la triple coalition des courants Mitterrand, Rocard et Mauroy; le CERES, quant à lui, formant une opposition de gauche, appuyée sur 25 % des mandats. Le renouveau de l'alliance Mitterrand-CERES peut paraître paradoxal : n'unit-elle pas les marxistes « purs et durs » à ceux qui, Mitterrand en tête, paraissent les plus tardivement convertis au socialisme — et à un socialisme « possibiliste » plus que « révolutionnaire »? Mais F. Mitterrand et J.-P. Chevènement, qui anime le

CERES, sont d'accord sur ce qui, dans l'immédiat, leur paraît capital : maintenir la ligne d'Épinay, rester fidèle à la stratégie d'union de la gauche et aux principes du programme commun. L'un et l'autre considèrent et ont toujours considéré M. Rocard avec suspicion. Passons sur les raisons d'amour-propre et les rivalités personnelles : Rocard et les rocardiens n'ont jamais été des enthousiastes du programme commun, rédigé et adopté du reste avant l'entrée de ceux-ci au PS ; ils contestent le socialisme étatique de Mitterrand et « l'archéo-marxisme » de Chevènement. Pour les premiers, Rocard et « les siens » expriment un dangereux amalgame de gauchisme et de technocratie qui n'a pas de véritable fin politique. Pour les rocardiens, Mitterrand et Chevènement s'enferment dans l'impasse d'une stratégie d'union brisée et s'entêtent sur des formules qui privilégient la puissance de l'État au détriment des forces d'initiative de la société civile.

Entre ces feux croisés, Pierre Mauroy, maire de Lille, défenseur passionné de l'unité du parti, n'hésite pas à donner son appui à son vieil ami Michel Rocard, en voyant celui-ci et sa propre cause menacés par la coalition majoritaire.

Le congrès du PS qui s'ouvre à Metz le 6 avril 1979 présente un double enjeu : y aura-t-il une nouvelle ligne du PS? Mitterrand gardera-t-il le pouvoir? A vrai dire, le rapport des forces est déjà connu à la veille du congrès. Du moins les jeux ne sont pas faits car aucun courant n'atteint 50 % des mandats — les quatre principaux se répartissant ainsi :

Motion F. Mitterrand	40,1 % des suffrages
Motion M. Rocard	20,4 % des suffrages
Motion CERES	14,4 % des suffrages
Motion P. Mauroy	13,6 % des suffrages

Tout dépend de Mitterrand, qui peut s'allier avec les uns ou les autres. En fait, d'entrée de jeu, les deux plus fortes personnalités du PS — Mitterrand et Rocard — vont s'affronter plus vivement que les tendances Chevènement et Rocard qui sont les plus contraires.

Le courant rocardien définit sa position dès le premier jour par un texte distribué à tous les délégués — texte plus tard commenté et explicité par Rocard à la tribune. Pour lui, il n'est pas question de remettre en cause la ligne d'Épinay, mais « Épinay n'avait pas tout prévu. Épinay n'avait pas prévu la crise, le chômage, le désordre monétaire, les conséquences sociales de la révolution technologique et la montée des périls internationaux. Face à cela, dit le maire de Conflans, on peut être conduit à un repli frileux sur ses positions. On peut être aussi tenté de suivisme à l'égard du PC. On peut enfin chercher à remettre en cause ce qui ne correspond plus à la situation. Cette dernière logique est celle de l'ouverture internationaliste et autogestionnaire ».

En fait, la rupture de l'alliance avec le parti communiste a été l'occasion pour le courant rocardien d'affirmer plus librement son identité. Ce courant venu pour partie du PSU, en sympathie avec la CFDT, alimenté par de nombreux militants chrétiens, des anciens de l'UNEF, n'est issu ni de la tradition marxiste ni de la gauche traditionnelle. Plus hétérogène qu'on ne le dit, il regroupe cependant des sensibilités qui, de la « nouvelle gauche » des années cinquante aux « mouvements sociaux » des années soixante-dix, *via* Mai 68, se définissent, par leur défiance de la « vieille gauche », du socialisme molletiste et du communisme. Au congrès de Nantes, en 1977, Rocard avait nettement situé sa démarche dans l'une des deux traditions ou, comme il disait, dans l'une des « deux cultures » de la gauche française : non point dans la culture, « longtemps dominante » qui « est jacobine, centralisatrice, étatique, nationaliste et protectionniste », mais dans son symétrique, ce qu'il appelle le « vrai » marxisme : cette culture-là « est décentralisatrice, elle est régionaliste, elle refuse les dominations arbitraires, celles des patrons comme celle de l'État ». En face de l'État, dont le rôle régulateur n'est pas niable à ses yeux, il importe de reconstituer une société civile, un espace de libre invention, un tissu démocratique.

A cet effet, la décentralisation, l'expérimentation sociale, le développement des associations de toutes sortes doivent compter plus que les nationalisations. Les nationalisations prévues par le programme commun ne sont pas remises en cause en elles-mêmes, du moins faut-il s'employer à éviter qu'elles ne soient de simples étatisations. Déjà, à Nantes, Rocard avait dit que la nationalisation n'est pas un principe fondamental du socialisme — elle n'est qu'un outil : « le principe fondamental c'est l'autogestion, la gestion directe, et non pas l'étatisation... » Dans sa volonté de combattre les risques d'une société bureaucratique, Rocard défend le principe du *marché,* nécessaire instrument de mesure et de sanction, faute duquel l'expérience socialiste tombe dans l'étatisme, la centralisation et la fermeture des frontières. Pour les rocardiens, il n'y a d'avenir du socialisme qu'à l'échelle européenne. Bref, il convient aux yeux des rocardiens de définir les « conditions qui permettraient à une expérience socialiste d'échapper à la vision essentiellement administrative et à la logique centralisatrice ».

A ce discours, Mitterrand réplique par la tradition socialiste qui, de Jaurès à Blum, n'a cessé de réaffirmer : « Tout passe d'abord par la transformation du régime économique, ce qui pose, en termes clairs, le problème de la propriété. » Insistant sur la nécessité pour le PS d'avoir une ligne politique et non deux, il affirme nettement la sienne, qui n'a pas varié : « Je suis de ceux qui pensent que la conquête du pouvoir politique passe notamment par le moyen des luttes, par notre présence sur le terrain. Elle passe aussi par le suffrage universel. Prendre le chemin qui consiste, innovation par innovation, à adopter l'attitude de Pénélope, à repriser sans cesse sans s'attaquer directement aux motifs et aux causes de l'exploitation, c'est peut-être réaliser un recentrage [1], ce n'est pas celui que je propose. »

En fait, les divergences théoriques et les rivalités de personnes ne doivent pas dissimuler la différence d'appréciation politique entre les deux courants. Pour les rocardiens, il apparaît que l'union des partis de gauche n'a plus d'avenir ; le PS doit donc définir une nouvelle ligne, rivaliser avec le PC à découvert, et ne pas faire de la conquête de l'appareil d'État la finalité exclusive du parti, non plus qu'un préalable *sine qua non.* Pour Mitterrand et ses amis, il n'y a pas de stratégie de

1. Allusion aux positions de la CFDT, affirmant la nécessité pour elle d'opérer un « recentrage » après l'échec de la gauche en 1978.

rechange; on continuera l'union envers et contre tout car, derrière les appareils, les « masses » n'ont pas abandonné l'espoir de l'union et de la victoire : « Accepter que l'union de la gauche, dit Mitterrand, marche quand le parti communiste décide qu'elle marche, et s'arrêter quand le parti communiste décide qu'elle ne marche plus, est-ce cela préserver l'identité du PS? »

Finalement, la motion Mitterrand (46,97 % des suffrages) l'emportait nettement sur celles de Rocard (21,25 %) et de Mauroy (16,80 %). Mais le courant Mitterrand devait s'allier au CERES (dont la motion avait obtenu 14,98 % des suffrages) pour constituer une nouvelle majorité. Jean-Pierre Chevènement avait professé dans son intervention son hostilité à « une gauche excessivement sensible à tous les thèmes généralement venus des États-Unis ». Selon lui, les membres de cette « gauche américaine », comme il appelait les rocardiens, « privilégient le changement individuel, qui est nécessaire, par rapport à l'effort collectif, par rapport à l'organisation de masse, par rapport à l'action politique pour changer la vie ».

La défaite des rocardiens était flagrante, quand bien même Pierre Mauroy avait suivi Michel Rocard dans la minorité. Cependant, elle n'était pas tout à fait consommée. L'échéance de l'élection présidentielle de 1981 allait raviver l'espoir des vaincus de Metz. Michel Rocard y avait proclamé qu'il ne serait en aucun cas candidat concuremment avec le premier secrétaire du parti : que celui-ci posât sa candidature et lui-même Rocard s'y rallierait. Or Mitterrand, pendant de longs mois, retarde sa décision. Tout au long de l'année 1980, les sondages maintiennent très nettement Michel Rocard au-dessus du lot des personnalités de gauche dans la faveur populaire, tandis que François Mitterrand voit régulièrement sa cote tomber ou se maintenir à un niveau très bas. L'opinion paraît considérer que Mitterrand a fait son temps. Il a été l'homme de l'union de la gauche; celle-ci détruite, il n'offre plus de solution d'avenir. D'autant plus que l'invariabilité de sa ligne le condamne apparemment à la répétition de formules stériles. Un divorce s'affirme entre une opinion majoritairement favorable au député des Yvelines et la majorité d'un parti socialiste resté fidèle au député de la Nièvre. Les rocardiens sont alors manifestement tentés de jouer de l'opinion contre le parti ; ils s'illusionnent dans un nouvel et bref élan d'enthousiasme avant d'échouer sur des réalités partisanes plus dures que prévu. Les sondages n'auront pas le dernier mot.

La première erreur de Michel Rocard, dans ce nouvel épisode, a été, dès le premier jour prévu par les instances du PS, de déclarer *urbi et orbi* avec un concours de solennité et d'émotion une candidature qui eût gagné à se faire plus discrète pour ne pas froisser les sensibilités de la « base ». C'est « au pays » que le dimanche 19 octobre, devant toutes les caméras de télévision, Rocard, de sa mairie de Conflans-Sainte-Honorine, annonce sa décision de « proposer aux socialistes d'être leur candidat ». L'illusion dure moins de trois semaines : le 8 novembre 1980, Mitterrand rend publique à son tour sa candidature. Rocard, fidèle à son engagement de Metz, retire incontinent la sienne. Sans doute les rocardiens ont-ils espéré que le net avantage que leur chef de file avait pris dans les sondages de popularité sur François Mitterrand déciderait de nombreuses fédérations PS à se rallier à cette chance de victoire socialiste qu'il incarnait ; que François Mitterrand lui-même, impressionné par le courant d'opinion extérieur au parti, rétif à l'idée d'affronter encore après deux défaites le suffrage de l'élection présidentielle, et peut-être pas fâché de prendre sa retraite, abandonnerait le terrain à son rival. C'était sans doute mal juger et des forces antirocardiennes au sein du PS et de la personnalité de François Mitterrand. Toujours est-il qu'après le 8 novembre, le courant Rocard paraît privé de toute perspective.

De ces quelques mois de luttes internes, cavalièrement résumées ici, il conviendrait évidemment de faire la part exacte des différents facteurs d'antagonisme. Les débats d'idées sont toujours inextricablement mêlés aux concurrences des personnes, aux conflits des générations, aux divergences sociologiques — la sociologie des courants épousant moins les clivages sociaux qu'elle ne dépend de subtils amalgames, où le temps et l'espace, les itinéraires personnels et les rencontres fortuites, les hasards et les nécessités le disputent aux froides analyses. Le certain est que c'est en maintenant une ligne apparemment « dépassée », en s'accrochant vaille que vaille à l'idée d'une union de la gauche de plus en plus mythique, que Mitterrand a su préserver l'unité de son parti. Reconnaissons toutefois qu'y a contribué aussi la loyauté de Rocard, s'inclinant devant la majorité et la décision du premier secrétaire. La campagne électorale pouvait commencer : c'est en rangs unis, malgré les blessures et les rancunes refoulées, que le PS allait soutenir son candidat.

II. LES ÉLECTIONS DE 1981

Si le parti socialiste s'engage dans la campagne pour l'élection présidentielle après avoir refait une relative unité dans ses rangs — un *manifeste* du PS a été approuvé à l'unanimité lors du congrès extraordinaire de Créteil, le 24 janvier 1981 —, l'ensemble de la gauche se présente dans un état de désunion totale. Les trois formations traditionnelles ont leur candidat : François Mitterrand pour le PS, Georges Marchais pour le PC, Michel Crépeau pour le MRG ; sans compter Arlette Laguiller pour Lutte ouvrière, Huguette Bouchardeau pour le PSU. Sur le terrain syndical, les deux principales organisations, CGT et CFDT, n'ont cessé de se livrer une bataille de mots depuis la rupture de l'union de la gauche. Au sein même de la CGT, la petite minorité socialiste a tenté de faire entendre sa voix pour récuser le choix des leaders Séguy et Krasucki, qui s'étaient prononcés publiquement en faveur de Marchais.

Au premier tour de l'élection présidentielle, le 26 avril, le président de la République sortant, Valéry Giscard d'Estaing, n'obtient, quoiqu'arrivant en tête, que 28,31 % des suffrages exprimés. Ce médiocre résultat autorise d'autant plus d'espoir à gauche que François Mitterrand, arrivé second, obtient 25,84 % des suffrages, devançant nettement le candidat communiste, Georges Marchais, qui n'atteint que 15,34 % des voix et se classe quatrième derrière Jacques Chirac. Quant à ceux qu'on a appelés les « petits candidats » de la gauche, ils obtiennent respectivement : Arlette Laguiller, 2,30 %, Michel Crépeau, 2,21 %, Huguette Bouchardeau, 1,10 %.

Pour la gauche, outre les chances qui restent toutes grandes au candidat socialiste pour le second tour, le fait majeur est bien ce que la plupart des commentateurs appellent la « défaite historique » du parti communiste. Celui-ci, à travers la candidature de G. Marchais, en est revenu approximativement à son niveau électoral de 1936. A l'exception de deux départements — la Haute-Garonne et la Lozère — il subit partout des pertes sensibles par rapport aux législatives de 1978, notamment dans quelques-uns de ses fiefs les plus sûrs : le Pas-de-Calais (— 6,79 %), le Val-de-Marne (— 8,10 %), la Somme (— 8,12 %), l'Allier (— 8,18 %), le Gard (— 8,65 %), la Seine-Maritime (— 9,07 %), la Haute-Vienne (— 9,52 %), la Seine-Saint-Denis même — joyau de sa couronne! — (— 10,69 %), le Cher enfin (— 12,75 %).

Dans les 48 heures qui suivent le premier tour, le MRG et le PCF se rallient à la candidature de F. Mitterrand pour le second tour. Le soir du 26 avril, G. Marchais avait déclaré à la télévision : « L'élection présidentielle au suffrage universel est machiavélique. »

La campagne du second tour laisse face à face les deux adversaires prévus. Leur affrontement culmine lors du débat télévisé du mardi 5 mai — débat au cours duquel, si Valéry Giscard d'Estaing fait preuve de son aisance coutumière quant au maniement des idées et des chiffres, François Mitterrand n'en apparaît pas moins l'incarnation de cette « force tranquille » dont il a fait son slogan électoral. Rétorquant sept ans plus tard à son adversaire, qui lui avait reproché lors de la première édition de ce débat « au sommet » d'être un « homme du passé », Mitterrand a la réplique qui fait mouche : « C'est quand même ennuyeux que, dans l'intervalle, vous soyez devenu l'homme du passif. »

Restée courtoise, la campagne s'aigrit dans les derniers jours, lorsque Giscard, prenant appui sur le texte du *Projet socialiste*, d'inspiration CERES, veut démontrer les risques qu'encourent les Français en élisant son adversaire. Celui-ci lui répond vivement, appelant même le populaire Rocard à la rescousse lors d'une des ultimes séances de sa campagne télévisée.

Les derniers sondages publics donnent au milieu de la quinzaine séparant les deux tours un léger mais net avantage à

Mitterrand. Les mêmes sondages, non publiés cette fois, confirment l'avance du candidat socialiste à la veille du scrutin. Dès 20 heures, au soir du 10 mai, la France apprend la victoire incontestable de François Mitterrand. En cette soirée, la plupart des villes françaises connaissent des fêtes de rue. A Paris, des dizaines de milliers de personnes se retrouvent place de la Bastille. On y chante des refrains populaires plus que des hymnes révolutionnaires mais depuis longtemps on n'a vu une telle joie publique spontanément exprimée. Des anciens font des comparaisons : 36? 68? Mais le 10 mai 1981 ne ressemble qu'à lui-même. Le lendemain, toute la France est au travail — même si, dans de nombreuses entreprises, on fait des pauses exceptionnelles « *pour fêter ça* ».

Le 21 mai, la cérémonie de la passation des pouvoirs le matin à l'Élysée permet au nouveau président d'inaugurer son septennat sous la figure emblématique de Jaurès — seul nom propre cité, outre celui du président sortant :

« En ce jour où je prends possession de la plus haute charge, je pense à ces millions et ces millions de femmes et d'hommes, ferment de notre peuple, qui, deux siècles durant, dans la paix et dans la guerre par le travail et par le sang, ont façonné l'histoire de France sans y avoir accès autrement que par de brèves et glorieuses fractures de notre société. C'est en leur nom d'abord que je parle, fidèle à l'enseignement de Jaurès, alors que, troisième étape d'un long cheminement, après le Front populaire et la Libération, la majorité politique des Français, démocratiquement exprimée, vient de s'identifier à sa majorité sociale. »

Dans le même discours, François Mitterrand fixe pour objectif à la France « de réaliser la nouvelle alliance du socialisme et de la liberté », ce qui implique le *pluralisme*, « confrontation des différences dans le respect d'autrui ». Cette « idée qui [le] porte » a pour corollaire la volonté de changer la nature des relations internationales · « La France aura à dire avec force qu'il ne saurait y avoir de véritable communauté internationale tant que les deux tiers de la planète continueront d'échanger leurs hommes et leurs biens contre la faim et le mépris. »

Le même jour, en fin d'après-midi, F. Mitterrand entend

achever son investiture populaire dans l'univers symbolique de la tradition républicaine et socialiste. En bonne logique, le Panthéon a été choisi comme lieu de célébration. Le septennat précédent l'avait ignoré. Déjà, en 1924, le Cartel des gauches avait voulu marquer solennellement sa victoire après cinq ans de chambre bleu horizon, par la « panthéonisation » de Jean Jaurès. La République gaullienne y avait célébré, en y déposant la dépouille de Jean Moulin, son glorieux mythe originel, la France libre et la Résistance. François Mitterrand renoue une continuité. Marchant seul sous les grandes voûtes du temple républicain, déposant une rose sur les tombeaux de Victor Schoelcher, de Jean Jaurès et de Jean Moulin, devant des millions de téléspectateurs impressionnés, émus ou goguenards, il apparaît plus que jamais comme le grand prêtre de la religion républicaine. A ce moment, son adversaire malheureux peut être confirmé dans l'idée que son vainqueur était un « homme du passé »; en tout cas, François Mitterrand, par tous les symboles déployés de cette cérémonie étonnante, entend réaffirmer l'enracinement historique du socialisme français. A la « modernité » giscardienne, volontairement privée de mémoire collective (voir ainsi le livre de Valéry Giscard d'Estaing, *Démocratie française*), Mitterrand oppose le culte des morts, le respect de l'Histoire et la grandeur du passé national. Fidèle à l'idée de progrès, la gauche socialiste entend l'enraciner dans la continuité démocratique qui, de 1789 à 1981, n'a cessé de s'affirmer envers et contre tout.

La suite immédiate se déroule selon le scénario annoncé. Formation d'un gouvernement de transition; dissolution de l'Assemblée, élections législatives. Pierre Mauroy est choisi comme Premier ministre; la composition du gouvernement tend à assurer la présence des divers courants du PS (Michel Rocard au Plan, Jean-Pierre Chevènement à la Recherche) tout en assurant la compétence technique des postes clés (Jacques Delors à l'Economie, notamment). Sur 43 postes ministériels, on compte 39 socialistes, y compris le Premier ministre, un ancien gaulliste, Michel Jobert (Commerce extérieur) et 3 radicaux de gauche (Maurice Faure, Michel Crépeau et François Abadie).

Les élections législatives sont prévues pour les 14 et 21 juin.

Le 4 juin, les délégations du PS et du PC rendent publique une déclaration sur l'accord conclu entre elles. On y fait état des « nombreuses convergences » malgré les « désaccords » persistant « sur un certain nombre de questions ». Ces points de convergence, énumérés dans le texte, portent surtout sur les questions économiques et sociales; elles portent aussi sur la nécessité de décentralisation des pouvoirs, sur le « respect des alliances ». En revanche, on n'énumère pas les thèmes sur lesquels les divergences demeurent : les accords de Camp David entre l'Égypte et Israël (approuvés par le PS), l'appréciation sur la situation polonaise, la présence armée des soviétiques en Afghanistan, l'installation des fusées soviétiques SS-20 en Europe, le nombre des nationalisations à réaliser, le rythme de la croissance à assurer.

A l'issu d'une campagne assez morne, tant l'élection présidentielle paraît avoir épuisé l'énergie politique et décidé du reste (il y aura près de 38 % d'abstention le 14 juin), les résultats du premier tour surprennent tout de même par l'ampleur d'un succès socialiste sans précédent. De manière éclatante, le PS confirme sa suprématie sur la gauche :

PSU et Extrême gauche	334 674	1,33 %
PC	4 065 540	16,17 %
PS + MRG	9 432 362	37,51 %
Divers gauche	183 010	0,72 %

L'ensemble de la gauche obtient plus de 55 % des voix, alors que le parti communiste a perdu pas loin du quart de son électorat depuis 1978. D'ores et déjà, les sondages laissent prévoir, au soir du premier tour, la majorité absolue pour le parti socialiste. De fait, le 21 juin, la grande vague socialiste du premier tour submerge la représentation nationale. Sur 488 députés, 269 sont socialistes (+ 162), 44 communistes (– 42), 14 radicaux de gauche (+ 4), et 6 divers gauche (+ 5). La droite de son côté (RPR, UDF, divers droite) est réduite à 155 sièges.

La nouvelle Assemblée
(488 sièges)

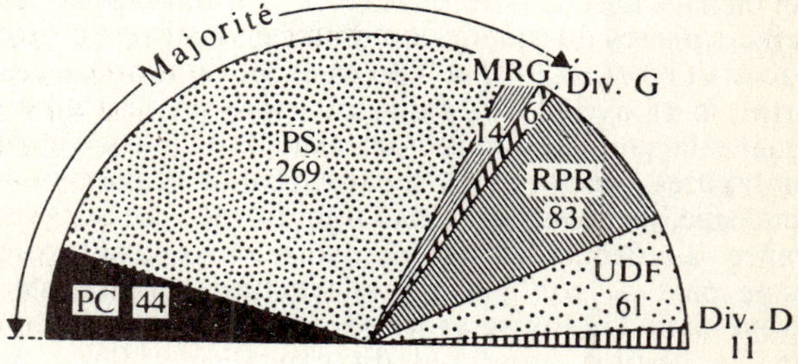

SOURCE : « Les Élections législatives de juin 1981 », *Le Monde, Dossiers et documents*, Paris, 1981.

L'éclatante victoire socialiste aux élections de 1981 constitue un objet d'étonnement, pour deux raisons au moins :

• Les propositions socialistes triomphent devant les électeurs français au moment même où, dans le reste de l'Europe, battue par tous les vents de la crise économique, on observe depuis plusieurs années un reflux des sociaux-démocrates (par exemple les Suédois perdent en 1976 un pouvoir qu'ils détenaient depuis plus de quarante ans) ou des travaillistes (victoires des conservateurs en Angleterre, en mai 1979), et où, aux États-Unis, le succès des tendances les plus conservatrices a été éclatant (élection de Ronald Reagan à la présidence en novembre 1980). Depuis plusieurs années, on assiste au retour en force de l'idéologie libérale, comme en témoigne la faveur rencontrée par les thèses de Friedrich Hayek et la critique de l'État-providence. Dans l'introduction à son livre *Demain le libéralisme* (1980), Henri Lepage écrivait : « Partout les doctrines étatistes refluent. » Trop d'État, trop d'administration, trop de centralisation. On voit même à gauche ou à l'extrême gauche se propager l'idée que J.-F. Revel exprimait ainsi en 1978 dans *l'Express :* « Il s'agit de reprendre les valeurs du socialisme sans ses moyens, qui partout ont été fatals à ces valeurs mêmes. » La victoire socialiste en France, loin d'être portée par un courant intellectuel puissant, s'est imposée à des idées les plus en vogue dans l'intelligentsia française, dont la critique du totalitarisme semblait faire assez bon ménage avec la redécouverte de la tradition libérale [1]. Les derniers phares du monde communiste venaient de s'éteindre : Mao était mort en 1976 et Tito en 1980. La mort de Jean-Paul Sartre, le 15 avril 1980, paraissait clore une ère au cours de laquelle le combat intellectuel avait été lié — en dépit de nombreuses variations et de fracassants orages — avec le socialisme, au moins au sens large du mot. Le socialisme, en France, au début des années quatre-vingt, avait perdu une bonne part de son prestige; l'aventure communiste l'avait dévoyé dans le Goulag et les expériences sociales-démocrates dans la gestion prosaïque du capitalisme. Cette perte de confiance dans la vertu du socialisme semblait d'autant plus justifiée que le PS, en France, paraissait enchaîné à une stratégie d'alliance sans lendemain.

• Que la victoire des socialistes en 1981 ait pu s'imposer alors même que la gauche se trouvait désunie depuis septembre 1977 constitue le deuxième paradoxe de l'événement. Tous les analystes de la politique s'entendaient à répéter la vieille formule : « Rien n'est possible en France sans les communistes, rien n'est possible avec eux. » Or, depuis septembre 1977 et plus encore depuis les élections de 1978, le parti communiste n'avait cessé d'attaquer Mitterrand et le PS, les accusant d'un « virage à droite » — que la direction communiste souhaitait plus qu'elle ne l'observait — afin de rétablir son *leadership* sur la gauche. Cette guerre des gauches, où les syndicats donnèrent de leur voix, nous l'avons dit, entretenait régulièrement la chronique. La campagne de

1. Notons, à titre d'exemple significatif, la très remarquable édition d'œuvres de Benjamin Constant par Marcel Gauchet, ancien secrétaire de rédaction de la revue *Libre* de Castoriadis et Lefort (*De la liberté chez les modernes*, Benjamin Constant, Livre de poche, « Pluriel », Paris, 1980, présentation et introduction de Marcel Gauchet), ou encore, la publication du livre de Pierre Rosanvallon, ancien responsable de la rocardienne revue *Faire : La Crise de l'État-providence* (Seuil, 1981). Voir aussi les activités du CIEL (Centre des intellectuels pour l'Europe des Libertés) dont le combat en faveur des Droits de l'homme a été, pour le moins, très marginal aux courants de gauche malgré la présence en son sein de nombreux intellectuels naguère ou jadis socialistes, communistes, ou gauchistes.

Georges Marchais pour l'élection présidentielle avait été dirigée au moins autant contre Mitterrand que contre Giscard. Le nouvel isolement du PC sur ses « positions de classe », ses appels en faveur d'une « union à la base », son alignement ostensible sur la politique extérieure de l'URSS (voir le voyage de Marchais en URSS en janvier 1980 et la justification qu'il donne, à son retour, de l'intervention soviétique en Afghanistan), l'impuissance des militants qui en son sein accusent la direction d'abandonner « la ligne du XXe congrès », toute l'attitude du PC laissait présager l'impossibilité d'une entente avec le PS — et partant d'une victoire de la gauche.

Si étonnante qu'elle fût, la victoire de la gauche en 1981 n'est pourtant pas miraculeuse. Le 6 avril 1979, Maurice Duverger écrivait dans un article du *Monde :* « On a tort de croire que la rupture de l'accord des états-majors rend impossible toute victoire électorale et tout gouvernement de la gauche. » De fait, quelques raisons fortes peuvent rendre compte du changement de majorité :

1) La logique des institutions. Le second tour de l'élection présidentielle, qui laisse deux seuls concurrents face à face, a forcé la main du parti communiste. Ses dirigeants, à moins de perdre la face devant leur électorat, ne pouvaient pas soutenir ouvertement la cause de Giscard d'Estaing, quand bien même certains d'entre eux ont souhaité privément le succès du candidat de la droite. Le président socialiste une fois élu, le succès du parti socialiste aux législatives qui suivirent s'inscrit dans la cohérence constitutionnelle : à la majorité présidentielle doit correspondre une majorité gouvernementale. Cohérence qui n'est pas inscrite dans la lettre de la Constitution, mais dont la nécessité s'impose à maints électeurs. Le PCF *volens nolens* se trouvait pris dans un engrenage sur lequel il n'avait pas prise. Le médiocre résultat de G. Marchais au premier tour en disait long sur la perte de son audience; il n'avait plus qu'à suivre le courant, en essayant de sauver ce qu'il pouvait sauver.

2) La fin de l'ère gaulliste. Le système politique français s'est progressivement modifié après le départ du général de Gaulle. Le système gaullien avait ceci de bonapartiste qu'il s'appuyait sur le pouvoir d'un chef (historique) dont la légitimité reposait directement sur le suffrage populaire. La pratique fréquente des référendums et l'élection présidentielle au suffrage universel renforçaient le caractère charismatique et providentiel du général de Gaulle. La gauche, de son vivant, était à peu près impuissante, car de Gaulle n'était pas le chef d'un parti majoritaire, il était l'Homme du 18 juin et le Fondateur de la Vᵉ République. A ce titre — et à d'autres encore — il a été soutenu régulièrement par une partie de l'ancien électorat de gauche. Après l'intermède Pompidou (qui n'usa qu'une fois et médiocrement de la pratique référendaire), le système bi-partisan contenu virtuellement dans l'élection présidentielle à deux tours se révélait pleinement en 1974. A ce moment-là, V. Giscard d'Estaing, privé de toute légitimité gaulliste et de tout charisme exceptionnel, devait affronter sur le même terrain le leader de la gauche. Pour la première fois, les deux candidats restés en lice s'affrontèrent dans un débat télévisé. Le Père était mort, les fils pouvaient rivaliser à armes égales. De fait, la victoire de Giscard fut remportée d'extrême justesse. Les 350 000 voix qui séparaient la gauche de la droite n'étaient point d'essence métaphysique; elles ne traduisaient pas davantage l'impossibilité sociologique ou politique d'une victoire de la gauche. Si peu de différence laissait entrevoir un changement possible de majorité.

3) La poussée durable de la gauche pendant le septennat de Giscard d'Estaing. De fait, les diverses élections qui jalonnent le septennat 1974-1981 ont été marquées par une progression d'ensemble des suffrages de la gauche. Rappelons notamment la victoire des partis de gauche aux élections municipales de 1977 et leur net progrès aux élections cantonales d'avril 1979, les progrès du PS aux élections sénatoriales de septembre 1980 en dépit du maintien des communistes au second tour dans plusieurs départements. Même au premier tour des élections législatives de 1978 — quelques mois après la rupture de l'union de la gauche — les partis de gauche rassemblaient 48,49 % des suffrages, alors que ceux de la majorité n'en obtenaient que 46,48 %. La droite avait donc cessé d'être majoritaire dans le pays. Giscard y avait contribué, non seulement par les échecs de sa politique économique en période de crise et de chômage, mais aussi en abaissant l'âge de la majorité civique à 18 ans. Les enquêtes et sondages démontraient en effet que les jeunes votaient en majorité pour les partis de gauche. L'ancien président de la République se trouvait ainsi victime d'une des quelques audaces libérales qui avaient inauguré son septennat.

4) La défaite du parti communiste. Une des raisons qui retenait une partie de l'électorat de gauche du premier tour à confirmer son vote au second tenait à l'alliance du PS et du PC. La force organisationnelle du PC, la prépondérance de la CGT dans la vie syndicale et la première place électorale occupée par les communistes au sein de la gauche jusqu'en 1978, interdisaient aux électeurs de gauche modérés ou anticommunistes, soit de reporter leur voix au second tour sur le candidat du PC, soit même de confirmer leur vote socialiste du premier tour. De plus maints électeurs « centristes », volontiers attirés par une expérience sociale-démocrate, n'entendaient pas aider à la constitution d'un gouvernement d'union où les communistes se fussent attribué la part du lion — notamment par le biais de leur relais syndical et de leurs multiples associations. Dès lors, les élections législatives de 1978 ont marqué un tournant : désormais les socialistes l'emportaient sur les communistes au nombre des bulletins de vote. Les élections cantonales et européennes de 1979 confirmaient et accentuaient la primauté socialiste. Tandis que la direction communiste prenait ombrage de ce fait nouveau, qui la délogeait d'une première place que le PC détenait à gauche depuis 1945, il est sûr que maints électeurs ont abandonné certaines de leurs craintes. Les résultats du premier tour à la présidentielle de 1981 ont accéléré le mouvement : la « défaite historique » de G. Marchais, rendant plus de dix points à son rival socialiste, replaçait le PCF au quatrième rang des formations politiques. L'hégémonie socialiste ne faisait plus de doute : les communistes cessaient de faire peur à bien des hésitants de la veille.

Ainsi la victoire du parti socialiste en 1981 a-t-elle été le fruit d'une longue maturation dont les trois étapes principales auront été : la signature du programme commun de gouvernement en 1972, la rupture socialiste-communiste en 1977, la victoire des socialistes sur les communistes aux législatives de 1978. Il aura fallu l'*alliance* avec les communistes dans un premier temps pour réancrer le PS à gauche; il aura fallu la *rupture* ensuite de l'union pour que le PS affirme sa prépondérance à gauche sur ses bases propres et qu'il attire à lui de nouvelles couches d'électeurs. Le programme commun eut ainsi la vertu de se rendre deux fois utile au PS, par sa naissance et par son enterrement. Sa naissance a signifié la renaissance d'un parti socialiste de gauche; son enterrement a permis l'émancipation de ce parti d'un partenaire désormais encombrant. En jetant, au début de l'été 1981, un regard sur les dix années qui ont précédé sa victoire, François Mitterrand peut éprouver beaucoup de satisfaction. Qui, au lendemain des élections de 1978, où tout semblait compromis, eût parié encore sur ses chances? Car on a beau détailler après coup les causes de la victoire socialiste de 1981, personne ou presque ne s'était hasardé à la prévoir six mois plus tôt. N'est-ce pas en raison de cette situation apparemment bloquée à gauche qu'on avait vu certains défendre la candidature du fantaisiste Coluche, comme si la dérision restait la seule arme politique aux adversaires du pouvoir en place? L'ampleur de la victoire est proportionnelle à celle du scepticisme qui l'a précédée.

III. UNE SITUATION NOUVELLE

La victoire socialiste de 1981 est sans précédent. Le PS, ayant gagné simultanément la présidence de la République et la majorité parlementaire, est assuré d'une durée suffisante — cinq ans au minimum — pour imprimer sa marque sur la société française. A cet égard, on ne s'est pas fait défaut d'admirer cet autre paradoxe que François Mitterrand et ses amis bénéficient en l'occurrence des institutions de la Ve République qu'ils avaient initialement et farouchement combattues.

Comparée aux événements passés, la situation créée par cette double victoire du printemps 1981 est radicalement neuve. Si l'on évoque le Front populaire de 1936, les différences sautent aux yeux. Le PS dispose non seulement d'un pouvoir exécutif sans commune mesure avec celui de la IIIe République, il a de surcroît la majorité absolue à l'Assemblée. Au lieu qu'en 1936, les socialistes n'étaient qu'une des composantes d'une fragile coalition de gauche, en

1981 communistes et radicaux ne sont plus de taille à leur disputer la direction politique du pays. De plus, en 1936, le Sénat conservateur gardait la possibilité de contrer les initiatives du gouvernement ou de la Chambre — ce dont il ne se priva pas; aujourd'hui, la Constitution n'abandonne au Sénat qu'un pouvoir de critique et de proposition, le dernier mot restant à l'Assemblée nationale. S'il fallait pousser encore la comparaison, on trouverait quelque ressemblance entre les situations de crise économique des deux époques mais non entre l'une et l'autre conjoncture internationale. Point de menace hitlérienne, de guerre civile espagnole à l'horizon, ni de régime fasciste aux frontières : l'Europe occidentale est relativement en paix. Enfin, l'état de l'opinion française en 1981 est sensiblement autre qu'en 1936 : ni grèves massives avec occupation d'usines, ni exaspération des passions politiques... La France a accueilli le changement de majorité sans démonstrations excessives ni résistances fiévreuses.

Dans ces conditions, à l'heure où l'on écrit ces lignes, deux questions principales se posent à propos de la gauche, que l'on formulera rapidement :

a) Quel est l'avenir du parti communiste en France?
b) Quel sorte de socialisme voudrait et pourra faire le PS?

Ce n'est pas une des moindres singularités de la situation nouvelle que l'entrée de quatre ministres communistes dans le deuxième gouvernement Mauroy coïncide avec une des plus retentissantes défaites du PC. Rappelons que, toute la IVe République durant, le parti communiste s'était maintenu électoralement au-dessus de 25 % des suffrages. La première faille date de 1958, l'arrivée du général de Gaulle réduisant à 18 le pourcentage de ses partisans. Remonté à 20-21 %, le PC s'était stabilisé à ce niveau entre 1962 et 1978. Le voici, subissant la deuxième faille de son histoire depuis la guerre, descendu à 16 %.

Ce déclin a des causes conjoncturelles et institutionnelles. La direction du Parti a beaucoup insisté sur les conséquences du « vote utile » et les perversions d'un système politique tendant à minorer les organisations privées de toute chance sérieuse dans la course à la présidence de la République. Mais le raisonnement valait aussi bien en 1969, du temps où

Jacques Duclos devançait largement le socialiste Gaston Defferre. En fait, le déclin indéniable du parti communiste n'est explicable que par des causes profondes. La première est évidemment l'existence et le renforcement d'un grand parti socialiste ré-enraciné à gauche. Le refus des socialistes d'envisager toute espèce d'alliance avec le centre droit depuis Épinay a porté ses fruits. La vieille SFIO compromise à tant de titres dans la politique de la IVe République a bel et bien été remplacée par un nouveau parti socialiste, capable de disputer au parti communiste l'héritage de la gauche. Outre cette nouvelle jouvence du socialisme, il faut aussi mentionner la vivacité de la critique gauchiste et le travail de sape de la gauche intellectuelle : Mai 68 et ses suites, l'œuvre des dissidents d'URSS et des démocraties populaires, la fin du mirage soviétique puis chinois, les répercussions des événements du Vietnam et du Cambodge, toute la grande vague critique des années soixante-dix ont achevé de déstabiliser le parti communiste.

A cette concurrence qu'il connaît désormais au sein de la gauche, il faudrait ajouter les causes plus cachées de son déclin qui ressortissent à l'évolution de la société française, au changement de ses structures et à l'inadaptation dont fait montre le PC face à lui. Disons, pour simplifier, que le PC a pu longtemps compter sur les ressources humaines et idéologiques de la contre-société qu'il avait mise en place à partir de 1936 et surtout de 1944. Dans ces milieux clos où il a pu diffuser et entretenir sa contre-culture (banlieues rouges et pays noirs...), il doit aujourd'hui se mesurer avec les produits des bouleversements économiques et culturels que la France a connus depuis vingt ans. L'électorat communiste et les militants eux-mêmes ne vivent plus dans cette forteresse bétonnée qu'a été pour leurs aînés leur milieu de vie. La déstructuration d'un ancien ordre communiste est visible : la voiture, le transistor, la télévision, la scolarisation prolongée, le développement du secteur tertiaire, la diffusion d'une « culture de masse » antagonique d'une « culture ouvrière » (au sens communiste du mot) ont entrecroisé leurs effets pour ébranler l'homogénéité des noyaux communistes. Comme toujours, on observe un décalage chronologique entre les transformations matérielles des genres de vie et leur traduction idéologique et politique. Le glissement de terrain qui s'est produit en 1981 n'a été possible qu'en raison d'un long travail d'érosion antérieur resté invisible à la surface.

Cette courbe déclinante du PC sera-t-elle prolongée, et jusqu'où? Le PC va-t-il doucement s'éteindre en France comme dans bien d'autres pays européens? Les responsables du Parti ont parfaitement conscience de ce problème de *survie*. A ce point que, depuis plusieurs années, toute la ligne communiste semble déterminée par les impératifs de l'instinct de conservation. Comme, d'autre part, les communistes français n'ont jamais cessé d'appartenir à un mouvement communiste international, ils se trouvent pris souvent entre deux exigences contradictoires : rester solidaire des « forces anti-impérialistes » — en clair, garder leur fidélité au bloc soviétique — mais, en même temps, se battre *hic et nunc* pour sauvegarder leurs pouvoirs dans la société française, ce qui ne rend pas aisé leur choix politique. Passant de l'union de la gauche à l' « union à la base », de l'union à la base à la participation ministérielle, la ligne en dents de scie du parti communiste a de quoi désorienter ses adhérents sans qu'on puisse y lire, comme au temps du Komintern, les inflexions de la diplomatie soviétique, quoique la dimension « internationaliste » y soit toujours perceptible, jusque dans les contradictions qu'elle provoque.

Au cours de l'hiver 1980-1981, le PC s'est aventuré à lancer une campagne avec les moyens les plus étrangers au mouvement ouvrier contre la drogue et les excès de l'immigration. Le 24 décembre 1980, un commando communiste défonce avec un bulldozer un foyer de travailleurs immigrés à Vitry, dans le Val-de-Marne; le 2 février 1981, une manifestation communiste antidrogue à Montigny, dans le Val-d'Oise, tourne à l'entreprise de délation contre une famille de travailleurs marocains... A chaque fois, la direction du PC prend fait et cause pour l'action de ses militants et de ses élus, provoquant ainsi entre autres les protestations et les contre-manifestations des associations antiracistes.

Ces faits témoignent sans doute du désarroi d'un appareil à la recherche d'une nouvelle audience. De la même façon, le « virage à 180° » opéré par le PC au lendemain du premier tour de l'élection présidentielle traduit ses inquiétudes. Après avoir pendant plus de trois ans stigmatisé la politique du PS, le voici brusquement tout repenti, décidant qu'il n'y a plus entre les deux partis que des désaccords secondaires, et acceptant comme une aubaine les quatre postes ministériels que Mitterrand et Mauroy lui concèdent au lendemain des législatives. Tant de hâte à retrouver le chemin de l'union après tant d'énergie dépensée à le miner en dit long sur la crise du parti communiste.

Sans doute l'appareil tient-il encore solidement en main ses troupes, comme ont pu l'éprouver les « communistes critiques » qui s'étaient battus contre la rupture de l'union depuis 1977. Mais il ne peut être sûr de son avenir : accepter quelques strapontins dans un gouvernement complètement tenu par les socialistes lui a paru moins suicidaire que de rester en marge, comme si d'appartenir à la nouvelle majorité le préservait du pire. Le fait est là pourtant : 24 % seulement des ouvriers ont voté pour le PC au premier tour des législatives, contre 44 % pour le PS [1]. La légitimité du « parti de la classe ouvrière » est sérieusement ébranlée.

La décision de François Mitterrand de prendre des ministres communistes a été diversement commentée. N'était-ce pas redonner souffle au plus durable adversaire du parti socialiste? N'était-ce pas freiner son déclin? Plus profondément, faire ministres des communistes en 1981, au moment où rien n'y oblige, n'était-ce pas d'une certaine façon cautionner les attaches du PC avec le totalitarisme? Déjà, avant les élections, Claude Lefort reprochait au « parti de Mitterrand » d'avoir dû, par opportunité, « présenter le parti communiste comme une grande formation démocratique », de lui avoir donné « les titres de la légitimité démocratique » [2]. Se présentant comme les champions du « socialisme de la liberté », les socialistes n'en révoquent-ils pas le principe en faisant ministres des hommes qui ont soutenu le « socialisme du Goulag »? Mais un autre avis a rivalisé avec celui-là : tout en se donnant l'élégance d'un geste équitable (les électeurs communistes n'ont-ils pas aidé les candidats socialistes au second tour?), Mitterrand qui a su affaiblir le PC par l'union

1. Sondage SOFRES, *Le Nouvel Observateur*, 4 juillet 1981.
2. Cl. Lefort, *L'Invention démocratique*, Paris, Fayard, 1981.

dans l'opposition achèverait de le débiliter par la solidarité dans le gouvernement.

Quoi qu'il en soit, gageons que le parti communiste s'emploiera de son mieux pour saisir toute occasion de reprendre le terrain perdu. En aura-t-il les moyens? La question est d'importance. Que le PC fléchisse encore d'un palier et l'univers politique en France serait sensiblement modifié, tant la place et le rôle du parti communiste auront été déterminants dans l'histoire de la gauche depuis 1936.

Une autre interrogation porte sur ce que le parti socialiste va faire de sa victoire. Disposant désormais de moyens considérables, voire inespérés, il faut admettre qu'il va tenter de faire progresser son projet : la « réalisation du socialisme en France ». Mais que faut-il entendre par là?

Régulièrement, les responsables du parti socialiste ont prétendu définir leur entreprise contre les deux modèles historiques de socialisme : à la fois contre le modèle prétendu « soviétique » (où la part des soviets — ou conseils ouvriers — n'est que fictive) et contre le modèle social-démocrate, jugé trop timide ou complaisant avec les structures capitalistes.

Tenons pour acquis le rejet du modèle soviétique : parti unique, idéocratie, nomenklatura, bureaucratie, État policier, etc. Les vices en sont connus et, avant même qu'il ne s'établît, Léon Blum, lors du congrès de Tours, avait précisé ce qui dans la tradition socialiste occidentale était incompatible avec le léninisme. Mais le modèle social-démocrate? C'est-à-dire ce compromis [1] qui a été passé entre le capitalisme et le mouvement ouvrier n'a-t-il pas eu pour effet, là où il s'est conclu — en Suède, en Norvège, en Autriche, etc. —, de créer une véritable démocratie économique et sociale tout en préservant la démocratie politique? Cette expérience qui consiste à contrebalancer le pouvoir économique (la libre entreprise et le marché) par un pouvoir politique et syndical aux mains des représentants des travailleurs n'a-t-elle pas eu pour effet d'élever les niveaux de vie, de protéger les plus faibles, de changer la nature des relations sociales, de créer les

1. Voir A. Bergougnoux et B. Manin, *La Social-Démocratie ou le compromis*, Paris, PUF, 1979.

sociétés les plus égalitaires des pays industrialisés — sans pour autant porter atteinte au droit de critique et aux libertés fondamentales? Autrement dit, la social-démocratie n'est-elle pas la formule concrètement réussie de ce « socialisme de la liberté » dont François Mitterrand se réclame? Peut-on, détails mis à part, imaginer une troisième voie?

Certains documents du parti socialiste le laissent entendre. Ainsi, le *Projet socialiste,* inspiré par J.-P. Chevènement, dont la « rupture avec le capitalisme » est un leitmotiv. Il ne serait donc plus question de « compromis » mais d'une guerre déclarée à la propriété privée des moyens de production. Cette ambition est évidemment conforme aux définitions les plus nombreuses du socialisme. Sans même se référer à Marx, rappelons le but que Jaurès assignait au socialisme : « C'est la substitution totale de la propriété sociale à la propriété capitaliste, c'est l'organisation du travail affranchi, du travail souverain devenu maître de tous les moyens de production et d'échange » (1908). Peut-on parler de socialisme sans collectivisation des moyens de production, véritable b.a. ba de l'école, celle de Guesde comme celle de Jaurès?

Toutefois, la logique de cette socialisation des moyens de production, conduite à son terme, ne mène-t-elle pas à la fin du marché? Et comment y parvenir sans fermer les frontières et tendre à l'autarcie? Comme cela est aujourd'hui impensable, on peut imaginer que les socialistes au pouvoir n'iront pas jusqu'au bout de cette logique, qu'eux aussi en passeront par le « compromis ».

Le parti socialiste se contente d'annoncer quelques grandes nationalisations en nombre limité. Admettons qu'il s'agisse là tout de même d'une méthode inhabituelle aux sociaux-démocrates (en Suède social-démocrate, le secteur public dans l'industrie était déjà nettement plus limité que dans la France giscardienne). S'agit-il pour autant d'un véritable « troisième type » de socialisme? D'une « voie médiane » entre la social-démocratie et le communisme[1]? L'avenir tranchera sur la nouveauté. Pour l'heure (juillet 1981), on est plutôt fondé à penser que le parti socialiste est en train de se lancer, avec des

1. C'est ce que pense M. Duverger, « Le Socialisme du troisième type », *Le Monde*, 18 et 19 juillet 1981.

moyens spécifiquement français et un discours peut-être plus radical qu'ailleurs, dans la première grande politique de type social-démocrate que la France ait connue [1]. Entendons par là un combiné de politique sociale avancée (grâce à la loi, l'impôt, la sécurité sociale, l'école, l'aide aux familles, etc.) et d'économie de marché — ce qui n'est pas inédit.

Au demeurant, cette politique doit vaincre ses propres démons : le toujours plus d'administration, le toujours plus de bureaucratie, le toujours plus d'État. Les socialistes sauront-ils réduire les inégalités tout en élargissant les libertés? De ce point de vue, la décentralisation politique et administrative, annoncée comme le grand projet du septennat, devrait rassurer ceux qui dénonçaient dans le PS l'alliance de « la vieille tradition jacobine » et de « la nouvelle tradition technocratique » dans « le moule d'un marxisme archaïque » (Claude Lefort). On peut du moins se demander si, dans leur apparente contradiction, les nationalisations et la décentralisation ne sont pas l'amorce d'un socialisme à la française dont les contours restent à affirmer. Au demeurant, François Mitterrand et son parti le voudraient-ils, ils ne pourraient sculpter la société française à leur guise : le poids des héritages, les contraintes internationales et l'imprévisibilité de l'histoire se chargeront de borner leur projet dans les limites du possible.

Juillet 1981.

1. On n'oubliera pas que la France n'a pas de structures social-démocrates : domination de la gauche par *un* puissant parti ouvrier, alliance parti-syndicat, institutions ouvrières multiples et développées, etc.

Repères bibliographiques

OUVRAGES D'INTÉRÊT GÉNÉRAL SUR LA GAUCHE

J. Capdevielle *et al.*, *France de gauche vote à droite*, Paris, Presses de la Fondation nationale des sciences politiques, 1981.

D. Caute, *La Gauche en Europe depuis 1789*, Paris, Hachette, 1965.

J. Defrasne, *La Gauche en France de 1789 à nos jours*, Paris, PUF, « Que sais-je? », 1972.

O. Duhamel, *La Gauche et la Vᵉ République*, Paris, PUF, 1980.

Partis politiques et Classes sociales en France, sous la direction de M. Duverger, Paris, Les Cahiers de la Fondation nationale des sciences politiques, nº 74, A. Colin, 1955.

Cl. Lefort, *L'Invention démocratique*, Paris, Fayard, 1981.

G. Lefranc, *Les Gauches en France, 1789-1972*, Paris, Payot, 1973.

Les Temps modernes, numéro spécial « La gauche », Paris, 1955.

A. Thibaudet, *Les Idées politiques de la France*, Paris, Stock, 1932.

J. Touchard *et al.*, *Histoire des idées politiques*, Paris, PUF, 1959.

SUR LE RADICALISME

Alain, *Éléments d'une doctrine radicale*, Paris, NRF, 1925.

S. Berstein, *Histoire du parti radical : la recherche de l'âge d'or 1919-1926*, Paris, Presses de la Fondation nationale des sciences politiques, 1980.

Jammy-Schmidt, *Les Grandes Thèses radicales*, Paris, Éd. des Portiques, 1931.

É. Herriot, *Pourquoi je suis radical-socialiste*, Paris, 1928.

J. Kayser, *Les Grandes Étapes du radicalisme*, Paris, Rivière, 1961.

A. Michaud, *Histoire du radicalisme*, Paris, Sefi, 1951.

C. Nicolet, *Le Radicalisme*, Paris, PUF. « Que sais-je? », 1967.

J.-T. Nordmann, *Histoire des radicaux, 1820-1973*, Paris, La Table ronde, 1974.

SUR LE SOCIALISME

J. Droz, *Le Socialisme démocratique*, Paris, A. Colin, « U », 1966.
F.-O. Giesbert, *François Mitterrand*, Paris, Éd. du Seuil, 1977.
P. Guidoni, *Histoire du nouveau parti socialiste, 1968-1972*, Paris, Téma, 1973.
C. Hurtig, *De la SFIO au nouveau parti socialiste*, Paris, A. Colin, « U », 1970.
G. Lefranc, *Le Mouvement socialiste sous la IIIe République*, Paris, Payot, 1963.
J. Mandrin, *Socialisme ou social-médiocratie*, Paris, Éd. du Seuil, 1969.
F. Mitterrand, *La Rose au poing*, Paris, Flammarion, 1973; *La Paille et le Grain*, Paris, Flammarion, 1975; *Un socialisme du possible*, Paris, Éd. du Seuil, « Points-Politique », 1971; *Ici et maintenant*, Paris, Fayard, 1980.
Parti socialiste, *Changer la vie. Programme de gouvernement*, Paris. Flammarion, 1972.
M. Perrot et A. Kriegel, *Le Socialisme français et le pouvoir*, Paris, EDI, 1966.
H. Portelli, *Le Parti socialiste tel qu'il est*, Paris, PUF, 1980.
Projet socialiste pour la France des années quatre-vingt, Paris, Club socialiste du livre, 1980.
M. Rocard *et al.*, *Le PSU et l'Avenir socialiste de la France*, Paris, Éd. du Seuil, « Points-Politique », 1969; *Parler vrai*, Paris, Éd. du Seuil, « Points-Politiques », 1979.
R. Quillot, *La SFIO et l'Exercice du pouvoir*, Paris, Fayard, 1972.
M. M. Rebérioux, « Le socialisme français de 1871 à 1914 », in *Histoire générale du socialisme*, t. II, sous la direction de J. Droz, Paris, PUF, 1974.

SUR LE PARTI COMMUNISTE

J.-J. Becker, *Le parti communiste veut-il prendre le pouvoir?*, Paris, Éd. du Seuil, 1981.
Le Communisme en France et en Italie, Paris, Les Cahiers de la

Fondation nationale des sciences politiques, A. Colin, 1969, notamment l'article de G. Lavau, « Le parti communiste dans le système politique français ».

Esprit, « L'énigme communiste », février 1975, Paris.

J. Fauvet, *Histoire du parti communiste français*, 2 vol., Paris, Fayard, 1964.

A. Harris, A. de Sédouy, *Voyage à l'intérieur du parti communiste*, Paris, Éd. du Seuil, 1974.

P. Kende, K. Pomian, *1956, Varsovie-Budapest*, Paris, Éd. du Seuil, 1978.

A. Kriegel, *Aux origines du communisme français, 1914-1920*, 2 vol., Paris, Mouton, 1964; *1920. Le Congrès de Tours. Naissance du parti communiste français*, Paris, Julliard, « Archives », 1964; *Les Communistes français. Essai d'ethnographie politique*, Paris. Éd. du Seuil, « Points-Politique », 1968, 2e édition, 1970, 3e édition, 1974 : *Communismes au miroir français*, Paris, Gallimard, « Bibliothèque des Histoires », 1974.

G. Lavau, *A quoi sert le parti communiste français?*, Paris, Fayard, 1981.

G. Marchais, *Le Défi démocratique*, Paris, Grasset, 1973.

Parti communiste français, *Changer de cap. Programme pour le gouvernement démocratique d'union populaire*, Paris, Éd. sociales, 1972.

Le Socialisme pour la France, XXIIe Congrès du PCF, 4 au 8 février 1976, Paris, Éd. sociales, 1976.

N. Racine et L. Bodin, *Le Parti communiste français pendant l'entre-deux-guerres*, Paris, Cahiers de la Fondation nationale des sciences politiques, A. Colin, 1972.

P. Robrieux, *Maurice Thorez, vie privée, vie publique*, Paris, Fayard, 1976; *Histoire intérieure du parti communiste*. 1. *1920-1945*. 2. *1945-1972*, Paris, Fayard, 1980 et 1981.

R. Tiersky, *Le Mouvement communiste en France*, Paris, Fayard, 1973.

C. Villard, *Socialisme et Communisme français*, Paris, A. Colin, 1967.

SUR LES « GAUCHISMES »

H. Arvon, *Le Gauchisme*, Paris, PUF, « Que sais-je? », 1974.

R. Biard, *Dictionnaire de l'extrême gauche*, Paris, Belfond, 1978.

R. Gombin, *Les Origines du gauchisme*, Paris, Éd. du Seuil, « Points-Politique », 1971.

A. Gorz et M. Bosquet, *Écologie et Politique*, Paris, Éd. du Seuil, « Points-Politique », 1978.

A. Jaubert *et al.*, *Guide de la France des luttes*, Paris, Stock, 1974.

J. P. Le Dantec, *Les Dangers du soleil*, Paris, Presses d'aujourd'hui, 1978.

J. Maitron, *Histoire du mouvement anarchiste en France, des origines à nos jours*, 2 vol., Paris, Maspero, 1975.

La *NEF*, numéro spécial sur « Les gauchismes », n° 48, s. d.

J. Roussel, *Les Enfants du Prophète. Histoire du mouvement trotskiste en France*, Paris, Spartacus, n° 4413, 1972.

A Touraine, *L'Après-socialisme*, Paris, Grasset, 1980.

SUR LES SYNDICATS

A. Barjonet, *La CGT*, Paris, Éd. du Seuil, « Points-Politique », 1968.

A. Bergougnioux, *Force ouvrière*, Paris, Éd. du Seuil, « Points-Politique », 1975.

J. Bruhat et M. Piolot, *Esquisse d'une histoire de la CGT*, Paris, Éd. de la CGT.

La CFDT, ouvrage collectif, Paris, Éd. du Seuil, « Points-Politique », 1971.

J. Capdevielle et R. Mouriaux, *Les Syndicats ouvriers en France*, Paris, A. Colin, « U_2 », 1970.

J. Julliard et E. Maire, *La CFDT d'aujourd'hui*, Paris, Éd. du Seuil, 1975.

G. Lefranc, *Le Mouvement syndical sous la IIIe République*, Paris, Payot, 1967.

J. D. Reynaud, *Les Syndicats en France*, 2 vol., Paris, Éd. du Seuil, « Points-Politique », 1975.

SUR LA GAUCHE INTELLECTUELLE

S. de Beauvoir, *Les Mandarins*, Paris, Gallimard, 1954; *La Force des choses*, Paris, Gallimard, 1963.

M.-A. Burnier, *Les Existentialistes et la Politique*, Paris, NRF, « Idées », 1966.

D. Caute, *Le Communisme et les Intellectuels français*, Paris, Gallimard, 1967; *Les Compagnons de route*, Paris, Laffont, 1979.

D. Desanti, *Les Staliniens. Une expérience politique, 1944-1956*, avec une postface de J.-T. Desanti, Paris, Fayard, 1975.

Les Intellectuels et le Parti communiste français, n° 15 (spécial) des *Cahiers d'histoire de l'Institut Maurice Thorez*, 1er trimestre 1976.

J. Julliard, *Contre la politique professionnelle*, Paris, Éd. du Seuil, 1977.

E. Morin, *Autocritique*, Paris, Éd. du Seuil, 1re éd., 1959, dernière éd. « Points-Politique », 1975.

P. Rosanvallon et P. Viveret, *Pour une nouvelle culture politique*, Paris, Éd. du Seuil, 1977.

C. Roy, *Moi Je, Nous et Somme toute*, Paris, Gallimard, 1969, 1976.

M. Winock, *Histoire politique de la revue « Esprit », 1930-1950*, Paris, Éd. du Seuil, « Univers historique », 1975; *La république se meurt*, Paris, Éd. du Seuil, 1978.

TROIS ADVERSAIRES

R. Aron, *L'Opium des intellectuels*, Paris, NRF, « Idées », 1968 (1re éd. 1955).

T. Molnar, *La Gauche vue d'en face*, Paris, Éd. du Seuil, 1970.

J. Monnerot. *Inquisitions*, Paris, J. Corti, 1974.

Repères chronologiques

1895	Création de la CGT.
1898	Affaire Dreyfus. Manifeste des Intellectuels.
1899-1902	Cabinet Waldeck-Rousseau de « défense républicaine ».
1901	Fondation du parti radical.
1902-1905	Cabinet Combes.
1905	Fondation de la SFIO. Loi de séparation des Églises et de l'État.
1906	« Charte » d'Amiens.
1906-1909	Cabinet Clemenceau.
1914	Assassinat de Jaurès. Union sacrée.
1915	Conférence de Zimmerwald.
1917	Mutineries militaires.
1919	Chambre bleu horizon.
1920	Congrès de Tours (décembre), fondation du parti communiste français.
1921	Scission syndicale, naissance de la CGTU.
1924	Cartel des gauches.
1925	Échec du gouvernement Herriot (le « mur d'argent »).
1930	Maurice Thorez secrétaire unique du PCF.
1932	Victoire de la gauche (radicaux et socialistes) aux législatives.
1933	Hitler au pouvoir / Scission néo-socialiste.
1934	Émeutes du 6 février. Pacte d'unité d'action entre socialistes et communistes (27 juillet).
1935	Les radicaux se joignent au Rassemblement populaire.
1936	Congrès de réunification de la CGT à Toulouse (mars). Victoire électorale du Front populaire. Grèves massives et Accords Matignon. Début de la guerre civile en Espagne.

1937 Fin du premier ministère Blum (juin).
1938 Fin du Front populaire. Accords de Munich.
1939 Pacte germano-soviétique. Début de la Seconde Guerre mondiale (septembre).
1940 Déchéance des élus communistes. Invasion allemande. Pleins pouvoirs au maréchal Pétain, fin de la IIIe République.
1942 Procès de Riom.
1943 Création du Conseil national de la Résistance.
1944 Libération du territoire national. Thorez rentre de Moscou (novembre).
1945-1947 Tripartisme.
1947 Échec de la conférence de Moscou. Débuts de la guerre froide. Les communistes exclus du gouvernement Ramadier (mai). Scission syndicale, naissance de la CGT-FO.
1954-1955 Gouvernement Mendès France. Fin de la guerre d'Indochine, début de la guerre d'Algérie.
1956 XXe Congrès du parti communiste d'URSS, rapport secret de Khrouchtchev.
1956-1957 Gouvernement socialiste Guy Mollet.
1958 Fin de la IVe République. Les socialistes approuvent la fondation de la Ve République, les minoritaires fondent le parti socialiste autonome (E. Depreux).
1960 Fondation du PSU.
1964 Mort de Maurice Thorez. La CFTC devient la CFDT (une petite minorité maintiendra la « CFTC »).
1965 Échec du projet de (grande) Fédération démocrate et socialiste autour de la SFIO et du MRP. Signature de la charte de la Fédération de la gauche démocrate et socialiste (SFIO, UDSR, CIR...). Mitterrand candidat unique de la gauche aux premières élections présidentielles de la Ve République au suffrage universel (il arrive second derrière le général de Gaulle, avec 45 % des voix au second tour).
1966 Accord électoral PC/FGDS.
1967 Poussée de la gauche aux législatives.

1968 Crise de mai-juin. Recul de la gauche aux législatives (23 et 30 juin).

1969 Congrès socialiste d'Issy-les-Moulineaux, naissance du nouveau parti socialiste sous la direction d'Alain Savary. Gaston Defferre candidat socialiste aux présidentielles qui suivent le départ du général de Gaulle n'obtient que 5 % des suffrages; Jacques Duclos, candidat communiste, arrive en troisième position derrière G. Pompidou et A. Poher.

1971 Congrès d'unification, à Épinay, entre le PS et la Convention des Institutions républicaines. François Mitterrand premier secrétaire du PS.

1972 Signature du programme commun de gouvernement.

1973 Progrès de la gauche aux législatives.

1974 Mort de G. Pompidou, élections présidentielles très disputées : F. Mitterrand est battu de très peu par V. Giscard d'Estaing.

1975 Campagne communiste contre le PS : « l'union est un combat ».

1976 XXIIe Congrès du PCF qui renonce au concept de « dictature du prolétariat ». Le PCF prend position, à plusieurs reprises, contre certains aspects de la répression en URSS.

1977 Succès de la gauche aux élections municipales. Échec, en septembre, du sommet convoqué en vue de la réactualisation du programme commun.

1978 Défaite de la gauche aux élections législatives de mars.

1979 Succès de la gauche aux élections cantonales (mars). Nouvelle majorité au PS : le CERES revient à la direction; les tendances Mauroy et Rocard passent à l'opposition (congrès de Metz, 6-8 avril). Élections européennes; recul de la gauche (7-10 juin).

1980 Georges Marchais défend publiquement l'intervention soviétique en Afghanistan (11 janvier); une délégation de la CGT, retour de Kaboul, annonce que l'intervention soviétique est approuvée par les ouvriers afghans (28 janvier). Ripostes du PS et de la CFDT. Mort de Jean-Paul Sartre (15 avril). Nouveau manifeste radical. Michel Crépeau désigné comme candidat du MRG à l'élection présidentielle (7-8 juin). Succès du PS aux élections sénatoriales (28 septembre). Candidature Georges Marchais (conférence nationale du PCF, 11-12 octobre). Candidature Michel Rocard (19 octobre). Candidature François Mitterrand, retrait de la candidature Rocard (8 novembre). Candidature Coluche (18 novembre).

1981 Congrès extraordinaire du PS à Créteil. Adoption du Manifeste. Lionel Jospin devient premier secrétaire. Victoire de François Mitterrand sur Valéry Giscard d'Estaing à l'élection présidentielle (26 avril-10 mai). Premier gouvernement Mauroy. Les socialistes emportent la majorité absolue aux élections législatives (14-21 juin). Deuxième gouvernement Mauroy. Entrée de quatre ministres communistes.

Index

Table

NORMANDIE ROTO IMPRESSION S.A.S. À LONRAI (06-06)
D. L. 1er TRIM. 1977. N° 4548-8 (061392)
IMPRIMÉ EN FRANCE